吴宓诞辰120周年
学术研讨会论文集

吴宓研究的
新拓展和新突破

王本朝 / 主 编　　占如默 / 副主编

九州出版社 | 全国百佳图书出版单位
JIUZHOUPRESS

图书在版编目(CIP)数据

吴宓研究的新拓展和新突破／王本朝主编 . —北京：
九州出版社，2020.3（2021.7 重印）

ISBN 978-7-5108-9052-9

Ⅰ . ①吴…　Ⅱ . ①王…　Ⅲ . ①吴宓（1894—1978）—
人物研究—文集　Ⅳ . ①K825.46-53

中国版本图书馆 CIP 数据核字（2020）第 043700 号

吴宓研究的新拓展和新突破

作　　者	王本朝　主编　占如默　副主编
出版发行	九州出版社
地　　址	北京市西城区阜外大街甲 35 号（100037）
发行电话	（010）68992190/3/5/6
网　　址	www.jiuzhoupress.com
电子信箱	jiuzhou@jiuzhoupress.com
印　　刷	北京洲际印刷有限责任公司
开　　本	710 毫米×1000 毫米　　16 开
印　　张	29
字　　数	430 千字
版　　次	2020 年 7 月第 1 版
印　　次	2021 年 7 月第 2 次印刷
书　　号	ISBN 978-7-5108-9052-9
定　　价	88.00 元

目　录

吴宓与《吴宓日记》

《吴宓日记续编》与吴宓的精神世界 …………… 王本朝 / 003

大文学视野下的《吴宓日记》 …………………… 李　怡 / 013

《吴宓日记》，为何而作？ ………………………… 向天渊 / 023

《吴宓日记续编》中的周恩来、邓小平 ………… 凌孟华 / 027

《吴宓日记续编》中的鲁迅 ……………………… 肖太云 / 040

文教中华终是梦　恳求免为人民师…………… 雷　娟 / 055

新世纪吴宓研究的新亮点…………………………… 许军娥 / 068

吴宓与新人文主义

吴宓的1937 ………………………………………… 刘淑玲 / 079

吴宓的身份想象："人文主义者"与"圣人"……… 周佩瑶 / 090

道德中心主义：吴宓文学观的当代审视 ………… 蒋进国 / 101

新人文主义与吴宓的红学研究……………………… 李　勇 / 111

吴宓与国学教育

科学与人文之间的抉择……………………………… 贺昌盛 / 125

吴宓、唐君毅人文主义教育思想比观 …………… 刘建平 / 138

博雅精神的传承者………………………………… 李伟民 / 159

论吴宓的国学教育思想及意义…………………… 李闽燕 / 168

试论冯友兰"负方法"对维特根斯坦"不可说"论的

　　借鉴与发展………………… 罗绂文　刘薛蒂 / 184

吴宓与《红楼梦》研究管见 ……………………… 王启孝 / 193

吴宓与杂志编辑

学衡派的"新诗"文体观及其传统根脉 ………… 赵黎明 / 217

吴宓与《学衡》:整合的文化现代性理路 ………… 孙　媛 / 235

论学衡派的文学观 ……………………………… 周　云 / 249

吴宓的编辑实践与编辑思想 ………… 李伟民　胡　蓓 / 261

吴宓的文化与翻译态度:坚守与适应 …………… 方开瑞 / 268

吴宓主编《武汉日报·文学副刊》的初步考察 … 傅宏星 / 279

《武汉日报·文学副刊》总目录 ………………… 傅宏星 / 309

《武汉日报·文学副刊》作者生平索引 ………… 傅宏星 / 323

吴宓生平思想

共和国时期吴宓的诗歌创作及精神困境 ………… 刘志华 / 351

交会与误会:吴宓与"战国策派" ……………… 徐　茜 / 364

论共和国时期吴宓的政治思想 ………………… 吕洁宇 / 377

学侣重逢最爱君 ………………………… 凌梅生　傅　翔 / 390

往事与随想 ……………………………………… 曾令霞 / 398

从吴宓爱情观看五四"新""旧"矛盾 …………… 王　娟 / 403

邹兰芳与张宗芬:建国后吴宓爱情中的两位女性 …………

…………………………………………………… 杨永明 / 417

许伯建与吴宓 …………………………………… 张　南 / 439

从安吴堡走出的国学大师 ………………………

………………… 姚德强　周淑萍　张振合　张忙泾 / 446

纪念吴宓先生诞辰 120 周年学术研讨会综述 ………………

………………………………… 汤克兵、陈华 整理 / 454

编后记 ………………………………………………… / 459

吴宓与《吴宓日记》

《吴宓日记续编》与吴宓的精神世界

王本朝

（西南大学文学院）

吴宓无疑是 20 世纪中国文化史上的一位有个性、有理想的学者。20 世纪是一个不断求新求变、逐物媚俗的时代，吴宓却始终坚守人文立场和道德眼光，带着一副浪漫情怀、菩萨心肠，孜孜矻矻发扬传统文化精神，但却面临思想与时代的冲突、理想与现实的矛盾，成了现代堂吉诃德，既不合时宜，又痛苦不堪。所以，吴宓是一个很值得研究的文化现象和精神个体。在某种意义上，他是一个文化符号，具有典型性和代表性，特别是对探索现代人文主义或者说保守主义思想的境遇，思考现代知识分子的命运，阐释现代思想文化的张力及复杂性，都有着特殊的标本意义。相对说来，人们的学术兴趣主要集中在 1949 年前吴宓的思想文化，而对 1949 年后的吴宓，主要还停留在对他的人生际遇的同情，且多故事性和回忆性描述，缺少理性的学术性讨论。

这是非常遗憾的事情。一般说到吴宓的贡献，总会提到以下的几个方面。一是开创比较文学研究。他把比较文学引入中国学术领域，发表了《新文化运动》和《中国之新旧事物》等比较文学论文，为比较文学学科的建立打下了牢固的基础。在高等学校开设比较文学课程，运用其理论与方法研究中国文学。二是参与创办清华国学研究院。先后聘请王国维、梁启超、赵元任、陈寅恪、李济为教授，开创了研究国学的新风气，成为中国近代教育史上的一个奇迹。三是创办《学衡》杂志。与柳诒徵、刘伯明、梅光迪、胡先骕、汤用彤等创办《学衡》杂志,任总编辑。十一年间共出版七十九期。"昌明国粹,融化新知",与当时新文化运动形成对峙之势,成为新人文主义思想的阵地。四是开展"红学"研究。曾多次在大学作有关《红楼梦》学术报告,发表多篇红学论文。与胡适、俞平伯、周汝昌等红学专家齐名,对推动我国红学研究起到了重要作用。五是教书育人。吴宓是杰出的教育家,曾培养了一大批文学家、语言学家、哲学家以及文学翻译家,如清华大学时期的钱锺书、曹禺、李健吾、赵瑞蕻、季羡林、李赋宁、王岷源、高亨、谢国桢、徐中舒、姜亮夫、王力、吕叔湘、向达、浦江清、贺麟以及西南联大时期的王佐良、周钰良、杨周翰、许国璋、许渊冲、查良铮、何兆武、袁可嘉、杜运燮等,都曾受教于他的门下。

但是,吴宓1949年后的工作却在这些成绩之外。严格说来,吴宓这个时期没有真正意义上的学术研究,虽说他依然待在高校二十多年,却无法实现著书立说、教书育人。于是,他也有了这样的感叹:"冤哉苦哉,今之为教授者也! 宓教授三十余年,备受学生敬服爱戴,今老值世变,为师之难如此,宓心伤可知矣。"①他每天只能在改造、学习、批判、劳动中生活,在紧张、孤独、痛苦、绝望中度日,连读书、思考都成了奢侈,何谈有著述? 他也曾这样概述自己的一生:"吴宓,一介平民,一介书生,常人也;读清华时被迫写过悔过书;谈情说爱也曾虚掷岁月。许多事明知不可为而强为之,费时费力而收获甚少。做学问,教书,写诗,均不过中等平平。然宓一生效忠民族传统文化,虽九死而不悔;一生追求人格上的独立、自由,追求学术上的独立、自由,从不人云亦云。"②尽管如此,他依然在不停地写作,那就是《吴宓日继续编》。吴宓日记就是他每天的创作,拥有政治、经济、历史、文学、文化和思想的多重价值,这一点,吴宓也是非常自信的。他曾在给友人的信中说:"宓诗稿、日记、读书笔记若干册,欲得一人而付托之,只望其谨慎秘密保存,不给人

---

① 吴宓:《吴宓日记续编》第 2 册,吴学昭整理注释,北京:生活·读书·新知三联书店,2006 年版,第 201-202 页。

② 刘达灿:《国学大师吴宓漫谈录》,乌鲁木齐:新疆人民出版社,2003 年版,第 161页。

看,不令众知,待过 100 年后,再取出给世人阅读,作为史料及文学资料,其价值自在也。"①不用 100 年,吴宓日记续编的出版,皇皇十卷,就成了当代中国重大的文化事件,成为研究当代知识分子和社会政治必不可少的重要文献,对理解 1949 年前发生的有关历史都也有补正作用。比如鲁迅与吴宓曾是一对笔墨冤家,两人有过交手或交锋,但在《吴宓日记续编》里却时常见到吴宓阅读或评论鲁迅的记录。

1955 年 5 月 3 日,吴宓被安排为"教师俄文班"上课,"宓主讲三十六课,题曰鲁迅"。当日日记只是简单记事,无点评。1958 年 11 月 7 日,遵中文系秘书"命",不参加全系会议,赴音乐系演奏厅为音乐科高中一年级甲乙合班学生九十二人上《语文》课,讲"第二课鲁迅作《纪念刘和珍君》,颇用力,学生似尚欢迎"。当日日记加按语:"按宓授中学课,乃今生第一次,惟课文之内容(三·一八惨案)及论点正与宓夙昔所持者相反。宓在 1926 固极赞成《甲寅》而恶鲁迅及女师大一般学生者,今屈从而作违心之讲授,亦大苦之事已!"

具体说说,吴宓日记中的相关记载:

1955 年 4 月 17 日:上午,读俄文 36 课鲁迅。

1955 年 6 月 3 日:归后,续读《两地书》至深夜,完。夜雨。

1956 年 12 月 6 日:下午寝息片刻。读鲁迅《中国小说史略》。

1958 年 7 月 14 日:晚读丰子恺画《阿 Q 正传》一小册,完。

1959 年 3 月 4 日:晚,读鲁迅《中国小说史略》。早寝。

1964 年 12 月 31 日:上午 8—12 上班,自读《鲁迅诗注释》1962 周振甫注释(按年编例,新旧诗均在内)。

1965 年 1 月 3 日—20 日:

---

① 吴学昭编:《吴宓书信集》,北京:生活·读书·新知三联书店,2011 年版,第 379 页。

1月3日:上午8—12上班,读《鲁迅诗选注》1962周振甫注释。

1月4日:上午8—12上班……读《鲁迅诗选注》完。

续读《学习鲁迅及瞿秋白著作笔记》。

1月5日:下午2—5上班,先昏昏思睡,后撰零篇交代材料(四)拥护党、感激党(仅半页)。卒乃翻阅《鲁迅全集》。

1月6日:上午8—12上班,读《鲁迅选集》。今日始生木炭火盆,尹院长来,看宓读何书……

宓续读《鲁迅选集》,正午回舍。

1月7日:宓读《鲁迅全集·两地书》,回忆1925—1926在京之生活,不胜凄感。

1月8日:11—12续读《鲁迅全集·两地书》

下午2—5上班……既毕,宓乃4—5续读《两地书》。

1月9日:上午8—12上班。林、荀诸君围火盆坐,闲话文学,宓则读《鲁迅全集》,注意其中(1)《估学衡》(1922年2月9日)及(2)评1922十月十日宓在上海《中华新报》所作《论新文化运动之反应》一文。

1月12日:上午8—12又下午2—5上班,续读《鲁迅全集·两地书》。

1月13日:11—12续读《两地书》。

1月14日:上午8—12上班,读《鲁迅全集·两地书》完,遂及《书信》。

2—5如恒上班,读《鲁迅全集·书信及日记》。

晚,读杂书……傅筑夫,名作揖,河北省永年县人。北京师大毕业。1924年十二月谒鲁迅(应补入宓1939诗稿)。

1月15日:上午8—12宓上班,读《鲁迅全集·中国小说的历史变迁(1924年7月,在国立西北大学及陕西教育厅所主办之讲习会讲)及中国文学史讲义》(1926年秋,在厦门大学讲。)

1月16日:上午8—12上班,读《鲁迅全集·中国文学史讲义》完,遂读《日记》。

1月18日:上午9—12上班……然后11—12读《鲁迅日记》。

1月19日:上午8—12上班,读《鲁迅日记》。田子贞君曾来检视,问宓所读何书,宓具以实对,并举书示之。

下午2—5上班……续读《鲁迅日记》。

1月20日:上午8—12上班,读《鲁迅日记》,知民国元二三四等年间,鲁迅任教育部佥事时期,(月薪初为二百四十元,后增为二百八十元。)与钱稻孙交甚密,几于每日同宴游或互访。又与陈衡恪亦恒来往。而1915四月曾以其所译之《域外小说集》一二册,赠与陈寅恪云。又记1914一月十七日《勖若木赴甘肃,来别》。按勖往入张广建幕,父凉州副都统之褫职押解来省,及岁底羁禁皋兰县署之祸,托始于此矣。鲁迅分在社会教育司,司长为夏穗卿(曾佑)职务甚简,每日徜徉于琉璃厂书肆,再则共友谈宴。文人闲散之生活,今观之更加天上矣。

1967年5月10日—6月1日:

5月10日:8—11:30学习:自读《鲁迅全集》。

5月11日:8—11:30学习,宓读昨《新重庆报》,又读《鲁迅全集》。

5月12日:8—11:30学习:宓读《鲁迅全集》。归途,入崖厕。

5月13日:8—11:30学习:宓读昨报,及《鲁迅全集》。

5月15日:8—9:30学习,宓读鲁迅早年短篇小说。

5月16日:8—11:30学习:读鲁迅小说《阿Q正传》等篇。

5月17日:8—11:30学习:宓读十五日、十六日《新重庆报》;又读鲁迅早年短篇小说。

5月18日:上午8—11:30学习:宓读昨《新重庆报》(《中共中央1966二月十二日通告》,系彭真草拟擅发,今作废),又读鲁迅短篇小说。

5月19日:8—11:30学习:宓读鲁迅短篇小说。归途,入崖厕。

5月20日:8—11:30学习:宓读昨报,又读鲁迅短篇小说。

5月23日:上午8—11:30学习:宓读昨报,又读《鲁迅选集》第一册完;多聆众闲谈。

5月24日:8—11:30学习:先聆诸君杂谈校内运动近事,后读《鲁迅选集》第二册杂文。

5月25日：宓请于杨，得准，不赴厕所之役。而自扫地下层中区之地，又倾洗二痰盂。以后宓续读《鲁迅选集》第二册。

5月26日：上午8—11:30学习：宓读昨报，又读《鲁迅选集》第二册。

5月27日：8—11:30学习：宓读《鲁迅选集》第二册，完。

5月31日：8—11:30学习：宓读《鲁迅选集》第三册。

6月1日：8—11:30学习：宓读《鲁迅选集》第三册。

　　吴宓阅读鲁迅著作主要集中在"文革"前夕的1965年和"文革"中的1967年，但大都是简单的阅读记录，并没有过多的评价。也许是在那特定的年代，其他书籍都被禁止阅读，可阅读的只有毛泽东和鲁迅作品，且成了"政治学习"的读物，吴宓也不得不去阅读和配合。他的日记有这样的记载，如1965年1月6日，"尹院长来，看宓读何书"；1月19日，"田子贞君曾来检视，问宓所读何书"。读鲁迅成了一种"政治任务"，自然也就不用多作评论了。并且，1967年5月12日和5月19日记载，吴宓在读《鲁迅全集》和鲁迅短篇小说之后，即"归途，入崖厕"，如此不雅之事跃然纸上，令人不禁哑然失笑。吴宓对鲁迅作品不作置评，但在阅读中却常常联及自身，发表个人感受。如1952年11月5日在图书馆读林辰《鲁迅传》，鲁迅之婚姻恋爱始末，引起吴宓对自身恋爱婚姻的比较，一时"悲感甚深"，唏嘘不止。

　　还是回到《吴宓日记续编》。在那特殊的年代，即使吴宓有宏大的著述计划，因连续不断的政治运动，也没有时间和精力去静心完成。1949年以前，他可以利用《学衡》、清华国学院施展自己的志业追求，但在1949年后，这些公共论坛已经不复存在了。他唯一能说真话的地方就是写"日记"，他的理想和生活只能以日记这种方式作隐晦的申述。吴宓与社会、时代和环境总是格格不入，他的痛苦和绝望只能写进日记里。在一个言说有禁忌的时代，沉默自守就是最适宜的生存策略。吴宓为什么会冒着巨大的政治风险，坚持不断地撰写日记呢？实际上，吴宓日记承载着他的志业和理想，哪怕是日常琐事也有陈诗观风的意义，关乎"文野升降、治乱兴衰"。正因如此,吴宓就像史官书写皇帝生活起居一样,不管是在疾病之中,还是人生受限制、受批斗的岁月,他始终以坚忍的意志,一丝不苟地写他的日记,点点滴滴地记录着从共和国成立之初到晚年病倒二十余年间的见闻、感想和言行,不讳不隐,直笔而书。在可以利用的一切纸片上,包括旧日历、废信封、作业本甚至是香烟纸等,用楷书、画图形、做标注,记录所见所闻所感。这样,《吴宓日记续篇》就不是他个人的了,而是一本当代中国社会的大书。从1906年到"文化大革命"后期,吴宓一直坚持写日记,从未间断。即使在被"劳动改造"期间,不允许他写日记,他也会抓住一切机会偷偷地写作。即使在他身受重伤,晕迷数日,醒来后也会将日记补上。甚至在他晚年左眼失明,每日脑沸耳鸣,只要是身体稍有好转,他就会继续写日记。记日记成了吴宓的一种生活,或者是生存方式。"日记所载,皆宓内心之感想,皆宓自言自语、自为回答之词。……而宓所以必作此日记者,以宓为内向之人,处境孤独,愁苦烦郁至深且重,非书写出之,以代倾诉,以资宣泄,则我实不能自聊,无以自慰也。"①蛰居重庆的吴宓背井离乡,远离亲友,孑然一身,得不到任何安慰和关怀。而他所生活的大学校园也是一个小社会,政治运动代替了学术研究,无休无止的会议、批斗和"交心"扰乱了他的日常生活。身边的同事皆以运动为由,彼此疏远、互相责难,远方的朋友则生死未卜,吴宓是寂寞、孤独的,他无数次想到死亡。在无法倾诉的环境里,他只能在日记中记录自己的感受,借助文字来排遣忧郁,从中获取安慰,重拾生活的勇气。对他而言,"写日记感觉是自己和自己作交代,和自己进行着亲切的密谈;重读旧时日记,则宓可得到无穷的快乐和安慰"②。日记就像是促膝谈心的老朋友,可以随时倾听他的忧伤,理解他的忧愁。

此外,日记也是吴宓回归自我、证明自我的一种手段。在一个意识高度统一的时代,个人思想和生活空间被极度压缩,所有人都失去了发声的自由,日记也就成了自我证明的最好方式。日记让吴宓保持着还"活着"的思考状态,坚守住思想的独立性和生命的存在感,让他感到生命的存在、价值

---

① 吴宓:《吴宓日记续编》第1册,第111页。
② 同上,第3页。

和意义。即使是那些日常生活的记录，包括每日饮食、开销、看书、走亲访友，生活的点点滴滴，连吃鸡蛋、修面浴身、上厕所都记录在案。在今天这个信息化、开放的时代，这些事近乎无聊，但它们却是时光的见证、岁月的档案。也正是这些零星、琐碎的记载，让我们看到了吴宓的生命状态和生存方式。无事可记，只能如此！外在环境的不断挤压使吴宓个人的精神空间日益逼仄，文化村一舍203室，是他的容身之处，但他的心灵，可以搁放在哪儿呢？日记就成了他的生活和精神的巢穴。所以，这些个人的、日常的、琐碎生活成了他还"活着"的确证。他将它们一一记录下来，表明生活的真实，证明他还活着，活在这个世界上的某一个角落。也让今天的人们知道了，世界上有一个叫"吴宓"的人的生活，活在他的"日记"里。当然，吴宓日记更多透露的却是大道将失的凄凉和悲哀。"日记中宓之感想，窃仿顾亭林《日知录》之例，皆论理而不论事，明道而不责人，皆不为今时此地立议陈情，而阐明天下万世文野升降之机，治乱兴衰之故。皆为证明大道，垂示来兹，所谓守先待后，而不图于数十年或百年内得有采用施行之机会，亦不敢望世中一切能稍随吾心而变迁。"①因此，日记承载着吴宓的理想，寄寓着他的情志。他曾自勉："惟当尽力继作，以求毋浪掷此可贵之光阴。"这样，吴宓日记也是当代知识分子的精神档案。它不仅仅是一个时代的历史文本，更是当代知识分子的生存记录，是那个时代的政治、经济和文化的报表，关于当代知识分子生活、情感、思维和精神的"气象"报告。

　　吴宓特别珍视自己的日记，费尽心力、冒着生命危险去保存它们。吴宓日记有诸多尖锐的言辞，随时会给他带来灾祸。这些日记几经周折，几易其主。在"文化大革命"之前，好心的朋友多次劝他为了免祸，应将日记焚烧，"宓虽感其意而不遵从"。"文革"之后，他成了重点批判对象，他将日记寄存于同事家里，同事却因避祸而擅自将其焚掉，这也让吴宓痛心不已，多次在日记里陈述自己的后悔和惋惜。1967年9月，日记被红卫兵搜走。1968年7月，日记再次被抄，责骂他的日记只叙生活琐事，而不记载思想改造情况，且日后需随时审查，从此，吴宓日记不记个人感情，多在零星纸片上补录细

---

① 吴宓：《吴宓日记续编》第1册，第112页。

节,同时另作《劳动日记》备查。吴宓日记所记琐事甚多,这也让他的同事受到牵连,甚至被当作批判吴宓和其他人的材料,吴宓本人也倍受指责。他人也劝告他:倘若"日记未被发现,宓今犹可为无罪之人,同于一般之革命教师。只以日记之故,中文系革命师生正相谋加宓以反革命之头衔"①。人们都劝他放弃写日记,但他依旧我行我素。一些人因害怕受牵累而疏远他,而吴宓却很痛心,"宓甚痛心:按,宓自到劳改队后,从不与任何人交言,众亦似畏忌宓,恒不坐宓之近旁。乃谢君责斥各人或全队之事,必欲举宓日记为证据、为材料,此宓目前最以为苦者也!"②"文革"期间在日记被搜走后,他还多次向领导请求归还,在梁平时,因担心日记再次遭受搜查而遗失,他总会不定时地将其整理寄给家人代为保管,而他从保管室失而复得的日记则多寄存在用人家里,每次写信都交代让其好好保存。夜深人静之时,他会经常拿出自己之前的日记细细研读,从字里行间中追忆逝去的青春和幸福。"老大他年重取阅,韶光定叹一时过。"③正是吴宓的勤奋和努力,坚韧而执着,才让我们今天拥有这份宝贵的历史资料。

1949 年后的吴宓很难像 1949 年以前那样以学术自重,以文化为志业了。进入共和国时代的吴宓依然想保持旧有的文化身份,一介书生,或浪漫诗人,或传统名士,或知名教授。但在一个一切都以政治挂帅、一切都被政治化的时代,工作、生活、思想、情感都失去了独立性。吴宓有着种种错愕、紧张、焦虑、孤独和恐惧等,也就可想而知的了。还有一个问题,人们常常发问,如果 1949 年后的吴宓,不是偏居西南,而是到了北京或者他的老家陕西,会不会有一个更好的命运或结局? 历史不可避讳,也不可改变。当然,吴宓是有多种选择的,傅斯年就曾动员他赴台湾任教,钱穆也曾邀请他去香港共办新亚学院,但吴宓却被抛入重庆。在西南师范学院(现西南大学)除写作了《吴宓日记续编》以外,还流传了不少"故事"和"传说",有的近似传奇,有的不无黑色幽默。在我看来,他更像加缪笔下的西西弗,绝望而抗争。他用

① 吴宓:《吴宓日记续编》第 9 册,第 65 页。
② 吴宓:《吴宓日记续编》第 8 册,第 497 页。
③ 吴宓:《吴宓日记》第 1 册,吴学昭整理注释,北京:生活·读书·新知三联书店,1998 年版,第 3 页。

自己的人生体验抵达了最为荒诞的历史和生活深处。

总之,吴宓在 1949 年以后被卷入社会政治的旋涡之中,在他人生最无望的挣扎时期,完成了他一生最辉煌的经典文献——《吴宓日记续编》,既是他个人的伟大创作,也是这个时代的真实而独特的记录,甚至可作为一种独特的文学创作,是他最为重要的精神遗产。

(本文刊于《中文论坛》2015 年第 1 辑)

大文学视野下的《吴宓日记》

李 怡

（四川大学文学与新闻学院、北京师范大学文学院）

一

在一般人的印象中，中国现当代文学中的"日记文学"受西方日记体文学影响甚大。的确，在西方写作的历史上，作为私人的日记与作为文学的日记有着一定的距离。后来知名的私人日记如英国 17 世纪的塞缪尔·佩皮斯（Samuel Pepys）的日记、19 世纪俄罗斯著名作家列夫·托尔斯泰的日记原本都是秘不示人的。流行于公共领域的"日记"在欧洲首先隶属于小说，18 世纪与 19—20 世纪之交是欧洲"日记体小说"（diary novel）——或称"虚构的日记"（fictive diary）——的兴盛期，在这里，"日记"是虚构文学的一种形式。正如日记小说理论家特莱沃·费尔德在《日记体小说的形式与功能》中指出的那样，所谓日记体小说，小说还是中心语的，日记是修饰语，指的是小说的形式①。这种虚构的文学样式自然也为中国现当代文学所接受，鲁迅的《狂人日记》、茅盾的《腐蚀》、沈从文的《不死日记》《呆官日记》、庐隐《丽石的日记》、石评梅的《林楠的日记》、冰心的《疯人笔记》、丁玲的《莎菲女士的日记》、张天翼的《鬼土日记》等都属此列。孙俍工在《小说做法讲义》中就将

---

① Trevor Field. *Form and Function in the Diary Novel*. The Macmillan Press Ltd., 1989.

"日记"称为小说四大体式之首,属于"是一种主观的抒情的小说"①。

不过,小说式的虚构又不能概括中国现代"日记"的全部,郁达夫的《日记九种》和《达夫日记集》都是文学抒情与私人记录相互交织,一方面,"日记"被他命名为"文学的重要分支",另一方面,"日记"又被他纳入了讲述个人经历的"散文"之中。"散文作品里头,最便当的一种体裁是日记体,其次是书简体。""备遗忘,录时事,志感想。"除记事以外,"更可以作小品文、感想文、批评文之类,它的范围是很广很自由的。"(《再谈日记》)在鲁迅、周作人那里,日记通常用于"排日记事",言简意赅,但有时也借"日记"之名,议论时事,作社会批评,如鲁迅《马上日记》《马上支日记》一类。对于胡适而言,日记(如《藏晖室劄记》)是他记录思想随感的便利方式:"我常用劄记做自己的思想草稿,有时我和朋友谈论一个问题或通信,或面谈,我往往把谈论的大概写在劄记里,或把通信的大要摘抄在劄记里。有时候我自己想一个问题,我也把思想的材料、步骤、结论,都写出来记在劄记里。"(胡适:《胡适留学日记·自序》)另外,如叶圣陶日记,涉及中国近现代历史的漫长记忆,记事详尽具体,容量丰富充实,融记事、描写、议论、抒情于一炉,更成为我们研究近现代文史的重要材料。

作为虚构的日记成为文学研究的对象这当然没有问题,但是对于后一类内容"很广很自由的"的私人记录如何处理却不是那么意见统一。姑且不论鲁迅社会批评的"文学性"争论,就是那些包含抒情的历史记叙能否理所当然地进入文学研究,也时有存疑。所以,在更多的时候,这些文字还是被当作文学研究的历史材料加以运用,作为文学史发展的某种佐证。

这样的处理能不能反映作家的创作心境呢?似乎又不能。周作人曾经说:"日记与尺牍是文学中特别有趣味的东西,因为比别的文章更鲜明的表出作者的个性。诗文小说戏曲都是做给第三者看的,所以艺术虽然更加精炼,也就多少有点做作的痕迹。信札是写给第二个人,日记则给自己看的(写了日记预备将来石印出书的算作例外),自然是更真实更天然的了。"(周

---

① 严家炎:《二十世纪中国小说理论资料》第2卷,北京:北京大学出版社,1997年版,第340页。

《日记与尺牍》）读着这样的自述,我们不禁会问,鲜明的个性流露、自然的表现,这难道不也可以称作文学的追求吗?

真正的问题可能就在这里,什么是文学? 什么又是文学性? 现代中国作家在理性表达自己对这一概念的理解之时,自觉不自觉地都愿意借用近代以后西方发展起来的"纯文学"概念,但在更为久远的文化传统中——无论中外——又都还是在无意识中为"杂文学"的趣味留有余地,那种融历史记叙、个人见闻、思想笔记于一体的自由书写依然散发着难以替代的魅力。据朱光潜先生的考证,日记在中国脱胎于古老的编年体史书[1],因而也就隐藏着深刻的历史意识,与"究天人之际,通古今之变"的史家理想相连通了。在一个宗教裁决权并未获得普遍认可的国度,人们倾向于相信,通过历史框架的确立可以达到某种裁决与审判的高度,所谓"名刊史册,自古攸难;事列春秋,哲人所重"[2]。私人日记也就具有了私家史著的可能性,而恰恰是这种可能性给了中国知识分子以想象与信心。郁达夫的个人情爱经历之中同样具有大革命时代的重要记录,而像叶圣陶日记则完全可以视作中国历史记载的基本成分。重要的是,这样的历史趣味不仅仅让历史本身的信息得以保留,而且同样也自然地流淌,和作家"私人"的心境、理想与情怀,构成传统中国源远流长的"大文学"创作现象。

依然留存着传统大文学(杂文学)观念的中国现代作家的日记作品,更应该置放在大文学的视野下加以解读。这样的解读,并不是为了把这些定位模糊的文体捧进"文学"的光荣殿堂,而是因为,只有在"大文学"的意义上,他们的一些内在的思想、个性和情怀才可能获得深入的挖掘和解剖,而不再被人简单当作其他现象的历史佐证。

在现代中国的大文学史上,有两位作家的日记牵涉到的历史背景最为漫长,个人的遭遇的记录也最为完整:一是新文学作家叶圣陶,另外一位就是长期置身于新文学阵营之外的吴宓。皇皇二十卷近千万字的《吴宓日

---

[1] 朱光潜:《日记——小品文略谈之一》,原载 1948 年 3 月 1 日《天津民国日报》,后收入《朱光潜全集》第 9 卷,合肥:安徽教育出版社,1993 年版。

[2] 刘知几撰,浦起龙释:《史通通释·人物》,上海:上海古籍出版社,1978 年版,第290 页。

记》，始于宣统二年阴历年末，即 1910 年冬，帝国黄昏，民国将至，中国历史的千年之变蓄势待发，终于 1974 年，同样是新中国历史大变化的前夜，可能是目前已知的规模最大的文人日记。在当代中国的日记文体中，《吴宓日记》又是目前已知的最详尽、最有思想情感力量的一部，既属于吴宓本人一生最辉煌的文字作品，可能历史还会证明，将是当代中国日记文体中最杰出和最伟大的一部，是吴宓在他生命的最后二十八年留给西南大学的最大的一笔精神遗产。

二

　　"大文学"意义上的日记作者具有对个人书写历史的追求和知识准备。在《吴宓日记》中，作者透露的阅读对象里，历史著作是最引人注目的一部分。白天参加学习或劳动改造，夜晚捧读《资治通鉴》常常就是吴宓生活的主要内容；他为私淑弟子重钢职工子弟校陈道荣授课赠书，赠书就以《史记》《汉书》等史学书籍为主。有趣的是，从 1968 年 1 月 29 日至 6 月 30 日，长达五个月的时间中，他持续不断地阅读谢无量的《中国大文学史》，直到数年后，在需要查阅文学史实的时候，他也再次想到从中核实，可见此书在他文学史知识结构中的位置①。谢无量的《中国大文学史》是现代中国最早出现的一部以"大文学"命名的著作，虽然这部史著并没有为"大文学"作出明确的定义，但是从它对中国古代文学各种样式的叙述来看，显然是将"大文学"视作能够容纳中国固有的内容丰富、形式多样的"杂文学"现象的一个概念。吴宓在这样的知识框架中阅读和认识中国文学的种种，自然也就具有对"大文学"的天然的认知和理解。

　　"大文学"意义上的日记是历史的记载，更是作家历史情怀和思想情感的表达。这在吴宓日记中，具有明显的表现。吴宓的日记，不是时间的流水账，其中充满他感受到的人生"意象"。以《吴宓日记续编》为例，其中有三种

---

　　①　例如《吴宓日记》1971 年 9 月 16 日记载："北宋孟太后（哲宗妻）册立康王构为帝（南宋高宗）之文，系水部郎汪藻所撰作。待查《中国大文学史》。"

意象特别引人注目，显然属于吴宓本人的刻意提炼。

其一是西南大学第三教学楼左侧通往熊家院下院而达中院（梓、龑家），由此经浴室、二食堂而抵吴宓住所，此路坡高路陡，对于一个七十多岁的老人而言，可说是"畏途"，但是1967年1月24日，吴宓在三教楼外通行的大道上遭遇可怖的批斗场面之后，为了躲避不测，不得不避易就难①，常常在这条路上冒险，并且每每特意在日记强调之，形成奇特的"道路意象"。一个知识分子，面对如此的阶级斗争灾难，只能将自然的"畏途"当作避祸的"坦途"，其中的人生况味真是令人慨叹！

其二是反复出现的儿童意象。吴宓多次在日记中记载附近的儿童如何戏弄、欺辱他这样的"反动分子"，这里包含着他对特定时代人性扭曲的沉痛观察，近似于鲁迅所谓的"吃人的孩子"。问题是，受难的成年人常常对这些懵懂无知的孩童无能为力，剩下的只有万般的无奈和尴尬。在鲁迅那里，对吃人的孩子的忧虑是他对民族整体命运焦虑的表现，在吴宓这里则是自我人生困顿的写照。

其三是多次出现的晨昏颠倒、深宵惊厥的描写。吴宓多次写到，自己在深宵惊醒，误把深夜作清晨，迷糊恍惚。这里映射出的是一个混乱恐怖的时代所给予人的巨大的精神挤压，个体生命的渺小、个人命运的飘零，在这里跃然纸上。

除了这些逼真的感性意象的提炼，吴宓对于日记的阅读者、接受者也是早有准备的。正如前文所述，与西方作家更倾向于将私人日记留作个人的隐私不同，中国知识分子其实是愿意和他心中的读者分享感受的，无论是对历史兴亡的观察还是个人的人生体悟，都具有某种交流沟通的目的。我们注意到，吴宓多次在日记中申明自己的日记写作观念，这当然不是他表面上所说的那样，仅仅出于自言自语的需要，而是分明对读者存在深切的寄托。例如1951年4月15日，他就用数百字的篇幅阐述自己的日记观念：

> 林来。委来，再劝宓焚毁宓日记、诗稿，或简择抄存，以免祸云云。

---

① 吴宓：《吴宓日记续编》第8册，第23页。

澄意亦同。宓虽感其意,而不能遵从。此日记既难割爱焚毁,且仍须续写。理由有三。(1)日记所载,皆宓内心之感想,皆宓自言自语、自为问答之词。日记只供宓自读自阅,从未示人,更无意刊布。而宓所以必作此日记者,以宓为内向之人,处境孤独,愁苦烦郁至深且重,非书写出之,以代倾诉,以资宣泄,则我实不能自聊,无以自慰也。(2)宓只有感想而无行动。日记所述皆宓之真实见解及感触,然却无任何行事之计划及作用。日记之性质,无殊历史与小说而已。夫宓苟有实际作为之意,则当早往美国,至迟1949秋冬间应飞往台湾或香港。而乃宓拒昀、穆之招,甘愿留渝,且不赴京、沪、粤等地,足征宓已死心塌地,甘为人民政府之顺民,早同吴梅村之心情,而异顾亭林之志业矣。又似苏格拉底之愿死于雅典,而不效但丁之终身出亡、沦落异域者矣。是则宓可称为顽固落后,而非反动与特务,其事昭昭甚明。且特务行事务为诡秘,岂有宓之大书特书,将一己之所思所言所行所遇,不惮详悉,明白写出,以供定谳之材料,又靳靳保留为搜查之罪证书哉?!(3)日记中宓之感想,窃仿顾亭林《日知录》之例,皆论理而不论事,明道而不责任,皆不为今时此地立议陈情,而阐明天下万世文野升降之机,治乱兴衰之故。皆为证明大道,垂示来兹,所谓守先待后,而不图于数十年或百年内得有采用施行之机会,亦不敢望世中一切能稍随吾心而变迁。宓乃一极悲观之人,然宓自有其信仰,如儒教、佛教、希腊哲学人文主义,以及耶教之本旨是。又宓宝爱西洋及中国古来之学术文物礼俗德教,此不容讳,似亦非罪恶。必以此而置宓于罪刑法,又奚敢辞?宓已深愧非守道殉节之士,依违唯阿,卑鄙已极。若如此而犹不能苟全偷生,则只有顺时安命,恬然就戮。以上乃宓真实之意思,亦预拟之供状。倘异日发行宓日记而勘问宓时,敬请当局注意此段自白,并参阅1951一月十六日所记一段。至于安危祸福,究竟非人之所能知,更非宓所敢深计者矣。……①

在这里,虽然出现了"自言自语""自为问答""自读自阅"以及"无意刊

---

① 吴宓:《吴宓日记续编》第1册,第111—113页。

布"等表白,但如此煞费苦心的解释,甚至还"敬请当局"注意某段文字,又"参阅"其他篇什,不是分明具有相当清醒的"读者意识"吗?在其他日记段落里,吴宓也多次出现请人"参阅"某一部分的提示,显示出强烈的交流、沟通愿望,这一切都告诉我们,《吴宓日记》有着明显的"潜在读者",是吴宓自觉的"大文学"写作。他的这种极具感情色彩的表述很容易让我们想起特莱沃·费尔德对作为文学的日记写作的精神分析:"假如一个人没有妻子可信任,又没有朋友,他就转而向上帝祈祷;如果不可能祈祷,那他就打开日记。""它(日记)伴随着我,我要对它说,它会回答我。"这代表了所有"日记作者极度的孤立与孤独,由于没有人愿意听或愿意分享他的经历和体验,他不得不回到默无声息的自我交流当中""哀叹他凄凉的感觉"①。

三

《吴宓日记》同样充分体现了"大文学"自由随意的写作方式,除了个人生活的记录,也包含了相当丰富的社会、时代信息,杂糅了多种文体的创作实验。刘纳教授从中读出了一种十字架式的意义结构:横向的一端是个人经历,另一端是社会历史的发展演变;竖向的一端是现实的遭遇,另外一端则是各种梦境的世界,有惊扰也有甜蜜。在我看来,需要指出的是,对于社会历史的发展演变,日记也不同于一般的史著,更充满了"文学"式的观察和提炼。吴宓相当善于提炼、概括,上至党报社论、学习文件,下至领导讲话、同事发言,都能够恰到好处地抓住其核心内容,以三言两语的"关键词"归纳之。一个又一个的历史事件、种种活动最终都简化为一系列颇具时代特点的语汇,如"反共老手""牛鬼蛇神""反攻倒算""罪大恶极""亡党亡国""阳奉阴违""触及灵魂""搬起石头砸自己的脚",等等。阅读《吴宓日记》,我们仿佛就回到了时代的现场,重温了那个以新的语汇为基础的时代景象,特别是今天重读之,吴宓那种遗世独立、冷眼旁观的姿态,真令人肃然!一切艺

---

① Trevor Field. *Form and Function in the Diary Novel*. The Macmillan Press Ltd., 1989. 4:145.转引自陈晓兰《欧洲日记体小说发展概观》,《兰州大学学报》,2001 年第 1 期。

术的感性经验都是在"距离"中生成的,而有距离的审视中所包含的"冷幽默"式的批判更使得《吴宓日记》的文学意蕴如此的与众不同。

散文式的叙述自然是《吴宓日记》的主体。不过,吴宓又在其中穿插了大量的诗歌创作与书信摘录,特别是这些诗歌,既有阅读文本的抄录,又多有作者自己的创作,除了必要的保存功能外,其实也构成了对其他散文叙述的补充和映衬,或者说在或紧密或平缓的日常叙写之外,形成某种感情的聚焦和提示,两种文体相互支撑,将我们引向作者精神世界的深处。例如 1951 年 1 月 21 日,在连续记叙学校的政治活动之后,吴宓赋诗三首:

为师一首

世变身孤恨我生,为师老逐众人行。

日从伐鼓鸣钟集,惯听嗔莺叱燕声。

蜂蚁入场承旨训,蜿蜒列队耀旗旌。

来来团结齐携手,莫道秧歌舞未精。

时事学习一首

马列精思理独真,千年历史铸从新。

美吾仇敌苏吾友,战是和平暴是仁。

固有诗书封建毒,西来礼俗欲魔津。

朝朝团坐学时事,目注心营考问频。

名教授一首

卅年教授有微名,解放潮来尽倒倾。

急卷诗书随呐喊,初工色笑巧逢迎。

课程精简难新样,薪给评低耻旧荣。

留美昔吾尤恨美,学生今汝是先生。①

较之于早年《吴宓诗集》中那些与时代隔膜的旧体诗作,此刻,浸润于新时代而难以超脱的吴宓真正获得了文学与时代深入对话的灵感,完成了他

---

① 吴宓:《吴宓日记续编》第 1 册,第 42 页。

创作生涯中真正有深度、有思想也有胆识的创作。甚至，这些旧体诗作和《吴宓日记》的文白夹杂的语言方式本身在客观上也构成了某种独特的"形式意味"：在那个时代，不断用新术语新语汇展开"灵魂的革命"乃无可抗拒的趋势。1951年4月15日，《吴宓日记》载："殷炎麟来，忧宓以熊东明之死而精神痛苦，特致慰藉。力劝宓不必以己身之安危为虑，但宜翻读新书，学得一套术语及说法，以为应世而自炫之具云云。"①显然，吴宓对此不以为然，每当写到各种新"术语及说法"之时，他都充满了旁观和审视之态。

在一个不断用新创的政治语汇改天换地，也最终改变人们灵魂的扭曲的时代，只有这些被贬斥为"封建腐朽"的语言才能遗世而立，才能显示和证明知识分子起码的人权和独立。早年的吴宓紧抱文言，有其显而易见的迂阔，晚年的吴宓继续以文言写作，却是他的文学与生命的勇气！比照早年"学衡派"时期，我以为，作为文学家的吴宓才真正成熟起来，并且找到了他自己。

今天的学界为了重评学衡派的价值，时有夸大这一流派及20世纪20年代吴宓价值的倾向。我依然坚持自己十多年前的观点，无论吴宓和学衡派多么"学贯中西"，多么兼具中外的学识，他们的文化姿态有多少值得肯定的价值，有一点却是不容忽视的，那就是他们对于新文学的创作和发展在当时是有相当隔膜的，因而对新文学的批评和反对也是隔靴搔痒。吴宓和学衡派在20世纪20年代的意义在文化理念的独立性而不在文学创作的独创性。一直到了写作《吴宓日记续编》的时候，他才真正找到了与时代进行文学对话的方式，更重要的是找到了与时代对话的思想立场和生命态度：他曾经试图将五四新文学与新文化运动视作历史的扭曲，努力用"白璧德主义"加以纠正。问题是五四并不是他们所想象的那么扭曲，五四新文化所开创的现代文化不仅保留了多种文化观念并存的现实，连质疑者的学衡派也依然在现代教育体制中拥有受人尊崇的地位。五四新文化并没有排斥吴宓，直到"极左"政治出现，才真正将一位虽然不合时宜却同样有着真诚的文化理想的知识分子推向了世界的边缘，甚至推到了难以正常呼吸、正常生活的角

---

① 吴宓：《吴宓日记续编》第1册，第113页。

落。到了这样的一个生命的绝境,吴宓作为中外优秀文化哺育中成长的文化人,其最后的尊严和理想被格外地激发了出来,他的精神的反抗虽然微弱却是那样执拗,他对理想的坚守虽然那么孤独,却特别顽强——甚至比一般顺应"新文化"逻辑、迅速认同新时代、迅速自我批判的新文化知识分子主流更为顽强,这里可能恰恰是长期以来的置身于新文化主流之外的孤立姿态保存了他思想的完整,个中缘由值得我们进一步总结。总之,到了人生的晚年,吴宓被无可拒绝地抛入了时代与社会的旋涡中心,这对他的人生是悲剧性的,对他的文学创作却是前所未有的促进。在人生最低谷的阶段,吴宓完成了他一生最辉煌的文字——《吴宓日记》,成为现代中国大文学写作的杰出的经典,成为他之于现代中国文学的伟大的贡献。在这个时候,深具现代体验的吴宓在精神上与他质疑过的五四新文学、新文化是沟通的,作为大文学意义的《吴宓日记》与鲁迅杂文、与穆旦诗歌是呼应的,因为,他们都共同体现了一个时代的焦虑和困境,表达了现代社会对人的真挚理想的挤压和戕害。

(本文刊于《文学评论》2015 年第 3 期)

《吴宓日记》,为何而作?

——纪念吴宓诞辰 120 周年

向天渊

(西南大学中国新诗研究所)

据《吴宓自编年谱》,我们知道,吴宓诞生于 1894 年阳历 8 月 20 日(阴历甲午年乙丑月甲午日),2014 年是他诞辰 120 周年。在这样一个既平常又特别的日子里,作为吴宓最后二十多年生活、工作所在之地——西南师范学院(西南大学)的一名教员,我想通过思考"《吴宓日记》,为何而作?"的问题,表达对他的一份深情缅怀与纪念。

一

历经磨难与波折,《吴宓日记》(十卷)及《吴宓日记续编》(十卷),分别于 1998 年和 2006 年由北京三联书店出版。从 1910 年 10 月 1 日起到 1974 年 1 月 23 日止,日记的时间跨度长达六十五年,虽然损毁、残缺得厉害,但仍有八百余万字,而且全是文言,这在中国近现代历史上可谓独一无二,其特点、价值与意义,用钱锺书《吴宓日记·序言》中的话说就是:"其道人之善,省己之严……未见有纯笃敦厚如此者。于日记文学足以自开生面,不特一代文献之资而已。"①

---

① 钱锺书:《序言》//《吴宓日记》第 1 册,1998 年版,第 2 页。

在 1910 年日记的卷首,吴宓写了一段自勉的话,开头几句是这样的:"天下之事,不难于始,而难于常,所以毅力为可贵也。日记,细事也,然极难事也。"①六十多年坚持下来,的确需要非凡的毅力。然而,就皇皇巨著《吴宓日记》来说,并非有了毅力就能完成。我们知道,吴宓 1949 年 4 月底由武汉飞往重庆,此前的数十年间,他就读清华、留学美国、任教东西南北多所大学,并曾主编《学衡》《大公报·文学副刊》以及学术访问欧洲等,可谓辗转各地,加之时局动荡,逐年累积、数量可观的日记之保管、迁移,俨然成为一大问题。但和当年众多学者一样,吴宓也有珍藏、搬运图书、日记的办法,随身携带的两口皮箱就是最便捷的保险柜。

时光荏苒,到了"文革"初期,吴宓此前的全部日记被红卫兵抄走,且美其名曰"主动交出",这让他无比痛心疾首。在当年的除夕之夜,他回忆说:"经过此次'交出',宓的感觉是:我的生命,我的感情,我的灵魂,都已消灭了;现在只留着一具破机器一样的身体在世上……"②大半年之后,他居然发现被抄去的书物无人看管,几次冒险"乘间私自取回"一小部分。自此以后,他不得不想尽办法将写好的日记东存西藏,为此付出不菲的金钱代价,还因为所托非人而损毁不少。最可恨的是,1966 年冬天,中文系某学生强行拿去近三个月的日记,并以其中"有错误的感想及言论"相要挟,勒索吴宓四百元之巨③,相当于他二级教授一个半月的薪资。尽管吃尽苦头,但他仍然不顾所谓"惩前毖后"的劝阻,继续书写,致使诸多亲友不敢同他往来,害怕被写入日记而遭受牵连。这种冥顽不化的坚持,直到因目盲、足膑而难以为继的1974 年春天为止。

二

在吴宓的同代人中,鲁迅、胡适的日记最受关注,影响也最大。胡适早

---

① 吴宓:《吴宓日记》第 1 册,第 3 页。
② 吴宓:《吴宓日记续编》第 8 册,第 38 页。着重号原有。
③ 吴宓:《吴宓日记续编》第 7 册,第 530 页。

年日记的目的，一是帮助记忆，二是与好友共同分享，暴得大名之后，日记则被当作传记的材料与依据，显然是写予别人看的；鲁迅自谓他的日记是给自己看的，"写的是信札往来，银钱收付，无所谓面目，更无所谓真假"①。吴宓与胡适、鲁迅之禀性、际遇、交往都大不相同，不过，奇妙的是，从内容上看，他的日记前十卷与同一时期的胡适日记正好相互补充，比对着阅读，就能呈现一幅相对完整的中国现代学术史和教育史；而后十卷则与鲁迅日记颇为相似，但除了信札往来、银钱收付之外，还包括具体的人事交往、复杂的情感纠葛与细腻的心理郁结，我们完全可以把它当作社会史、经济史、斗争史、人性史来阅读，但这些都统摄于更深层次的个人"心灵史"，让我们深刻体会到"风动于上而波震于下"之时代背景中，一名岌岌可危却又无能为力的知识分子独特的心境与命运。这些用以纾怀解困、疗伤止痛、"自读自阅""自言自语、自为问答之词"，居然在他逝世二十来年之后得以刊布流行，成为传世之作，大概是善于占卜的吴宓也未能预见的事情，"俟河之清"确实超乎他的想象，来得太快了一些。

在日记中，吴宓多次表达对顾炎武的追慕之情，他还曾拟撰《新悟录》，仿顾亭林先生《日知录》。《新悟录》自然是没能写成，但他的日记却与《日知录》尚有一比。这种比较的基点当然不是所记之人事，而是所发之感想，对此吴宓有过议论："日记中宓之感想，窃仿顾亭林《日知录》之例，皆论理而不论事，明道而不责人，皆不为今时此地立议陈情，而阐明天下万世文野升降之机，治乱兴衰之故。皆为证明大道，垂示来兹，所谓守先待后，而不图于数十年或百年内得有采用施行之机会，亦不敢望世中一切能稍随吾心而变迁。"②书写此段日记的时间，是 1951 年初夏，一连串大小不断的运动、学习、会议，让吴宓感觉"劳倦过剩""不胜惕然"，但对他的冲击与批斗还未开始，他也不妨尚存"证明大道"的宏愿，只是已经觉察到"起于青蘋之末"的微风即将"飘忽溯滂、激飚熛怒"，不免悲观绝望，甚至期盼死神的临近。此后的

---

① 鲁迅：《马上日记》（1926 年 7 月），《鲁迅全集》（第 3 卷），北京：人民文学出版社，1981 年版，第 308 页。

② 吴宓：《吴宓日记续编》第 1 册，第 112 页。

二十余年间，历史没有给予吴宓沉思冥想的机会，他不得不周旋于鸡毛蒜皮的生活琐事与大是大非的思想改造之中，肉体与精神都饱受折磨，日记中的感想大多因事、因人而发，也就无法与"采铜于山""稽古有得"的《日知录》相提并论了。即便同一时期的另外一些"潜在写作"，如《从理想主义到经验主义》《无梦楼随笔》等，其证明大道、垂示来兹的效用也比《吴宓日记》更为明显。或许正是因为有如此的遗憾与欠缺，才更让我们透过吴宓的痛苦与挣扎感受到历史的怪诞与生命的伤残。

三

古人有立功、立德、立言之"三不朽"的期许。时至今日，吴宓的事功，经由"文化守成主义者""中国比较文学之父""博雅教育的倡行者"等称谓获得某种追认与肯定，他的诗文、日记、书信也相继得以整理、刊行，至于他的品德，我们从诸多逸闻趣事之中也已获得一种类似不食人间烟火、不通人情世故的漫画式印象，用他自我评价的话，就是"温柔敦厚失之愚"。《吴宓日记》，尤其是其中呈现出的为了日记而历尽艰难、虽死无悔的吴宓，自然是证实了"迂腐""糊涂"的印象。但在传统儒家文化与人格理想正在寻求复兴与重建的当今中国，我们或许可以大胆地宣称，吴宓之所以"不朽"的主要原因，并非其所建之功、所立之言，而是其所树之德！其顽固、其保守、其温柔敦厚，何愚之有？

（本文以《〈吴宓日记〉为何而作？——纪念吴宓诞辰120周年》为题刊于《博览群书》2014年第9期）

《吴宓日记续编》中的周恩来、邓小平

凌孟华

（重庆师范大学文学院）

斗转星移，沧海桑田，又见甲午年。1894 年爆发的甲午硝烟已经铭刻痛史，1954 年开始的五年计划还在再传捷报。1894 年出生的先贤俊彦，如吴宓、梅兰芳、叶圣陶、陆志韦、洪深、白薇、胡先骕、吴定良等均迎来诞生 120 周年纪念。其中就吴宓纪念而言，陕西泾阳有关部门、清华大学、西南大学等单位均有多种形式的纪念活动策划开展。普通读书人纪念吴宓的最好方式，无疑是阅读吴宓著述，走近这位在现当代中国相当独特而又颇有些矛盾的重要人物。季羡林先生就曾充满敬意地在《回忆吴宓先生》序言中相当经典地忆念其独特与矛盾："雨僧先生是一个奇特的人，身上也有不少的矛盾。他古貌古心，同其他教授不一样，所以奇特。他言行一致，表里如一，同其他教授不一样，所以奇特。别人写白话文，写新诗，他偏写古文，写旧诗，所以奇特。他反对白话文，但又十分推崇用白话写成的《红楼梦》，所以矛盾。他看似严肃、古板，但又颇有一些恋爱的浪漫史，所以矛盾。他能同青年学生来往，但又凛然、俨然，所以矛盾。"①

仅就体量而言，经吴学昭整理出版的洋洋二十册日记无疑是吴宓一生留下的最"厚重"之著述。整理者吴学昭在《吴宓日记续编》之《前言》中认

---

① 季羡林：《序》//黄世坦编：《回忆吴宓先生》，西安：陕西人民出版社，1990 年版，第 1 页。

为"父亲用自己的日记见证了历史,历史也通过日记确证了父亲及一代知识分子,在他们的心路历程留下浓重的痕迹,留供后人研究"①,识者如刘梦溪先生也强调《雨僧日记》实际上是一部内容丰富的日记体中国现代学术史叙录,也是一部现代学人的文化痛史,其史料价值和学术价值,均不可低估……足以嘉惠士林,传之久远"②。的确,不无缺失与遗憾的《吴宓日记》与《吴宓日记续编》为学界提供了吴宓研究的重要材料,也为了解现代中国历史保存了珍贵的民间史料。其中关于当时共和国政要的记录就颇值得注意。

翻开《吴宓日记续编》,当时共和国政要如毛泽东、周恩来、邓小平、刘少奇、陈毅、叶剑英、聂荣臻、林彪等名字在其中都时有出现。关于《吴宓日记续编》与毛泽东,笔者所撰小文已收入王本朝教授主编的《共和国时代的吴宓——以〈吴宓日记续编〉为中心》(巴蜀书社,2014 年版)。以下以周恩来和邓小平为例撮要论述。

一、周恩来

《吴宓日记》未见关于周恩来的直接记载,而《吴宓日记续编》中关于周恩来的记载却为数不少。据初步统计,《吴宓日记续编》出现"周恩来"十九次,其中一次后缀职务"副主席",十次后缀职务"总理",八次直呼其名,常与"讲话""报告"相连,也有与"招待会""答词"相连者;记录"周总理"六十七次,也多与"报告""谈话""讲话""访问""会谈"等搭配出现;另有一处职务后缀名字的"周总理恩来":1964 年 8 月 20 日"集大操场聆周总理恩来与彭真市长对北京城郊应届大学及专业中学毕业生讲话之录音播讲"③。从中可以看出周恩来的共和国总理身份之深入人心,即使是在吴宓这样的"旧式"知识分子的日记中,其出现频率也以压倒性的优势超过本名周恩来,几有取

---

① 吴学昭:《前言》//吴宓:《吴宓日记续编》第 1 册,2006 年版,第 6 页。
② 刘梦溪:《王国维、陈寅恪与吴宓》,《中国文化》,2013 年第 2 期,第 155 页。
③ 吴宓:《吴宓日记续编》第 6 册,第 305 页。

代之势。同时,《吴宓日记续编》中的周总理既是民众信函(如邓心悟)或想要信函(如吴宓)的对象,也是"劫持""攻击"的对象。前者如 1956 年 11 月 30 日日记有"夕溪来,述悟曾函上周总理,汇捐三百元为援埃及之款,而自己穷困不堪,故乡二甥受命苦耕薄田,已劳累至呕血,急切待援等情。甚矣,悟之痴迷也"①的记载,后者如 1971 年 10 月 10 日日记的"上午 8 至 12 西师五一六化学系教师胡传义坦白交代其 1967—1968 之罪行:在上海、万县,重庆、西师(1)攻击周总理(2)攻击驻渝五十四军(3)挑起两派武斗(4)为自己表功"②。这自然与周恩来建国后的重要地位和现实影响有关,其中的情感取向与具体表述也折射着周恩来的公众形象和个人风采。

吴宓的私人经验与个体情感也在相关记录中时有体现。以下举三处记载进行简要分析。

> 1957 年二月十日 星期日
>
> 夕 5:00 西师党委会刘君来,今晚重庆市委特开晚会,招待周恩来总理,命宓偕郑兰华随同谢院长、李教务长往与会。宓述上次乘院长汽车入城,途中晕车呕吐,甚感不适,今日更寒,恐致病,请辞。③

这是《吴宓日记续编》中吴宓最接近周恩来的一处记录。周恩来已经来到了重庆市委,吴宓等已经得到了市委的与会邀请,就距离而言无非数十公里,就时间而言不过车程一二小时(1 月 24 日中午 1 点出发,2 点半到重庆市府大礼堂,一个半小时而已)。可以见到位高权重、万人景仰的周总理,对普通民众或知识分子而言,这是何等的殊荣,这是多好的机会,很可能会毫不犹豫地欣然赴会,即使有困难有阻力,"创造条件"也要躬逢盛会,叨陪末座。但吴宓无疑不是普通人,的确迥异于一般的知识分子,竟然以上次入城的"晕车呕吐,甚感不适"与当日的"更寒,恐致病"为由"请辞"!从中不难看

---

① 吴宓:《吴宓日记续编》第 2 册,第 566 页。
② 吴宓:《吴宓日记续编》第 9 册,第 332 页。
③ 吴宓:《吴宓日记续编》第 3 册,第 28 页。

出吴宓喜静处,会晕车,不热衷政治的个性特征。还值得一提的是,此段文字后面就是"刘君往访邓胥功,亦以年老,身体不能支持辞"。这是关于教育学家邓胥功先生行实风采的一则宝贵记载。可见吴宓在当时的西南师范大学还是"吾道不孤",身边就不乏特立独行的老先生、大学者。查《周恩来年谱》,1957 年也有"2 月 8 日   到重庆。2 月 10 日   在重庆干部会议上作报告:这次在国外走了十多个国家,到处证明整个国际局势是趋向和缓,和平共处五项原则可以推广。战争推迟了,我们有时间和平建设。当然我们也不应放松警惕,帝国主义也并未放松侵略,战争危险是存在的"①的记载。两相对照,就不仅能证明吴宓记载的时间、地点是准确的,而且关于晚间的"晚会"安排,还可以对年谱的遗漏和空白形成修正,可供以后的《周恩来年谱长编》编撰者参考。

> 1967 年十二月二十五日 星期一
>
> 阴,风。5—11℃ 未晓,梦北京斗争周总理(宓并不在场),忽然寻见。周总理答:"此时便甚好",欣然遂往。斗争两小时。后又斗争一次,只一小时,专质问外交事件(问题)。群众称赞周总理之态度和善,故斗争亦不激烈云(按:宓日之所思,夜则成梦)。——遂醒,才 4a.m.②

虽然吴宓在日记中多有关于自己梦境的记载,如 1943 年 3 月 25 日日记即有"未晓,梦谒见蒋公,陈说国事,甚失望,且触其怒。被祸,营救,得免"③的内容,但这是《吴宓日记续编》中唯一一次梦见周恩来的记录。其内容居然是斗争共和国的周总理,这本身已经非同寻常了;而周总理之欣然遂往的情态,也着实让人吃惊。斗争历时三个小时,对日理万机之人,不能说短,而态度和善也殊为不易;虽得群众称赞,斗争亦不激烈,但背后的悲剧和荒谬感也是特殊时代中国政治生活的曲折、虚幻却不无现实根源的反映。吴宓

---

① 中共中央文献研究室编:《周恩来年谱 1949—1976》(中卷),北京:中央文献出版社,2007 年版,第 16 页。
② 吴宓:《吴宓日记续编》第 8 册,第 332 页。
③ 吴宓:《吴宓日记》第 9 册,第 47 页。

自己"宓日之所思,夜则成梦"的解释虽然只是关于梦境的常识,但对于我们解释这个梦境却非常重要。吴宓日之所思到底是什么呢?检阅前几日日记,从"惟各系皆将吴宓列入其单中为斗争之对象……即日将斗争宓;各系不至斗争及宓;最主要者为中文系师生对宓之斗争会,继之则有全校师生员工对宓之斗争会"①(1967年12月20日);"刘君谓,观宓近日形容憔悴、精神颓丧、盖由忧虑过度,健康与身体受损。故劝宓三条:(1)宜放怀,勿忧惧……只须恭顺承受,到时过关……盖天下之大、事变之繁,局势之未安定,对宓所拟之斗争本是寻常过程(表演),处理更未必竟能作到,何为事前旁皇焦虑以自损哉!"②(1967年12月21日);"决生死祸福,一切听其自然;今日得过,且乘时休息自适"③(1967年12月24日)等记录中就可以推知了。无非是对即将到来的斗争的忧虑、恐惧和关于应对的态度、策略的思考、决定。吴宓梦中的斗争周总理实则是斗争自己,或者说周总理是在吴宓的梦中预演吴宓、代替吴宓接受斗争,为即将接受斗争的吴宓积累经验、树立楷模。周总理的欣然遂往与态度和善是吴宓决定采取的态度,周总理的群众称赞与斗争亦不激烈是吴宓期待拥有的效果。至于为什么是周恩来而不是别人这样出现在吴宓梦境中,则可能吴宓潜意识里认识到自己的才学、声望、影响之于西南师大与周恩来之于新中国差可相类,难免成为众矢之的,而需要接受斗争,作必要的表演以自遣、自适、自慰。

　　1973年一月九日　星期二

　　下午天色黄,极阴晦。3:30至商店窗外群集之处领得1973元月份西南师院发给宓月薪,依旧"特别扣发"232.50元,实发39.20元。回舍,以告唐季华。唐君劝宓可往谒张永青院长,求免"特别扣发";至宓欲函上国务院,向周总理控诉,则断不可行,盖恐后患无穷也。宓从之。④

　　———————————

① 吴宓:《吴宓日记续编》第8册,第326-327页。
② 同上,第329-330页。
③ 同上,第332页。
④ 吴宓:《吴宓日记续编》第10册,第276-277页。

如果说前述梦见周总理是吴宓的一种虚幻的安慰,那么这里和唐季华谈话中的"函上国务院,向周总理控诉"的打算,则是一种现实的诉求,希望能够得到周总理的明断和支持,能够讨回公道,免除"特别扣发"。吴宓之所以会有如此强烈的诉求,不惜越级上报国务院,惊动周总理,则是因为他已长期受月薪"特别扣发"之苦,导致入不敷出,常常借债度日。其间具体扣发的情况和经济拮据之苦恼在日记中多有记载,如"1968 四月至 1969 六月,每月只发给生活费 10 元(此时期,曾靠心一汇款济助)。1969 七月至 1970 二月,每月发给 134.68 元,实为工资之半数……但自 1970 三月份起(别人仍发半数),革委会忽指令'对宓扣减 232.50 元',实只发给 33.16 元。四月、五月……以后永如此数(扣减之理由及原因,始终未宣布。宓实不知。二月初至三月初一段时期中,宓亦未犯任何错误,未受指责)"①(1970 年 3 月 10 日日记)。为解决"每月之生活用度,实只有 13.16 元"②(付兼职女工工资 20元)的经济危机,吴宓曾多次呈请组织要求发给全薪,如"夕,撰写成十一月十三日宓上西师革委会陈洪副主任呈文:请求自 1973 元月起,每月发给宓定额工资全部 272.50 元,而勿再'特别扣发'232.50 元(实只发给 39.09元)"③(1972 年 11 月 12 日日记),再如"上午,红日出。宓甚觉爽适。撰写成上西师革委会暨院领导同志、先生书满一长页(一)述'特别扣发吴宓工资案'始末,(二)请求在月内年内清查明白,做出决定,并立即执行:停止特别扣发吴宓工资。每月多至 232.50 元自 1973 元月份起,每月发给宓全部工资272.50 元。"④(1972 年 12 月 14 日日记)等。正是这些呈文和努力没有得到应有的答复与批准,期待的元月份全薪落空,吴宓才在激愤之中"欲函上国务院,向周总理控诉"。这一想法虽因唐季华劝阻而并未实施,但从中既可以看出吴宓对国务院、对周总理的信任和期待,也可以窥知周总理在吴宓、在国人心中的清誉和威信。值得补充的是,"特别扣发吴宓工资案"直至

① 吴宓:《吴宓日记续编》第 9 册,第 138 页。
② 同上,第 138 页。
③ 吴宓:《吴宓日记续编》第 10 册,第 226 页。
④ 同上,第 251 页。

1973 年 2 月才得以解决，但吴宓 1973 年 2 月日记并无领薪的记录，要到 1973 年 3 月 5 日日记中才有"宓自二月份起，月薪 272.50 元全复给"①的记载。

二、邓小平

《吴宓日记续编》对邓小平的记载其实并不多，甚至可以说出乎意料的少。即使是邓小平在重庆主政大西南期间，相关的记录也寥寥可数。据初步统计，《吴宓日记续编》出现"邓小平"十六次，其中后缀副主席一次，后缀总书记一次，前缀首长三次，前缀中央五次（其中两次后面兼称首长），直接称邓小平八次。就像周恩来有时候是"劫持""攻击"的对象一样，随着邓小平建国后的起落沉浮，他也一度和"资本主义复辟逆流""党内资产阶级反动路线之最高首领""勾结朋比之罪行"等短语联系在一起。其中有三处与吴宓个人的关系相对密切，试作简要分析。

> 十二月八日　星期六
>
> 阴，颇暖。偕朱虎庄步至沙坪坝，请朱君适合早餐＄4200。宓入重大，访梓、夔，闻邓小平副主席曾在西南军政委员会中，手执宓诗之石印本宣读云云！②

此段日记所载邓小平读《吴宓诗集》事，应当不是空穴来风。其时邓小平也的确在重庆任西南军政委员会副主席。两天前，吴宓得知"宓等重阳社集诗已为西南军政委会搜得，油印分发，并在最近十二月二日文教会议中提出讨论，且疑为反动之政治组织特务活动，方在密查云。细聆之，方知其所搜得者，实为最近十一月一日宓邮寄胡蘋秋函中宓作《国庆》诗、《赠兰芳诗》四首。又梓、芬补社集诗各一首，故被斥为反对或"讥讽土改及镇压反革

---

① 吴宓：《吴宓日记续编》第 10 册，第 326 页。
② 吴宓：《吴宓日记续编》第 1 册，第 253 页。

命"，见今日《新华日报》论邵祖平文。谓"此诗亦重大教授所作云云"①，颇为后悔、自责，流露出困扰和忧惧。不仅思考"惟何以搜得？检查邮信乎？抑蘋秋所呈报乎？宓惟深自悔责轻寄该诗函而已"，而且推测可能的严重后果——"此案祸发，宓将遭枪毙乎？五年徒刑乎？派入革大学习乎？勒令参加土改乎？均未可知"，认为"日内必将搜查宓之书籍、函札、日记等，宓之罪将更重。偶一不慎，遂将杀身，真所谓'自作孽，不可活'者矣"②（1951年12月6日日记）。此时（12月8日）又再听到邓小平"手执宓诗之石印本宣读"，吴宓心中所思所想如何？是波澜起伏，还是清风徐来？可惜吴宓没有记载。这里的"石印本"和"宣读"均值得注意。因为前述搜得的吴宓等人诗作是"油印分发"的，可见这里邓小平读的应该是另外的吴宓诗歌，而读吴宓以前诗作的目的可能有二，一是在搜罗相似的有罪证据，二是在寻求相反的无妨解释。"宣读"则说明不是私下的阅读，而是公开的宣讲，说明邓小平对吴宓诗的看法已经思虑成熟，有了公之于众的定论。若是目的一，吴宓的前程堪忧，自当益发雪上加霜，内心波澜起伏；若是目的二，吴宓的处境无虑，可能顿觉如释重负，清风拂面徐来。早年吴宓就对日记做法和功能就有"体例一取简赅，以期能不中断，如电铃之扣码、书库之目录。凡藏储脑海者，他日就此记之关键，一按即得。故惟示纲目，而不细叙，藉免费时而旋中辍云"③的观念，像这样的只有"关键"记载，对于他自己可能"一按即得"，但对于读者来说，可能按键无效，颇为费解。当然，费解也就是有多种解读可能，有丰富的阐释空间。同时，从邓小平的角度看，邓小平读诗的记载在相关文献中并不多见，因而显得颇为可贵。邓小平虽然没有毛泽东、陈毅、朱德等人的诗名，但资料显示其诗也有相当功底。丁茂远编著的《中国现当代著名人士对联赏析辞典》就辑录赏析了邓小平《春联四副》《应对周恩来》《赠人》《即兴题联》《挽中美合作所集中营死难烈士》《赠陈树柏》《即兴》等对联作品，其中手书赠陈树柏的"渡尽劫波兄弟在，相逢一笑泯恩仇"显示了邓小平

---

① 吴宓：《吴宓日记续编》第1册，第250-251页。
② 同上，第251页。
③ 吴宓：《吴宓日记续编》第2册，第19页。

对以鲁迅《题三义塔》为代表的现代诗词的熟悉,而写入《邓小平年谱》1993年12月13日条的"喜看今日路,胜读百年书"①更是被认为是"平中见奇,而又语浅意深……自可从中悟出言外之意,象外之旨"②。所以邓小平读吴宓诗(无论于公,还是于私,都是读诗;公开读诗之前往往先有私下读诗)也可能是其读书生活的场景之一。《吴宓日记续编》的记录对场景的还原弥足珍贵。

十二月十八日　星期二

……下午2:30大礼堂赴传达会。谢公立惠主席,此次西南文教扩大会议中(一)楚图南所讲,由黎涤玄转述。(二)邓小平所讲,从略。(三)张子意所讲,由方敬转述,皆注重思想改造。敬申说……又节取(二)邓小平所讲之一部而附述之。举重大、西师教授为例,其一邵祖平,其二某某指朴,其三穆济波等。又云,邓公对本校教授内情知之甚悉,我辈深愧昏聩云云。③

此则日记提到的"西南文教扩大会议"应当是指"西南文教委员会第三次全体委员扩大会议"。关于此次会议,《邓小平与大西南(1949—1952)》所附"中共重庆市委党史研究室供稿　何淑琼执笔"的《大事记》有"12月3日邓小平在西南文教委员会第三次全体委员扩大会议上作关于教师思想问题的报告,指出知识分子如果想在新时代为人民作出一些事情,起一定作用,不批判旧思想是不可能的,必须下决心,克服各种障碍,要准备出一身汗,丢下过去不可能丢的面子,不怕丧失威信,开展批评与自我批评,才能从旧知识分子改造成为新知识分子"④的记载。《学习》第五卷第四期"思想界动

---

① 中共中央文献研究室编:《邓小平年谱1975—1997》(下),北京:中央文献出版社.2007年版,第1367页。

② 丁茂远:《中国现当代著名人士对联赏析辞典》,北京:商务印书馆国际有限公司,2012年版,第420页。

③ 吴宓:《吴宓日记续编》第1册,第261-262页。

④ 中共重庆市委党史研究室等编:《邓小平与大西南(1949—1952)》,北京:中央文献出版社,2000年版,第477-478页。

态"栏目之《西南、华东、西北着手布置思想改造》也对相关情况进行了介绍："西南军政委员会文化教育委员会在十一月二十六日至十二月三日举行第三次全体委员会扩大会议,讨论学校教育工作和教育界思想改造问题……西南军政委员会副主席邓小平在会议闭幕前作了有关教师思想改造问题的报告,指出教育工作者的思想改造是一个严重的政治任务,也是一个艰苦的过程,教师们要下定决心,克服各种障碍,而改造的最有效的办法就是开展批评与自我批评,任何敷衍态度或幻想'和平改造'都是不行的。"①查《邓小平年谱》,仅有前后的相关记录如"11 月 15 日　审阅西南军政委员会文化教育部党组关于召开西南文教文员会扩大会议的初步意见和西南区大中学校人民助学金暂行条例"②、"12 月 18 日　审改中共中央西南局关于西南军政委员会文化教育委员会召开第三次全委扩大会议讨论开展文教界思想改造运动给中共中央并西南各省区党委的报告稿"③等内容,而没有直接的此次会议以及报告的情况。吴宓日记可以作为此次西南教育界重要会议的民间旁证。会议中举例的邵祖平、朴、穆济波三人均为吴宓时有过从的好友,吴宓听起来难免心惊肉跳。而"邓公对本校教授内情知之甚悉"的消息,应当直接涵盖了在西师引人注目的吴宓教授自己。但吴宓同日日记紧接着说"是日宓十分忧惧,惟恐道破宓诗案,曾求祷父佑。但止于以上所言,未涉及宓,可云差幸"④既坦言了对诗案的担忧和恐惧,又怀着天真的侥幸心理和否定心态,还认为没有涉及自己,其间心理之曲折与微妙,也很见吴宓的个性色彩。同时,这段文字也是研究邓小平教育思想实践和知识分子思想改造运动组织的重要参考资料,西南师大的传达情况与吴宓的个人反响都是难得的具体实例。

　　十一月二十八日　星期日

　　……约 10 时,乘车至锦江人民大会堂门外,排队入场。见圆弧形之

---

①　《西南、华东、西北着手布置思想改造》,《学习》,1951 年第 4 期,第 32-33 页。

②　中共中央文献研究室编:《邓小平年谱 1975—1997》(下),第 1015 页。

③　同上,第 1021 页。

④　吴宓:《吴宓日记续编》第 1 册,第 251 页。

七层木架已搭好，政协第三组在中央偏左处，宓在最下之第七层，其前之平地置木椅一排，刘连波部长及段老调元等坐焉。宓等受命先在自己站处坐息，约10:30乃皆起，肃立。有一年老之委员竟不能支，候至11时首长至，邓小平、李富春等，由李大章、廖志高等陪导，步行入场，众热烈鼓掌。首长入中座，即时照像，顷刻而毕。首长离座，出门，乘小汽车而去，然后人民代表继以省政协委员按组依序，排队出场，各乘原车，11:20归抵成都旅馆。①

这篇1965年的日记应该是已出版的《吴宓日记续编》中吴宓最接近邓小平的一处记载，不仅目睹邓小平、李富春等首长在四川省长李大章、中共四川省委书记廖志高等的陪导下入场、落座，而且还一起合影照相留念。从吴宓记录的内容看，邓小平出现在吴宓视野中的时间很短，不但照相"顷刻而毕"，而且从到场到入座，从离座到乘车离去前后也不过十多分钟；吴宓既没有机会和邓小平握手，也没有机会交谈。值得注意的是合影时吴宓所站的位置安排。吴宓此次列席四川省第三届人民代表大会第三次会议开幕典礼是"就三十三排39座"②（11月25日日记），出席中国人民政治协商会议四川省第三届委员会"座位为第十二排11坐，左为段调元、林嘉秀，右为李国润"③（11月26日日记），在"省人民代表、省政协委员全体照相"时能排到"最下之第七层"，就在"平地置木椅一排"的后面，已经是大大地向中心靠拢了。在这样的正式场合，座（站）位安排其实是在主事者心中地位高低、受尊崇程度的一种体现，吴宓自己前两天还因为小组讨论和耿振华两次坚持互让，"而与耿君不欢而散"，感喟"诚不幸已"④（11月27日日记）！当然，在这个意义上，同为西南师范大学教授的段调元（数学专业）就更受尊崇了，因为他可以和刘连波部长等"坐焉"，而不必像吴宓等只能"受命先在自己站处坐息"。至于更受尊崇的原因，可能是"段老调元"生于1890年，比吴宓年长四

---

① 吴宓:《吴宓日记续编》第7册,第296页。
② 同上,第291页。
③ 同上,第293页。
④ 同上,第295页。

岁,其时已七十五岁高龄。从中不难看出吴宓参加政协会议时受到的礼遇及其限度。在各行各业精选出来的来路不凡的政协委员队伍里面,吴宓并没有受到多么特别的优待与照顾,只是普通一员,年龄偏长而已。日记呈现了提前"肃立"以待首长时"有一年老之委员竟不能支"之细节,却对观者的反映和自己的态度未置一词,不知道是归因于委员之年老体弱,还是究责于组织者安排"肃立"太久,或是兼而有之。从 9:00 开会宣布注意事项及乘车排队办法到 9:00 排队乘车,从约 10 时排队入场到约 10:30 起立,从 11 时照相到 11:20 归抵旅馆,吴宓在日记中详细记录了政协委员用整整一上午的时间来完成照相的经过,留下了"文革"前四川省政治协商会议的组织状态和民主生态的一个局部,其间的组织问题与效率问题,在官方的记录、简报、总结里恐怕不易看到。而有意思的是,邓小平等首长的安排却非常紧凑,工作效率相当高,如前所述,十多分钟就完成了照相全程。查《邓小平年谱》,1965 年 11 月底仅有"11 月 25 日 上午,接见中共贵州省委有关方面负责人。后乘飞机去成都","11 月 30 日 上午,乘飞机到西昌"[1]的记载。简略的记载一方面可以印证邓小平 11 月 28 日的确在成都,完全具备与人大代表和政协委员合影的可能;另一方面凸显了吴宓日记之价值,可以补充《邓小平年谱》的相关空白,为邓小平与人大、政协工作的相关研究提供基本的史实史料线索。

虽然已公开出版的全部吴宓日记都没有吴宓与周恩来、邓小平直接交往的记录,但其中记载的间接交往内容对于我们缅怀周恩来、邓小平等伟人,纪念吴宓先生,铭记和反思特殊时段的特殊历史,都不无意义。吴宓日记对共和国政要的记载,可以带给我们多方面的思考。一是间接交往的意义和价值问题。每个人的生命历程中都会直接或间接地接触到诸多形形色色的人物,都会有直接或间接的林林总总的交往,留下直接或间接的深深浅浅的影响。在直接的接触和交往之外,那些留下了重要或特殊影响的间接接触和交往也值得重视。对于著名文化人物尤其如此。在考察他们直接接触和交往的对象之余,关注他们间接接触和交往的人物,对我们全面认识和

---

① 中共中央文献研究室编:《邓小平年谱 1975-1997》(下),第 1184 页。

把握研究对象,把相关研究引向深入具有重要意义。特别是当间接接触和交往的对象也是著名甚至更有影响的历史人物的时候,就更是具有双重意义和价值。吴宓与周恩来、邓小平的间接接触和交往应作如是观。二是吴宓日记对周恩来、邓小平等政要的记载之于吴宓研究的意义和价值问题。吴宓日记中的周恩来、邓小平既是作为总理、首长的政要本人,也是共产党方针政策、共和国民主政治的代言人。不管是吴宓对周恩来之"请辞""梦北京斗争"与"控诉",或是被邓小平"宣读""知之甚悉"与对邓小平"热烈鼓掌",都是吴宓的政治态度、政治生活和政治生命的重要表现与关键内容,对还原和研究共和国时代吴宓的生活状态与精神思想意义重大。三是吴宓日记对周恩来、邓小平的记载之于两位政要研究的意义和价值问题。吴宓日记是反映周恩来、邓小平在民国文人(知识分子)心目中的地位、形象和作用的个人记录和民间史料,可以与官方史料互证互补,对折射和分析共和国时代的知识分子对两位领袖的认知与态度也具有当然的价值。

　　当然,本文对《吴宓日记续编》中的周恩来、邓小平的梳理还比较粗疏,所谓思考也还处在散乱的萌芽状态,希望专家、同好批评指正并进一步研究。谨以此小文纪念吴宓先生诞辰 120 周年。

(本文刊于《新文学史料》2015 年第 4 期)

《吴宓日记续编》中的鲁迅[*]

肖太云

（长江师范学院文学院）

鲁迅与吴宓，都是民国时期的风云人物。吴宓的影响力虽不及鲁迅，但毕竟是学衡派的中坚，且有着清华大学研究院主任的显赫资历，也是大教授、大学者①。可他们二人在共和国的命运却殊途迥异。一个身虽死但笼罩无限光环，享受无上荣耀；一个身未死却低到尘埃里，陷入精神的炼狱，作为点缀的"花瓶"安身于西南一隅②。民国时，两人有过交手或交锋，但"交集点"不多；共和国时，两人已无晤面或论辩的现实机会，但吴宓与鲁迅的"交往"反而多了起来。

1955 年 5 月 3 日，吴宓被安排为"教师俄文班"上课，"宓主讲 36 课，题曰鲁迅"③，当日日记只是简单记事，无点评。1958 年 11 月 7 日，遵中文系秘书"命"，不参加全系会议，赴音乐系演奏厅为音乐科高中一年级甲乙合班学

　＊　本文系中央高校基本科研业务费专项资金资助，项目名称：《〈吴宓日记续编〉与新文学作家》（SWU1509372）；重庆市社会科学规划培育项目《三 S 与红色中国形象建构研究》（2014PY39）；重庆市社会科学规划项目《"后期吴宓"研究》阶段性成果。

　①　吴宓 1941 年在西南联大期间被教育部聘为首批"部聘教授"。

　②　吴宓从 1949 年 4 月 29 日（离开武汉大学飞至重庆）到 1977 年 1 月 8 日（因病重生活完全不能自理而离开北碚，回往陕西泾阳老家）在当时还属于重庆郊区的北碚（主要是西南师范学院）工作、生活了二十八年，1978 年 1 月 17 日在泾阳去世，终年八十四岁。

　③　《吴宓日记续编》第 1 册至第 10 册载作者 1949 年至 1974 年日记，凡予引用（包括注释中的引用），随文随注标明年月日，以备查核。为免烦琐，不另注。

生九十二人上《语文》课,讲"第二课鲁迅作《纪念刘和珍君》,颇用力,学生似尚欢迎"。当日日记加按语:"按宓授中学课,乃今生第一次,惟课文之内容(三·一八惨案)及论点正与宓夙昔所持者相反。宓在1926固极赞成《甲寅》而恶鲁迅及女师大一般学生者,今届从而作违心之讲授,亦大苦之事已!"

解放前,吴宓"因时因势"阅读鲁迅的著作不多,解放后,同样"因时因势"却读起了鲁迅及其著作,而且读的时间长,读的量大,读的密度高。我们先看他日记中的相关记载:

　　1955年4月17日:上午,读俄文36课鲁迅。

　　1955年6月3日:归后,续读《两地书》至深夜,完。夜雨。

　　1956年12月6日:下午寝息片刻。读鲁迅《中国小说史略》。

　　1958年7月14日:晚读丰子恺画《阿Q正传》一小册,完。

　　1959年3月4日:晚,读鲁迅《中国小说史略》。早寝。

　　1964年12月31日:上午8—12上班,自读《鲁迅诗注释》1962周振甫注释(按年编例,新旧诗均在内)。

　　1965年1月3日—20日:

　　1月3日:上午8—12上班,读《鲁迅诗选注》1962周振甫注释。

　　1月4日:上午8—12上班……读《鲁迅诗选注》完。

　　续读《学习鲁迅及瞿秋白著作笔记》。

　　1月5日:下午2—5上班,先昏昏思睡,后撰零篇交代材料(四)拥护党、感激党(仅半页)。卒乃翻阅《鲁迅全集》。

　　1月6日:上午8—12上班,读《鲁迅选集》。今日始生木炭火盆,尹院长来,看宓读何书……

　　宓续读《鲁迅选集》,正午回舍。

　　1月7日:宓读《鲁迅全集·两地书》,回忆1925—1926在京之生活,不胜凄感。

　　1月8日:11—12续读《鲁迅全集·两地书》

　　下午2—5上班……既毕,宓乃4—5续读《两地书》。

1月9日:上午8—12上班。林、荀诸君围火盆坐,闲话文学,宓则读《鲁迅全集》,注意其中(1)《估学衡》(1922年2月9日)及(2)评1922十月十日宓在上海《中华新报》所作《论新文化运动之反应》一文。

1月12日:上午8—12又下午2—5上班,续读《鲁迅全集·两地书》。

1月13日:11—12续读《两地书》。

1月14日:上午8—12上班,读《鲁迅全集·两地书》完,遂及《书信》。

2—5如恒上班,读《鲁迅全集·书信及日记》。

晚,读杂书……傅筑夫,名作揖,河北省永年县人。北京师大毕业。1924年十二月谒鲁迅(应补入宓1939诗稿)。

1月15日:上午8—12宓上班,读《鲁迅全集·中国小说的历史变迁(1924年7月,在国立西北大学及陕西教育厅所主办之讲习会讲)及中国文学史讲义》(1926年秋,在厦门大学讲)。

1月16日:上午8—12上班,读《鲁迅全集·中国文学史讲义》完,遂读《日记》。

1月18日:上午9—12上班……然后11—12读《鲁迅日记》。

1月19日:上午8—12上班,读《鲁迅日记》。田子贞君曾来检视,问宓所读何书,宓具以实对,并举书示之。

下午2—5上班……续读《鲁迅日记》。

1月20日:上午8—12上班,读《鲁迅日记》,知民国元二三四等年间,鲁迅任教育部佥事时期,(月薪初为二百四十元,后增为二百八十元。)与钱稻孙交甚密,几于每日同宴游或互访。又与陈寅恪亦恒来往。而1915四月曾以其所译之《域外小说集》一二册,赠与陈寅恪云。又记1914一月十七日《剗若木赴甘肃,来别》。按剗往入张广建幕,父凉州副都统之褫职押解来省、及岁底羁禁皋兰县署之祸,托始于此矣。鲁迅分在社会教育司,司长为夏穗卿(曾佑)职务甚简,每日徜徉于琉璃厂书肆,再则共友谈宴。文人闲散之生活,今观之更加天上矣。

1967年5月10日—6月1日:

5月10日:8—11:30学习:自读《鲁迅全集》。

5月11日:8—11:30学习,宓读昨《新重庆报》,又读《鲁迅全集》。

5月12日:8—11:30学习:宓读《鲁迅全集》。归途,入崖厕。

5月13日:8—11:30学习:宓读昨报,及《鲁迅全集》。

5月15日:8—9:30学习,宓读鲁迅早年短篇小说。

5月16日:8—11:30学习:读鲁迅小说《阿Q正传》等篇。

5月17日:8—11:30学习:宓读十五日、十六日《新重庆报》;又读鲁迅早年短篇小说。

5月18日:上午8—11:30学习:宓读昨《新重庆报》(《中共中央1966二月十二日通告》,系彭真草拟擅发,今作废),又读鲁迅短篇小说。

5月19日:8—11:30学习:宓读鲁迅短篇小说。归途,入崖厕。

5月20日:8—11:30学习:宓读昨报,又读鲁迅短篇小说。

5月23日:上午8—11:30学习:宓读昨报,又读《鲁迅选集》第一册完;多聆众闲谈。

5月24日:8—11:30学习:先聆诸君杂谈校内运动近事,后读《鲁迅选集》第二册杂文。

5月25日:宓请于杨,得准,不赴厕所之役。而自扫地下层中区之地,又倾洗二痰盂。以后宓续读《鲁迅选集》第二册。

5月26日:上午8—11:30学习:宓读昨报,又读《鲁迅选集》第二册。

5月27日:8—11:30学习:宓读《鲁迅选集》第二册,完。

5月31日:8—11:30学习:宓读《鲁迅选集》第三册。

6月1日:8—11:30学习:宓读《鲁迅选集》第三册。

从以上引文可以看出,吴宓大量接触和系统阅读鲁迅著作是在"文革"前夕的1965年和"文革"中的1967年。1965年1月3日—20日,总共18日的时间有15日在读鲁迅作品,共21条记录。提及"鲁迅"二字24次(单独提及"鲁迅"3次)。鲁迅作品出现24次:《鲁迅诗选注》2次,《鲁迅全集》3次,《鲁迅选集》2次,《两地书》5次(以《鲁迅全集·两地书》为书名3次,以

《两地书》为书名 2 次），《估学衡》1 次，《书信》1 次，《鲁迅全集·书信及日记》1 次，《鲁迅全集·中国小说的历史变迁及中国文学史讲义》1 次，《鲁迅全集·中国文学史讲义》1 次，《鲁迅日记》5 次（以《鲁迅日记》为书名 4 次，以《日记》为书名 1 次），《域外小说集》1 次，《删若木赴甘肃，来别》（实为《甲寅日记·正月》中一条日记）1 次。与鲁迅相关的作品出现 1 次，为《学习鲁迅及瞿秋白著作笔记》。1967 年 5 月 10 日—6 月 1 日，总共 23 日的时间有 17 日在读鲁迅作品，共 17 条记录。提及"鲁迅"二字 17 次（单独提及"鲁迅"6 次）。鲁迅作品出现 17 次：《鲁迅全集》4 次，《鲁迅选集》7 次，"鲁迅早年短篇小说"2 次，"鲁迅短篇小说"3 次，《阿 Q 正传》1 次。

如此密集、大量地阅读鲁迅，从通常意义上来说，吴宓应该会有具体入微的阅读体会，可我们能看到的仅仅是简单的阅读记录，并无对鲁迅作品艺术水准之好坏优劣的评价。反倒是 1965 年 1 月 7 日，吴宓读完《两地书》后，回忆 1925—1926 在京之生活，有"不胜凄感"之心境记录；及 1 月 20 日，读《鲁迅日记》后，针对鲁迅任职教育部时期的"闲散之生活"，发出"今观之更加天上矣"的感慨。那么，为什么会有这种现象呢？吴宓作为五四新文化运动的反对派，是不是对白话新文学非常反感呢？实际上吴宓对现代白话小说非常感兴趣，他对茅盾小说持一贯的欣赏态度①。只不过，吴宓对鲁迅作品不置一词。其原因可能有二：一是吴宓对鲁迅"被造崇高形象"的反感。鲁迅去世后，被誉为"最正确、最勇敢、最坚定、最忠实、最热忱"的"革命战士"，得以被推崇乃至膜拜。在此种语境下，吴宓的"阅读鲁迅"就有"吃其肉，辨其味"之意。不做只言评价，是否有不便评价或不过尔尔之感受？在 1962 年 5 月 23 日的日记中，吴宓对奉鲁迅等"为神圣""为圭臬"的做法，是极为反感的。第二，可能是吴宓对 20 世纪 60 年代中后期那一套"整顿思

---

① 吴宓 1933 年 4 月 10 日在《大公报》发表《茅盾著长篇小说〈子夜〉》一文，对《子夜》的结构、人物描写、文笔不吝赞美之辞；1965 年 2 月 14 日的日记称《蚀》"可誉为'二十世纪之《红楼梦》'"；1965 年 2 月 15 日称《虹》"亦佳书也"；1965 年 2 月 19 日称"茅盾诚不愧中国之巴尔扎克"。其他如：1940 年 5 月 23 日的日记称赞老舍《骆驼祥子》"脱胎于《水浒》""法之 Zola 等实不及也"；1958 年 11 月 18 日的日记称李劼人《死水微澜》"有中国旧小说写实传真及深刻简练之美"。

想"做法的不满。1965 年为"社会主义教育运动"大收尾也是最为严厉的一年,吴宓的"阅读生态"如何呢？1965 年 1 月 3 日,古典文学与现代文学教研组"运动座谈会"上诸人"发言,集矢于宓";1 月 5 日,须写关于 1951 年两篇土改诗的检讨材料①;1 月 18 日,须写"何以称党为继母？"的交代材料。1965 至 1966 年当中,几乎所有古今中外的书籍被禁止阅读,只剩下毛泽东和鲁迅的著作,还被强制阅读,取名曰"政治学习"。吴宓日记中有相关记载,1965 年 1 月 6 日,"尹院长来,看宓读何书";1 月 19 日,"田子贞君曾来检视,问宓所读何书"。从 1966 年起,吴宓还随时处于由红卫兵监管的"劳动改造"当中,如上引 5 月 25 日的记载:"宓请于杨,得准,不赴厕所之役。而自扫地下层中区之地,又倾洗二痰盂。以后宓续读《鲁迅选集》第二册。"这样的"阅读生态"②,读鲁迅也就成了"政治任务",吴宓是不是也有一种迎合？或者说掩饰某种东西？他自然也就不会去评论了。而且,我们还可看到,1967 年 5 月 12 日和 5 月 19 日,吴宓读《鲁迅全集》和鲁迅短篇小说之后,将"归途,入崖厕"这种琐屑、不雅之事都要记载出来,两种行为、文字属于明显的对置并举,这是不是另有意味？或透露出什么？

与此对照的是,在政治"气候"和文化环境相对宽松,吴宓"主动读"鲁迅作品,特别是书信、诗歌、研究论著之际,他的阅读状态明显不同。如 1955 年 6 月 3 日,回家后"续读《两地书》至深夜",并一直读完为止;1956 年 12 月 6 日、1959 年 3 月 4 日,自读《中国小说史略》;1964 年 12 月 31 日,"自读"《鲁迅诗注释》(按年编例,新旧诗均在内)。更有意思的是,在"被阅读"鲁迅作

---

① 两首土改诗实为两篇,一为 1951 年 5 月 1 日作《五一国际劳动节庆祝会》(含 10 月 1 日的改作《第二国庆节》),一为《送重庆大学女生邹兰芳赴川西参加土改》(共 4 首)。因有"谁怜禹域穷乡遍,易主田庐血染红"等诗句,吴宓不断受到批判,一遇"运动"就被拿出来"开涮",他自拟其为"诗案"(如 1952 年 1 月 25 日的日记"晚……兰来,宓语以宓诗案详情")。按:兰为邹兰芳,吴宓的第二任妻子,当时与吴宓尚处爱恋纠葛中。

② 1962 年 5 月 23 日也有相关记载:归途 10-12 细读中文系师生为今日毛主席延安文艺讲话发表二十周年纪念所出壁报数种,诗文多篇。《群众报》外,有"鲁迅""瞿秋白""朝华""缙云"等文学社之特刊。学生诗郎(编辑之笔名)陪侍宓阅读。

品"食之无味"的时候,吴宓同时也会"主动读"古典著作及旧体诗和杂志①。1965 年 1 月 15 日,上午读《鲁迅全集·中国小说的历史变迁及中国文学史讲义》后,"晚,读皮锡瑞《经学通论》(《书经》)";1 月 16 日,上午读《鲁迅全集·中国文学史讲义》完后,"晚,阅报,读杂书";1967 年 5 月 13 日,读《鲁迅全集》后,"下午 1—3 卧读《文廷式诗集》及江庸(1879—1962)《欧航琐记》","卧读"二字,轻松惬意尽出;5 月 16 日,读鲁迅小说《阿 Q 正传》,午餐后,"寝息片刻,读唐玉虬《国声集》";5 月 17 日,读鲁迅早年短篇小说后,"晚,读《艺芳》杂志";5 月 27 日,读《鲁迅选集》第二册完后,"晚,读《通鉴》卷二十一至二十二";5 月 31 日,读《鲁迅选集》第三册后,"晚,捡得昔年晦师赐书联(并查得出处)如下:上句《和永叔琅琊山庶子泉阳冰石篆诗》。下句《秋夕,怀南中故人》"。

在压力和逼迫之下,吴宓不仅自己不愿"正心诚意"去读鲁迅作品,对时人喜爱读鲁迅的文章也是不理解甚至轻视。马益(1913—1959),四川三台人,成都师范肄业,1952 年任西南师范学院历史系讲师兼资料组组长。《吴宓日记续编》记载:1957 年 7 月 24 日,上午历史系分两组召开反击右派会,甲组批马益,乙组批胡之明。吴宓参加甲组批判,"今日酷热,宓神志不清,缺乏控制,致在会中可以不言而言,且大失言。不但未正面责评益,处处语病,全违马列主义,显出自己思想之落后、观点之模糊,如云宓痛恨刻薄讥讽之言,何益之深喜鲁迅一派之文章,云云。"这里,对"何益"二字的理解成为了解吴宓对鲁迅文章态度的关键。依笔者之见,"何"字应作"为何"解,"益"字是指马益这个人②。《吴宓日记续编》里的记载有个特点,凡是吴宓

---

① 吴宓是一个典型的"守旧派",相较于现代文学,古典文学才是他的正业和至爱。1962 年 12 月 22 日的日记云:"宓休暇时之最大快乐,厥为静读中西文学古籍与名著";1967 年 12 月 28 日不无自得的自拟:"当武斗最激剧之时,宓犹以静读中国旧文史之书自乐自遣";反之,则如 1955 年 2 月 25 日的日记:"至乃每日无时休息,每夕不外出散步,朋友书信断绝不复,诗不作,课外之书不读,更不亲圣贤典籍、古典名著,于是志愈摧、气愈塞、情愈枯、智愈晦、神愈昏、思愈滞,而身愈瘦、肢愈弱、目愈眩、发愈白、容愈蹙、胆愈怯,尚为不足重轻者矣!"

② 马益是否字"益"?笔者暂时没找到资证,但吴宓日记中多处将马益称呼为单字"益"则是无可置疑,可为笔者下此判断的一条佐证。

一冲动，就不易控制自己，往往将自己的内心话说了出来，事后就会在日记中检讨自己的"失言"。因此，此处"宓痛恨刻薄讥讽之言，何益之深喜鲁迅一派之文章"，虽是"失言"，却是吴宓的真心话、大实话。从吴宓一贯的文学观中也可得到佐证，吴宓一生秉持文学道德观，认为文学必须有益世道人心①，因此对"刻薄"类的"讥讽"文章比较反感②，而鲁迅正是吴宓眼中此类文章的典型代表。其实，吴宓对他的同事马益是比较关注并尊敬的。马益1957年被划为右派，1958年5月离校赴农村劳动改造，1959年7月18日在田间劳动中暑而死。对马益之死，吴宓在当日日记中专门作了记载："前数日马益（史学系右派分子）在田间中暑，舁送九医院，未至而死。"并在随后7月23日的日记中为马益之死鸣不平："遇琴，命介绍书店来购马益遗书，而毫无关切之意。甚矣，今人之无感情，又安得使群众有爱党爱领袖之热烈感情哉！"可见，吴宓对马益其人绝无恶感或反感，而是对马益这样一个民国过来人为何"深喜鲁迅一派之文章"的做法不理解、不欣赏，进而间接表达了他对鲁迅文章的看法。

吴宓对鲁迅的"没有好感"，还表现在对文言的坚守。解放后，无论是人前还是人后，吴宓除至死守护孔子外，就是终生守护文言。无论经受多大压力，绝不妥协，始终坚持用文言写作。在日记里，吴宓经常明言文言的优点，痛斥白话，对汉字拉丁化更是深恶痛绝③。当然，有时也会隐晦表达，如在

---

① 吴宓极为重视文学与道德的关系。1926年11月16日的日记曾以"东方安诺德"自况（英国批评家马修·阿诺德认为，作为文化的核心部分，高尚的文学在塑造和完善人性方面，更是具有不容忽视的作用）。对文学与人生（包含道德）的关系，1928年1月9日发表于《大公报·文学副刊》第2期的"通论"中有明确表述："文学以人生为材料，人生藉文学而表现，二者之关系至为密切。"吴宓从文学里找寻道德的"理想城邦"，在《文学与人生》一书的《小说与实际人生》篇中，借用梅纳迪为《汤姆·琼斯》作序的内容，为一本优秀小说开具了六个条件，而被他排在首位的就是小说题旨的"宗旨正大"。

② 吴宓无法接受那些描写灰色人生或揭示扭曲人性的写实小说，把它们与黑幕文学、鸳鸯蝴蝶派文学混为一谈，指责它们"好色而无情，纵欲而忘德"。见吴宓：《论写实小说之流弊》//严家炎编：《二十世纪中国小说理论资料（二）》，北京：北京大学出版社，1997年，第285—290页。

③ 吴宓1958年7月31日的日记云："宓答：入党有条件，罢免吴玉章，解散文字改革委员会，通令全国恢复繁体字；但宓何敢言此！"；1972年10月25日的日记云："上午，读《人民日报》。痛恨简字及误字。"

1955 年 4 月 30 日的日记中有这么一句记载："此宓揣度《儒林外史》作者之心，必当有异于《阿 Q 正传》作者之心者矣。"到底"《阿 Q 正传》作者"有何"用心"？吴宓却不作只字说明，初看起来令人费解。但若联系前文吴宓有关《儒林外史》的论记，就迎刃而解："而若吴敬梓生于今日，亲见中国文字文化之亡，亲见世间只有'思想改造'，已无所谓学问，必将伤心无既，更自悔痛，不应作出《儒林外史》一书，致为今人利用之资、导火之线。"《儒林外史》是名著，《阿 Q 正传》也是名著，但一是文言名著（吴宓特别激赏像《儒林外史》这种迹近于口语的文言，他的日记用语就是如此），一是白话名著，吴宓眼中的"中国文字"是指文言还是白话不言而喻。吴宓认为，"中国文字之亡"必然引起"中国文化之亡"①，由今天的事实看来，虽有点过分担心，但吴宓所指的"《阿 Q 正传》作者之心"也豁然明朗：他是在暗批鲁迅，暗批以鲁迅为代表的白话文写作②，维护的是他的文言写作立场。

　　与此呼应，吴宓也愿意对共和国时期与鲁迅相关的人与事作置评，但多是微言大义。如对当时号召向鲁迅学习的做法发表看法。1960 年 2 月 2 日，中文系党总支副书记苏鸿昌谈科学研究，"又举鲁迅《中国小说史略》及孔另境编《中国小说史料》二书为模范"；1972 年 9 月 12 日，赴中文系学习，"领回山西师院中文系编《向鲁迅学习（报刊目录索引）》油印一册"。吴宓只记载，不表意见，但不表意见也是一种意见。1972 年 11 月 16 日，对评论界号召应以鲁迅等为模范榜样，以新思想、新观点去批判《红楼梦》的做法不

---

　　①　1955 年 11 月 6 日的日记，吴宓将他的"吴氏逻辑"说得很明白："白话盛行已久，今又有汉字之改革，简体俗字之大量采用，将见所谓中国人者，皆不识正体楷书之汉字，皆不能读通浅近之文言，如宓此日记之文，况四书五经、韩文杜诗乎？如此，则五千年华夏之文明统绪全绝。"

　　②　当然，吴宓对鲁迅作品之白话也能理性看待，1960 年 11 月 18 日日记："第五节宓授中一级（3129 教室）辅导课，续讲《如何学通文言文》。指令学生读鲁迅及毛主席之文言文"；1965 年 2 月 14 日日记："至其（指茅盾《蚀》）文笔，虽用当代之新体白话，然尚是中国文化人及曾读旧书之知识分子所写之白话，我辈读之，犹能领受、欣赏（鲁迅、瞿秋白及《毛选》一二卷之白话，亦不同近年之白话）。"

以为然①。对时人研究鲁迅之"趋之若鹜",也持保留态度。1960年5月8日,至中文系办公,"受命"为校办杂志《辅导通讯》"作耿振华之《鲁迅论Fair Play应缓行》文摘要";1972年9月26日,至中文系学习,"最后由两小组报告专题研究(其一为'鲁迅之生平及著作')进行之情况";11月28日,又至中文系学习,"次商谈诸君分撰之鲁迅杂文分篇研究之教材"。虽也身"陷"其间,但情非得已。对当时的文学批评界,一些年轻的鲁迅研究学者,缺乏主见,人云亦云,更是指谪其事,不留情面。如1955年4月17日,批评徐中玉所著的《鲁迅生平思想及其代表作研究》千篇一律,进而延及当时的文艺时论,认为今之书籍报章、巨著杂文,千篇一律,同述一事,同陈一义,如嚼沙砾,如食辣椒,其苦弥甚。并与阅读中西经典书籍相对照,回忆平生所能诵之中西典籍诗文,觉其言之有物,胜境无穷,如食珍馐,如饮甘露,快乐无穷。与阅读鲁迅作品不置一词的评价相比,吴宓的用意,于此可以显明呈露。

联及鲁迅,对当时流行的文学反映论与作家价值观及教学"重在路线、观点"的做法,吴宓颇有微词。如1958年7月2日的日记中记载,"文学必反映当时生活",因此,"鲁迅>王国维"这种荒唐逻辑,吴宓直斥为其等同于"昔之统治者,以愚民为务"的伎俩。

吴宓对鲁迅作品的艺术性不作置评,但他在阅读鲁迅中却往往联及自身,发表感言,这也是吴宓阅读和写作的一贯做法②。如1952年11月5日在图书馆读林辰《鲁迅传》,鲁迅之婚姻恋爱始末,引起吴宓对自身恋爱婚姻的比较,一时"悲感甚深",唏嘘不止,体现了老夫子可爱的一面。

虽然吴宓对鲁迅的作品只做阅读记录而不作评价,但一旦涉及他颇为看重的对五四新文化运动及《学衡》派的评价,尤其又是与鲁迅相关的,他会

---

① 吴宓一生极其宝爱《红楼梦》,解放前在西南联大曾因小饭馆取名为"潇湘馆"而动怒较真;解放后他反感被尊为"花瓶"到大会上作报告,为数不多的几次学术报告,也大都与《红楼梦》相关,如应西南师范学院师生和重庆市政协之请做"红学"讲座等;1952年7月26日的日记对茅盾"斩首去尾折腰"的《红楼梦》"洁本"相当义愤。

② 创作上如他的诗歌《吴宓先生之烦恼》中的诗句:"吴宓苦爱□□□(按:一般认为指毛彦文),三洲人士共惊闻";未完成的小说《新旧姻缘》,几乎多是真人真事,纪实的痕迹很浓,甚至连作品人物的名字都是出自他周围的人物。此特质在一定程度上限制了吴宓创作所能达到的境界。

极为上心,并非常敏感。1951 年 3 月 2 日,午餐后,"归途遇本校史二学生王宗尧,言于《鲁迅传》中得知宓曾为《学衡》杂志之编辑云云",吴宓自嘲:"是所谓附骥尾而传名者矣"。1955 年 12 月 8 日,下午在校内新华书店观书,"见丁易又王瑶著《中国现代文学史》,均叙及《学衡杂志》,云迪、骃、宓等所编撰,与严复、林纾等同调,为封建军阀及英美帝国主义鼓吹,遭鲁迅之抨击,载《热风》中,而一蹶不振,云云",吴宓"有苦难言"。1957 年 1 月 10 日,对史系同事"一再求观《学衡》第一期,以证鲁迅责骂宓等之词",吴宓"殊憾"。1957 年 6 月 18 日,晚寝后再起,"读李何林等著《中国新文学史研究》全书,完,乃寝",吴宓"读之而有'人间何世'之感,政治、道德、文学、皆不容我等稍参末议矣"。1958 年 6 月 17 日,史系三楼参观历史系思想革命展览会,中有某生所作长评,大意"宓早年已极顽固,曾出刊物反对鲁迅先生所倡之白话文,云云",吴宓"有口莫辩"。1958 年 12 月 19 日,在中文系读到本系教师所编之《毛主席文艺思想教学大纲》初稿,其书第五页有云:"五四时代,以胡适、陈源等为代表的买办资产阶级文艺,以林琴南、章士钊、梅光迪、吴宓为代表的封建文艺,与革命文艺为敌",吴宓郁结、忧惧,用小号字加按:"窃惧对宓特别检讨。""文革"前夕,限于时势,吴宓没有作有关于"阅读心境"和"阅读感受"的进一步记录,如上引的 1964 年 1 月 9 日的日记:"上午8—12 上班……宓则读《鲁迅全集》,注意其中(1)《估学衡》(1922 年 2 月 9日)及(2)评 1922 十月十日宓在上海《中华新报》所作《论新文化运动之反应》一文"。虽无评价,却清晰传达出吴宓"鲁迅阅读"的关注点和兴奋点。"文革"中,对周边人以鲁迅为武器来苛评他,也是愤慨、无助,如 1972 年 5月 1 日记载:"新则引鲁迅之讥评,对宓恒加诋毁(足见新之聪明而刻薄)。"

解放后,鲁迅如日中天,光芒万丈,吴宓低到尘埃里,动辄获咎。在"鲁迅阳光"的炙晒下,作为当年那场笔墨"官司"的当事人和健在者,吴宓无处遁身,也不愿遁身,他要为自己的历史定位争取话语权,哪怕此种努力在当时显得多么可笑而无力,但他也不能不"发声"。对这场争论,以我们今天的眼光来看,不存在大是大非的问题,各自的立场和着眼点不同而已。但在建国后很长的一段时间里,评论界完全是一边倒的评判姿态,完全肯定鲁迅,彻底否定吴宓。吴宓有"冤"无处诉,也不敢诉,但又想诉。他小心翼翼地

"走钢丝"，采取巧妙的话语策略，为自己作申辩。

他不同意将他描述为"曾经疯狂攻击新文化运动旗手鲁迅"的说法。有资料认为，吴宓曾说他个人从未参加过与鲁迅的笔仗，谁要是能从《吴宓诗集》中找出一条他污蔑鲁迅的证据，他愿意挨枪子①。《吴宓诗集》里面确实找不到批评鲁迅的诗句，但在他解放前的日记里，吴宓对鲁迅还是有批判的，如1928年2月1日日记：下午5—6点钟，"陈铨来，为售小说稿与《国闻周报》。因谈及中国近今新派学者，不特获盛名，且享巨金。如周树人《呐喊》一书，稿费得万元以上。而张资平、郁达夫等，亦月致不赀。所作小说，每千字二十余元。而一则刻酷之讥讽，一则以情欲之堕落，为其特点。其著作之害世，实非浅鲜。"②吴宓对"高稿费"一直是反感的③，认为"卖文为生"会降低作品的艺术质量和道德力量。吴宓不仅认为《呐喊》稿费过高，而且腹诽《呐喊》"讥讽"的艺术风格和思想的"刻酷"，甚至认为其"著作害世，实非浅鲜"，这实际上已经是一种尖锐的批评和攻击了。当然，如果北塔资料来源可靠的话，这也算吴宓解放后一种比较"狡黠"的回击策略，在形势所迫之下的一种不得已的选择。

再就是直接对五四时期那段笔墨"官司"做出回应。吴宓的策略是④：先检讨《学衡》派："那时我们有些观点绝对了，鲁迅是对的"；接着替自己作辩解，如解放初期，他曾对自己的学生说过："有一件事要给人家说明一下，有人说我反对鲁迅，没有那回事"；最后是自我定性："30多年前的那件事，是不同学术见解的争论，很正常的"；附带还要吹捧一下鲁迅："对鲁迅先生，

---

① 北塔：《情痴诗僧吴宓传》，北京：团结出版社，2000年，第145页。
② 吴宓：《吴宓日记》第4册，第17页。
③ 吴宓1944年12月24日的日记暗讽李劼人因《死水微澜》等得"高稿费"，称其为"一意营财以致富"的"诈者"，并写诗歌《旧识一首》表达不满，一、二句即为"旧识多文士，群趋货殖营"。
④ 此处论说的资料依据来自李继凯、刘瑞春选编的《追忆吴宓》（社会科学文献出版社，2001年版）一书。

个人是非常敬佩的。"①

他也回应鲁迅对《学衡》文章的具体批评。在吴宓解放后编订的《吴宓自编年谱》②里,他写道:"鲁迅先生于1922二月九日作《估〈学衡〉》一文,甚短,专就第一期立论,谓:第一期《学衡》'文苑'门,所登录之古文、诗、词,皆邵祖平一人所作,实甚陋劣,不足为全中国文士、诗人及学子之模范者也"。并特意加"按":"鲁迅先生此言,实甚公允";"斯乃胡先骕之过";并批评邵祖平在新中国的言行(邵祖平解放后曾在重庆大学任教):"而彼邵祖平乃以此记恨鲁迅先生,至有1951冬,在重庆诋毁鲁迅先生之事,祸累几及于宓,亦可谓不智之甚者矣。"③这是一种"撇清"自己的策略。1958年12月31日日记:"宓又甚畏众之倡议由《学衡》中检讨批判宓,实则宓等昔年专攻胡适,未尝与鲁迅先生对阵交锋。而鲁迅先生仅评斥《学衡》第一期中邵祖平等旧学旧文之浅劣,以后自第二至第七十九期,鲁迅先生似未寓目,亦少谈及。至于宓编《大公报·文学副刊》则内容宗旨更与《学衡》不同,未可一概而论,云云。"《学衡》第二至第七十九期,及《大公报·文学副刊》,也许鲁迅真是未曾寓目,他《估〈学衡〉》一文主要针对的也只是《学衡》第一期上面的文章。吴宓在这里为自己叫屈,有他的出发点:"甚畏众之倡议由《学衡》中检讨批判宓"。实际上,鲁迅批评《学衡》第一期,也不仅仅限于邵祖平一人的诗文《渔

① 胡国强:《忆吴宓先生晚年在西南师范大学》//李继凯、刘瑞春选编:《追忆吴宓》,北京:社会科学文献出版社,2001年,第327页。另有旁证。吴宓的西师学生段启明回忆:我记得倒是问过他为什么反对鲁迅(这是当时批判他的一条罪状),他当时回答的大意是:他决不反对鲁迅,而且十分敬佩鲁迅,尤其敬佩鲁迅写出《中国小说史略》这样的著作;并能准确无误地背诵其中关于《红楼梦》的章节文字,如"悲凉之雾,遍被华林,然呼吸而领会之者,独宝玉而已……。"我想,这会是真话,因为我不是什么专案组的人,他没有必要对我扯谎,更何况他老先生的背诵功夫是尽人皆知的//王泉根主编《多维视野中的吴宓》,重庆:重庆出版社2001年,第119页。

② 《吴宓自编年谱》整理者吴学昭在"后记"中记述:"父亲生前早有自编一部年谱的想法,1964年10月,我们在四川内江火车站见面时,他提到过这个想法。"吴学昭等领取到"文革"后返还的《年谱》手稿,上面注有"多年中撰写,1970年编钉成册"的字样//《吴宓自编年谱》,第261、262页。

③ 吴宓:《吴宓自编年谱》,第235-236页。1951年11月25日的日记也有相关记载:"是日《新华日报》斥责邵祖平侮蔑鲁迅先生之文出,波澜大起矣。"

丈人行》《记白鹿洞谈虎》，他还提到了柳诒徵《弁言》、梅光迪《评提倡新文化者》、萧纯绵《中国提倡社会主义商榷》、马承堃《国学撼谭》以及胡先骕《浙江采集植物游记》等；且查对《估〈学衡〉》一文，鲁迅根本没有说过吴宓《自编年谱》里"回忆"的专门批评邵祖平的那一席话。吴宓在这里有意"不见"甚或不惜"歪曲"事实，有他言不由衷的"苦心"，在学理探讨几乎已无可能的年代，他表面上肯定鲁迅的指责，而实际上却是使人以为鲁迅有以偏概全的错误，从而达到为学衡派辩护的效果①。关于《学衡》与鲁迅的这段纠葛，吴宓生前也曾有过自信的评价，他说："《学衡》社的是非功过，澄清之日不在现今，而在四五十年后。现在写，时间太早。"②

　　吴宓与鲁迅的笔墨"官司"毕竟发生于新文化运动的大背景中。针对鲁迅对《学衡》的批评，吴宓是"小媳妇"心态，既承认"错误"，又有"委曲"。对五四新文化运动，吴宓却是一直坚执己见，"毫不悔改"。民国时期，吴宓对五四运动纪念不肯参加③，对胡适等提倡新文化运动之人深恶痛绝④，称新文学为"乱国文学"和"土匪文学"⑤。解放后，胡适已远避海外，吴宓不依不饶，持续"问责"⑥。每逢五四纪念，还是不愿参加。如 1958 年 5 月 4 日，操场学生举行五四运动纪念会，吴宓不仅躲在家补撰日记，且相当愤慨："按如五四运动等之意义，今已全改。今后之人，无人能知历史之真相，以身历五四运动之人，而不许谈、不得谈、不敢谈五四运动。历史何在？真理何存？" 1962 年 8 月 28 日，联系读书所见，对自己及同人与五四新文化运动的提倡者之间的是非曲直作如下评价和定性，"上午，至文史图书馆，读《中国近代思想资料汇编》，觉维新时期，梁任公等甚似法之百科全书派，而康南海反似

---

① 任葆华：《吴宓与鲁迅》，《鲁迅研究月刊》，2010 年第 4 期。
② 傅宏星：《吴宓评传》，武汉：华中师范大学出版社，2008 年版，第 141 页。
③ 1940 年 5 月 4 日记："是日五四运动纪念，放假。上午精神动员会，庆祝五四。宓未往。读沈从文等之文，益增感痛矣。"
④ 1944 年 1 月 23 日记："今晨读《中央日报》沈从文撰社论，力斥文言而尊白话，甚痛愤。认为亡国灭种罪大祸极。"1946 年 11 月 10 日记："胡适、傅斯年、沈从文辈之精神压迫，与文字讥诋，亦将使宓不堪受。"
⑤ 吴宓：《吴宓日记》第 2 册，第 115 页。
⑥ 《吴宓日记续编》触目可见对胡适等人不遗余力的批判，尤其是吴宓亲见大力提倡简体白话字，禁绝文言繁体字，痛心疾首，禁忍不住，就会大"骂"胡适。

卢梭;至五四运动时期,胡适等又似百科全书派,而宓反似卢梭。此时指卢梭之(1)用感情,想像;(2)重宗教、道德;(3)复古,保守;(4)独行,毅然自行所示,与时人反背;诸点。今日读康先生之《大同书》,如1913读《不忍杂志》,深有取焉"。吴宓的"曲"中有"直","柔"中有"刚",于斯见焉!

鲁迅与吴宓都是学贯中西,一个是文化激进主义者,一个是文化保守主义者,一个欣赏魏晋风度,一个钟情于孔子学说。他们在文化目的上也有相同之处,那就是谋求民族文化的伟大复兴。只是因缘际会、造化弄人,鲁迅料不到在人民共和国时期,他的形象会被一味地"崇高化",吴宓也没有料到他在共和国时代的处境和待遇[1]。吴宓与鲁迅在新中国的特殊"交集",吴宓对鲁迅的"阅读"和批评,不仅让我们看到了特殊时期的"不正常'鲁迅'",感觉到还原"真实鲁迅"的重要和意义,更让我们窥见了吴宓在人民共和国时期"夹缝中求生存"的生存状态,及他坚持一个知识分子的良知和人格独立的精神样态,最终旨归是他"守护"传统文化的文化心态。于此中,透视出的是一代"民国老人"在新中国的命运遭际与心灵世界,看到的是新中国在建国后很长一段时间内的生活、政治和文化生态。

---

[1] 吴宓1965年9月2日日记:"宓颇悔宓将解放时之不远走高飞,则对中国之文化学术或可稍有贡献也。"

文教中华终是梦　恳求免为人民师

——1955 年《吴宓日记》研究

雷　娟

（第三军医大学）

吴宓在重提"文化神州"的同时,也提出了"文教中华"的说法。"文化神州"是吴宓一生崇高理想之所在,"文教中华"就是通向这一理想的实践道路。吴宓一生以教师为职业,正是期待通过文化教育事业,提高民族的文化素质,以实现中国文化的转型。但他一生致力的理想 1955 年彻底地破碎了。并且作为安身立命的职业——教师也受到了极大的挑战。吴宓最终不得不多次恳请退出执教三十几年的杏坛。

一、千年文化神州断,万世文教中华幻

吴宓的思想学术活动与文学批评和创作,终身都以学校为依托,可以算是典型的学院知识分子。他以新人文主义为圭臬,倡导传统优秀文化与西方文化的融合,追求文化的多样性,注重人文关怀,表现出较为理性的文化取向。白璧德人文主义重点包括文学、政治和教育等重要方面。从人文主义的文化观出发,"学衡派"在批评杜威教育思想时,就涉及对"科学"的批判。白璧德的"新人文主义"教育思想中一个重要而直接的批判对象,就是杜威的实用主义教育观。吴宓对教育界受杜威的实用主义的影响,过于注

重实用,忽视对教育对象的人文关怀表示忧虑,呼吁教育应注重人格的全面发展,重视人文教育的意义。"学衡派"翻译和引述白璧德对"科学"的批判,更重要的是针对五四新文化运动所提出的"科学"口号和理论。

吴宓的人文教育观主要是通过几篇文章体现出来的。

1922 年吴宓在《学衡》杂志发表《论新文化运动》,对备受新文化运动领袖胡适推崇的杜威和实用主义进行了锋芒甚厉的攻击。对胡适推崇的实用主义理论很不以为然,颇多攻击之言。吴宓认为实用主义理论最大的问题在于它的功利性,忽略了人的健全发展问题。他批评实用主义者把教育当作物质工具,片面迎合社会要求。在他看来,人类的生活分为三个等级:"上者为天界,立于此者,以宗教为本;中者为人界,立于此者,以道德为本,斟酌人情,尤重中庸与忠恕二义,以为凡人之人性皆有相同之处,以此自别于禽兽;下者为物界,立于此者,不信有天理人情之说,只见物象,以为世界乃一机械而已,人与禽兽无别,物竞天择,适者生存,优胜劣败。此可名为物本主义。"[1]新文化运动的主张和所持的实用主义理论只看到人的物性一面并加以扩大,忽视人的人性和神性的需要,"蔑弃宗教道德",完全以第三级之物界为立足点。而这也正是近代以来科学的日益发达带来的一切向科学看齐、一切由科学来评判的结果。人们汲汲于物质利益的追求,教育的价值取向也愈益趋于功利主义,以社会的需求为导向,学校注重职业知识和谋生技能的传授,却忽视了人文教育,忽略健全人格的造就。吴宓从新人文主义的观点出发,认为教育应关注人的全面发展,关注人的精神和道德需要,教育的目的是使受教育者了解物质和人生社会的世界,参与并享受思想和感情的世界[2]。换句话说,就是教育要以人为本,促成人格的完善,达成人性的全面发展,即培养健全的人格。健全人格的造就说到底就是使人得到全面的健康发展,实现美好的人生。吴宓对教育目的的认识,深刻揭示了教育的超越本质,带有较强的理想主义色彩。

还有一篇文章也能体现吴宓的人文主义教育观。在清华纪念建校十五

---

① 吴宓:《论新文化运动》,《学衡》,第 4 期,1922 年 4 月,第 20 页。
② 吴宓:《文学与人生》,北京:清华大学出版社,1993 年版,第 132 页。

周年之际,他执笔写下《由个人经验评清华教育之得失》一文(载于《清华周刊·纪念增刊》),对清华学校的体制问题作了相当全面的评价,坚持和阐发了他人本的教育理念。通过吴宓对比清华教育与美式教育在教学上的缺失,我们不难发现吴宓的教育理念仍以人文主义为基础,在目的上是人格中心论,即以人格的养成为终极目标,在方法上却是知识论,即具备奇特志节的理想人格是通过知识的广博吸收而培养出来的。确实,吴宓的教育理念带有精英主义的倾向。他思考的是高级人才的培养与高等教育的职责,而不是基础教育的问题。

吴宓在《大学之起源与理想》一文中指出,大学应"注重于相关学识、智识的融会贯通",以造就"博而能约""圆通智慧"的"通才"。"自然科学与社会科学是这样的,文史哲尤其是如此"①,主张大学应实行通才教育的思想。1926年吴宓出任清华大学外文系主任,他参考美国芝加哥大学和哈佛大学比较文学系的培养方案和课程设置,为初创不久的清华大学外文系制定了培养目标,提出把学生培养成为既了解西洋文明之精神、熟读西方文学名著、熟悉西方思想之潮流,又能创造今世之中国文学,汇通东西之精神思想而互为介绍传布的"博雅之士"②。所谓的通才教育就是"博雅之士"的培养,即强调人才的素质培养,这与吴宓提出的健全人格的教育目的论是相配合的,共同构成吴宓教育思想的精髓。以这种教育思想为指导,在外文系的课程设置上不仅提出了语言文字与文学并重、世界文学和国别文学并重、中国语文与世界语文并重的原则,而且强调必须重视中国文学与史学,重视文理学科的兼修,形成清华外文系博雅的特色。吴宓特别强调外文系学生要有深厚的文史功底:"本系对学生选修他系之学科,特重中国文学系,盖中国文学与西洋文学关系密切。本系学生毕业后,其任教员,或作高深之专门研究者,固有其人;而若个人目的在于:(1)创造中国之新文学,以西洋文学为源泉圭臬;或(2)编译书籍,以西洋之文明精神及其文艺思想,介绍传布于中国;又或(3)以西方著述,而传布中国之文明精神及文艺于西洋,则中国文学

---

① 吴宓:《大学之起源与理想》,《建国日报》,1948-04-02。
② 吴宓:《清华大学外国语文系课程一览》,《清华大学一览表》,1937年。

史学之知识修养均不可不丰厚,故本系注重与中国文学系相辅以行者可也。"这就是强调了中西汇通、新旧融合的原则。清华外文系在吴宓的主持下培养出一批中西汇通的博雅之士,如钱锺书、曹禺、季羡林、李健吾、李赋宁、许国璋等众多声名显赫的学者。清华外文系的巨大成就无疑与吴宓办学思想是紧密相关的。

然而1949年以来,新体制将各类型的知识分子一揽子"包下来"。各种各色的知识分子被新体制先后包下来以后,就陆陆续续纳入了逐渐建立起来的以"单位"为核心、以"户口"为纽带的制度性网络之中,他们或被纳入了体制中的干部序列,或者被编制进了体制下的职工队伍。干部也好,职工也罢,作为在带有极强行政机关色彩的事业单位中的个体,知识分子与非知识分子的区别,主要表现在工作的具体内容上。而从制度的层面上看,则并没有什么实质性的区别。教育与文学都被纳入计划的轨道。而且学校里的教育者——那些所谓"高级知识分子"(即我们说的"知识精英"),都被规定要向受教育者学习,教育的目的最终在于"培养普通劳动者",也是从根本上消灭知识精英。这与吴宓的人文主义教育理念大相径庭。

西师也进行着一场深刻的力量调整。解放初期,学院党员人数较少,党的组织只有一个支部委员会。"1952年11月,为了加强党的领导,经中央重庆市委批准,成立了中国共产党西师党组织,书记姚大非,副书记李丁一、方敬。这时,党在学院的力量也有了发展,全院已有党员86人,占全院人数的2.8%。1954年底调张永青来西师。1955年初,报经中共重庆市委批准,成立了第一届中共西师委员会。党委成员张永青、王逐萍、姚大非、李丁一、方敬等15人,张永青任书记,王逐萍、姚大非任副书记。此时全院已有党员137人,占全院总人数的4%,党的领导核心作用和地位逐步在学校内确立和加强。"伴随着党领导全院,学院高级领导也进行了相应的调整。上级领导对学院负责人重新作了安排:"1952年11月24日,中央人民政府批准,任命谢立惠为西南师范学院院长,姚大非为副院长,并按照教育部颁发的《高等学校暂行规定》,撤销了原有的院务委员会。重新设立一个院务委员会,在院长领导下,对学校的重大事宜做出决定或提供咨询,而不再是学校的最高领导机构。新成立的院务委员会由谢立惠、姚大非、方敬等29人组成。1954

年 10 月,西南行政区撤销,西师改属教育部领导。1955 年 8 月,国务院正式任命张永青任西南师范学院院长,任命谢立惠、王逐萍、姚大非为副院长。"①

二、昏晓劳忙未许闲,分身无术求引退

1955 年忙碌的生活已经让他苦不堪言,同事、领导的"提点"让他愤懑,来自学生的不理解和责难更时时刻刻折磨着他。

像许多在国民政府时期就很有名气的教授一样,吴宓 1955 年被吸收进入人民政协。接到"一月五日成都函,谓一月五日决定,命宓为中国人民政治协商会议四川省第一届委员会委员,并命于一月十八到成都出席一月二十日召开之该委员会第一次全体会议。"接到命令的吴宓苦恼不已,"故欲辞去委员之聘,不往成都云云。"又是四处询问朋友们的意见,日记中"良劝公断断不可辞却委员之聘""军亦谓委员之聘不可辞却"的理由让吴宓不得不再好好思考一下到底该如何决定。烦苦不已,久不成寐,半夜惊醒,突然"顿悟","觉宓数年来,大处早已堕落失志,今于小事何必认真,应认为'一切皆幻',逢场作戏。"②

"大处早已堕落失志,今于小事何必认真"也不过是自己说服自己不得已的嘲讽之言。吴宓认为能让自己现在还"安心苟活"的理由——"愿为教师"确受到了不小的冲击。

吴宓没有像他的挚友陈寅恪那样幸运。"陈序经在岭南大学为陈寅恪保留下来的传统做法——陈寅恪可以不参加除上课外的任何活动。犹幸这个'传统'没有被破坏。有此先例,陈寅恪在以后历次政治运动中得以身锁书斋,免除亲历其境,直接遭受折磨的痛苦。"③而吴宓却是每场运动都要亲历其境,身心倍受煎熬。

---

① 《西南师范大学校史》编修组编:《西南师范大学校史》,重庆:西南师范大学出版社,2000 年版,第 84—85 页。
② 吴宓:《吴宓日记续编》第 1 册,第 97 页。
③ 陆键东:《陈寅恪的最后 20 年》,北京:生活·读书·新知三联书店,1995 年 12 月版,第 132 页。

思想改造既表现为一系列政治与意识形态批判运动,同时也表现为单位日常工作中的行为规则。在新的体制下,每一个单位同时也是贯彻上级党委和政府的政策、指示的政治实体。作为该实体中的一员,知识分子必须要参与的一项重要活动就是经常不断的政治学习。学习的内容可以随着形势、目标的不同而不断改变,但相对而言,组织与运作的方式却是相当固定的,在这种相对固定的形式下形成的话语环境,从长远而论,比不断变换的集体政策、口号、文件对知识分子的影响更为深远。这种政治学习的形式所体现的正是新型的权利/知识格局中,有资格创立新"知识"(包括政策、口号、文件和规则本身)并对其进行阐释的,是握有一定权力的人,而那些并不具有立法权与阐释权的非体制知识分子,不论其文化功底与学术水准有多高,在很大程度上都成了新式的"无知之人"。他们对于如今规范他们行为的新制度、新规则,必须逐字逐句地从头学起。然而烦琐的计划、行为规则让吴宓苦不堪言。"宓按,在今教课不难,办事亦不难,惟编制各种详密烦琐之计划,严行检查,则费时费力极多,为之甚苦。"①填写各种表格、出席各种会议使吴宓疲惫不堪。而对学校当局的"重用",吴宓不得不接受领导的安排进系委员会,更让他痛苦的事情莫过于动辄就"出校则作政治上之傀儡,列席、发言"。吴宓厌恶填写表格,原因不过有以下几点:一是它认为此种办法"重实功,严督责,而过于琐细,舍本逐末",不利于教学:二是更对学问无帮助。他所认为的教育首先应该注重心灵的启发,而不是束缚学生、教师,要求整齐划一的。至于做学问,更"必沉浸融贯,需充裕之暇时,广读而深思"。填写此类表格无疑是耗费教师的时力,妨碍学问的进修。作为有"微名"的三十年教授,看到而今"只能练步伐、习口令借喻所谓教育云乎哉?学问云乎哉?"痛心疾首,自己能做的不过是"按今时尚赖旧时代所遗留中西新旧学者与教师",把自己一生的学问毫无保留地教给学生,希望"可以供用,并资传授"。然而,这一朴素的愿望在那个年代也是很难实现的,教师都编进体制中。随着中共对西师加强了管理力度,更换领导班子,教育部注重发展内地学校,西师作为内地重要的院校之一,其任务也变得越来越重。面对

---

① 吴宓:《吴宓日记续编》第 1 册,第 125 页。

加重的任务,吴宓体力、心力都不支。所有的怨言在得知挚友汤用彤"十一月半由批判胡适座谈会归来,患脑溢血,不省人事者一月……宓深恐彤年来趋承操劳,恐即溘逝",兔死狐悲,吴宓心中的苦愤一下子就倾泻了出来:

> 乃最近半年来,奉命完成之工作日重,自晨至晚,不获须臾息,尚苦堆积填委,不能如期完缴。如(1)《教学大纲》尚未撰成初稿,复有(2)批判胡适资产阶级唯心论思想之运动,如狂飙怒潮,驱迫我等再经一次思想改造运动,其苦人最甚。而(3)平日之政治学习辩证唯物主义与历史唯物主义,相较尚缓和。此外宓本为(4)院务委员。本学年又兼(5)世界古代史中世史教学小组长,每星期六例会及诸师互相听课,且须每半年编制小组工作计划与小组工作总结,培养助教与科学研究工作等,纷纷自上号召,同时进行。本学期宓又(6)被命为历史系之系务委员,辞,不获准,已开会。增宓之忧劳。近更(7)由教部发下表格十七种,教学小组长应填写者三种,每一教师应填写者二种,各写录三份。其中教学日历及学生作业表甚为琐细繁杂,不堪设想。每月每星期又有(8)教育工会开会及组织生活等,学习、讨论、检查、批判不休。综计以上皆经常及教师本职兼职之所有事,再临时发动之事,如(一)解放台湾(二)学习宪法(三)和平运动签名(四)粮食、棉布管制分配(五)改用新币等,则学校教职员与全国公民所当一体学习且当遵行者。此上九项,已使宓等忙碌应付不暇,恒觉神昏志短、精疲力尽矣。又加上(10)校外所谓"统一战线"工作,如新年前后四川省政协委员"出席"及重庆市政协"列席"事,强迫离校若干日,归来益患职务之堆集,赶补之不易……于是宓有限之光阴、宝贵之精力,尽耗于上列十事之中,而犹患不给。①

开会、学习文件、填写各种表格已占去了吴宓大部分时间,让他无闲暇做自己愿做想做的事情。虽然"勉为人民教师",却无暇备课。遵奉命令"学习苏联"而无暇细读译出之苏联脚本《世界古代史》诸书,且不论其他"马列

---

① 吴宓:《吴宓日记续编》第1册,第131页。

主义之经典著作"巨帙。学校号召同人"学习俄文",然而吴宓虽在教师俄文班上课,同样是没有时间熟读与旁通。至于作诗、读中外典籍则更是无暇顾及了。

> 总之,比较回思,前数年宓作诗多,读书多,故志广而神乐。近大半年宓未作诗、少读书,惟碌碌于上列之十事,开会、听讲、撰公文、填表格,故身劳而。苦,至乃每日无时休息,每夕不外散步,朋友书信断绝不复,诗不作,课外之书不读,更不亲圣贤典籍、古典名著,于是志愈催、气愈塞、情愈枯、智愈晦、神愈昏、思愈滞,而身愈瘦、肢愈弱、目愈眩,发愈白,容愈蹙,胆愈怯,尚为不足重轻者矣![①]

《续编》中常常发出生不如死的悲苦之音,读来令人唏嘘不已。

大家应该还记得批判俞平伯《红楼梦》那场声势浩大的运动吧。它却是两个刚刚从大学毕业的"小人物"发动起来的。之所以现在回过头来再谈它的起因,是因为它不仅仅直接造成了后面对中国知识分子灵魂拷问的批判俞平伯、批判胡适运动,而且还给知识分子带来自身现实处境中重大威胁。这两个不起眼的小人物是李希凡、蓝翎。他们 1953 年毕业于山东大学中文系,1954 年在北京任中学教员,合写《关于〈红楼梦简论及其他〉》一文,批判俞平伯在《红楼梦》研究中之资产阶级学术观点。最初投给《文艺报》,未予刊登;后于山东大学《文史哲》1954 年 9 月刊出。毛泽东主席批评《文艺报》压制小人物,《文艺报》公开检讨,并于同年 9 月 30 日转载该文。至此两人一举成名,立被调至《人民日报》文艺部,从事文艺评论工作。从此,全国支持小人物批判大人物之风大开,接着就一场场运动接连不断地展开。在这个背景下,在高等院校中,另一场运动也在暗自酝酿着。如果说在解放初吴宓遇到困难莫过于要不断登报自我批判,这种自我批评文章,大都是对自己或自己过去所受的教育、所从事的工作的检讨。他的自我批判,多是按照所学文件精神检讨反省自己。在教学中稍微注意一下,重点是阶级感情,学

---

① 吴宓:《吴宓日记续编》第 1 册,第 132 页。

生、同事、领导、文教部皆为他的"进步"感到欣慰,并于全校通报表扬他的变化。在自上而下的赞扬声中,吴宓虽然是一个被批判者的身份,但是他的自我批判得到的是大家的一种"宽容"和赞誉。而事隔两三年,社会气候慢慢地已经起了变化。此时的吴宓要面对的是一群有学习榜样、有经验的"小将"们的百般刁难。互相听课加以讨论成了每天必做之事。吴宓任史一、三、四的《世界古代史》课,受小将刁难的却不是他一个人,这也是全国的一种大气候。吴宓的苦恼来自文艺陶的助教陈相武、陈济沧的助教孙甫儒。这两个人都毕业于东北师大,皆急欲独立开课。吴宓曾多次向系主任提出陈请,愿意让"孙甫儒讲授史一的《世界古代史》课,或授一段,或与宓各授一班,宓宁甘退休,或专研究供给材料,又或改授他课"。① 这样考虑周详的方法却没有任何一条得到系主任的采纳。而老是针对以吴宓为代表的老教授的孙甫儒却因上书院长姚大非,条陈本校利弊数十条,得生活津贴三十万元(相当于当时新币三十元)。上级领导的意图很明显了,这使得吴宓又不得不恭谦谨慎地对待这些人,以免惹祸上身。这一时期的日记多处都记录了吴宓向系主任卸任的陈请。

在学校"互相帮助,改进教学"的号召下,年轻的教师对吴宓进行了多方面的"侦察"。每周必有一次公开课,在公开课中,吴宓战战兢兢,谨小慎微,生怕授人以把柄。系中还要定期开展学习检查会,会上各位老师开展教学讨论。如果说助教对吴宓的侦察、告密、私下责难还只是小范围,助教对吴宓教学的第一次公开化责难就是在期中检查会上。孙甫儒对吴宓大肆批判,罗列了若干条,无非就是吴宓授课"未能每一段甚至每一句讲话,每一个名词,深思密造,用马列主义之立场观点,表现出阶级斗争之感情、精神"。吴宓当然觉得对方的指责太为苛刻,不仅有这方面的"大失之矣",还有"大缺失",孙甫儒时时与史一学生接触交谈,得知"该班中不了解宓之方法、不能理会宓所讲授之学生,甚为不少。"②吴宓"颇愤"之下自有一大段内心独白,义愤填膺之下,认为只有"不上讲堂,不接学生"才是最终的办法。当然

---

① 吴宓:《吴宓日记续编》第 1 册,第 157 页。
② 同上,第 151 页。

这也只是他自己的"美好"愿望而已,学校、系中都照样不会批准的。这次的针锋相对是公开化了,可毕竟还是历史系内部讨论,也仅仅是个别人而且是"为大家所不喜,在系中比较孤立"的个别人的责难。在事隔两天的 4 月 18 的日记中,历史系系务委员会扩大会议中(且有院长办公室主任出席的情况下),系主任孙培良在全系期中检查总结报告中将吴宓作为典型,指出"完成进度及结合中学二二项"加以称奖,同时也提出了"五弊"之说,还指出"以上缺点,如不急图改正,将发展为反动思想与客观主义"。会中发言的人并不多,吴宓针对主任所提的意见作轻微的检讨与自责。会后细想,他感觉事态严重了。因为最近并没有课代表对他提出任何意见,孙培良所举讲课内容,来自何处呢? 要么是学生代表对系主任定期汇报中提及,要么就是助教私下报告。总之,吴宓是"无术应付,惟祈早死,免为人民教师而已"。① 如果说在系务扩大会议上,系主任对他的评价还是有肯定的话,第二天系总结报告激怒了吴宓。系主任的报告如昨,没有太大的改动,语气则较昨天和婉。面对学习苏联的大环境,所指出的"不足"也是吴宓无法回避的。会议开始,吴宓还是心平气和地如昨天一样,略作检讨与自责。吴宓教授方法也得到其他老师的好评。没想到一句好评竟然激起助教强烈反击。话音刚落,第十四人发言者陈相武针对系主任的好评,一一进行了回驳,且词语态度均横厉。吴宓于第十五人立即抗辩。孙甫儒于第十六人反驳,条条细陈,说得有理有据。针对他的指责,吴宓又于第十八人进行回应。争论的具体内容不管是在当时还是在今天都没有任何意义了,但从上述描述中,我们不难看出会议争论的激烈程度。这种争论让吴宓身心都疲惫不堪,最后系主任总结说了什么内容他都不再关注了,那天日记的最后一句是"宓甚怫郁。倦,早寝"②。

自从那次争论后,争论的双方都彼此谦逊酬答。系中老师虽然在会议上并没有对吴宓表示声援,但也对吴宓表示理解。直到 5 月 7 日,会后跟黎军闲谈,吴宓得知"东北二助教,在四月十九日系会中之发言,系中同仁均不

---

① 吴宓:《吴宓日记续编》第 1 册,第 154 页。
② 同上,第 156 页。

直之，宓可勿介意"①。东北二助教一直强调学生对吴宓的教法不接受，自那以后，"课代表杨心树来，竟谓其班中同学对宓之最近之教法甚为满意云云，使宓有'小惭小好，大惭大好'之感"②。

在整个教学中不管是学校高层领导还是来校作演讲的苏联专家都在反复强调政治思想教育的重要性，考核老师的政治思想一个重要的依据就是学生的课后反映。期末总结进行日程确定后，学生代表相继来向吴宓提出交流意见。

> 据报称，宓授之《世界古代史》课，对该班同学不为过重。同学甚佩服宓授课之积极与认真，采用中学课本，而编发史纲以助之，此办法甚好。惟少数同学嫌宓于奴隶起义讲得太少云云。
>
> 史四课代表认为宓教学甚负责，精神饱满，感情贯注。预备充足，语言表达清晰而有力，又善于运用地图。由宓之形象而直观之教法，同学听讲后已全部接受，不须复习。但未讲之处，则甚不明白。又文字细节，因不谙西文，多未了解。今后望宓能严遵教学大纲，着重政治思想，云云。③

学生述评教师优劣长短跟吴宓自知自评者符合，虽然也有对自己的不满意，吴宓感到颇为欣慰。

学生直面交流或许并不能代表其真实的内心想法。从孙培良那里得知的信息则是"彼等受命'尊师'，面谈多所讳避。其对系主任、系秘书之报告则大异。大率指责宓'不能结合政治观点，于奴隶起义等事所讲太少'等语"。今日的学生，与昔日迥异，其心情口味，乃至语词、句法都已有定式，除了极力迁就，像系主任劝慰的那样"亟须力研马列主义思想，而多用之于讲课中，此为根本办法"，并无其他可行之办法。"学生之视教师讲课，正如其

---

① 吴宓：《吴宓日记续编》第1册，第171页。
② 同上，第174页。
③ 同上，第198页。

读日报中所载声讨胡风等文,不重知识内容,只凭政治观点,且视此为'个人表现'以判定教师之优劣。"①领导对自己的看法,吴宓也是在意的。经过解放初期这几年的磨炼,吴宓也是知道领导也有不得已的苦衷,并不能任何时候任何场合都维护自己。对自己看中的"教师"这一个职业来说,他更看重学生对自己的评价。面对学校"全面发展"人才的号召,学校"要求学生在学习上既下苦功夫,又不要做书呆子,成天抱着书本不放","不要对学生要求过多,管得太死,增加学生的学习负担"②。吴宓自嘲"卅年教授有微名",备受学生敬服爱戴,"今老值事变,为师之难如此,宓心伤可知矣。……"③无尽的省略号省略不了教了一辈子书的老教师那心中的隐痛。

东北二助教对吴宓的专横干涉使吴宓困苦不已,多次向系主任请求,终于得到孙培良的同意。吴宓退出《世界古代史》课,加入《世界中世史》课。吴宓避熟就生,避易取难,其用心不过是逃避孙甫儒的攻讦而已。散会后,吴宓就交出了东方古代史全部教材、纲要,借给助教。经过长达半年之久的恳求,如今调出《世界古代史》小组的愿望终于实现了,这一调动来之不易,所以他毫不拖延地就完成了交接。系里是同意吴宓调动,可是没过两天,系主任带来了院领导的意见,"姚院长主张并决定,宓仍主任世界古代史、中世史教研组。《世界古代史》课上学期由宓讲授,集体备课,讨论教材,共任辅导,并各作预备研究,下学期则于宓、沧、甫、兴中择一师讲授云云。其他不记。按此不能自由活泼,日月与甫等争论,实至困苦。姚院长意在尊贤,而宓则受宠增忧而已"④。领导的命令无法违抗,系主任也只能对他多加劝慰而已。9月3日,姚大非院长来,"申述此次决定命宓主讲《世界古代史》之意旨,对宓慰劝。谓学校当局平日甚钦佩宓之学问渊博,培养助教尤赖多多尽力。……偶有错误不必忧,昨已告诫甫等。宓遇有困难,尽可随时陈说云云。"⑤吴宓没有悖逆领导的意思,重返《世界古代史》组。摩擦依然存在着,

---

① 吴宓:《吴宓日记续编》第 1 册,第 198 页。
② 同上,第 104 页。
③ 《西南师范大学校史》编修组编:《西南师范大学校史》,第 202 页。
④ 同①,第 256 页。
⑤ 同上,第 258 页。

集体备课中，吴宓尽量只提供史料，由其他两助教编订讲义，然而两助教之间观点不统一，往往一节讲义需要反复改动，吴宓劳倦不得休息。吴宓在9月26日未晓起床，作呈文，上姚大非院长、方敬教务长、孙培良主任，以讲课之困难，劳苦愤郁，不能支持，请求免去主讲职务，求引退。吴宓对学校当局充满感激之情，也认为自己不该仗着宿学之名过多地跟学校提要求，况且自己的妻子邹兰芳请病假已两年，学校依然发放八成工资，也是学校对他的照顾。这次上呈文也是苦于无奈而为之。没过几天，谢立惠院长又对吴宓慰留。形势是越来越糟糕，助教已经公然对系主任表示不满，"窃观连日史系各教研组期中检查情形，似当局有意鼓励彼年少而思想前进者来攻我辈年老而博学笃旧之教授，恐又将促成一次之代谢与淘汰也。又观兴之不受良训导，确有人支持兴而责斥良，致良甚苦恼"①。系主任自顾不暇，吴宓的困难更是没处说，如上下两磨石碾其肉身，厄于二者之间，无所逃命。

吴宓的教育理念在那样集权的大学环境中是根本不可能实现的。尽管他在1942年就被当时的教育部定为西洋文学专业的部聘教授，但从建国后他一再调动工作岗位来看，他在这个体制中是极大的不适应，只有一再地躲避。他是西洋文学专业的部聘教授，此时却早已放弃自己擅长的专业，从外文系调入历史系，从事历史教育。可依然无地遁逃。在历史系，依然遭遇了再一次的包裹与挤压。"小将"们的刁难、领导的"尊崇"、学生们整天不学无术和责难，让培养了那么多中西汇通的博雅之士的教育家吴宓此时是分身无术、疲于应付，只能主动提出"免为人民教师"。教育作为吴宓实现自己人文主义文化理想的又一重要战地，在抗战期间昆明那样恶劣的条件下始终都站在教育第一线的吴宓，此时却是要主动地放弃战场，弃甲投降了。我不禁哑然。

（本文为作者硕士论文《解放初吴宓的生存空间——1949—1955年〈吴宓日记〉研究》的第四章，西南大学，2008年度）

---

① 吴宓：《吴宓日记续编》第1册，第320页。

新世纪吴宓研究的新亮点

许军娥

（咸阳师范学院文学与传播学院）

　　吴宓的名字在 20 世纪 90 年代以来，越来越受到学术界和文化界的关注，一股空前的研究热潮也随之悄然而起。出现的新亮点主要有：

一、深度阐释吴宓先生的“博雅会通”

　　徐葆耕的《清华学术精神》①是在 1997 年出版的《释古与清华学派》②一书基础上增订修改而成，包括作者对清华学派和清华学术精神研究的最新成果。全书分四个部分深入阐述了清华学派的形成过程和三个“会通”的主要特点，对一些具有重大影响的清华学人进行了个案研究。他在《释古与清华学派》这部现代释古学探索性著作中就认为中国传统解释学同西方有价值的思想和方法相结合，为实现传统的现代价值开辟了新的理路，提供了操作法则。“清华学派”暨陈寅恪、吴宓、冯友兰、闻一多、朱自清等学人的成功实践，为现代释古学提供了富有启发性的经验。他提出：“在我国现代学术史上，真正从文化的意义上展开对中西会通的全面系统研究，是从吴宓和学衡派开始的。……吴宓的中西会通式的解释学实践是他从他所喜爱的文学

---

① 徐葆耕：《清华学术精神》，北京：清华大学出版社，2004 年版。
② 徐葆耕：《释古与清华学派》，北京：清华大学出版社，1997 年版。

领域开始的。"①吴宓把会通全面地提升到精神层面,特别在文学、道德两个领域里为打通中西与今古做出了自己的贡献。

王泉根《今昔学术之比较——纪念吴宓先生诞辰 110 周年》②一文是我国研究界目前首次将吴宓先生的"博雅会通"与现今社会高等教育的现状,教授学者的学风、教风、文风等的研究有机联系在一起的文章。他论述了吴宓是一个坚守"中国传统通人通儒之学"(钱穆语)的会通型教授与学者,同时又论述今昔学术之区别:会通与专业的区别、志业与职业的区别、有我与无我的区别。他认为:卓识方大器,浩博乃兼容……因而真正的学者所从事的创造性工作,必然是激情燃烧的、充满生命人格的、有我的,是一种标准的个人化行为。有我,永远是真正的学者必备的品格。从这篇文章可以看出作者期待我们现在的教授、学者应该像吴宓先生那样,成为博雅会通的教授和学者。

二、浓笔重墨"学衡派"各个层面

沈卫威对于学衡派的整体研究贡献很大。他的《回眸"学衡派"——文化守成主义的现代命运》③一书是国内研究学衡派的第一本专著。本书是既有总论,又有个案分析,通过对五四新文化运动的反对派"学衡派"的文化选择和价值取向的史实描述与理论阐释,展示了以吴宓为代表的文化保守主义者在现代中国的命运,是研究"学衡派"的一部重要著作。他对学衡派的个案研究,见解精当,持论公允。凡涉及学衡派的历史背景、作者群体、个体命运、域外资源等方面,都有较为平实的历史叙述;2000 年他又出版了《吴宓与〈学衡〉》④,详细列出《学衡》每一期详细目录,并记录有杂志有关的重要

---

① 徐葆耕:《释古与清华学派》,第 102-103 页。

② 王泉根:《今昔学术之比较——纪念吴宓先生诞辰 110 周年》,《中华读书报》,2004 年 12 月 8 日。

③ 沈卫威:《回眸"学衡派"——文化守成主义的现代命运》,北京:人民文学出版社,1999 年版。

④ 沈卫威:《吴宓与〈学衡〉》,开封:河南大学出版社,2000 年版。

事件。这两本书在史料方面都为后来者提供了很大方便,其观点也颇有可圈可点之处。《学衡派谱系:历史与叙事》①从学衡派的学术理路、文化载体、大学场域、个人体验等方面进行了深度阐释,认为学衡派掀动的是一场新人文主义运动,是作为以陈独秀、胡适、鲁迅为代表的新文化新文学运动激进主义思潮的反对势力出现的,是新文化话语霸权下的知识抗争,并以文化保守主义形态展示出来。他们从美国欧文·白璧德那里得到了思想资源,其活动主体是大学体制内的知识阶层。

郑师渠的《在欧化与国粹之间——学衡派文化思想研究》②视野宏阔、资料丰富、观点新颖,探讨了学衡派的文化观、文学思想、史学思想、教育思想和道德思想,等等。作者将学衡派置于当时世界文化演进的宏阔背景中进行综合考察,突破了以往就事论事和局限于国内文化论争背景的研究框架;对美国白璧德新人文主义、学衡派与新人文主义的关系进行了系统研究,从而使读者对学衡派的学术渊源有清楚的了解。此书是国内外研究学衡派文化思想的第一部专著,在理论上做出了重大的贡献。该研究成果有助于读者公正地认识学衡派的文化思想,客观地评价其学术地位。本书开拓了世人的思维空间,丰富和推进了中国近现代社会文化思潮的研究,具有重要的学术价值。

周云的《学衡派思想研究》③从学衡派的哲学思想、文化观、学术思想、政治观念等方面进行了论述,观点新颖,论证独到。

张贺敏的《学衡派与吴宓研究 70 年》④是目前我国学者首次发表的关于全面系统评述"学衡派"与吴宓研究 70 年历史与现状的文章。全文在学衡派研究简史、文化保守主义——学衡派研究的新焦点、学衡派的文学观、学衡派人物研究等方面作了全面翔实的分析与评述,为研究者提供了一个明

---

① 沈卫威:《"学衡派"谱系——历史与叙事》,南昌:江西教育出版社,2007 年版。
② 郑师渠:《在欧化与国粹之间——学衡派文化思想研究》,北京:北京师范大学出版社,2001 年版。
③ 周云:《学衡派思想研究》,兰州:甘肃人民出版社,2005 年版。
④ 张贺敏:《学衡派与吴宓研究 70 年》,《西南师范大学学报》,2001 年第 2 期,第 92-100 页。

晰的研究线索。

郭昭昭的《学衡派的精神世界》[①]，主要介绍了学衡派的基本情况、人物生平、思想主张、时代影响等，同时收录了反映学衡派基本思想主张的代表人物（吴宓、柳诒徵、陈寅恪）的代表性文章和专著，所收录的资料主要来自当时国内出版的各种报纸杂志、专著和 1949 年后所编辑的文集，为学者研究学衡派思想提供了原始的资料。作者提出，真正理解学衡派的内在精神，首要的是把握学衡派群体的精神世界，寻找学衡派之所以成为学衡派的可能和必然。该书对部分历史细节进行了必不可少的考证与辨证。

周佩瑶的《"学衡派"的身份想象》[②]，主要探究吴宓、梅光迪、胡先骕等留美归来的"学衡派"如何成为现代文学史上最顽强的"复古派"，并最终成为新文化运动的"多余人"。作者从分析"学衡派"的"人文主义者"与"圣人"身份想象的形成入手，通过梳理"学衡派"与他们身份想象的载体——《学衡》的关系，考察"学衡派"在其特定身份想象指引下所展开的文化实践，以及在这过程中所显现出来的身份想象与中国现代文化语境的错位，力图客观地呈现"学衡派"在中国现代文化中的地位及贡献。

三、题材多样的吴宓著作整理

吴宓研究专著在 20 世纪就有出版，如：《吴宓自编年谱》（1894—1925）、《吴宓日记》（1910—1948）、《文学与人生》[③]等。新世纪以来，这一方面取得了进一步的拓展。

1. 新版《吴宓诗集》[④]

吴宓先生编的《吴宓诗集》，1935 年 5 月由上海中华书局出版。新版《吴宓诗集》（吴学昭整理，商务印书馆出版，2004 年），删除了 1935 年《吴宓诗集》中附录的部分，增加了吴宓先生 1934—1973 年所作的诗六百多首，词十

① 郭昭昭：《学衡派的精神世界》，合肥：合肥工业大学出版社，2013 年版。
② 周佩瑶：《"学衡派"的身份想象》，福州：福建教育出版社，2013 年版。
③ 吴宓：《文学与人生》，王岷源译，北京：清华大学出版社，2000 年版。
④ 吴宓：《吴宓诗集》，吴学昭整理，北京：商务印书馆，2004 年版。

二阕。他的诗,真诚地讴歌着华夏文明,抒发着人情、乡情、友情、爱情,思考着社会、历史、人生,探索着生命、良知、灵根。这本诗集,是我们研究这个时期的中国政治、经济、教育等方面的宝贵历史资料。它的出版,是吴学昭女士辛勤工作的结晶,是她奉献给学界的一份厚礼。

2.《吴宓日记续编》(十册,1949—1974)①

本书是吴宓先生记述他最后二十余年生命历程的日记。他于解放前两周西飞四川,此后在西南二十余年的执教生涯中,他的际遇跌宕起伏,既得到当局的礼遇,也备受运动的摧残,他忠实记录自己每日的所思所行所见所闻,直至因"宁肯杀头,也不批孔"而被打成"反革命",最后含恨以终。这是一部以生命实践个人文化理想的记录。加上1998年出版的《吴宓日记》(1910—1949),吴宓日记终成全编,以作史鉴。其史料价值,自不待言。

3.《吴宓诗话》②

《吴宓诗话》基本按照原《诗集》卷末附录的内容顺序编辑整理,此外增加了吴宓1934年以后所作的读诗笔记、授课讲义等,全部录自吴宓遗稿和日记。从中得以看出吴宓多年来对诗的一些基本原理的观点和主张,坚持一贯,始终未变。吴宓一生酷爱读诗、作诗、研究诗,他所写诗话当远远不止本集所收录的这些。

4.《吴宓书信集》③

《吴宓书信集》是吴宓先生20世纪10—70年代写给师长、家人、朋友和学生的书信集。作者本着他清澈坦诚的态度,直抒胸臆,吐露心曲、畅述己见。这些信件充分反映了作者的境遇、经历和思考,以及他所坚持的把文化作为信仰的由来。本书对研究吴宓的学术和人品,对了解那个时代的学界情况、学人思想等极具史料价值。本书由吴学昭整理、注释、翻译。

---

① 吴宓:《吴宓日记续编》,吴学昭整理注释,北京:生活·读书·新知三联书店,2006年版。

② 吴宓:《吴宓诗话》,吴学昭整理,北京:商务印书馆,2007年版。

③ 吴宓:《吴宓书信集》,吴学昭整理,北京:生活·读书·新知三联书店,2011年版。

5.《吴宓评注顾亭林诗集》①

该书让我们通晓了吴宓评注顾亭林诗集的心路历程,揭示了吴宓和顾亭林之间在精神层面的内在联系,展现了吴宓在社会动荡不定之际自觉以中华文化保护和传承为己任,虽九死而无悔的殉道者形象。

四、呈现异彩的吴宓研究论文与专著

21世纪以来,研究者的群体和团队扩大,从硕博群体到专家学者,都把吴宓研究作为一个重镇来建设;研究者拓展了吴宓研究的领域与范围。在中国知网以"吴宓"为主题查阅,有关吴宓研究的期刊论文850篇;以"学衡"为主题查阅,有关吴宓研究的期刊论文650篇;博士论文39篇,硕士论文101篇,可见研究者比较关注吴宓及其相关研究。同时,又有大量的文集和专著出版,主要集中在几个方面:

1. 会议论文集

①《多维视野中的吴宓》②

王泉根主编。内容涉及吴宓的文化思想与文化担当,吴宓的哲学观、宗教观、伦理观,吴宓的比较文学、现代文学、《红楼梦》研究以及文艺美学与诗歌创作,吴宓的教育思想与教学实践等。本书在吴宓学术思想的研究上,坚持百家争鸣、和而不同的精神;在吴宓生平行状的研究上,坚持实事求是、无征不信的精神。

②《吴宓学术讨论会论文选集》(第三届③、第四届④)

这两届学术论文集收录的文章涵盖了许多名家的研究成果,对于后来人

---

① 〔明〕顾炎武著,吴宓评注:《吴宓评注顾亭林诗集》,北京:人民文学出版社,2012年版。

② 王泉根:《多维视野中的吴宓》,重庆:重庆出版社,2001年版。

③ 刘家全、蔡恒:《第三届吴宓学术讨论会论文选集》,西安:西安地图出版社,2005年版。

④ 王文、蔡恒、刘家全:《第四届吴宓学术讨论会论文选集》,西安:西安地图出版社,2005年版。

的研究有重要的启迪作用。这两本书既从宏观上探讨了吴宓博大精深的学术思想,也从微观上论述了吴宓诸多方面的学术成就。它们涉及了吴宓一生的主要成就以及思想文化根源的主要方面,兼收并蓄,显示了相当大的包蕴量。

2. 全方位研究吴宓的专著

学者的研究涉及范围宽广,从吴宓的情感世界到吴宓的文化理念、道德理念、文学批评和新文学的内容与形式等方面的研究都有建树,让读者看到了一个多纬度视角的吴宓。

何世进等的《吴宓的情感世界》[1],讲述了吴宓的情感世界也异常丰富多彩、美丽奇异,而又矛盾错综、凄恻郁苦。他的爱情故事像一块块深藏在山岩皱褶间的珍宝,一经发掘开采、精雕细琢,立刻闪烁出炫目的异彩,钻石般吸摄人心,连缀在一起,便构成了可歌可泣、娓娓动听的爱情乐章。

北塔《情痴诗僧吴宓传》[2]是第一本全面介绍吴宓先生一生的传记。作者通过大量资料,用生动的文笔记叙了这位中国比较文学开创者、红学家的生平经历、学术成就和诗文创作,以及他与王国维、陈寅恪、钱锺书等大学者的交往经历,并描写了他与陈心一、毛彦文等人的情感纠葛,具有很高的价值,值得一读。

傅宏星的《吴宓评传》[3]是一部系统而综合的吴宓学术评传,全面介绍和记述了吴宓的文化生命和学术历程,展示了他"文化神州系一身"的儒者情怀,还探讨了吴宓的"博雅之士"的教育理论及其实践等内容。

张弘的《吴宓:理想的使者》[4]从文本出发,根据吴宓的文字遗存,对他的文化观念、文教志业、诗学思想与文学创作的建树与贡献作了分析梳理。本书的评述,突出了吴宓的思想理念、情感和意志的特点,还原了他的文化理想。

蒋书丽的《坚守与开拓:吴宓的文化理想与实践》[5],对他的文化立场和

---

① 何世进、于奇智:《吴宓的情感世界》,广州:广东人民出版社,2001年版。
② 北塔:《情痴诗僧吴宓传》,北京:团结出版社,2000年版。
③ 傅宏星:《吴宓评传》,武汉:华中师范大学出版社,2008年版。
④ 张弘:《吴宓:理想的使者》,北京:文津出版社,2005年版。
⑤ 蒋书丽:《坚守与开拓:吴宓的文化理想与实践》,北京:社会科学文献出版社,2009年版。

文化观念进行探讨分析,以此来管窥 20 世纪初期那场风潮涌动的文化之争,挖掘出被尘封多年的历史真迹,不仅是对历史和故人的一个交代,也是对当下现实和未来的一种责任。

吴学昭的《吴宓与陈寅恪》①,以吴宓的日记、遗稿为依据,忠实记述了陈寅恪与吴宓的学术活动及二人从哈佛同窗、清华共事、联大流亡、燕京授业直到劳燕分飞、鸿雁往还,长达五十年的深厚情谊。全书资料丰富翔实,对于 20 世纪文化史研究具有重要价值。书末附有徐葆耕教授的阐释性论文《文化的两难处境及其他》。

黎汉基的《社会失范与道德实践:吴宓与吴芳吉》②讲述了两吴生的方方面面,见证了现代中国知识分子道德实践的不同历程。本书按照时间的顺序,重建吴宓和吴芳吉这一段不平凡的交往史。

3. 对吴宓同僚进行研究的专著

吴泰瑛的《白屋诗人吴芳吉》③论证了吴芳吉在中国诗史和艺术史上做出的富有创造性的贡献。

刘国铭的《吴芳吉论教育》④一书,收录了吴芳吉教育言论选、教育诗文选、教育评说选等。

梅杰编辑的《梅光迪文存》⑤,收录了现代著名思想家、教育家梅光迪的《文学概论讲义》《近世欧美文学趋势讲义》等集外文二十多篇、书信七封,并全文收录了《梅光迪先生家书集》。全书六十万字,是目前为止最全的一部梅光迪作品集,是我们研究学衡派的一份重要资料。

《吴芳吉全集》⑥为其存世诗文杂著之全编,按文体及作品创作时间先后分类编排,正文厘为六卷,第一卷为诗歌,第二卷为散文,第三卷为讲义,第

---

① 吴学昭:《吴宓与陈寅恪》(增订本),北京:生活·读书·新知三联书店,2014 年版。

② 黎汉基:《社会失范与道德实践:吴宓与吴芳吉》,成都:巴蜀书社,2006 年版。

③ 吴泰瑛:《白屋诗人吴芳吉》,成都:巴蜀书社,2006 年版。

④ 刘国铭:《吴芳吉论教育》,重庆:重庆大学出版社,2010 年版。

⑤ 梅杰:《梅光迪文存》,武汉:华中师范大学出版社,2011 年版。

⑥ 吴芳吉:《吴芳吉全集》,上海:华东师范大学出版社,2014 年版。

四卷为书信,第五卷为诗话,第六卷为日记第,末收附录一卷,辑录作者传记及相关评论文献,最后附刊其著述目录。

五、高度关注吴宓的期刊编辑生涯

刘淑玲的《吴宓与大公报·文学副刊》①是我国第一篇全面系统地研究吴宓与《大公报·文学副刊》的关系的文章。作者认为:"在吴宓的编辑生涯中,这是一份极其重要的刊物,对于充分了解吴宓的文学观,研究吴宓文学思想的发展,恰如其分地评价吴宓与新文学的关系,它显得比《学衡》更重要。"她提出在今天研究吴宓及其文学观念的时候,应充分认识《大公报·文学副刊》在吴宓文学生涯中的独立地位。许军娥的《吴宓与期刊编辑工作》将吴宓研究与今天的编辑工作现实联系起来,并提出了要办好刊物应该抓好的几个关键问题。阎淑侠的《吴宓先生的办刊情结》从期刊编辑角度来分析吴宓先生的办刊情结,开拓了研究的领域,使读者耳目一新。

六、寻找契点的资料研究

刘帆的《吴宓研究资料索引》②梳理和收录了 20 世纪 90 年代国内吴宓研究的成果资料;许军娥编的《吴宓著译系年目录辑要》③,是一部资料性很强的工具书。后者将吴宓的著译目录逐年逐月进行排列,给研究吴宓的人按图索骥、查阅相关资料以极大方便;以史实为笔,以时间为序,粗线条地勾勒出吴宓学术人生的轨迹,向读者再现了吴宓的主要学术活动和学术成就。这两本书为学界研究《学衡》、研究吴宓提供了详细的资料,是研究者不可缺少的工具书。

(本文部分内容以《吴宓研究的新亮点》为题刊于《文教资料》2005 年第 32 期,收入本论文集有增改)

---

① 刘淑玲:《吴宓与大公报·文学副刊》,《中国现当代文学研究丛刊》,2001 年第 4 期,第 75–93 页。

② 刘帆:《吴宓研究资料索引》,《新文学史料》,2002 年第 2 期。

③ 许军娥:《吴宓著译系年目录辑要》,伊犁:伊犁人民出版社,2000 年版。

吴宓与新人文主义

吴宓的 1937

刘淑玲

(中央民族大学文学与新闻传播学院)

一、秋荷禅鸣：北平的眷恋

1937 年 7 月,吴宓正当盛年。卢沟桥的炮声响起时,他已知道"战局危迫,大祸将临","今后或则(一)华北沦亡,身为奴辱。或则(二)战争破坏,玉石俱焚"。战争的硝烟已经飘荡在北平上空,国难临近,铁蹄之声逼近了耳畔。很多个夜晚,吴宓在雷电和大雨的交作之中,久久不能成寐。他痛苦地感觉到:"一生之盛时佳期,今已全毕。"

离开北平也许是唯一的选择。但吴宓却不断地和这个唯一的出路抗争。这个曾经叱咤讲坛的教授,对自己的徒然无用感到无奈。1937 年 8 月 29 日的日记中,他曾记载:"思古贤之精心盛名之著作,多成于四十与五十岁之间。五十余岁而殁,已可云完。宓拟撰《人生哲学》及长篇小说,命笔无期,而年寿已催,已至古人完成大业之时。况经国难,恐此生淹忽,终于无成,何胜憬忧!"回顾自己的生命,第二个二十八年过去一半,人生之路正在中途,这样饱满的盛年,应该是"完成大业"之时,却要被陡然绞断,使他措手不及。日军飞机开始轰炸西苑,夜晚炮声隆隆,窗壁为震。吴宓只能拥衾静卧,坐待天命。他说:"我今不敢求死,亦不再怨生。但即毙命于今日,亦欣遵上帝之意旨。"

此时,吴宓无限眷恋曾经宁静的北平,无限眷恋寄托理想生命的清华园。

到大后方去还是留在北平,使他"甚为伤情",内心里他极想留在北平,继续闭户读书的生活:"宓意欲在此苟安,闭户读书,余事付之天命。"炮火声中,古都的秋荷鸣蝉越发萦绕心中,挥之不去。从 1937 年 7 月卢沟桥事变到 11 月被迫离开北平,他绵密地记下了自己对北平的万般眷恋和"去"与"留"的矛盾心境。往日无暇顾及的美景此时让他流连忘返、感慨不已。天安门、北海、中海、南海、南北长街的景致,都在他的日记中频频留存,成为他最后的北平。

> 宓独在天安门内外一带散步久久,恣意欣赏青天白云金瓦红墙绿树白石之丽景,值此秋爽,尤觉酣适。……念多年处升平康乐,而辛勤劳作,未曾如意游赏。值兹覆亡危乱之秋,乃宓独闲居北平游目骋怀,亦云奇矣!

> 西园荷花犹茂,荷叶极香。望西山落日,晚霞青天,美丽犹昔。而观赏几于无人。胜境鞠为荒草,可胜慨叹。(8 月 10 日)

> 时微雨,宓步行,归姑母宅。过金鳌玉栋桥,荷花荷叶犹盛。而秋风送爽,山岚叠翠,湖光云影。景美至不可描摹,惜时危耳!(8 月 26 日)

> 4:00 乘原车,归姑母宅。途中虽见日兵甚多,然青天白云绿树金瓦红墙石路之北平风景,依然美丽不减。且秋雾秋烟,嘘空含翠,荷叶送香,哀蝉曳厉,使宓魂销,对故都更增眷恋。不觉其危,不知其辱矣!(9 月 5 日)

> 步行,穿天安门而东,归姑母宅。又欣赏北平之美丽景色。

> 宓沿南北长街步行归姑母宅。途中仍恣意欣赏北平故都之壮丽景色,甚觉快适云。(9 月 18 日)

> 经东单步行而归,"欣赏故都深秋之景色"。(10 月 1 日)

> ……又欲邀宓至北海游步,宓亦欣为最后之流连眺赏,以大风而

止，遂别。(10 月 6 日)

……

在无限眷恋中，吴宓度过了他在北平生活的最后三个月。他不放过任何一个欣赏北平景色的时机，与北平做悲苦的告别。至 11 月 4 日不得不离开北平南下，吴宓再也没有回来过，直到二十四年之后的 1961 年回京省亲，只是匆匆过客而已。

铺展事业和理想的清华园更是让他极为不舍，在这最后的时刻，他终于意识到：那满池荷花和湖光云影已经是他生命中最不能割去的一部分。坐在面朝荷池的西客厅，听着蝉鸣鸟语，他觉得凉爽静适，宛若仙境，然而，时事危难，战事紧迫，如此佳地美景将会转瞬不再。念此，他深深悔恨自己往日为恋爱奔波而耗费的大好时光，"实为得不偿失，愚蠢之极"。

自 1925 年，吴宓归国之后重回清华园，服务母校，他已经在北平生活了十二年。这十二年是他人生中最安定和舒适的时期，虽然其间经历了婚变，但是他的写作、教书与编辑生活是稳定而适意的。1925 年 2 月，他筹备清华大学国学研究院，并应清华大学校长曹云祥之聘任研究院主任，请来梁启超、陈寅恪、王国维、赵元任四大国学导师。国学研究院的创办，成为清华历史上一件盛事。《学衡》杂志也继续在清华刊出，吴宓仍然担任总编辑，并于 1928 年 1 月，应天津《大公报》总编辑张季鸾之聘，兼任《大公报·文学副刊》主编。辞去国学研究院主任一职后，吴宓兼任过西洋文学系代理主任及国文系主任，后专任西洋文学系教授。在清华，吴宓居住在西客厅，他请黄晦闻题匾"藤影荷声之馆"，面对荷花满池，吴宓迎来了他事业的一个又一个高峰。

清华园曾经带给他那么多"闲暇"的时光。在清华，吴宓沉醉于这种"忙碌的闲人"生活。享受着"思辨"的快乐。"忙碌的闲人"正是希腊语中"学者"一词，因此，在白璧德看来，"闲暇"不是工作，不是懒散，更不是娱乐，而是像古希腊人所说的表达了"心灵的最高瞬间"，是"快乐研究的静谧氛围"，给思考以凝聚，"学者因闲暇得智慧，事物无多自生灵明"。吴宓流连在藤影荷花之畔，不舍的是这份用来"反思"的"闲暇"。也许，离开了清华园，意味着"最后的安静元素"的破灭。他再也找不到一处这样宁静读书的"闲暇"时光了,对"闲暇"的无限不舍让他的南行之路格外悲壮。

> ……清华将在长沙筹备开学,校长欲诸教授往长沙集合云云。宓则决拟留平读书一年,即清华实行开学,亦拟不往。(1937 年 9 月 2 日)
> 《世界日报》载,清华将迁长沙。宓雅不欲往,但又不能不往。宓昨夜回思多年之经历(以 6 二分之一为一段),……前后起伏,悲欢荣枯,百感丛生。后此未知如何。前此之生活似已告结束矣!

他也作诗表达心境:"北都又失好山河,隔岁吟酬涕泪多","眼前危境同骑虎,梦里韶华悔掷梭。"

在清华园,作为教授,吴宓教出了他一生中最好的学生;作为编辑,他编出了一生中最有影响的刊物;作为诗人,他写出了一生中最重要的诗作。他在宁静中沉思,漫步于无限"闲暇"中,收获了他的思想和文字。吴宓清楚地知道,生命里注定自己只能是个学者,理想的担当,民族的思虑都只能是以学者的方式来担当,那么,没有"闲暇"来容纳沉思,未来的生命将会怎样来安放?所以,炮声袭来后,他不顾危险,三次出入清华园,每次穿越重重关口回到校园,他都努力要留下来。但是,往日的清华园已经不再,园中到处已成异境,只闻秋蝉微弱断续之哀鸣而已。有一次,重回校园,他悲哀地发现"风物凉爽,窗外荷池犹存红花一朵。哀蝉寒蛰,鸣不绝响"。就是在这种凄凉景致中,外面响起的炮声与枪声却从夕至晨未断。离开清华园时,只有校工吴延增为他送行,他痛苦地感叹:"清华学校之结局,不付与校长(曹云祥、罗家伦等),不付与权威赫奕之教务长(张彭春等),不付与养尊处优之教授(吴有训、张奚若等),不付与力强势众之学生(去岁争斗之两派,及昔年驱逐校长之班级,等)。更不付与名高望重、举世同钦之学者(王国维、陈寅恪等),亦不付与亲见其始终,而心伤魂断之诗人(吴宓等),而付与'服事校工'之吴延增等,换羽移枰,蒿自陨涕。"他也许想到了,这就是永别?

1937 年 11 月 4 日,最后一瞥晨雾缭绕的紫禁城,吴宓赋诗一首,《晓发北平》:"十载闲吟住故都,凄寒迷雾上征途。"随之结束了十余载北平生活。

二、国难与文学：一个人文主义者的救国论

早在 1931 年，吴宓就对日本铁蹄之下的民族命运极度关注。在有些人看来，面对强敌，文学是软弱无力的，但在他看来，文学恰恰是振奋民族生命的一个重要途径。在这样一个生死存亡时刻，文学与民族命运休戚相关。在他主编的《大公报·文学副刊》中，他写下了"国难与文学"的系列文章，发出了"道德救国"的宏论。六年过去了，他虽然无奈地感到了自己的声音是那么微弱，但他仍然认为以民族精神抵抗强敌是救国良策，而道德建设是民族精神的前提。他关注着外患侵逼的危难时局，尽最大的努力挥洒着一介书生的意气豪情，发出一个人文主义者的救国论。

1931 年 9 月 28 日，"九一八"事变不久，他发表《民族生命与文学》一文，强调文学于国难之重要性："外患侵逼，吉辽沦陷，我全国上下，方忍辱负重，励志矢诚，以谋救国，以图御侮，当此之时，而言文学，毋乃太迂！虽然，文学与民族之运命，实有至密切之关系。夫国家民族之盛衰强弱亦如个人在社会中之升沉荣枯。一时之利害得失不足轻重，要视其根本之培育与永久之趋向为如何。培育得其道，趋向得其正，则今日虽弱，异时必强。侵地可复，条约易改。……孟子曰：人必自侮也，然后人侮之。家必自毁也，然后人毁之。过必自伐也，然后人伐之。大学云：天下之本在国，国之本在家，家之本在身，此谓欲国家之不亡，民族生命之继续光荣，必须其国中各个人（无分男女老少富贵贫贱不肖）悉能精勤淬励，笃志力行，悉能深切感知本国之可爱，而愿竭诚尽瘁以爱护之。欲使国中各个人悉成为切实有用之爱国分子，其道多端，而文学实为最直接最有效之一途。所谓培养其根本，端正其趋向，乃文学之职责。"而后他又发表《中华民族在抗敌苦战中所应持之信仰及态度》（1932 年 2 月 8 日）、《道德救国论》（1932 年 2 月 15 日）等文章，认为文学与民族命运密切相关。救国、御侮的根本是民族精神的强壮，因而文学担当着对民族精神的根本之培育。"则今日虽弱，异时必强。侵地可复，条约易改。"而民族精神的培育必须从个体的精勤淬励、笃志力行做起，而文学实为最直接最有效之一途。"所谓培养其根本，端正其趋向，乃文学之职责。

(一、文学能晓以真理,发明道德之因果;二、文学描写历史中或虚构之伟大人物,足为模仿之资;三、文学具感化之力,造就理想之品格……)"因而文学在个体的身上注入道德的力量,才是整个民族精神的源泉。吴宓还放眼世界,从人类的历史总结出"道德救国论"的这一以人性为基点的基本论题。

1931年10月26日,他为贺麟《德国三大伟人处国难时之态度》一文所写编者按强调:"按此次日本攻占吉辽,节节进逼。当此国难横来,民族屈辱之际,凡为我中国国民者,无分男女老少,应各愓然知所以自处。百年前之德国,蹂躏于拿破仑铁蹄之下,其时之文人哲士,莫不痛愤警策,惟以个人性情境遇不同,故其态度亦异。而歌德、费希德、黑格尔之行事,壮烈诚挚,犹足发聋振聩,为吾侪之所取法。……"侵略行径恰恰是对人性为基准的道德的背离,而正义的维护不只是勇敢的炮火,恰恰要以道德为力拳。这是人类不灭的火种。

1937年炮声在北平响起时,他仍然坚信道德救国论:"因张自忠军及石友三保安队等倒戈,我军大败,宋等已于昨夜退走保定。城中已另有政治组织云云。一夕之间,全局尽翻,转喜为悲。不特为实事上之大损失,抑且为道德精神上之大失败。益叹人不能亡我,而我能自亡也!"(1937年7月29日)但是隆隆炮声使他痛感自己声音的微弱,一边是坚定的信念,一边是手无寸铁的尴尬。国家的道德、国民的素质、军队的溃败、侵略者的坚兵利炮使他对自己和国家的前途都无从把握。他的矛盾、犹豫、痛苦、无奈也跃然纸上:"每经事变,乃深感且痛恨宓之无德无才,既未尽职国家,亦有负诸友好之人。"

从市区到清华园的车上,他看到"车上坐立皆满。而众议论纷纷,注意小节,或相责难,殊见小人不能出患难之丑态"。他满怀忧虑,乱世之中人的道德理想何去何从?清华提前发给教职员七月份薪金,他对此不满,发出感慨:"计私利,急逃避,此中国人之所能为者耳!"见到"学生纷纷乘自行车(携小包)离校,或以人力车运行李入城。教授亦纷纷以汽车载物送眷入城。校工则退还储金,又将发给两月工资而解散。……传闻日军已南进至清河。前队已驻守清华园车站。不久,或即来校接收。情形甚为忙乱。宓深感清华瓦解之易,与员生之但求自逃,不谋团结维持。"失望与痛苦包围着他。他不断地反思、拷问，像柏拉图一样自问自答："宓前此求爱办事，虽热烈激急，皆由理想之奔赴，绝不同于一般人之求利纵欲而为之者。自经国难，宓益觉道味浓而世缘衰，不但欲望尽绝，淡泊无营，即爱国忧民之心，亦不敌守真乐道之意。隐居北平城中，而每日所读者，乃为宗教及道德哲学书籍，不及政治时局，非为全身远祸，实以本性如斯，行其所好所乐而已！"在辗转难眠、忧虑痛苦的选择中，对国人面对民族命运的拐点，在这生死攸关的选择中所暴露出来的道德缺失做出无情鞭挞："少女唱新式艳曲，真靡靡亡国之音。再则所谓相声，即粗恶之市井谈话，而一日唱之至数十遍，曾无片刻休息。……宓留平本欲养静读书，而受此激扰噪，心神不宁，且异常气愤（愤中国人毫无爱国心，与其艺术观念之鄙陋也）。则居此之目的尽失，安乐何在？"

这一时期，他每日心事重重，与友人散步时的话题也都与此相关。1937年7月14日，他和陈寅恪谈论时局时，两人都充满了悲观："与陈寅恪散步，寅恪谓中国之人，下愚而上诈。此次事变，结果必为屈服。"与友人洪谦散步，也发出同样的议论："洪谦来，同散步。洪君以国人泄泄沓沓，隐忍苟活，屈辱退让，丝毫不图抵抗，使日本不费力而坐取华北。如斯丧亡，万国腾笑，历史无其先例，且直为西洋人士所不能了解者。故洪君深为愤激痛苦，宓亦具同情。按西洋古者如 Troy 与 Carthage 之亡，皆历久苦战，即中国宋、明之亡，争战支持，以及往后图谋恢复之往迹，亦绝异中国今日之情形。中国之科学技术物质经济固不如人，而中国人之道德精神尤为卑下，此乃致命之伤。非于人之精神及行为，全得改良，绝不能望国家民族之不亡。遑言复兴？宓又按真理亦即正情。中国一般人既虚伪，又残酷，洪君深为痛恨，亦由居西洋（德国）久。即今赞同洪君者，其人亦极少也。……"在人文主义者看来，国难之时，文化之亡才是切齿之痛。

吴宓决意南行之时有一个细节耐人寻味："木匠来，制箱盖。见其人（少年）敦厚而勤敏，既觉中国此等人极可爱，且忆木匠为耶稣基督所操之业也。"离别故都的最后时刻，他怀揣着极度的难舍，面对不可知的未来，对人性的省察却丝毫也不放松，他的心意可以由此一览无遗。在他眼里，"敦厚而勤敏"的年轻人，有着基督一样的宽爱，也许是这混乱时代中的一粒种子。

三、自我救赎：阅读顾亭林

1937 年 7 月，吴宓在炮火声中不断捧读《顾亭林诗集》，这一时期的日记中，有他接连不断的阅读记载。如 1937 年 7 月 23 日，他就曾经详记："清晨独出散步，闻雷声隐隐，初疑为炮声，继乃黑云遮西山，大雨骤至，始信其为雷。过顷雨止。仍读《顾亭林诗集》。"

顾亭林，本名绛，字忠清，号亭林，江苏昆山人，明末清初的思想家、学者。明亡之后改名炎武。清兵入关之后，他的生母何氏遭清军断去右臂，嗣母王氏也在家乡沦陷之时，绝食十多天殉国，临终遗命顾亭林："无为异国臣子，无负世世国恩。"受母亲影响，顾亭林也有极高的民族气节，两度组织抗清，而后被祸、入狱，誓不仕清。后半生北游二十余载，誓以一介遗民传输学问，光复民族。晚年客死他乡。

顾亭林一生致力于学术研究，提倡经世致用之学。他一生论学都在标举"行己有耻，博学于文"八个字。"行己有耻"表明要自爱自重，狷介自守，做学问必须先立人格；"博学于文"表明文须有益于天下，求知必须广泛。他说"自一身以至于天下国家，皆学之事也"。做学问的最终目的是要开风气，传承民族文化与道德。因此他认为"保天下者，匹夫之贱，与有责焉。"梁启超将这句话引述为"天下兴亡，匹夫有责"，成为传世名言，激励了一代又一代人。

顾亭林的诗歌大义凛然，集中表现了他的民族气节。著名历史学家侯外庐先生就曾经评价："炎武的爱国思想，多表现在他的诗集里。"他的诗风格硬朗，内容振奋人心，表现了他百折不挠的韧性。吴宓曾说："亭林诗，读之使人奋发。"

吴宓最初研读顾亭林诗是受好友吴芳吉的启发，而后又得到尊师黄晦闻的言传："宓昔闻碧柳盛称顾亭林诗，至是乃始研读。本年（1935 年），宓谒黄师，续借讲义，归而抄录。师复为阐述亭林事迹，谓其既绝望于恢复，乃矢志于学术。三百年后，中华民族，由其所教，卒能颠覆异族，成革命自力之业。今外祸日亟，覆亡恐将不免，吾国士子之自待自策当如亭林。是日，师言时,极矜重热诚,宓深感动,觉其甚似耶稣临终告语门弟子'天地可废,吾言不可废'之情景。"这是他在《空轩诗话》中的记录。在吴宓心中,黄晦闻是近今中国诗学宗师,合诗教、诗学、诗法于一人,兼能创造。黄晦闻晚年在北京大学任教,于 1934 年讲授并笺注顾亭林诗。所以尊师如耶稣临终告语弟子的神圣和热诚深深感动了吴宓。1935 年 1 月,黄晦闻突然因病离世,吴宓悲痛之余决定接续老师的工作,研读并批注顾亭林诗。

卢沟桥事变之后,吴宓就更是每日捧读《顾亭林诗集》,在炮声隆隆大敌当前的窘境之中,他深切地感到自己的软弱无力,读顾亭林诗,恐怕也是在寻找能给自己鼓舞的力量和方向。

故当今国家大变,我亦软弱无力,不克振奋,不能为文天祥,顾亭林,且亦无力为吴梅村。盖才情志气已全漓灭矣!此为我最伤心而不可救药之事。如此卑劣,生世亦何益?思及此,但有自杀。别无他途。……(1937 年 7 月 14 日)

阅报,知战局危迫,大祸将临。……今后或自杀,或为僧,或抗节,或就义,无论若何种结果,终留无穷之悔恨。

心灵无所皈依,家园将要沦陷,吴宓的心头无时无刻不在闪现着这样一个无奈又绝望的抗争方式。处于历史转折关头的吴宓痛苦彷徨,他记录下了自己的这种彷徨无定、痛苦无奈的内心世界,举步维艰,夜半感慨,时常想到自杀。事实上,他并没有自杀的勇气,但也并不祈求苟活,他知道自己一介书生,面对枪炮百无一用,只有把生命交托给上帝。"……宓个人决不逃避,(一)因知命。(二)因耻逃。(三)因消极而轻生死。"但是,如果活下去,他就要给自己寻找生存的意义,就要为自己的精神生命抗争。1927 年王国维自杀,他的死正如陈寅恪所说:"凡一种文化值衰落之时,为此文化所化之人必感苦痛,其表现此文化之程量愈宏,则其所受之苦痛亦愈甚;迨既达极深之度,殆非出于自杀无以求一己之心安而义尽也。"自杀这种决绝的方式来自现实和理想之冲突不可化解之时,对内心理想的坚守会使人从容赴死。因此,此时吴宓一再想到这种无奈、决绝却能实现自我主宰的方式。

作家孙犁在《曲终集》曾经感叹："明末清初，的确是一个大动乱的时代，知识分子很难应付得当，非死即降。像钱谦益、吴伟业这些人，是很狼狈的，而顾炎武和归庄却能活下来，是各有各的特殊能力和办法，实在不容易想象了。"顾亭林没有为明朝殉身，他选择的方式是隐忍，而后研究、述学。他写诗以填海的精卫自比："万事有不平，尔何空自苦，长将一寸身，衔木到终古。我愿平东海，身沉心不改，大海无平期，我心无绝时。"正像孔子所言："不降其志，不辱其身"，以精卫填海之志为文化的薪火相传尽毕生之力。

吴宓一定是在顾亭林诗中得到了无数人生启示，他对《顾亭林诗集》的评注就主要集中在 1937 年 7 月。他所依据的《顾亭林诗集》是光绪二年湖南书局木刻本两册，于 1934 年北平东安市场购得，这两册经他评注的诗集被他带在身边辗转几十年，时时翻阅，中间也几经磨难。《吴宓评注顾亭林诗集》终于在他也已作古三十多年后的今天由人民文学出版社整理出版。抚今追昔，让人不胜唏嘘。

可以看出吴宓在阅读和批注《顾亭林诗集》中寻找的自救之力：批注《赠刘教谕永锡》一诗时吴宓就很赞赏"处夷狄之邦，而不失吾中国之道"的人生态度，他说：顾亭林志在万古人伦，而不偷偷于日暮；批注《旅中》一诗，他说：末句乃亡国之痛，异乎其他诗人之但计个人穷通者也；批注《再谒天寿山陵》一诗，他把顾亭林与王静安相提并论，"同一崇敬"。……

顾亭林曾经在《日知录》中说："有亡国，有亡天下，亡国与亡天下奚辨？曰，易姓改号，谓之亡国；仁义充塞而至于率兽食人，人将相食，谓之亡天下。"这段话，表明了顾亭林的文化态度。在他看来，国家兴亡只是易姓改号，并不是最可怕的事情，而文化沦丧才是致命的，如果道德衰落，文化不存，人人变为禽兽，那就是真正的亡天下。因此，国难迫近之时，《顾亭林诗集》中表现出来的这种文化情怀及民族气节，也为他的文化救国论提供了有利的支撑。批注《述古》一诗时，吴宓把顾亭林尊为后世之师，认为他"所行者非复政治、军事之经营，而为学术文明之传授，故此诗可做亭林之自传评传读也。"他说顾亭林的学与教可以分为以下几个部分：一、以道与器合；二、以理与事合；三、以思想与材料合；四、以志与行合，即理想与实行合，五、学术与政治且与宗教合；六、以"多合，故兼重经史，博综古今，而又守先待后，济世安时"。由此,吴宓认为顾亭林对文化的态度与白璧德学说甚为相似,白璧德新人文主义是吴宓终身信奉的学说,并视之为救世良药。在这个特殊的历史时刻,他们共有的"守先待后,济世安时"的文化链条,更加醒目地呈现在吴宓眼前。

1937 年,是整个民族的转折,在这个大时代的汹涌波涛中,吴宓留下了他自己的身影和姿势:一个人文主义者的特有的姿势。

(本文以《1937:最后的北平》为题刊于《书屋》2012 年第 8 期)

吴宓的身份想象："人文主义者"与"圣人"

周佩瑶

（华南师范大学文学院）

一

《学衡》的创办，因梅光迪而起；《学衡》的维持，却由吴宓之功。自《学衡》1922 年创刊，到 1933 年终刊，吴宓是"学衡派"诸人中唯一与《学衡》相始终的。梅光迪、胡先骕相继退出《学衡》后，吴宓在杂志的经费、稿源、出版都遭遇严重困难的情况下，竭尽一己之力维持《学衡》的出版，从而把自己的命运与《学衡》紧密地结合在一起，如他本人在 1927 年的夫子自道："《学衡》为我之事业，人之知我以《学衡》。"①吴宓与《学衡》的关系，源自他留学哈佛大学时。吴宓于 1918 年 9 月入哈佛大学比较文学系，师从白璧德，1921 年 8 月毕业，获文学硕士学位，归国执教于南京高师、东南大学。《学衡》终刊多年以后，已步入暮年的吴宓，以复杂的心情追忆当年在美国认识梅光迪并从弗吉尼亚大学转入哈佛大学这一事件对自己命运的影响：

> 然按后来事实之因果论之，则宓若在 1918—1919 学年，仍留勿吉尼亚大学，而不来到波士顿转入哈佛大学，则与梅光迪君在美国未由相识，无从接受其反对陈独秀、胡适新诗、白话文学、新文化运动之主张，

---

① 吴宓：《吴宓日记》第 3 册，第 419 页。

并不获由梅君导谒白璧德先生,受其教,读其书,明其学,传其业,则后来必无《学衡》杂志之编辑与出版。而宓一生之事业、声名,成败、苦乐,亦必大异,而不知如何。总之,一切非人为,皆天命也![1]

这种表述含有感叹命运偶然性的意味,其中或许不无遗憾与怅惘。吴宓与梅光迪在哈佛相识并受后者影响,初步结成反胡适的联盟,这一事件表面上的偶然,背后却蕴含着吴宓如此选择的必然。这种必然才是吴宓之成为吴宓的根本原因。

吴宓对梅光迪的追随,以及对白璧德人文主义学说的接受,主要源于其去国前原有的思想倾向。留学美国之前,吴宓自1911—1917年就读于北京的留美预备学校——清华学校,从他清华时期的日记可看出,清华学校的西化教育,并未改变吴宓对儒家文化的深切认同。吴宓终其一生都坚持着对孔子所代表的儒家文化的认同和皈依。这与吴宓的"家学渊源"应有一定关系。吴宓出生并度过少年时代的陕西三原地区曾是"关学"[2]重镇,吴宓的长辈如生父、嗣父及姨父、姑丈等亲戚都曾从学于当时三原的关学大儒刘古愚[3]。刘古愚为晚清陕西著名教育家,秉承关学强调个人道德修养和学问"致用"的传统,关心国事而思想开通,在关中大兴教育,新学旧学兼授,其教育思想着重救世和致用,对当时关中读书人有极大影响。吴宓自少年时代即闻刘古愚的大名并对其深为仰慕。1905年至1911年入读清华学校之前,吴宓先后就读于三原敬业学塾(家塾)和宏道高等学堂(五年制中学),旧学新学兼顾,其授业老师多为刘古愚弟子[4]。此段时间,吴宓所受的教育很大范围笼罩在刘古愚的影响下。家庭环境、早期教育和地域文化共同作用于少年吴宓,使其养成浓厚的中国传统知识分子气质。清华时期的吴宓,将提

---

① 吴宓:《吴宓自编年谱》,第176页。

② "关学",广义"关学"指自北宋张载开始到清末刘古愚的陕西关中理学(儒学);狭义"关学"指北宋时期陕西关中张载创始的理学或张载关学学派,张载关学以"致用""崇德"为最终目标。此处取广义之说。

③ 吴宓与刘古愚的关系,参见刘黎红:《论吴宓留学前的文化经历与其文化取向的关系》,《青岛大学师范学院学报》,2005年3月,第1期。

④ 参见吴宓:《吴宓自编年谱》,第58页、第62—65页。

高"全体国民之智识与道德"视为国家强盛的充要条件。这种"道德救国"的观念一直贯穿到《学衡》时代。本着这种观念,吴宓自然对一切激进的社会行为都持保留态度,就读清华第一年,正赶上辛亥革命爆发,历来有救国之志的吴宓对革命的态度则是"既未参加,且不甚赞成"①。总的来说,吴宓在1917年去国前已表现出文化上的道德取向,他对自我身份的期待以儒家文化理想主义的"圣人"为最高旨归。

正是由于吴宓本人亲近传统文化的倾向,他才与梅光迪一相识即意气相投、相互激荡。也正是这种倾向成为吴宓接受白璧德人文主义学说的基础,对他而言,白璧德的学说无疑是孔子学说在西洋文化中所能引发的最大回响。白璧德对孔子的推崇,不仅赋予孔子学说一种前所未有的世界性,同时也使得白璧德的人文主义学说具有一种"国际主义"的姿态,这一姿态对于来自有过光辉历史又有着落后现实的中国留学生,往往具有极大的吸引力。在吴宓看来,"其立说宏大精微,本为全世界,而不为一时一地"②。吴宓在清华时期已具有一种初步的比较文化意识,在平时的阅读中,他常将西方的思想学说与孔子所代表的儒家学说互相对照,从西方文化中寻找与儒家学说互相印证之处。成为白璧德的信徒之后,他更自觉地从比较文化的角度来思考中国的文化问题,轻松跨越了中西之间的文化与现实壁垒,找到了自我身份的旨归:"人文主义者"与"圣人"。

二

较之梅光迪,吴宓受白璧德的影响更全面、更深远。从哈佛时期开始,他一直自觉地将古希腊的苏格拉底、柏拉图、亚里士多德的思想与中国的孔孟思想互相对照、互相阐发,在沟通中西文化方面做出了自己的独特贡献。同时,他也是中国较早从比较文学的角度来研究中国文学与西方文学的,哈佛时期,他已应用西方文学理论,从中西小说比较的角度来研究《红楼梦》。

---

① 吴宓:《吴宓自编年谱》,第 108 页。
② 同上,第 175 页。

毕业回国后执教于高校，他经常开的一门课是"文学与人生"，其讲述方式是从中西历史、哲学、文学等方面来"研究人生与文学之精义，及二者间之关系"①。另有一门课是"中西诗之比较"。凡此都证明他在中国"开中西比较文化和比较文学研究之先河"②。因此，有学者称吴宓为"中国比较文学的拓荒者"。在白璧德的中国弟子中，吴宓无疑最全面地贯彻了白璧德的人文主义学说，从人生观、文学观到大学讲坛，充分体现出他作为哈佛大学比较文学系白璧德教授的弟子的特点。

吴宓首先是从人生观或人生哲学的角度来接受白璧德的人文主义学说的。他从白璧德那里沿袭了西方关于人生观的三分法："人生观（即立身行事之原则）约可别为三种。一者以天为本。宗教是也。二者以人为本。道德是也。三者以物为本。所谓物本主义 Naturalism 是也。处今之世，以第二种之人本主义即人文主义为最适。"③吴宓所崇信的第二种人生观，是他在白璧德人文主义的基础上综合了孔子所代表的儒家学说而成的，这两者在他看来是相通的、相互印证的。白璧德的人文主义建立在人性二元论的基础之上，认为人性中善恶二元并存，人必须依靠自身的理性和意志来克制人性中恶的一面，即用理性对个人的欲望加以"内在的控制"，唯有如此，才能实现个体的自我完善，成为真正的"人文主义者"。这种观点与吴宓原来所信奉的"修身齐家治国平天下"深有契合之处，也就更能引起其共鸣。在他看来，正因为人性是二元的，所以才有强调道德之必要与可能。他认为道德之根本在于实行，因此提出他的实践道德三法："一曰克己复礼。克己者……以理制欲之工夫也。能以理制欲者。即为能克己 Exercise of Inner Check。故克己又为实践凡百道德之第一步。……复礼者就一己此时之身分地位。而为其所当为者是也。……二曰行忠恕。尽心之谓忠。有容之谓恕。忠以律己。恕以待人。……三曰守中庸。中庸者。中道也。常道也。有节

---

① 吴宓:《文学与人生》，北京:清华大学出版社，1996年版，第1页。

② 李赋宁:《学习吴宓先生的〈文学与人生〉课程提纲后的体会》//吴宓:《文学与人生》，1996年版，第235页。

③ 吴宓:《我之人生观》，《学衡》，第16期。引注:物本主义 Naturalism，今译自然主义。

制之谓也。求适当之谓也。不趋极不务奇诡之谓也。"①吴宓的实践道德三法,是他以儒家学说来阐释白璧德人文主义的人生观而提出的。这人生观对其一生有着重要影响,尤其从他与《学衡》关系的始终来看,吴宓确实是尽力实践其人文主义人生观,尽管他也时有怨言,慨叹"中道"之难行;但在1925 年前后"学衡派"其他主将相继退出的情况下,他仍竭力克服一切和障碍,独力支撑着《学衡》杂志。

吴宓对人生观的表述方式,表现出一种非中非西、又中又西的文化杂糅的特点,在梅光迪、胡先骕的文章中同样可见,但以吴宓最为明显。这体现了"学衡派"对待中国文化和西方文化关系的问题上一个相当值得我们注意的思路:一方面,他们通过白璧德提供的西方视角来重新理解和阐释自己的母体文化——在留学生中这种做法是相当自然的,这也是中国现代知识分子的典型做法;另一方面,他们往往又以中国文化来阐释白璧德学说以及西方文化,从而给他们所介绍和推崇的西方文化涂上一层浓厚的中国色彩。五四这一代的知识分子在接受和吸取西方文化方面,都有一个对具体所接受的西方文化加以适当调整的本土化过程,主要表现为按自己的需要对西方各种具体学说加以取舍,只求其适用,而不着重其完整面目或是真实面目,此即鲁迅所倡导的"拿来主义"。"学衡派"对西方文化的介绍也有本土化的做法,但这种以中国文化与西方文化相互印证,并反过来自觉以中国文化来阐释西方文化的做法,则是"学衡派"的鲜明特点了。在吴宓看来:"西洋真正之文化。与吾国之国粹。实多互相发明互相裨益之处。甚可兼蓄并收。相得益彰。诚能保存国粹。而又昌明欧化。"②通过这种互相阐发的做法,"学衡派"顺利解决了近代以来中国知识分子在"国粹"与"欧化"之间的矛盾。从中可看出"学衡派"在面对西方文化时自由出入的坦然心态,这仍然得归功于白璧德的"国际主义"姿态为他们所提供的文化心理支撑。无论如何,"学衡派"这种心态反映出中国知识分子一定程度上已确立起自己在文化上的主体性,不但用西洋学说来印证中国学说,也用中国学说去印证和

① 吴宓:《我之人生观》,《学衡》,第 16 期。
② 吴宓:《论新文化运动》,《学衡》,第 4 期。

检视西洋学说。就此而言,"学衡派"多少是实践了他们所标榜的融贯中西文化。对吴宓而言,这种融贯中西的思路,使得他在接受了白璧德的学说之后,又能够把自己的根牢牢扎在中国文化中,建立起对中国文化不可动摇的归属感,并把得到西洋文化印证的儒家学说奉为个人信仰,因此,对白璧德的追随也就与对孔子的信仰并行不悖。然而,在一个新旧交替、急需变革的时代,"学衡派"所接受的西学是一种脱离现代中国社会现实需求的学说,这种中学西学互相阐发的结果增强了他们对中国文化的信心,同时也造成了他们在文化上的自我封闭,具有很大的消极作用,使得"学衡派"陶醉于中西文化大同的想象中,而未能对中国文化进行批判性的反思,这妨碍了他们在文化上做出更有创造性的贡献。

三

当吴宓将其人生观贯彻于文学观时,他对文学的看法具有鲜明的道德伦理特点。白璧德的文学批评主要是从伦理道德的角度切入,着重强调文学教化人心的社会功能,对文学的审美价值和艺术价值则不甚注意。这种倾向对他的中国弟子有一定影响。吴宓与梅光迪对待文学的共同点,不是从审美的艺术的角度看文学,而是从人生哲学的角度看文学。在他看来,"文学是人生的表现。""好的文学作品表现出作家对人生与宇宙的整体观念,而不是他对具体的某些人和事的判断。"[1]纯粹的"文学研究"是没有意义的,研究文学只能是研究人生的手段。这是白璧德在文学上的一个重要观点,文学必须"有益于世道人心",也就是柏拉图所强调的道德教诲作用和亚里士多德所谓的"净化"作用。按照这个标准,西方浪漫主义及其后的文学都不足取,他们所表现的是人性中恶的一面,是一种放纵的自然主义,足以对世人造成恶劣的影响,促使人们堕落。持这种标准来衡量当时的中国新文学创作,吴宓自然不会对新文学有多少乐观的看法了。

从其文学观出发,吴宓认为国民性与文学的关系如下:"一国之文学,实

---

① 吴宓:《文学与人生》,王岷源译,第16—19页。

表现其国民性"，"中国古代文章，表现国民性，各国称之。今日之表现，实堪羞愤。"今日之表现之所以实堪羞愤，在于"中国人今不自知其国民性"，但知"自暴其丑""破灭文字""随人附和""无自尊自爱之信仰心"。改进之办法在于"促进根本之德行；不是去写问题戏剧与问题小说"①。梅光迪和吴宓的文章中都曾明确使用"国民性"这个名词，并都认为中国的"国民性"需要改良。但他们所提出的改良办法，与鲁迅通过揭露"国民性"的病根，"以引起疗救之注意"不同，也不同于五四时着重暴露和反映社会问题的"问题戏剧"和"问题小说"。吴宓认为，文学应表现"国民性"优秀的方面，而不能自曝家丑，现实主义、自然主义文学要不得，要言之，只有温柔敦厚、强调理性与节制的古典主义文学才是好的文学，才能塑造一个美好的中国形象，令"各国称之"。这种文学，显然更接近于鲁迅所批判的"瞒"与"骗"的文学。吴宓的观点，实际上潜藏着一个他者——西方的视角，具体地说，是白璧德这个美国人的视角，中国应该是孔子学说所建构起来的中国，中国的文学自然要符合温柔敦厚的宗旨；因而，为了向世界（西方）提供一个他们愿意看到的中国形象，中国要有好的文学，必须先从"人之改良"做起，"其改良之法，即务仿效中国古人及西洋之优点，而革除今世之谬误心理及恶劣习惯。""针对中国人之病根，则在中国旧说，宜取孔孟之教，而参以墨家之精神。在西洋，宜取柏拉图，亚里士多德之说，而参以耶教之精神。"②也就是说，中国人必须先成为白璧德所谓的人文主义者，以及孔孟一样的"君子"或"圣人"，然后，才能创造优秀的文学，才能有足以向西方人展现的"国民性"，中国才能"救亡御侮"。吴宓的"圣人"身份想象真可谓"吾道一以贯之"了，无论文学还是救国，一切都必须从修身开始。

从古典主义的标准和人生哲学的角度来看待文学，不仅新文学的内容是有问题的；胡适等人的进化论文学观，更是"学衡派"所不遗余力批驳的。这种批驳从 1915—1916 年梅光迪与胡适在美国讨论"文学革命"问题时就

---

① 以上均见吴宓：《文学与人生》，第 62—66 页。

② 吴宓：《人生问题大纲》//徐葆耕编：《会通派如是说——吴宓集》，上海：上海文艺出版社，1998 年版，第 126 页。

已开始了,《学衡》创办之后,梅光迪对新文学运动的攻击也集中于此。胡适以进化论来论证白话文运动的合理性,强调文学的突破和创新,这是梅光迪和吴宓绝对不能接受的。在他们看来,经济、政治、科学,言进化则可,而文学、艺术等人文科学,则不能以进化言之,不能以新出者为优胜。吴宓认为,"文学之根本道理。以及法术规律。中西均同。细究详考。当知其然。文章成于摹仿 Imitation。古今之大作者。……未有不由摹仿而出者。……文学之变迁。多由作者不摹此人而转摹彼人。舍本国之作者而取异国为模范。或舍近代而返求之于古。于是异采新出。然其不脱摹仿。一也。"①并指出"中国之新体白话诗。实暗效美国之 Free Verse。而美国此种诗体。则系学法国三四十年前之 Symbolism。"②摹仿在文学发展中确实是一种不可避免的现象,毕竟,任何文学创造都是在前人基础上的突破,摹仿实际是对前人的一种继承。吴宓所指出的胡适白话诗对美国自由诗的摹仿,也是事实。胡适在《文学改良刍议》所提出的"八事"与意象派诗歌主张的趋同性,早经论者指出。中国现代文学与西方文学之间,确实存在一定的摹仿关系。现代文学的发生,在中国文学史上是一次前无古人的革命性变化,从中国自己的文学史中找不到可供借鉴的先例,于是,"舍本国之作者而取异国为模范"也就是自然而然的了。胡适在论证他的白话文运动合法性的时候,直接借用的论据也是西方的理论和欧洲文学革命的例子。吴宓并非反对胡适摹仿外国诗歌,他所反对的是摹仿时不该"专取外国吐弃之余屑",不能从进化论的角度专取西洋最近之文学趋势,以其新出者为优,要之,仍是关于新文学合法性的问题。按照白璧德的古典主义标准,新文学倡导者以进化论来论证白话文学的合法性,自然是站不住脚的。对新文学的批评,归根到底还是谁更有资格代表西方文化和西方文学、谁更有资格规划中国新文化发展的问题。

白璧德所倡导的人文主义,在吴宓看来,正是"西洋文明全部之代表",中国发展新文化,自当以此为指导方针,中国新文化的发展路线是否正确,也当以人文主义作为检验的标准。换言之,中国真正的新文化只能在人文

---

① 吴宓:《论新文化运动》,《学衡》,第 4 期。
② 同上。引注:Free Verse,意为自由诗;Symbolism,意为象征主义。

主义视野内发生。在"学衡派"的表述中，他们总是强调他们非但不反对新文化，而且也是以建设新文化为己任，他们所反对的只是"专图破坏""粗浅谬误"的新文化——即胡适等人所倡导的新文化。因为"彼新文化运动之所主张。实专取一家之邪说。于西洋之文化。未示其涯略。未取其精髓。万不足代表西洋文化全体之真相"①。在"学衡派"看来，"西洋文化全体之真相"尽包含于白璧德的人文主义学说中，新文化运动所提倡的浪漫主义、写实主义、自然主义都是"一家之邪说"。对新文化的"歧视"以及对其"欧化"的合法性的否定，是吴宓和其他"学衡派"主将的一致论调。他们与新文化倡导者一样赞成"欧化"；但他们坚持"欧化"首先必须以对西洋文化"选择之得当"为前提，其次，"欧化"必当不与"国粹"相冲突，符合这两个要求，才是真正的"欧化"。依此推理，在当时的中国，无疑唯有"学衡派"的主张才具有合法性，他们的"欧化"才是正确的"欧化"。然而，"学衡派"所谓的"欧化"，实际上是一种文化上的"出口转内销"，他们对西洋文化"选择之得当"，自然是对白璧德人文主义学说的选择，因为它与中国"国粹"不相冲突，而白璧德的学说之所以与中国"国粹"不相冲突，则因为它把孔子学说含括在其中。从这个环环相扣的逆推过程，最后抵达的是，作为"国粹"的孔子学说，产地中国的孔子学说在"学衡派"的理论中就成为"欧化"了。这种荒谬的推理得以成立的前提，是孔子学说已在白璧德人文主义这盆洋墨水中浸泡过了。因此，"学衡派"既是"复古"的，又是"西化"的，这两者在他们身上是一致的，因为有白璧德在。白璧德对"学衡派"所造成的遮蔽就在于此，他使得吴宓们陷入一个自我循环、自我证明、自我封闭的文化怪圈。

四

　　"学衡派"诸人中，吴宓最忠实于白璧德，受其影响最深，"学衡派"的另一重要人物柳诒徵称他为"华之白璧德"②。他的身份想象始终坚定地指向

---

① 吴宓：《论新文化运动》，《学衡》，第 4 期。
② 柳诒徵：《送吴雨僧之奉天序》，《学衡》，第 32 期。

白璧德所谓的"人文主义者",这赋予他一种强烈的文化使命感,具体表现为他对《学衡》的苦心维持。这种身份想象也使得他一直看不清《学衡》所面对的现实境遇。杂志出版一年多后,已显出根基不稳的趋势。梅光迪退出、胡先骕对《学衡》的疏离,虽然对吴宓造成一定的打击,但并未导致他放弃《学衡》,反而让他更自觉、更全面地承担起维持《学衡》的重任,成为名副其实的《学衡》"总编辑"。在新文化运动已成为主流话语的形势下,维持一份没有固定经费、缺乏稳定稿源、带有反对派色彩的杂志,其中的艰辛可想而知。同人的分化,对手的漠然,无异于消解了《学衡》存在的现实意义。继续支撑着《学衡》的吴宓,不仅任重,而且寂寞了。这种寂寞,正如鲁迅所说:"凡有一人的主张,得了赞和,是促其前进的,得了反对,是促其奋斗的,独有叫喊于生人中,而生人并无反应,既非赞同,也无反对,如置身毫无边际的荒原,无可措手的了,这是怎样的悲哀啊。"①1924 年后的《学衡》,既无反对,也少赞同。吴宓身边的朋友如张歆海(也是白璧德的学生)、陈寅恪都认为《学衡》对社会无影响,理当停办,吴宓办《学衡》吃力不讨好,不如不办。《学衡》的另一重要人物柳诒徵也有退出《学衡》之意,且不愿在《学衡》上连载其《中国文化史》。另一方面,负责《学衡》出版发行的上海中华书局于 1926 年提出自第六十期后即不再续办《学衡》。吴宓不甘心就此结束《学衡》,多方设法,与中华书局反复交涉,以求继续出版《学衡》。

　　1925 年前后,《学衡》实际上已全面陷入困境。在这种情况下,吴宓很难再坚持杂志成立之初他与梅光迪等设定的目标,对新文化运动的批评既没有造成一定的社会影响,此类文章又难求,为了继续维持《学衡》的出版,吴宓唯有调整《学衡》的方向。1925 年 2 月,吴宓到清华学校执教,任清华国学研究院主任。在《学衡》稿件缺乏的情况下,清华同事王国维、梁启超等都成为吴宓拉稿的对象,是年,王国维关于古史研究的文章开始出现于《学衡》。《学衡》逐渐放弃其反对新文化运动的理想,吴宓本人也不再发表批评性文章,除了一篇《论事的标准》(第五十六期)稍涉批评外,其他文章都是译述西方学说、文学作品。《学衡》是"学衡派"的阵地,但 1925 年后的《学衡》,已

<hr />

① 鲁迅:《鲁迅全集》第 1 卷,北京:人民文学出版社,1981 年版,第 417 页。

很难说是"学衡派"的《学衡》。1927 年 11 月，胡先骕与吴宓在北京相见，胡先骕认为"《学衡》缺点太多，且成为抱残守缺，为新式讲国学者所不喜。业已玷污，无可补救。今可改在南京出版，由柳、汤、王易三人主编。但须先将现有之《学衡》停办，完全另行改组。丝毫不用《学衡》旧名义，前后渺不相涉，以期焕然一新"①。作为"学衡派"的主将之一，胡先骕如今对《学衡》竟采取如此决绝的态度，这对以维持《学衡》于不坠为己任的吴宓，打击极大。至此，吴宓终于意识到《学衡》之局已成强弩之末。外界的种种阻力和编辑《学衡》的艰难，都未能消除他对《学衡》的信念，《学衡》内部成员的离心却严重动摇了他对《学衡》的信心。

在《学衡》风雨飘摇的情况下，吴宓主动向《大公报》总编辑张季鸾提出，由他负责办一份《大公报·文学副刊》。《学衡》刚面世不久，张季鸾即在当时他所主编的《中华新报》著文表示支持和鼓励，他的文化倾向一直与吴宓较接近，因而，接受了吴宓办《文学副刊》的建议。1928 年 1 月 1 日，吴宓主编的《大公报·文学副刊》第一期出版，此后，每周一出版，一直延续到 1934 年 1 月 1 日，共出 313 期，该刊用文言编辑。《文学副刊》的出版，为吴宓贯彻自己的文学观念提供了另一个重要的阵地。借助报纸这一更快捷、更大众化的媒体，吴宓得以继续宣传介绍白璧德等人的学说以及西洋文学②。同时，《文学副刊》对新文学作家作品多有介绍，吴宓本人也撰文评介了不少新文学作家作品③。通过《文学副刊》的编辑，可看出吴宓对新文学运动的态度已有所改变。这跟他在《学衡》上已逐渐放弃"反对派"角色是相对应的。

1933 年，在出版了第七十九期后，《学衡》停刊。同年，"学衡派"的精神导师白璧德在美国逝世。白璧德的中国弟子吴宓，就此退出现代文化的舞台。

---

① 吴宓：《吴宓日记》第 3 册，第 437 页。引注：柳即柳诒徵，汤即汤用彤。

② 关于《大公报·文学副刊》对于《学衡》的辅助作用，参见沈卫威：《〈大公报·文学副刊〉对新人文主义的张扬》，《社会科学辑刊》，2004 年第 3 期。

③ 参见刘淑玲：《大公报与中国现代文学》，石家庄：河北教育出版社，2004 年。该书第一章"吴宓与《文学副刊》：与新文学的对话（1928—1934）"，考察了吴宓与《文学副刊》的关系，尤其注意到《文学副刊》所反映出来的吴宓对新文学态度的变化。

道德中心主义：吴宓文学观的当代审视

蒋进国

（中国计量学院人文与外语学院）

新时期以来，学界对"西方中心主义"的警觉和对中国文化"失语症"的焦虑一直挥之不去。不得不承认，一个世纪以来的中国文化发展进程依然纠结在一个核心问题上：中国与西方、传统与现代的文化冲突。围绕这一话题的争论，大都回到新文化运动的历史起点。在此语境下，文化保守主义者吴宓的文学观和文化选择，就会浮出历史地表。现代文学研究随着时代语境变迁而变化，而吴宓一直是一个独特的存在：新旧之争时，他被视为守旧复古派；反帝反封建时，他被称为封建余孽；而新时期文化保守主义语境下，他则成为捍卫传统的文化巨人。吴宓引发的论题，已经超越了现代文学研究的新民主主义革命、启蒙、现代性等传统话语，触及现代文学研究乃至当代文化建构的核心问题。对于吴宓的文学观，学界持论纷乱，有"新人文主义文学观"[1]"为人生"[2]"新人文主义的'道德'的文学观"[3]"儒家传统文学

---

① 刘淑玲：《吴宓与〈大公报·文学副刊〉》，《中国现代文学研究丛刊》，2010年第4期。

② 刘清河：《吴宓文学观散论》，《汉中师院学报》（哲学社会科学版），1991年第1期。

③ 殷杰：《吴宓新人文主义的"道德"的文学观》，《莱阳农学院学报》（社会科学版），2005年第4期。

观"①等各种论断,笔者对《吴宓日记》《吴宓诗集》《吴宓自编年谱》等进行了爬梳,以期找到文学观念的核心关键词。

一、变形与转型:吴宓视境里的新文学

1928年,吴宓为《大公报·文学副刊》拟定的用稿标准,是其文学观的集中概括:"于创造文学,则不取专务描写社会黑暗及人类罪恶之作品。于文体,则力避尖酸刻薄讥讽骂詈之风尚。"②他还给文学创作提出若干要求:语言上"勿破灭文字",题材上"绝除谬见","宜虚心、宜时时苦心练习、宜遍习各种文体、宜从摹仿入手、勿专务新奇、宜广求知识、宜背诵名篇"。就体裁而言:诗,须以新材料入旧格律;文,宜借径于古文;小说,多读中西佳作,勿作问题小说,勿专务作写实小说;戏剧,不可专作问题戏剧,不可徒倡训诲主义等③。总之,吴宓的文学观集中在三点:语言上反对"破灭文字"的白话文,坚守古文;题材上反对"愁惨黑暗,抑郁愤激"的工农文学,崇尚堂皇正大④;风格上,反对"尖酸刻薄讥讽骂詈"的滥情,主张"中正深厚之人生观"⑤。吴宓在拟订这套标准的时候,面对的一个强大的假想敌是新文学。他将反对的所有名号,都加在新文学头上。

不过,随着社会语境的变迁,吴宓的文学观也在微调。以白话文为例,留美时期吴宓认为"妄言'白话文学',少年学子,纷纷向风。于是文学益将堕落,黑白颠倒,良莠不别"⑥。回国后坚持:"苟一旦破灭其国固有之文字,而另造一种新文字,则文学之源流根株,立为斩断。……此其损失之巨,何可言喻。"稍后,他对小说和戏剧作出妥协,"小说戏剧等有当用白话者,即用

---

① 周婷:《吴宓与梁实秋文学思想的比较研究》,《重庆三峡学院学报》,2009年第5期。

② 吴宓:《本副刊之宗旨及体例》,《大公报·文学副刊》,1928年1月2日。

③ 吴宓:《论今日文学创作之正法》,《学衡》,第15期,1923年3月。

④ 吴宓:《论写实小说之流弊》,《中华新报》,1922年10月22日。

⑤ 吴宓:《文学与人生》,第59页。

⑥ 吴宓:《吴宓日记》第2册,第91页。

简炼修洁之白话"，而诗文仍需用文言①。1925 年他再退一步，"夫白话文用之小说，故属正当"，但要"简洁通妥"②。1933 年他接受了茅盾的白话，"尤可爱者，茅盾君之文字系一种可读可听近于口语之文字"③。而到了 1965 年，吴宓将白话文范围扩大到具有古文功底的知识分子的白话，他评价茅盾的《蚀》时说："至其文笔，虽用当代之新体白话，然尚是中国文化人及曾读旧书之知识分子所写白话，我辈读之，犹能领受、欣赏。鲁迅、瞿秋白及《毛选》一二卷之白话，亦不同近年之白话。"④值得一提的是，吴宓也尝试用白话翻译雪莱的长诗："你温和的言辞，是芳香的膏油/滴入我生命的苦碗；/我别我忧愁，只有曾经享受过这些幸福，只因/为这些美事奇缘，/便是我痛苦的源泉。"⑤这样的译文，读来倒也不失简洁雅致。

　　吴宓的妥协是被动的，也是必然的。语言和文字是人与社会相结合的产物，信息交流是它的基本职能之一，个体封闭的语言系统并不存在。即便吴宓坚持以文言写作，但从他二十本日记里，依然可以清晰看出文言逐渐走向白话的渐变过程。吴宓日记由 20 世纪 20 年代浓重的艰涩文言转变为 70 年代带有明显语体色彩简洁流畅的文白夹杂体，书写体例也由竖排右起变为横排左起。日记还收录了缠绵幽怨的白话情书，"因为世间虽亦不少真心恋爱的男女老少之人，但对别人的恋爱能如自己的事一样而着急帮忙的，绝少其人"⑥。可以说，《吴宓日记》是近百年来古文到白话演变的样本，从中可以清晰地发现词汇、句法等语言文字元素随时代语境演变的轨迹。

二、覆巢完卵：吴宓文学观的发生

　　同样古文功底深厚，胡适担纲白话文先锋；同样在清华国文特别班学

---

① 吴宓：《论今日文学创作之正法》。
② 吴宓：《评杨振声〈玉君〉》，《学衡》，第 39 期，1925 年 5 月。
③ 吴宓：《茅盾著长篇小说〈子夜〉》，《大公报·文学副刊》，1933 年 4 月 10 日。
④ 吴宓：《吴宓日记续编》第 7 册，第 48 页。
⑤ 吴宓：《吴宓诗集》，第 443、444 页。
⑥ 吴宓：《吴宓日记》第 8 册，第 89 页。

吴宓与新人文主义

103

习,闻一多成了新诗健将。吴宓在一个相对封闭的环境中接受了正统的文言教育,传统的儒家道德观念根深蒂固,他的道德本位体系不但没有在鼎革时期受到冲击,反而在清华和美国留学期间被强化。美国文化人类学家本尼迪克(Ruth Benedict)认为:"个体生活历史首先是适应由他的社区代代相传下来的生活模式和标准。从他出生之时起,他生于其中的风俗就在塑造着他的经验与行为。"文化观念形成的轨迹是一条巨大的弧线,弧线上排列着"或由人的年龄周期,或由环境,或由人的各种活动提供的一切可能的利益关系",而文化的特性就取决于"对这些弧上某些节段的选择"①。个体文化观念形成的关键"节段"因人而异,但大都集中在青年时期。对近现代知识分子,尤其是对有放洋经历的知识精英来说,他们的幼年直至青年时期,大都同样接受传统的古文和儒家道德教育。有论者将吴宓的文学观定性为"新人文主义的文学观",但早在他接受新人文主义之前,其文学观念就已定型。新人文主义对吴宓的价值,在于进一步强化和支撑了他的道德中心主义。赴美之前,吴宓早已认定在"新人中",自己是"最旧"之人②。吴宓和白璧德相遇,与其说白璧德的新人文主义在中国找到了衣钵,不如说是吴宓找到了借此弘扬儒家道德传统的武器。白璧德新人文主义契合了吴宓的道德观念,加速了"旧人"的固化进程,使得他一生矢志不渝。对吴宓而言,最大的悲哀是自己倚重的传统道德和知识谱系随着"三千年未有之大变局",暴露在现代西方启蒙话语之下,在西风东渐的浪潮中被摧毁。

吴宓文学观形成的过程堪称非常特殊的样本。在新旧交替的时代环境里造就一个保守的"旧人",需要一个稳定、持久而封闭的教育环境,吴宓恰是如此。第一个因素是成长地的文化氛围和教育背景。从大范围的地域文化来看,吴宓所在的西北内陆文化圈,迥异于胡适和鲁迅所在的泛江南文化圈。吴宓出生地泾阳属咸阳市,紧靠十三朝古都西安,地处关中东部、八百里秦川腹地,系中国大地原点所在地,是传统中原儒家文化辐射的中心地

---

① 〔美〕露丝·本尼迪克:《文化模式》,何锡章等译,华夏出版社,1987年版,第2、18页。

② 吴宓:《吴宓日记》第1册,第461、462页。

区。当鲁迅受到西方浪漫主义诗派和人本主义影响,提出"掊物质而张灵明,任个人而排众数"①的诗学命题时,吴宓正在三原弘道学堂吟咏古文,流连于《石头记》②。从小范围的家庭环境来看,吴宓出身官商之家,生父芷敬公经商,嗣父仲旗公的官宦生涯历经晚清和民国。他"自谓幼多清福,无坎坷之患",在祖母溺爱中长大③。辛亥年清华星散,芷敬公出巨资送吴宓到上海学费最高的 St. John's University 就读。1912 年 8 月,清华校长奉劝因学校借款纠纷前来求见的吴宓等学生说,"汝等即系各省提学使考送来者,则汝等之家族父兄必系本省省城地方上有体面之人物"④,此言不虚。家境富足使得吴宓性格孤傲清高,远离下层民众的生活经验。他见京郊"街衢至为偏狭,黑暗龌龊,而人多于卿,拥挤至不可行",不禁对底层的苦难充满不解⑤;认为工人罢工"并非由贫民生计艰窘,并非由富豪资本家之苛虐,实由近二三百年,邪说朋兴,人心浮动,得陇望蜀"⑥。由此不难理解吴宓为何反对工农底层文学。再从其长辈师友群体特征来看,他始终处于传统知识分子稳定持久的影响之下。仲旗公深受儒家道统浸润,他对吴宓进行识字启蒙;姑丈陈涛擅长旧体诗,其《沈安斋诗集》由康有为作序,吴宓向其学习诗文;随后,清华国学大师姚篷子、饶麓樵、黄节等先生为吴宓授课。吴宓耳濡目染,自幼立志于千古文章,以文名世。负笈清华后,他以切磋诗艺为乐:"午及叶君至东村游览,并坐绿树荫中谈为诗之道,甚乐也。"还自认:"余生乏机械而富感情,一时思潮激越,常刹那之间,别有闻见。于诗虽未尝深学,而天性为近,以为作诗乃有无穷快乐。平心自许,苟殚精学诗,不难名家。"⑦吴宓在古诗文上的抱负迥异于同龄人。

第二个因素是吴宓接受的儒家传统教育环境是封闭的,并未遭到西方现代思潮的冲击。与胡适、鲁迅等现代知识分子相比,吴宓在文化观念形成

---

① 鲁迅:《鲁迅全集》第 1 卷,第 46 页。
② 吴宓:《吴宓自编年谱》,第 74 页。
③ 吴宓:《吴宓诗集》,第 9 页。
④ 吴宓:《吴宓日记》第 1 册,第 258 页。
⑤ 同上,第 200、482 页。
⑥ 吴宓:《吴宓日记》第 2 册,第 53、54 页。
⑦ 同④,第 81、406 页。

过程中所受到的西方话语干扰最少,几乎成为现代文化史上少有的被隔绝的"文化标本"。十七岁考入清华之前,吴宓没有踏出关中一步。而长吴宓三岁的胡适,十四岁就离开绩溪私塾,进入上海梅溪学堂,醉心于《新民说》和《革命军》,次年入澄衷学堂,潜心《天演论》,并在"优胜劣汰,适者生存"的影响下,将"适"改作表字①。同样,长吴宓十三岁的鲁迅,十八岁考入江南水师学堂,接受西方现代知识体系的教育。南京四年的学习生活,鲁迅学习了西方近现代自然科学,随后在日本接触了西方社会思潮。而吴宓的儒家传统道德体系不但没有遭到白话文运动的冲击,反而在清华乃至美国的求学经历中被逐渐强化。当胡适因白话文问题与梅光迪在美国唇枪舌剑时,吴宓在清华国文特别班里学习古诗词。1916 年,吴宓推迟赴美的一年,清华文案处副主任汪铮"见宓汉文颇好,遂命宓草拟各种汉文函牍,由彼修改,甚至代彼起稿"②。1917 年 7 月 10 日,胡适学成由美返沪,而吴宓半月后自沪赴美留学,与白话文运动的高潮擦肩而过。留美期间,他遇到了终生挚友、同样坚持古文写作的陈寅恪。因擅古文,留学生会议文稿均由吴宓主笔③。出于对文笔的自信,他不愿接受别人的删改④。即便 1921 年回国途中,吴宓还深受清华校长周诒春的赏识,在船上编译报章。

传统社会的巢穴倾覆时,吴宓是一颗基本保存完好的卵。吴宓接受教育的时间和空间都与许多现代知识分子构成错位。当他即将跌进新文化的汹涌大潮时,却落在白璧德建造的"新人文主义"救生圈上。历史车轮绝尘而去,未曾赶上末班车的即成汉家古物。早在吴宓回国的前一年,白话文运动就在国内已经取得了决定性的胜利,教育部下令全国小学一、二年级课本使用白话文。目睹数年来推敲吟咏的律诗变成食古不化的"谬种",引以为荣的拿手国文变成了任人唾骂的"妖孽",吴宓不禁愤然,"倒行逆施,贻毒召乱,益用惊心",恨不能终老医院"不闻世事"⑤。回国后,吴宓挥舞着从白璧

① 胡适:《胡适全集》(第十八卷),合肥:安徽教育出版社,2003 年版,第 57、58 页。
② 吴宓:《吴宓自编年谱》,第 151 页。
③ 同上,第 183 页。
④ 吴宓:《吴宓日记》第 2 册,第 210、212 页。
⑤ 同上,第 129 页。

德那里拿回的旗子,试图在国内无边的新文化海洋里奋力找回一块理想的终极陆地,然而,他最终还是落水了,淹没于新文化的滚滚洪流中。

三、道德中心主义:反思和重构

梳理了吴宓文学观的内容和成因之后,当进一步考察其性质、缺陷以及对当代文化的启示。首先,吴宓文学观的核心是"道德中心主义"。所谓道德中心主义,或泛道德主义,是中国传统儒家文化最主要的特征,其核心要素是"不仅把道德看得高于一切",而且把道德"推及衍射到人之外"①。道德中心主义文学观,即指用道德元素作为判定作品价值的核心标准。"道德"是吴宓诗文中出现频率最高的词汇之一。"宓一生所志,惟在道德。……宓以宗教为道德之源泉,诗文为道德之表现。"②他认为文章应"堂皇正大,不为儿女喁喁之调,专就民族正气、国家往史、道德至理,由大处发挥,以确立我国民之信仰而端正士气与民志"③。文以载道,载中庸之道,载引人向善之道。吴宓所秉承的道德,包括中庸之道、忠孝节义、重义轻利、仁智合一、情理兼到、崇真去伪、好善恶恶等一系列传统信条。他秉承精英文学立场,将社会现实中的激进力量和黑暗面统统归于人心的泛滥,企图通过取向光明和引人向上的题材塑造人心,通过道德的感化达到社会纲常的延续与稳定。

道德中心主义有其产生的合理性,亦有其历史局限性。马克思主义认为任何社会意识虽具有相对独立性,但其产生、变化与发展终究是被社会存在决定的。道德中心主义是一种伦理型文化范式,它与数千年中国传统宗法制伦理社会相适应,在强化群体伦理道德规范、调节人际关系、扼制个人私欲、维护社会稳定等层面有积极意义。但道德至上的文化模式遮蔽个人诉求,埋没个性,反对社会变革,成为维持宗法等级的强大惰性力量。随着

① 易杰雄:《道德中心主义与政治进步》,《文史哲》,1998 第 6 期,第 62 页。
② 吴宓:《吴宓日记》第 7 册,第 130 页。
③ 吴宓:《吴宓日记》第 10 册,第 343 页。

近现代中国社会的转型,传统社会伦理招致质疑,道德中心主义亦成为文化进程中的掣肘因子。

其次,道德中心主义文学观的缺陷显而易见。第一,拒绝传统的流变和更新,打压排斥文学新样态。以语言为例,口语系统随社会生活的变迁和外来语种的交汇,总是早于书面系统率先发生变异。改变"文言不一"的割裂状态,倡导白话文学,是社会文化发展的必然结果,却招致"道德中心主义"者的极力反对。第二,道德中心主义遮蔽了文学的本质特性——文学性。文学文本的价值不仅在于道德标杆,更在于语言风格、表达形式、叙事技巧、情感内蕴等美学特质。吴宓对"Vanity Fair"与"Tom Jones"这两部英国经典小说推崇备至,征服他的不是两位大师炉火纯青的写作技巧,而是作品通过对人性丑恶的讽刺而张扬了真、善、爱等人类终极道德伦理。他惯于从培养读者"中正深厚之人生观"出发,判断一个作品的价值,而较少留意作品的审美价值和其他层面,由此造成对新文学作品的隔膜和误读。

吴宓为这种文学观付出的代价是沉重的,他的生存空间和文化空间都持续萎缩,直至孤立和闭塞。解放后,他偏居西南,坐看嘉陵江水二十八载,研读《学衡》和自己的诗集、日记,"如真如梦,亦喜亦悲。憧然回思,今者人间何世,此生人之日记,乃不异数千年之古史矣。以中国之文化、礼俗、社会,已全消亡也。""一部《吴宓诗集》与多年之吴宓日记,仅成此一下愚可怜之人之写照。"①当他以《学衡》为阵地向新文化运动发起责难的时候,时代或许已经注定了其堂吉诃德似的悲剧命运。

再次,吴宓文学观对新文学发展和当代文化建构的历史意义不容忽视。吴宓的道德中心主义文学观并不是个别的,也不是五四这个历史转折时期所特有的。在儒家传统道德体系上建构的文学观乃至文化观,可以在当时的陈寅恪、随后的章士钊、30年代"本位文化派"、40年代"新儒学派"、50年代牟宗三和钱穆等学者身上找到注脚。90年代以后,重振"国学"的口号呼之欲出,杜维明、李泽厚等人更是主张儒家可以同犹太教、基督教等进行对

---

① 吴宓:《吴宓日记续编》第2册,第83页。

话,并要求进行"话语转换",这种观点同吴宓如出一辙①。

历史从来不会缺少吴宓这样的保守角色,他的存在某种程度上对新文学发展起到了促进作用。"新文学的每一项新的意义的生长都是在反叛传统的过程中才有了机会和可能,新意义伴随旧传统而发生,旧传统也会权宜应变,融入新内涵。"②正是因为现代知识分子在吴宓等文化保守主义者的反拨中找到反击的目标和动力,新文化运动才得以在反思和调整中迅速取得胜利。所以,站在今天的高度,既要重新评价新文学,也要重新理解吴宓,不可简单地肯定或否定。本尼迪克认为,文化模式是一种个体行为,无数微观的个体的文化行为最终组成一个民族的文化模式。人类行为的方式有多种多样的可能,这种可能是无穷的。但是一个部族、一种文化在这样的无穷的可能性里,只能选择其中的一些,而这种选择有自身的社会价值趋向③。由于现代化思潮的推进,西方文化模式成为主流,而传统的道德中心主义文化模式则深受责难。吴宓文化理想的凄婉结局引发我们进一步思考:他和新文化运动对文学和文化分别采取了截然相反的立场,其最终目的是否存在统一性?为什么时至今日对新文化运动构建的文化蓝图的质疑一直甚嚣尘上?

新文化运动是现代中国文化的转捩点,并不是中国文化模式的定型期,新文化运动自始至终充满着全球化语境下民族国家想象和传统文化身份认同的矛盾和犹疑,期待一个古老文明在涅槃后焕发新的生机。新文化巨匠们在打破传统文化模式后,并没有给中国文化的未来勾画出清晰的蓝图。吴宓对全盘移植西方文化模式的警惕、对新文学的批判姿态,是对外来强势文化的被动应对,他同样对中国文化的未来充满焦虑。正如有学者指出的那样:"'道德的'文学观的建立并不证明吴宓的'复古',恰恰相反,他正是要

---

① 吴宓坚持:"宓近数年之思想,终信吾中国之文化基本精神,即孔孟之儒教,实为政教之圭臬、万世之良药。"他坚信孔子可以与柏拉图、耶稣、释迦牟尼并称"四大先贤"。(见《吴宓日记续编》第2册,第308页)

② 王本朝:《"文以载道"观的批判与新文学观念的确立》,《文学评论》,2010年第1期。

③ 〔美〕露丝·本尼迪克:《文化模式》,第18、19页。

寻找一个他认为是最合理的、最为理想的新的文学形态。"①正是因为这一出发点，使得我们即便当下清晰地看到吴宓对新文学的诸多隔膜和误读，也不会对其嘲讽和挖苦，反而不断思索吴宓这个文化符号的意义。也正因如此，更不应该把吴宓作为文化保守主义和文化民族主义用来攻击新文化运动的工具。

吴宓接受西方强势话语体系的方式值得当代学者反思和借鉴。新人文主义在吴宓思想体系中始终是"用"而非"体"，这是对待西方文化模式的中国本位姿态。吴宓是中国现代文化史上践行"中体西用"的少数知识分子之一，他没有用西方的价值观和理论体系解读和批判传统，反而将西方的价值理念融汇到中传统文化体系中，用传统和本土的话语方式解读西方哲学和文化。正如乐黛云先生所说，不是白璧德塑造了《学衡》诸人的思想，而是某些已初步形成的想法使他们主动选择了白璧德!② 还有论者认为："在中国的具体语境中，学衡派对新人文主义的阐释，实际上是新人文主义中国化的过程。"③虽然胡适在孔孟以降的历史流脉中按图索骥，找寻到自由主义的传统，但是其思维方式依然是实验主义的。相比胡适等深受西方价值观影响的知识分子，吴宓不但能深谙《论语》《孟子》精义，而且将诸如平等、自由等西方理念融进儒家道德体系之中。这既是吴宓的文化模式和同时代知识分子的不同之处，也是文学史和文化史判定其为保守主义身份的核心要素。吴宓生活的时代，新与旧、传统与现代、东方与西方的融汇和碰撞始终是社会文化的核心焦点，他一生的命运都纠结于此。历史不可能重演，但当下的语境与一个世纪前的历史惊人的相似，以至于今天依然处于和吴宓一样的历史旋涡之中。

---

① 刘淑玲:《吴宓与〈大公报·文学副刊〉》,《中国现代文学研究丛刊》,2010 年第 4 期。

② 乐黛云:《跨文化之桥》,北京:北京大学出版社,2002 年版,第 184 页。

③ 李广琼:《自主选择与理论渊源——学衡派对新人文主义的接受方式和接受形态》,《中国文学研究》,2009 年第 3 期。

新人文主义与吴宓的红学研究

李 勇

（咸阳师范学院文学与传播学院）

吴宓曾在《红楼梦新谈》一文中说:"西国小说,佳者固千百,各有所长,然如《石头记》之广博精到,诸美兼备者,实属寥寥。英文小说者,惟 W. M. Thackeray 之 *The Newcomes* 最为近之。自吾读西国小说,而益重《石头记》。若以西国文学之格律衡《石头记》,处处合拍,且尚觉佳胜。"①吴宓对《红楼梦》的赞誉,并非单纯出自民族文学自豪感的溢美之词,而是来源于感同身受的诗意化人生体验,来源于客观审慎的中西小说比较研究。吴宓有意识地使用了比较文学阐发法的研究思路,援用渊源于西方的新人文主义思想来重新发掘《红楼梦》的文学价值。

一

在 20 世纪百年红学研究史上,大致上共存在着四种红学研究范式。第一种是索隐派红学,其最具代表性的著作是蔡元培的《石头记索隐》,此外还有王梦阮的《红楼梦索隐》、钱静方的《红楼梦考》等。胡适曾在《红楼梦考证》中如此评价索隐派红学:"他们不去搜求那些可以考定《红楼梦》的著者、时代、版本等等的材料,却去收罗许多不相干的零碎史事来附会《红楼梦》里

---

① 吴宓:《红楼梦新谈》//徐葆耕编:《会通派如是说——吴宓集》,第 276 页。

的情节。他们不曾做《红楼梦》的考证，其实只做了许多《红楼梦》的附会！"①此话虽属批评挞伐之语，却一语中的地阐明了索隐派红学的基本研究思路。索隐派红学分别用顺治帝与董鄂妃的故事、康熙帝废太子胤礽的故事、纳兰性德的故事，来读解《红楼梦》的人物和情节。其费尽心力的考证饶有趣味，但毕竟把《红楼梦》当作一本稗史而不是纯文学作品来解读。近年来颇为流行的刘心武的红学研究，如《刘心武揭秘〈红楼梦〉》（2009 年）、《红楼望月：从秦可卿解读〈红楼梦〉》（2010 年），正是沿袭了索隐派红学的研究模式。第二种是考证派新红学。在批驳索隐派"旧"红学的基础上，胡适建立了一个全"新"的红学研究范式，而周汝昌的《红楼梦新证》则将此研究模式推向登峰造极。胡适认为，《红楼梦》的研究应该从著者身世、著书时代、版本流传等方面来着手展开。余英时在《近代红学的发展与红学革命》一文中把考证派红学简单概括为"曹学"，其核心观点是把《红楼梦》理解为曹雪芹的自传，因此它又被概括为"自传说"②。和索隐派红学相比，考证派红学跃进一步，从作家论的角度推进了红学研究。第三种是革命红学，即从阶级论的视角审察《红楼梦》所营建的阶级社会与文化形态，其代表著作是李希凡的《曹雪芹和他的红楼梦》（1973 年）。革命红学从典型环境与典型形象的对应关系出发解码小说文本，并达到批判封建意识形态的目的。"返回文本"，可以说是革命红学对红学的巨大贡献。毕竟索隐派的稗史比附和考证派的作家生平考据，都仅是对文学文本进行多元解析的辅助方法，其本身并不构成纯粹文本意义上的红学研究。然而革命红学也有致命的弱点，在重视小说意识形态层面的同时，忽略了小说的审美层面。

　　不管是索隐派红学、考证派红学，还是革命红学，均具有研究的局限性。究其原因，在于它们忽略了《红楼梦》的文学性。因此有必要建立新的研究范式，即从审美批评的角度去研究小说的创作意图、叙事结构、人物形象、诗化哲学等诸多问题。我们姑且将之称为"审美批评派红学"。在《近代红学

---

① 　胡适：《中国章回小说考证》，合肥：安徽教育出版社，2006 年版，第 119 页。
② 　余英时：《红楼梦的两个世界》，上海：上海社会科学院出版社，2006 年版，第 7页。

的发展与红学革命》一文中，余英时指出，"从文学的观点研究《红楼梦》的，王国维是最早而又最深刻的一个人"，其代表作是1904年写就的《红楼梦评论》，而且这是一部"绝响式"的作品，直到80年代以来，"从文学批评或比较文学的观点治红学的人在海外逐渐多了起来。这自是研究《红楼梦》的正途"①。但令人遗憾的是，余英时在上述四种红学研究范式中只字未提吴宓的红学研究。难道吴宓的红学研究成就在红学研究史上无足轻重吗？这当然和事实真相全然不符，吴宓也曾被称为"红学大师"。实际而言，吴宓的红学研究在方法论上与王国维的红学研究模式遥相呼应，也就是上文所提出的"审美批评派红学"。因此当务之急是梳理吴宓红学研究成就与审美批判派红学的关系，并从宏观的红学研究体系中为吴宓的红学研究定立一个恰如其分的位置。

整体来说，"审美批评派红学"有两大特征，其一是"悟"的研究法，其二是援引西方理论来阐释中国文学。首先，"悟"的研究法。刘再复在《红楼梦悟》中指出，"悟"应该是"一种基本阅读形态、探讨形态和写作形态"，"悟的方式乃是禅的方式，即明心见性、直逼要害、道破文眼的方式，也可以说是抽离概念、范畴的审美方式。因此，它的阅读不是头脑的阅读，而是生命的阅读与灵魂的阅读"②。作为一种审美化的认识论，"悟"的研究法注重研究主体的生命体验。他们不是以"概念"的方式来品读文学，而是以"直觉"和"知觉"的方式体验文学作品中的审美情境。不管是王国维和吴宓，还是余英时和刘再复，都在尝试以审美体验的方法来研究《红楼梦》。吴宓在诗集《故都集》中有三十八首忏情诗，第二十首写道："平生爱读石头记，瀛海一编载笈随。千骑华堂齐拥贺，有谁焚稿慰颦儿？"③对《红楼梦》的潜心阅读，融入吴宓的生命历程之中，文学与人生已经无法切割了。应该说，吴宓首先是感同身受的读者，然后才是客观冷静的研究者。吴宓的诗人气质与矛盾冲突的灵魂世界，成为其走入《红楼梦》诗意空间与人物内心世界的方便之门。其

---

① 余英时：《红楼梦的两个世界》，第24页。
② 刘再复：《红楼梦悟·自序（二）》，北京：生活·读书·新知三联书店，2006年。
③ 吴宓：《吴宓诗集》，第292页。

次,借用西方文学、哲学、宗教理论来发掘《红楼梦》的多层结构与潜在意义。虽然研究理念与方法趋同,但是不同学者所借助的西方理论却不尽相同。王国维引进的是叔本华的悲观主义哲学,吴宓借用的则是白璧德的新人文主义,刘再复综合运用了叔本华、尼采、斯宾诺莎、海德格尔、荷尔德林等西方哲学家、诗人的思想理论。

1918 年,吴宓转入哈佛大学比较文学系,师从美国新人文主义批评家白璧德研习比较文学。吴宓从白璧德那里继承来了清醒的文化批判意识和文明拯救方案。在 20 世纪初,白璧德就开始反思科学技术发展和物质丰富所带来的现代文明病症,并试图用新人文主义来拯救时代弊端。以卢梭为代表的情感自然主义和以培根为代表的科学自然主义,正在加剧人性的分裂,人有成为"野蛮人"或"机器人"的危机。因此白璧德指出,新人文主义者"感兴趣的是个体的完善,而不是全人类都得到提高那种伟大蓝图"①。新人文主义理论的核心并不是社会、政治、文化层面上的宏观改造,而是个体心灵世界的精神完善。而大学教育,特别是对文学和艺术的研习和熏陶,将是内心提升与丰富的最佳方法。然而,令人觉得遗憾的是,新人文主义思潮在以启蒙和救亡为主题的现代中国是不合时宜的,因此吴宓和以其为代表人物的学衡派备受指摘与批判。曲高和寡的新人文主义思想并未给予吴宓一套推进新文化运动的有效方案。同为白璧德学生和新人文主义者的梁实秋就曾论道:"白璧德毕生致力于文艺批评,但是骨子里他是提倡一种不合时尚的人生观。他没有任何新奇的学说,他只是发扬古代贤能的主张。实际上他是'述而不作',不过通过他会通了中西的最好的智慧。在近代人文主义运动中,他是一个最有力量的说教者。"②虽然无法成为现代中国的救世良方,但是新人文主义思想却歪打正着地提供了一种文学批评的方法,使吴宓可以从全新的视角去读解《红楼梦》。

---

① 〔美〕白璧德:《文学与美国的大学》,张沛、张源译,北京:北京大学出版社,2004 年版,第 7 页。

② 梁实秋:《梁实秋批评文集》,珠海:珠海出版社,1998 年版,第 217 页。

二

虽然新人文主义对卢梭持批判否定的态度,但二者对现代文明的不信任是一脉相承的,均对文明进化论持批判反思的态度。文明已然被虚伪僵固的道德伦理所绑架,成为人性自由多元发展的障碍。德国思想家卡西尔评价说:"卢梭比其他任何人都更清楚地鉴别了人类的假面与本色。""他自己也同样在文明中觉察到了无数虚有其表的'德行',它们非但于人类的道德价值无补,而且甚至还在事实上搅浑了它,使之充满疑义。"①因此卢梭主张纯粹的自然主义,抛弃科学、道德、文学、艺术等现代文明的枷锁,还原人性的纯朴自然状态。相比于卢梭的极端反叛,新人文主义者对现代文明的反思是建筑在审慎的文化史研究基础上的。他们认为,从气质类型上看,人性包含了情感与科学的两面。在古希腊罗马时代和文艺复兴时代,人性的两侧面是和谐统一的。然而近代以来,以培根为代表的科学自然主义和以卢梭为代表的情感自然主义,虽各执一端却影响甚大,人性的分裂似乎呈现出一个不可阻挡的趋势。席勒在《审美教育书简》(1793年)中早就详细描述了人性分裂的具体状态:"人可能以两种方式使自身处于对立状态:或者当他的感情支配了他的原则的时候,成为野人;或者当他的原则破坏他的感情的时候,成为蛮人。野人轻视艺术,并认为自然是他的绝对主宰;蛮人嘲笑和侮辱自然,但他比野人更可鄙,他经常不断地成为他的奴隶的奴隶。"②席勒和新人文主义者都意识到,人的成长在现代文明中遭遇到了前所未有的危机,要么成为没有情感和想象力、刻板空乏的机器人,要么成为粗鄙无识、欲望恣肆的野蛮人。

和西方思想家不同,吴宓对现代文明的危机和人性的分裂并未有深刻的体验。现代文明对尚处于农业文明阶段的中国来说还是一个遥远的梦

---

① 〔德〕卡西尔:《卢梭·康德·歌德》,刘东译,北京:生活·读书·新知三联书店,1992年版,第24页。

② 〔德〕席勒:《审美教育书简》,张玉能译,南京:译林出版社,2009年版,第9页。

想,因此文明病的症状还未充分显现。尽管如此,通过在西方发达国家的所见所闻,吴宓还是觉察到,物质发展与精神提升是不同步的,"原夫精神与形体截然判分,各有其律,物质进化,而人之道德未必高出前日。又生人绝少圆满适意之境。自古迄今苦常不减,而乐未必增。此学者之所公认"①。物质与精神、道德并不遵循同样的发展逻辑,因此商品拜物教的物质主义崇拜无助于人类精神世界的丰富。在《红楼梦新谈》和《石头记评赞》两篇论文中,吴宓总结出了《红楼梦》从内到外的四层主题,最外的第四层主题即为物质与精神的背离发展,"千古世运之升降——文明进步,而人之幸福不增,遂恒有出世(宗教)及归真反朴之思想(Primitivism)。红楼梦曲中虚花悟所言者是也。"②吴宓进而将惜春和刘姥姥作为这一主题的代表人物,富家千金的惜春虽享受着富贵荣华,却依然郁郁寡欢,时而有出家的念头,而刘姥姥固然家计艰难,但怡然自得的农家生活依然使她快乐纯真。然而,新人文主义者吴宓并不完全认同她们的生活方式。惜春的遁入空门,"可怜绣户侯门女,独卧青灯古佛旁",凄凉苦涩,是家族败落之后的无奈选择。而对颇具乡村豪气的刘姥姥,吴宓甚为欣赏,"刘姥姥为人,外朴实而内精明,又有侠义之风。贾府厚施姥姥,自贾母以至平儿,皆有赠遗。自是巨家好风范。而姥姥能不负熙凤之托,卒脱巧姐于难,亦足报之而有余。施者受者,各尽其义,此可见我国当时人心之厚"③。但是乡野生活的艰辛和粗鄙,至诚朴实的刘姥姥并未拥有真正值得艳羡的生活。由此可见,物质与精神的背离,可以说是人类存在的常态。

那么,如何扭转人性分裂的颓势和丰富人的心灵世界呢?卢梭"回归自然"的拯救之道具有反智主义和文化虚无主义的倾向,新人文主义者对此大为不满。白璧德在《白璧德论卢梭与宗教》(1930年)中说:"全部卢梭运动,所以为伪宗教的者,余认定此运动为伪宗教的。余之理由,只能于此文中约略言之。卢梭断言,乃自自然而降。此自然者,绝非现实之体,不过诗意的

---

① 吴宓:《红楼梦新谈》,第284页。
② 吴宓:《红楼梦评赞》//徐葆耕编:《会通派如是说——吴宓集》,第291页。
③ 吴宓:《红楼梦新谈》,第286页。

想象之投射耳。断言人在自然或相类似之境界中,固甚佳,惟此乃打破人世中之旧有的约束。礼让,感化,规矩,均以个性流露之故而凋零。由此被解放之人,对于其他阻碍其自私冲动发展之人,能自然而生爱好之心乎?"①卢梭所崇拜皈依的"自然"乃是一个虚无缥缈的诗意乌托邦,人性的情感面被尽情释放,而人性的理智面则被阻遏,人性的分裂状态依旧没有解决。

在对待科学、文学与艺术的态度上,新人文主义者和卢梭是截然不同的。卢梭是彻底的否定,而白璧德等新人文主义者则区别对待,试图调和科学与文学、艺术之间的矛盾冲突。面对科技革命以来蓬勃发展的科学主义和实证主义,人文学科越来越遭遇到冷落与漠视,因此白璧德强调:"我们在今天要捍卫人文学科不受自然科学的侵犯,正如曾经捍卫它们免受神学的侵犯那样。"②科学主义精神推崇的理智与规则,压抑了人性的情感面,束缚了想象力与诗意思维的自由发展,阻碍了心灵的丰富完整。因此文学、艺术所代表的人文学科,旨在为心灵提供一种诗意"闲暇","它是一种心灵的运用,在此我们通过伟大的思想,通过提升自身的诗歌和艺术,通过智力的最大发挥,此外还通过宗教,我们对某种无法从自身割舍的东西、宇宙间真正的一(Oneness)与核心不时有所感觉;它使我们感到,不论我这个渺小而短暂的人发生了什么事情,生活仍然是值得经历的,因为它和某种永恒价值有着真切实在的接触。"③因此,"人要诗意地栖居"的审美主义最终成为新人文主义思想的两大核心观点之一。

在白璧德及新人文主义思潮的影响下,注重想象力与艺术的审美主义精神成了吴宓红学观的核心理念之一。吴宓认为,贾宝玉是"痴人、情人、诗人"三合为一的光辉形象,而其最为核心的性格特征便是审美主义精神,"宝玉一生,惟以美术上道理,为察人阅世之准则","美术家,惟事审美,求其心之所适,世俗中事,不喜过问;而又任自然重天真,身心不受拘束。故宝玉不

① 〔美〕白璧德:《白璧德论卢梭与宗教》//段怀清编:《新人文主义思潮:白璧德在中国》,南昌:江西高校出版社,2009年版,第89页。
② 〔美〕白璧德:《文学与美国的大学》,第21页。
③ 同上,第161页。

乐读书以取功名,家中之事,从不经意。"①在《石头记评赞》一文中,吴宓说:
"《石头记》之伟大,亦可于艺术观见之。作者盖欲(1)造成完密之幻境。盖
欲(2)创作全体人生之理想的写照。盖欲(3)藉艺术家之理想的摹仿之法,
而造成人类普遍性行之永久记录。"②通过贾宝玉、林黛玉这两位"诗人"以及
诗意纯净的大观园,《红楼梦》张扬了审美主义的价值观与人生观,而批驳了
追逐功名利禄的世俗经济学问。吴宓和新人文主义思想之所以推崇审美主
义精神,是因为它能治疗现代文明的弊病与人类分裂的痛苦。

三

　　新人文主义者和席勒对现代文明中人性危机的分析思路存在着惊人的
相似性,都旨在"统一"与"多样"的两面平衡。在《文学与美国的大学》一书
中,白璧德说:"人的心智若想保持健全,就必须在统一与多样之间保持最佳
的平衡。人有时会产生与绝对存在相互交融的感觉,这一洞见会促使他遵
守人性的更高准则;还有一些时候,人仅仅会把自己视作自然之相对性以及
永恒流变过程中的一个偶然环节。"③而席勒则在《审美教育书简》中说:"理
性显然要求统一,可是自然却要求多样性,而人就被这两个立法机构同时要
求着。"④虽然他们的目标都是人性的和谐统一,但是最终的解决方法却是不
同的。审美教育理论是一元论,席勒相信审美主义可以弥合人性理智与情
感两端的鸿沟。和理想主义的席勒相比,新人文主义者要直面惨淡残破的
现代文明危机。除了利用审美主义激发人性的"多样"以外,还有引入道德
伦理的理性与节制来实现人性的"统一"。

　　因此新人文主义思想是二元论的,审美主义不能一劳永逸,还需要理性
与法则的平衡。白璧德说:"人之完美杰出的真正标记,是他协调自身对立
之德行的能力,以及他占有这些德行之间所有空间的能力。人通过这种融

---

① 吴宓:《红楼梦新谈》,第 281 页。
② 同上,第 299 页。
③ 〔美〕白璧德:《文学与美国的大学》,第 20 页。
④ 〔德〕席勒:《审美教育书简》,第 8 页。

合自身相反品质的能力来显示其人性以及高于所有其他动物的优越本质"，
"就最实用的目的而言，适度的法则乃是人生最高的法则，因为它限制并囊
括了所有其他法则。"①审美主义的功用是朝向内在心灵的，以自由自在的想
象力与诗意思维替代横流的物质欲望和僵化的科学思维。而理智与法则的
功用则针对的是人与社会的关系，个体伦理道德的自我完善，才能构建融洽
高效的社会。吴宓曾在《论白璧德、穆尔》一文中高度赞扬白璧德的观点：
"白璧德先生之说，既不拘囿于一国一时，尤不凭藉古人，归附宗教，而以理
智为本，重事实，明经验，此其所以可贵。故有心人闻先生之说者，莫不心悦
而诚服也。"②由此可见，对于新人文主义高张的理性法则与道德伦理，吴宓
是大为认同的。在此基础上，"以理制欲"——吴宓红学观的另一条批评原
则——就成形了。

　　王国维在《红楼梦评论》一文中认为《红楼梦》是一出"彻头彻尾之悲
剧"。吴宓虽亦坚持同样结论，但其立论的基点却截然不同。在叔本华悲观
主义意志论哲学的启发下，王国维认为《红楼梦》悲剧冲突的核心是"生活之
欲"的难以满足。补天遗漏的一块顽石，不顾一僧一道"乐极生悲""万境归
空"的劝告，还是决定去享受人世间的富国荣华，然而"生活之欲"一步一步
将贾宝玉推到了无法自拔的欲海深渊。在王国维看来，"生活之欲"的最佳
解毒剂是艺术，"呜呼，宇宙一生活之欲而已！而此生活之欲之罪过，即以生
活之苦痛罚之：此即宇宙之永远的正义也。自犯罪，自加罚，自忏悔，自解
脱。美术之务，在描写人生之苦痛与其解脱之道，而使吾侪冯生之徒，于此
桎梏之世界中，离此生活之欲之争斗，而得其暂时之平和，此一切美术之目
的也。"③和席勒如出一辙，王国维也是审美主义的一元论者。而吴宓则是审
美主义与道德伦理的二元论者。按照古希腊哲人亚里士多德《诗论》中的悲
剧理论，《红楼梦》完全符合悲剧的金科玉律，是一部标准的性格悲剧。悲剧
主人公贾宝玉的遁入空门（不幸的人生结局），根本原因不是罪恶或道德低
劣，而是与生俱来的性格缺陷。吴宓指出："宝玉之习性，虽似奇特，然古今

---

　　①　〔美〕白璧德：《文学与美国的大学》，第20页。

　　②　吴宓：《论白璧德、穆尔》//徐葆耕编：《会通派如是说——吴宓集》，第25页。

　　③　王国维：《红楼梦评论》，《王国维文学论著三种》，北京：商务印书馆，2001年版，
第11页。

类此者颇不少,却在情理之中。约言之,宝玉乃一诗人也。凡诗人率皆(一)富于想象力,(二)感情深挚,(三)而其察人阅世,以美术上之道理为准则。"①审美主义的诗意气质固然使贾宝玉拥有了一颗至情至性的赤子之心,但是一味地任情任性,爱欲泛滥澎湃而毫无节制,最终"意淫"伤害了大观园里的诸多女孩子,也使自身痛苦不已。

通过贾宝玉的悲剧人生,自然而然就能推导出"以理制欲"。吴宓将审美主义比喻飞速奔驰的骏马,若无理性道德的控制,骑手就可能被脱缰的野马摔倒在地。值得关注的是,"以理制欲"既接受了白璧德人文主义思想的影响,又含带着中国传统儒家思想的浸淫。白璧德极为推崇东方智慧——佛教、基督教与儒家是其产生了世界影响的思想精粹,并对孔子赞誉有加,将孔子与亚里士多德并列为东西方最为杰出的思想家。他说:"孔子偿欲以礼(即内心管束之原理)制止放纵之情欲,其所谓礼,显系意志之一端也。孔子固非神秘派之轻视理智者,然由孔子观之,理智仅附属于意志而供其驱使。"②在孔子的儒学思想中,"礼"的核心观念不是从外而内对个体具有约束力的一整套习惯、法规或仪式,而是由内及外个体心灵不懈而快乐的自我完善。因而"礼"与新人文主义思想所倡导的"内心约束"是相契合的,儒家的理想人格"君子"与亚里士多德所推崇的完人形象"高度严肃的人"也是相契合的。此观点在无形之中对吴宓产生了深远的影响,新文化运动崇西抑中的激进主义文化立场让吴宓大为忧虑,既然传统文化与西方文化有如此多的相似契合之处,那为何一味地大加挞伐中国传统文化、特别是对儒家思想不依不饶呢?1927 年,吴宓在《大公报》上撰文《孔子之价值及孔教之精义》,主张重新发掘孔子儒学的价值,"孔教之精义又安在耶?简括言之,则孔子确认人性为二元。(善恶、理欲)揭橥执两用中为宇宙及人生之正道。以孝为诸种德行之本,而以(1)克己复礼;(2)行忠恕;(3)守中庸为实行道德之方法。"③尊奉儒家,并不能认定吴宓在文化立场是保守主义者。在新人

①　吴宓:《红楼梦新谈》,第 279 页。

②　〔美〕白璧德:《白璧德论欧亚两洲文化》//段怀清编:《新人文主义思潮:白璧德在中国》,第 71 页。

③　吴宓:《孔子之价值与孔教之精义》//徐葆耕编:《会通派如是说——吴宓集》,第279 页。

文主义思想的激发下，儒家思想及传统文化的积极价值被发掘出来。客观地说，吴宓应是一位理性的文化调和主义者。然而在新文化运动的狂飙突进时代，只要唱好孔子与儒学，就注定是要遭到批判讨伐的。

推崇儒学与伦理道德的文化立场，使"以理制欲"成为吴宓品评《红楼梦》小说与人物的标准。吴宓常将法国启蒙主义思想家卢梭与贾宝玉并列为"同道中人"，而且卢梭的代表作《新爱洛伊斯》和《忏悔录》亦与《红楼梦》有诸多相似之处。在旅行诗集《欧游杂诗》中，吴宓写有三首关于卢梭的古体诗《日内瓦卢梭像及遗物》。通过"姣媚同荡子，朴拙类村婆。生涯历鄙贱，情智欠通和(其一)"与"功罪不须论，世已有定评。吾师忧今乱，邪说荡民情。溯源诛祸首，辩证理自明。君说甚矫激，君才实峥嵘(其二)"①这些诗句，可是吴宓对卢梭矛盾冲突的情感与评价。卢梭的情感主义开创了个性自由张扬与反叛道德传统的浪漫主义时代，但是也引发了社会伦理道德与个体心灵的失范。卢梭人生与思想最大的弊病正是"情智欠通和"，情感主义缺乏道德伦理的内在节制。对卢梭的评价，实际也是吴宓对《红楼梦》主人公贾宝玉的评价。"宝玉之失，亦由其乏修养自治之功，可以为鉴"②，诗人气质与浪漫情怀使贾宝玉成为大观园中最光辉闪耀的理想人物，但是抛却传统儒家伦理道德的"毁僧谤道"，情感任其涌动、爱欲缺乏节制的泛爱主义，确实其人生悲剧的根源。

综上所述，吴宓红学观的两大原则——审美主义与以理制欲——都是在白璧德和新人文主义思想的影响启发下形成的。借用传统的儒释道思想和西方的诸种哲学思想，用"悟"的方式对《红楼梦》的故事、人物与寓意展开深入细致的文本分析，已经成为"审美批评派红学"的研究模式。从王国维到吴宓，再到余英时、宋淇、刘再复、浦安迪，清晰可见一条"审美批评派红学"的发展道路。其中，吴宓的红学研究是绝不可忽视的部分。

(本文刊于《咸阳师范学院学报》2011 年第 5 期)

---

① 吴宓:《吴宓诗集》，第 253 页。
② 吴宓:《红楼梦新谈》，第 278 页。

吴宓与国学教育

科学与人文之间的抉择

——1920 年代的"国学"研究取向及其文化意味

贺昌盛

（厦门大学中文系）

"国学"自诞生之日起就备受争议，不过，有一物事的产生能激发广泛的争议，正说明它是个有价值的真问题。"国学"的命名有其特定的历史印记，作为学术之一种，"国学"一方面必须接受汉语语境中"国"这一特定称谓所包含的"地域所属""民族特性"和"政权体制"三重蕴涵的制约；另一方面又需要与西方"汉学（Sinology）"或"中国学（Chinese studies）"既划清界限又相互印证[1]。所以，在这样的前提条件下，将"国学"理解为与"现代"意义上的与"民族/国家"观念相对应的"民族学术"，或能解决一些争辩上的误解——"国学"在相当程度上毕竟与晚清以前的"旧学""古学""儒学""经学""君学"，以及"汉学/宋学（理学）"等传统所固有的概念称谓在内涵及外延上已经发生了根本的变化。

从一种较为宽泛的纵向历史维度上看，"国学"实际上曾历经过章（太炎）刘（师培）"国粹"（20 世纪初期）、北京大学"国学门"及清华研究院

---

① 有关论述可参阅拙文《国学院体制与现代中国学术的知识构成》（《厦门大学学报》2006 年第 5 期）、《现代"国学"：命名及其功能》（《学术月刊》2009 年第 5 期）、《"国学"的知识论取向》（《东南学术》2010 年第 2 期）及《"国语"的发现与"国学"的重建》（《北京师范大学学报》2013 年第 3 期）等。

（1920 年代）、无锡"国专"（1930 年代）及海外"新儒家"（1990 年代至今）这样四个主要的演化阶段，而在不同的阶段，人们对于"国学"的定位其实是有其潜在的差别的。当然，如果没有不同阶段的那些前辈学人的持续探讨，被我们视为"民族学术"的"国学"事实上也是无法真正被确立起来的。

一、1920 年代的"国学"研究境遇

"国学"一语自章太炎和刘师培首倡，经由黄节、邓实等人所主持的《国粹学报》的张大，最终才获得了较为广泛的认可。但早期的那些力倡"国学"的学人们，对于"国学"这一范畴其实并没有取得某种完全一致的定位，这也是造成后世出现多重向度的纷争的核心原因之一。不过，从另一方面来看，"国学"初萌时期的多向度探索也为后世学人的深化与拓展埋下了宝贵的种子。比如，早期"国学"中"民族"意识的获得虽然主要是针对"满清"而来，但这种"族群（自我）认同意识"的建立，却为后世"东/西"学术思想的分界（或者说与西方的"Sinology"的自觉对应）奠定了基础；此外，早期"国学"研究中对于先秦"诸子学"的"复活"及对佛学的引入，既打破了儒家"经学"一统天下的局面，也为后世在接纳西式学术体制的基础上建构现代形态的学科规范提供了极大的便利。所以，"国粹"时期的"国学"虽然视一切中国古典的思想传统为"粹"，但与科举时代日趋狭隘的"君学""经学"及"理学"相比，在思想导向与学术界域等方面已经展示出一种前所未有的全新面貌了。

"国学"真正得以确立当归功于蔡元培、胡适等人对于"西学"的借镜。1923 年，由胡适等人发起了"整理国故"运动，北京大学研究所"国学门"正式成立，并有《国学季刊》创刊，"国学"研究开始以"科学"的名义转向对于中国既有"国故"的全面整理。胡适曾解释说："'国故'的名词，比'国粹'好很多。……如果有人讲是'国粹'，就有人讲是'国渣'。'国故'（National Past）这个名词是中立的。"[①]"国学在我们的心眼里，只是'国故学'的缩写。中国的一切过去的文化历史，都是我们的国故；研究这一切过去的历史文化

---

① 胡适：《研究国故的方法》，《东方杂志》，第 18 卷第 16 期，1921 年 8 月 25 日。

的学问,就是国故学,省称'国学'。"①其整理研究的利器则是以"科学"为前提的"大胆假设,小心求证"。

事实上,在北大"国学门"成立之前,以"国学"之名组织起来的各式讲堂学馆都已经拥有了相当的规模和数量了,除了章太炎在东京创办的国学讲习会(1906)以外,其他比较知名的还有章门弟子马裕藻发起的杭州国学会(1911)、廖平和宋育仁等主持的成都国学馆(1912)、陈尔锡与吕学沅等组织的国学扶危社(1914)、倪羲抱等人的国学昌明社(1915)、唐文治创办的无锡国学专修馆(1920),以及南社同人的国学研究等等,不一而足。不过,从总体上看,这类名目繁多的"国学"研究大都并没有突破以"小学"(朴学)为方法、以"经学"为根基、间以诸子学为辅助的传统学术的一般架构;偶有对西学持开明态度者,其对西式的治学精神也多半不甚了然。也许正是因为这类研究仍带有明显的"旧学"痕迹,而新一代的学人又正急切地希望彻底摆脱"旧学"的暮气,所以我们才会看到,由胡适、顾颉刚等人所倡导的以"科学"方法来"整理国故"的运动甫一出现即应者云集,一时之间成为中国学界的翘首。

循北大之例,东南大学国学院(1923)、清华国学研究院(1925)、厦门大学国学院(1925)及中山大学历史与语言研究所(1928)等也相继成立。与民初的各式讲堂学馆有所不同,诞生于1920年代的这些国学研究院所已经彻底摆脱了旧式"学塾"的知识传承形态,而初步具有了类似于法国的法兰西学院或英国皇家学会等学院式特征的现代学术专门研究机构的雏形②。而且,值得特别注意的是,由于处身这类研究机构的学人多数都有留学西洋的背景,这个时期的研究中对于西式治学精神与方法的广泛认可与接纳才真正突破了章、刘时代的"旧学"印记,进而使得"现代民族学术"的最终确立成为可能。

如果对1920年代出现的各个研究院所细加辨析的话,就不难发现,新式

① 胡适:《〈国学季刊〉发刊宣言》,《国学季刊》,第2卷第1号,1923年1月。
② 相关研究可参考陈以爱著《中国现代学术研究机构的兴起》(江西教育,2002)及孙敦恒的《清华国学研究院纪事》(《清华汉学研究》第一辑,清华大学,1994)等。

的研究机构虽然都是在现代大学建制的基础上成立起来的,但它们各自的研究取向却不尽相同。后继的厦大及中山大学的研究实际上可以看作是北大"整理国故"路向的分流(其人员和机构设置大多出自北大),而由东南大学的吴宓转职主持的清华研究院所呈现出来的研究风格又与北大一支彼此迥异。倘若加上这个时期由章、刘等清季学人所传承下来的"国学"一派的话,则1920年代的"国学"实际上已成鼎足三立的局面。冯友兰先生曾将晚清民初的学术大体分为"信古、疑古及释古"三种主要的趋势,他认为:"就中信古一派,与其说是一种趋势,毋宁说是一种抱残守缺的人的残余势力,大概不久即要消灭;……疑古一派的人,所作的工夫即是审查史料。释古一派的人所作的工夫,即是将史料融会贯通。"①冯先生对于三个渐次推进阶段的划分虽曾引来过各种争议,但就1920年代中国学界整体的学术格局来看,此一划分还是有其道理的。王瑶先生也曾分析说:"冯先生认为清朝人研究古代文化是'信古',要求遵守家法;五四以后的学者是'疑古',他们要重新估定价值,喜做翻案文章;我们应该采取第三种观点,要在'释古'上用功夫,作出合理的符合当时情况的解释。"王瑶先生甚至以此希望确立一个有独立风格的"清华学派"②。

　　具体而言,北大一路的"整理国故"与清华以王国维、梁启超、赵元任和陈寅恪等为主的研究取向确实存在一定的差异。以"疑古"和"释古"论,"疑古"重在"辨伪存真",所以对科学的精神及实证的方法有特别强调;"释古"并未放弃或否定考证的重要,但其目的却是在"证实/证伪"的基础上,对传统文化资源予以全新的解释,以使"传统"本身能够得以焕发出新的生命力来。清华的《研究院章程》中已明确指出:"学问者一无穷之事业也。其在人类,则与人类相始终;在国民,则与一国相始终;在个人,则与其一身相始终。"所以,在面对中西学术既有资源之时,"学者必致其曲,复观其通,然后足当指导社会昌明文化之任。"③负责主持清华国学院具体工作的吴宓,在

---

① 罗根泽编著:《古史辨(六)·冯序》,上海:上海古籍出版社,1981年版,第1页。

② 王瑶:《我的欣慰与期待》,《文艺报》,1988年12月6日。

③ 《研究院章程·缘起》,原载《清华周刊》1925年10月20日第360期,收入徐耕葆编《会通派如是说——吴宓集》,第175-176页。

1925年学院开学之日的演讲中则进一步解释说:"(一)值兹新旧递嬗之际,国人对于西方文化,宜有精深之研究,然后可以采择适当,融化无碍;(二)中国固有文化之各方面(如政治、经济、哲理学),须有通彻之了解,然后于今日国计民生,种种重要问题,方可迎刃而解,措置咸宜。……惟兹国学者,乃指中国学术文化之全体而言,而研究之道,尤注重正确精密之方法(即时人所谓科学方法),并取材于欧美学者研究东方语言及中国文化之成绩,此又本校研究院之异于国内之研究国学者也。"①吴宓对"国学"的这种兼顾中西而又着眼当下的定位,其实正是他在《学衡》时期思想的延续。相比于"疑古"一路严谨的"科学"取向,"释古"的目的在选择上其实显示出了明显的"人文"色彩。以《红楼梦》研究为例,王国维从中悟出了人生的"哲理",吴宓看到了汉语的优雅与古典艺术的精妙,胡适则对曹雪芹的生平史迹更感兴趣。"科学"在求客观,其目标是确定最终的可靠"原则"(即"规范/法");"人文"在求践行(知行相合),化传统资源为今日之鉴用。比之"古史辨"派的"古史层累说"的"定律",梁启超的"进化史学"与"抒情传统"、王国维的"悲剧论"与"境界说"、陈寅恪的"不古不今"之论及"了解之同情"说等,确实显示出了更多的"人生"气息。

二、"国学":在知识与人生之间

当然,并不是说,"疑古"与"释古"所标识的就是截然两分的"科学"与"人文"两种路向,而只是说,在两者的选择上,其各自应该是有所侧重的。实际上,"科学"与"人文"一直是西方世界推进其自身文化的两个核心支点,只不过从18世纪以后,特别是在20世纪,"科学"的一翼日渐占据了主流,以宗教、道德等为内质的"人文"取向终至隐退了而已。余英时先生曾分析认为:"20世纪的人文、社会科学在建立它们个别领域中的'知识'时,都曾奉自然科学为典范。这显然是因为自然科学如物理所创获的知识不但具有

---

① 吴宓:《清华开办研究院之旨趣及经过(开学日演说词)》,原载《清华周刊》1925年9月18日第351期,收入徐耕葆编选《会通派如是说——吴宓集》,第173-174页。

普遍性、准确性、稳定性,而且它的方法也十分严格。人文研究见贤思齐是很自然的,尽管这一效颦运动并没有取得预期的效果,甚至失败远多于成功,但整体来看,20世纪的人文研究一直在科学典范的引诱之下游移徘徊,则是一个无可否认的事实。"①科学所追求的是一种可靠的纯粹知识,因为只有足可实证的知识才能彻底打破现代人对于传统的种种迷信,也因此才有可能在"重估一切价值"的基础上,"再造"全新的"文明"。有着这种思路作为先导,胡适等人才特别选择了"赛先生""德先生"和"费小姐"作为五四新文化运动的标号。而这其中,真正的核心支撑其实是"赛先生",因为只有它才是合逻辑地推衍出"德先生"(以民主求法制)和"费小姐"(依法理求人权)等一系列现代观念的前提。1920年代前期的"文言白话之争""问题与主义之争",以及"科玄论战"等,几乎无一不隐藏着"赛先生"的影子。

有一个很容易被忽略的事实需要引起注意,那就是胡适和吴宓等人的留美背景,因为这是形成后来北大和清华各自不同的学术理路的关键思想资源。

胡适于1910年留美,1915年入哥伦比亚大学师从杜威研究实用主义,1917年归国。吴宓于1917年入弗吉尼亚大学,次年转入哈佛,追随白璧德,开始遵奉新人文主义,1921年归国就职于南京国立东南大学,次年与梅光迪、柳诒徵等一起创办了《学衡》杂志,1925年入清华大学主持国学研究院。《学衡》一派的梅光迪留美(1911)及转入哈佛大学(1915)都比吴宓要早,其研习白璧德的新人文主义也最为深切,陈寅恪和汤用彤入哈佛则稍晚(分别为1918年和1919年)。详细清理这段过程,主要是为了说明,在20世纪之初的1910年代,中国刚刚经历过了摧毁王朝体制以重建现代民主的共和体制的关节点上;而此一时期的美国,也正处于需要彻底地摆脱原有的"欧式"阴影以建立全新的美国精神与美国文化的当口上——是沿袭和继承欧洲的文化传统还是反叛欧洲以建构新的思想文化模式,已经成了在经济自信刺激下勇于探索的美国人所普遍面临的问题。此种境遇之下,"固守"和"重建"就成了某种必须进行的"选择"。

---

① 〔美〕余英时:《试论中国人文研究的再出发》,《九州学林》,2003年秋季创刊号。

胡适留美之际，正值实用主义大行其道之时。依照詹姆斯的说法，"实用主义既是一种哲学又是一个哲学方法。作为一种哲学，实用主义假设宇宙是不连续演化的，人只是其中若干成分的一种。作为一种方法，实用主义是归纳的、科学的、非绝对主义的，它的基本原则是：把某个观念放到一个具体的实际情况中，观察其效果，最终验证这个观念的真伪。任何观念都不能一劳永逸地被视为是'真'的。此外，随着将来科学发现的增多，我们还应该有所准备，在必要时修改整个思想结构。对实用主义来说，人们的信仰实际上是行动的准则，这些信仰必须由它们的实际效果来检验，这个原则是实用主义理论的关键。"[1]作为詹姆斯思想的忠实继承者，杜威借助其对实用主义的更加"工具化"的阐发和推广，把曾经被欧洲人奉为圣典的形而上学从几乎高不可及的"玄学"象牙塔中拉了出来，实用主义自此使哲学从先验领域退回到经验的世界，变成了可用于解决人类社会实际问题的"工具"。转过来看，吴宓和梅光迪等人留学美国的时候，并非对当时正值风行的实用主义一无所知。而他们之所以初遇白璧德的新人文主义即心生向往，除了有个性气质及知识结构等方面的因素之外，更重要的其实是，他们从白璧德的思想中看到了某种在不摧毁和不彻底否定传统的基础上使"传统"与"当下"对接的希望和可能；因为白璧德虽继承的是欧洲的人文传统，却并没有拘泥于其间，而是在指针对以卢梭式的自然倾向上的人道主义及以培根为代表的技术理性化的人道主义展开批判的基础上生发出了一种"新"的人文主义思想，"在白璧德看来，卢梭的浪漫主义理想实际上是在无限制地放任人的个体欲望，其对于普遍原则的否定最终将导致享乐主义的极度张扬与人类道德的彻底堕落，而培根所强调的借助科学与知识来获得人类幸福的所谓'进步'途径，同样会因为其对物性法则的刻意追求而完全丧失人的法则所规定的人类幸福的实质性精神内涵。正是在完全忽视'人的法则'的培根主义者，以及将法则与自身性情相互混淆的卢梭主义者的支配下，人类的'自由'才变成了一个毫无意义的观念的空壳。白璧德在此无疑清楚地点明了现代

---

① 〔美〕罗德·霍顿、赫伯特·爱德华兹：《美国文学思想背景》，房炜、孟昭庆译，北京：人民文学出版社，1991年版，第188页。

人真正所处的'异化'境况——既可能因为无限的放纵而成为'自然人'式的'非人',也可能因为迷信'科学'而成为'物化'的'非人'。"①比较而言,白璧德的思考确实比杜威要深刻得多。不过,既然以实证为前提的科学可以帮助人们重建更为合理的社会,对于习惯在所有事情上都希望有所尝试的进取好胜的美国人来说,实用主义当然要比新人文主义显得要切近而实在得多。特别是在自由经济面临周期性转换的时节,人们更愿意相信实用主义也许是一剂有效的良方。如王晴佳所分析的那样:"1929 年经济大衰退,使得人们对于新人文主义的精英主义态度,不再有什么兴趣了。他们需要的是更为实际的学说和理论,而新人文主义则过于阳春白雪、过于理想主义了。与之相对,杜威的乐观主义、科学主义则显得更为切合实际。因此,白璧德新人文主义在社会和学界的影响,也由于那时的美国和世界经济的衰退而受损。"②"柏拉图曾构想了一个哲学家统治的共和国;而杜威则构想了一个在教育的帮助下,人人都成为哲学家的共和国。或许他们都过于乐观地认为哲学家不仅有理性,讲道德,而且还富于社会责任感。"③这也许正是胡适的理想所在,但在吴宓等人看来,胡适恰恰正在把已经出现在美国的文化危机几乎完整地搬到了中国。

有着这样一重思想背景,我们就不难理解,美国曾经上演过的杜威与白璧德之间的较量,到了中国本土,为什么又会在新文化运动一派与《学衡》派之间重现一回了。《学衡》同人绝非如一般人所理解的那样"保守",甚至与其指为"保守",毋宁说他们其实是过于"超前"了。白璧德在巴黎访学期间经由法国汉学家们的译介,曾有限地接触过《论语》《孟子》等儒家经典及东方的佛学思想,白氏也确实明确地表示过对于孔、孟思想的心仪,但这些都绝非吴宓等人借祖宗文化聊以自傲因而倾心白璧德的真正原因。白璧德提倡古今文化在传承上的延续性,却并不刻意执守古典文化的优越性;同时,

① 参见拙著《想象的互塑——中美叙事文学因缘》,南京:南京大学出版社,2009 年版,第 80-81 页。

② 王晴佳:《白璧德与"学衡派":一个学术文化史的比较研究》,《中研院近代史研究所集刊》,第 37 期,2002 年 6 月。

③ 〔美〕罗德·霍顿、赫伯特·爱德华兹:《美国文学思想背景》,第 202 页。

白璧德倡导新人文主义也主要是针对以技术化的"科学"训练来规范美国教育体制终将导致人的思维的机械化倾向而来的。而这一切又恰恰是在"科学"意识已经畅行无阻的今天,我们所正在面对的真正的问题之所在。事实上,在白璧德之前,英国的阿诺德即曾激烈抨击过现代文明对于传统文化及道德伦理的肆意破坏和摧毁。毋庸置疑,现代文明比之传统,确实是一种进步,但完全割裂其与传统的有机联系,恐怕也并非是一种最佳的选择。儒家文化在几千年漫长的历史中确实被强化成了为专制统治提供意识形态合法依据的工具,它也因此才被确定为"君学""经学"或"理学";但根植于儒家文化深层的以"内省"为核心的"人文"(道德自觉)意识却并没有断绝。"国学"的倡导不是在恢复其意识形态意味,而恰恰是在"去意识形态化"的基础上尝试回归传统文化中真正的"人文"蕴涵,更不用说其对诸子学及佛学等思想的接纳所透露出来的"自由思想"及"人生境界"意味了。就此而言,《学衡》之所谓"昌明国粹",绝无指一切传统为"粹"的意思,而正是在希望发掘出传统中属于"粹"的部分,以使之在"融化新知"的基础上重新发挥其"道德制衡"的有效功能。这也许才是《学衡》一派的真正的意图,吴宓无疑是希望将这一意图在清华国学研究院付诸实践。事实上,我们也看到,以四大导师为主的清华国学研究确实更富有"道德坚守"的"内省"式的"人文"色彩,这与北大"整理国故"一路的"科学"基调也确有明显差异。在 1928 年成立历史语言研究所以整合学术资源之时,傅斯年即使刻意地强调:"要把历史学语言学建设得和生物学地质学等同样","我们要科学的东方学之正统在中国"①。由《学衡》/清华/中研院"一路沿袭下来的对于"道德理想主义"的"人文"坚守也始终未曾中断,陈寅恪及牟宗三、唐君毅、徐复观、钱穆、刘述先、余英时等被称为"现代新儒家"的一代代学人在不同向度上的深切思考即是最好的明证。

1920 年代由北大和清华所代表的"国学"研究,基本奠定了后世"科学"与"人文"的路向选择及其形成协同并进的学术格局的可能。但遗憾的是,

---

① 傅斯年:《历史语言研究所工作之旨趣》,《国立中央研究院历史语言研究所集刊》(第一本第一分),1928 年 10 月。

出于自五四以来激烈颠覆传统的思想和意识形态倾向等因素的深刻影响，这一曾经的分歧似乎被有意无意地遮蔽了起来，而在今天却又重新成为我们建构现代中国学术所必须面对的鸿沟。

三、"会通"："执两用中"与文化汇流

对于五四以后的中国学术，余英时曾有过一个评价，他认为："五四以后的二十年间，中国曾有过一个人文研究的传统，所取得的成绩至今尚受到国际汉学界的普遍尊重。但读者不要误会这里所用的'传统'两个字。研究传统是在不断成长和发展之中的，甚至往往发生所谓革命性的变动。章炳麟、王国维等上承乾、嘉学统，然而最后更新了这个传统。同样的情形也发生在五四一代学人的身上。……无论文化心态是激进、温和或保守，他们都体现了推陈出新的共同精神。这主要是由于他们虽处在思想极端冲突的时代，最后都能使个人的心态和人文生态之间取得一种动态的平衡。人文心态与人文生态之间必然存在着紧张，其程度因人而异。但这种紧张如果调节到恰到好处（也因人而异），反而可以为个人的创造力提供充分发挥的机会。这是我所谓'动态平衡'的确切涵义。"①事实确实如此，当西式的"科学"意识完全浸入、渗透并主宰了"国学"研究的总体架构时，中国传统文化自身所固有的"人文"取向就会不可避免地与西学的"科学"意识发生冲突和错位，这也正是"中/西"问题最终总是会转化为"古/今"问题的核心原因。

中国自进入现代以来，其实一直都在"融入世界"与"文化守成"之间徘徊，其在思维形式上也主要显示为"中/西""古/今""传统/现代""落后/进步"等样态的"二元"结构范型。由此，如何突破"二元对立"模式，以寻求"二元互补"的可能的新路径就成为众多中国学人反复探索的焦点问题。事实上，援外来文化之力以求传统文化的新路，一直是中国文化能够生生不息的一个秘诀。陈寅恪就曾分析认为："唐之文治武功，交通西域，佛教流布，实为世界文明史上，大可研究者。佛教于性理之学 Metaphysics，独有深造，

---

① 〔美〕余英时：《试论中国人文研究的再出发》，《九州学林》，2003 年秋季创刊号。

足救中国之缺失,而为常人所欢迎。……宋儒若程若朱,皆深通佛教者,既喜其义理之高明详尽,足以救中国之缺失,而又忧其用夷变夏也。乃求得两全之法:避其名而居其实,取其珠而还其椟,采佛理之精粹以注解四书五经,名阐明古学,实则吸收异教。声言尊孔辟佛,实则佛之义理已浸渍濡染,与儒教之传宗,合而为一,此先儒爱国济世之苦心至可尊敬而曲谅之者也。故佛教实有功于中国甚大"①。"稍读历史,则知古今东西,所有盛衰兴亡之故,成败利钝之数,皆处处符合。同一因果,同一迹象,惟枝节琐屑,有特殊耳。盖天理 Spiritual Law 人情 Human Law,有一无二,有同无异。下至文章艺术,其中细微曲折之处,高下优劣、是非邪正之叛,则吾国旧说与西儒之说,亦处处吻合而不相抵触。"②从这个意义上讲,由吴宓等人借助白璧德的新人文主义学说所展开的对于中国传统文化的重新定位,确实显示出了值得引起高度重视的全新的价值。

白璧德曾受到过中国儒家思想的影响,这一点无可否认。比如,他对"内制力""适度律"及"君子儒"等的推崇,其意味与儒家的"克己""中庸"以养成"君子"的思想几无差别。但我们也必须注意到,白璧德的立足点仍然是西方式的,也就是说,即使他试图将培根的所谓"知识即是力量"重新拉回到苏格拉底所说的"知识即是美德"的人文主义路上去,他也并不排斥"科学"本身。同样的道理,白氏倡导人文主义,却并不主张走向卢梭式的自然天性的道路。换言之,真正在白璧德思想中起核心支撑作用的仍然是西方自启蒙运动以来所建立起来的"理性",只不过,在白璧德那里,"理性"的功能主要显示为对于"极端科学"和"极端感性"的合理节制而已;或者说,他其实是在希望兼顾"科学"与"人文"的同时,能够促使这两者协同并进。这也许才是吴宓、梅光迪等人所获得的真正的新的启发。

从中国传统文化的角度讲,以儒家为中心的思想没有发展出"科学"的一翼,这就使得中国传统的"人文"精神中缺乏了对于"原则"的无条件服从这一重要的维度,由此也很容易使所谓"中庸"被单一地转化成为"无所执

---

① 吴宓:《吴宓日记》第 2 册"1919 年 12 月 14 日",第 102 页。
② 吴宓:《吴宓日记》第 2 册"1919 年 8 月 31 日",第 58—59 页。

守""和合为贵",甚至"世故""圆滑"。"科学"与"人文"能够形成现代西方文明的两翼,其根源就在于,"科学"培植起来的是一种"法(规范)"的意识,它为人类的生活提供了相对可靠因而可以得到公共领域所普遍认可的"一般原则"——这既是一种不可逾越的"底线",同时也是促使人性本身"去恶趋善"的保障。只不过当这一"原则"被推进到极致,以至于成为钳制甚至扭曲"人性"的工具时,"人文"层面的反弹才会骤然爆发。所以我们看到,在白璧德的所有争辩中都无可避免地透露出了激烈抗争的偏执色彩,但彻底地以人文主义取代科学主义却绝非白氏的本意。

与白氏的抗辩非常类似,发生在新文化阵营与《学衡》派之间的论争也同样充满了偏执的气息,这就很容易造成视《学衡》一派为极端保守的错误印象。事实上,我们其实可以明显地感觉到,《学衡》同人的取向与林(纾)、康(有为)、章(太炎)、刘(师培)等清季遗老一辈的"国学"意识已经完全不可同语了。而更重要的是,他们借助新人文主义思想的启发,对传统儒家的"中庸"理念给予了一种全新的解释,这就是对"执两用中"的"会通"意识的刻意强调:既执"中/西"之"两",又兼顾"古/今"之"两",彼此交汇以形成文化互融。如吴宓所言:"若论精神理想一方,吾自笃信天人定论、学道一贯之义,而后兼蓄并收,旁征博览,执中权衡,合覆分核,而决不为一学派、一宗教、一科门、一时代所束缚、所迷惑;庶几学能得其真理,撷其菁华,而为致用。""中西实可古今而下,两两比例。中国之儒,即西国之希腊哲学,中国之佛,即西国之耶教。特浸渍普通,而人在其中者,乃不自觉耳。"①这既是白璧德调和"科学"与"人文"两端的理想设计,同时也是对 1920 年代"杜威/胡适"式的单极化"科学"取向的有效"制衡"。对于正处建设时期的现代中国学术来说,这确实不失为一种切实可行的方案。尽管吴宓等人并没有能够在这一构想中做出较为突出的实绩,但这一构想即使放在"文化冲突"日趋激烈的今天,也仍然有其特定的启示意义。

关于"执两用中"的设想,吴宓曾有过一个绝妙的比喻:"宓设二马之喻。言处今之时世,不从理想,但计功利。入世积极活动,以图事功。此一道也。

---

① 吴宓:《吴宓日记》第 2 册"1919 年 12 月 14 日",第 45、103 页。

又或怀抱理想，则目睹事势之艰难，恬然退隐，但顾一身。寄情于文章艺术，以自娱悦，而有专门之成就，或佳妙之著作。此又一道也。而宓不幸，则欲二者兼之。心爱中国旧日礼教道德之理想，而又思以西方积极活动之新方法，维持并发展此理想，遂不得不重效率，不得不计成绩，不得不谋事功。此二者以左右二足分踏马背而絷之，又以二手坚握二马之缰于一处，强二马比肩同进。然使吾力不继，握缰不紧，二马分道而奔，则宓将受车裂之刑矣。此宓生之悲剧也。而以宓之性情及境遇，则欲不并踏此二马之背而不能。我其奈之何哉？"[①]吴宓这里所描述的或许并非单单是他个人所处身的困境，大而言之，现今的西方世界对于单一技术主义倾向的警惕及对其自身"现代性"问题的深入反思，以及中国当下在大力推进现代化的过程中所面临的实际境遇等，又何尝不是如此呢？东西方"古典学"研究的再度兴起，以及中国学界对"国学"问题的新一轮的重新审视再次说明，所谓"传统"，远非我们所可以随意割弃的那么简单。

（本文刊于《学术月刊》2015 年第 9 期）

---

① 吴宓：《吴宓日记》第 3 册"1927 年 6 月 14 日"，第 355 页。

吴宓、唐君毅人文主义教育思想比观[*]

刘建平

（西南大学文学院）

在 20 世纪国学教育的发展史上，20 年代创办的清华大学国学研究院和 50 年代初创办的新亚书院（以及新亚研究所）是两个重要的代表机构，其主事者吴宓和唐君毅都怀抱着人文主义教育理念，但二者的教育实践却产生了迥异的结局。对二者的比较研究，无论是对吴宓或唐君毅思想的深入研究，还是对当今国学教育发展的启示，都是一件有意义、有意思的事情，能够彰显出不同时局、不同文化理念和不同个性对教育的影响。传统的吴宓和唐君毅思想研究，大多是从理论到理论，从思想到思想，很少着眼于吴宓创办清华国学院的教育实践和钱穆创办新亚书院的实践来探讨二者之间的关联性[①]。我们探究二人之间思想的异同，不仅要思其"言"，更要观其"行"，唯有把"言"与"行"结合起来，并放到 20 世纪中国社会政治、教育发展的大背景下，才能对他们的人文主义教育思想有一个完整的认识和客观评价。

---

[*] 该文以《为往圣继绝学》为篇名已发表于《孔子研究》2015 年第 6 期。学界如对本文涉及的文献、数据、表格有所引用，须注明出处，特此说明。

① 目前学界尚无对吴宓与唐君毅人文主义教育思想的比较研究，类似的文章有田依白在《不同的阅历 相似的思想 多样的启示》（见《牡丹江大学学报》2010 年第 3 期）中对钱穆和吴宓的教育思想进行了比较，大致属于这一类。

一、吴宓办清华国学院之宗旨

清华国学研究院成立之初,便被赋予了重要的使命,以造就学贯中西、"熟悉世界文化和了解中国社会需要的领袖人才"[1]为己任,而不再专事半成品的留学预备人才的培养,清华国学研究院就是在这一变革过程中而诞生的。吴宓从 1925 年 2 月 12 日被委任为清华国学研究院筹备处主任到 1926 年 3 月坚辞国学研究院主任,这期间只有短暂的十三个月。在此期间,吴宓通过对国学研究院各项章程的草拟与阐释,间接地表达了自己的人文主义教育理念和对国学教育的思考。对于吴宓人生中的这段历程,学界往往有两种诠释倾向,一是夸大吴宓在清华国学研究院创建过程中的作用而过分"溢美"吴宓的教育家形象;二是认为在吴宓整个"孤独"与"矛盾"的一生中,这段心灰意冷的经历只是一个偶然的片断而加以忽略。这两者都无助于我们理解一个真实的吴宓,也无助于我们对他在 20 世纪中国高等教育史上的地位做出合理的评价。

吴宓的教育思想是以他在哈佛大学的导师白璧德为代表的新人文主义为核心的。白璧德认为,一所"真正"的大学,其目的并不是要把知识分发给他的学生或塞进学生的头脑中,而是努力让知识成为学生头脑和灵魂的一部分,吴宓的学术思想和教育观念深受此种思想的影响。1921 年,吴宓任教于东南大学,他在东南大学执教期间提出了"文教中华"的教育思想,也即要造就中国新文化,必须兼取中西文明之精华而加以熔铸贯通,"吾国古今之学术德教,文艺典章,皆当研究之、保存之、昌明之、发挥而光大之"[2]。在此基础上,吴宓提出了倡言"昌明国粹,融化新知"的文化主张,所谓"国粹"就是指学术德教、文艺典章。这其中,吴宓尤其强调宗教、道德的重要性,宗教基于人的天性,它扶善摒恶,博施广济;道德之本为忠恕,它教人以理制欲,

---

① 苏云峰:《从清华学堂到清华大学(1911—1929)》,北京:生活·读书·新知三联书店,2001 年版,第 282 页。

② 吴宓:《论新文化运动》,《学衡》,1922 年第 4 期。

正其言、端其行，俾百事各有轨辙，社会得以维持，而最重要的事就是"坚持第二级之道德，昌明人本主义，则既能可维持教化，又可奖励学术，新旧咸宜，无偏无碍也"①。由此可以看出，吴宓的教育理念与其受到的新人文主义观念有密切的关联。

吴宓在对清华国学研究院的发展定位上体现了浓厚的人文主义色彩，清华校长曹云祥在国学院第一期学生开学典礼上说："现在中国所谓新教育，大都抄袭欧美各国之教育，预谋自动，必须本中国文化精神，悉心研究。所以本校同时组织研究院，研究中国高深之经史哲学。其研究方法可以利用科学方法，并参加中国考据之法，希望从研究中寻出中国之国魂。"②吴宓曾将曹云祥关于设研究院之初意的文章总结为三点，其中两点最为重要者是"国人对于西方文化，宜有精深之研究，然后可以采择适当，融化无碍"，"中国固有文化之各方面，须有通彻了解，然后今日国计民生，种种重要问题方可迎刃而解。"③吴宓认为清华研究院之研治国学的目标是：第一，谋求学术独立；第二，铸造中国的国魂；第三，使用科学的方法；第四，研究的对象是作为中国文化整体的国学，而不是西方学科体系中的文学、历史、哲学。在此基础上，在界定"研究院之地位"时，他强调研究院"非清华大学之毕业院（大学院），乃专为研究高深学术之机关"。④也就是说，在吴宓的设计里，国学研究院既非过去清华那样的留美预科，也非清华正在开办的大学本科，又不是类似今日大学研究生院这样的行政机构，而是一个不与学位挂钩的独特机构⑤。很显然，这和清华校方对国学研究院的定位并不完全一致。

1926年，吴宓撰写了《由个人经验评清华教育之得失》一文，阐发了他的教育理想，"由吾本身之经验及对于毕业同学大多数之观察，则清华教育所养成之学生，具有以下之优点及缺点：优点（毕业学生人人所长）：（1）办事能

①　吴宓：《论新文化运动》，《学衡》，1922年第4期。
②　苏云峰：《从清华学堂到清华大学（1911—1929）》，第291页。
③　吴宓：《清华开办研究院之旨趣及经过》，《清华周刊》，1925年总第35期。
④　同上。
⑤　参见罗志田：《一次宁静的革命：清华国学院的独特追求》，《清华大学学报》，2011年第2期。

力(2)公民道德;缺点(毕业学生中虽有之而不多见):(1)渊博之学问(2)深邃之思想(3)卓越之识见(4)奇特之志节。"①可见,吴宓的人文主义教育理想可以归结为两个方面:(一)在教育目的上,吴宓推崇的是人格中心论,即对学生的培养不要以知识为重,而要以对人格养成和精神陶冶为主。吴宓清楚地指出:"讲明国学"的目的,就是要"造成正直高明之士,改善俗尚,培养民德"②。清华国学研究院之所以传承书院教学,即是注重书院关于人的修养方面的教育,清华国学研究院的导师们在传授学生国学知识和西方科学的治学方法的同时,要注重培养学生们治学精神和为人品质,导师们以自己深厚的德行和博学的专业知识感染着院内每一个人,形成良好的研究与学习风气。吴宓任清华外文系系主任时,也强调即使是学习外国文学、文化,仍是要以中国文学、文化涵养为基础。吴宓把教育更多地立足于"人本主义"信念上,在这种理念下,大学是使人成为人的地方,而不是让人役于物。学生在这里领会的不是为日后成为专业技术"专家"而进行的狭窄的专业教育,而是把更多的注意力放到广博的人文学科上,注重培养具有深厚的人文涵养的人才,人是教育的最终目的。

(二)在教育方法上,吴宓推崇的是知识中心论,即具备奇特志节、卓越识见的理想人格是须通过知识的广博吸收而培养出来的。一方面,要通过科学的方法昌明国粹,他在《研究院章程》中提出整理国故的方法,"帷兹所谓国学者,乃指中国学术文化之全体而言,而研究之道,尤注重正确精密之方法(即时人所谓科学方法)并取材于欧美学者研究东方语言及中国文化之成绩,此又本校研究院之异于国内之研究国学者也"③。另一方面,也要广泛地学习人类文明的一切优秀成果,融化新知。针对我国自汉以来史料不全、研究方法不严密等问题,吴宓提出学者应"毕致其曲,复观其通,然后足当指导社会昌明文化之任"④。在任职清华国学院期间,吴宓进一步主张知识的传授应不受学科或专业的限制,而应以广博地采纳吸收人类创造的所有思

---

① 徐葆耕编:《会通派如是说——吴宓集》,第193-194页。
② 见吴宓:《吴宓日记》第3册,1926年3月10-11日,第157页。
③ 吴宓:《吴宓诗集》,第1页。
④ 吴宓:《研究院章程·缘起》,《清华周刊》,1926年,总第360期。

想成果为目标。

二、清华国学院的教育实践

　　清华国学院的诞生,是时势使然。1919 年 5 月的五四运动推动了清华师生们"教育独立""学术自由"和"改良清华"的运动。加之后来收回教育主权、争取教育独立运动相继展开,清华师生更加认为:教育不独立,就没有国家的真正独立。清华师生们把清华学校照搬美国学校模式、国内师生没有自主权、清华学校依附美国等危害写入文章,纷纷发表,形成强大的舆论压力。1922 年,曹云祥校长到职后积极推进改办大学的进程,在五四运动"以科学方法整理国故"浪潮的鼓动下,国内很多知名学者开始关注并研究国学。北京大学研究所国学门于 1921 年成立,所长由校长蔡元培担任,国学门主任则由国学大师沈兼士担任;1923 年 4 月,东南大学国文系议决设立国学院,并制定了系统整理国学的计划书;1925 年底,厦门大学也开始筹建国学研究院。在胡适的多次建议下,清华校长曹云祥欲效仿北京大学研究所国学门,在清华创办研究院国学门。曹云祥于 1924 年初函请周诒春、胡适等六人担任清华大学筹备顾问。这年 10 月,清华学校校务会议通过了"大学筹备委员会"草拟的《清华大学之工作及组织纲要》,决定在筹建大学部的同时,筹备创建研究院,以"备清华大学或他校至毕业生,对特种问题为高深之研究"[①]。在规划清华国学研究院之初,曹云祥敦请胡适为清华国学研究院导师,但胡自认其资格不够而婉言拒绝。随后,校长曹云祥拟聘吴宓为研究院筹备主任,负责创办清华国学研究院。1925 年 2 月,吴宓到清华拜访曹云祥,并向其提出两个条件:(一)名义为筹备主任。(二)须有全权办本部分之事,并负专责。否则,仍回奉[②]。吴宓决定正式聘请王国维、梁启超、陈寅恪、赵元任为研究院教授,李济先生为讲师。此期间,吴宓先后与王国维、梁启超等商量制订办院宗旨、规章制度,并开展招生工作。至此,清华国学研究

---

① 孙敦恒:《清华国学研究院史话》,北京:清华大学出版社,2002 年版,第 11 页。

② 吴宓:《吴宓日记》第 3 册,1925 年 2 月 9 日,第 4 页。

院的教授、讲师先后就聘,研究院逐渐步入正轨。清华国学研究院的教育实践具有以下几个特点:

首先是制度创新。清华国学研究院将西方大学导师制与中国传统书院制相结合是一大创举。《研究院章程》在第六部分"研究方法"中提到"本院仿旧日书院及英国大学制度,研究之法注重个人自修,教授专任指导,其分组不以学科,而以教授个人为主"①。清华国学研究院既秉承了中国传统书院以大师主院、自由辩论、师生共商等精神,又吸收西方严谨细致的科学方法,"注重个人自修,教授专任指导。故课程方面,分为普通演讲,及专题研究二项"②。因此形成了一种自由与严谨交融的特殊学术氛围。姜亮夫曾在《忆清华国学研究院》一文中回忆道:"清华院的先生们确是我国名副其实的国学大师,他们不仅给学生以广博的知识、高深的学问,而且教会学生做学问的方法,根据不同学生特点指明研究的方向,最后让你自己独立研究。这种教书育人的方法使我终生难忘。即使在日常生活中,先生们的一言一语、一举一动也都深深地感染学生,即使在谈笑中,也与学术相关联,也给学生深刻影响。"③罗家伦说清华研究院的这一点"极可贵的研究空气"④所指即此。

其次是不拘一格选拔人才,注重实学。作为清华国学研究院的管理者,吴宓的人文教育理念直接影响了国学研究院的教师聘任、教学内容设定以及学生考核等方面。吴宓为国学研究院定下的目标很高,要延聘第一流的学者为教授。王国维、梁启超到清华任教的原因并不完全相同,但他们之所以同意应聘,与他们的文化使命感、责任感有莫大的关系,"他们认为五四新文化运动对传统的东西否定过甚,日后国学将后继无人。出于这种担忧,他们愿意到清华清华国学研究院来培养人才"⑤。吴宓所聘请的国学研究院的

① 吴宓:《研究院章程·缘起》,《清华周刊》,1926 年,总第 360 期。

② 《研究院纪事》,《国学论丛》,1927 年第 1 期。

③ 夏晓虹、吴令华:《清华同学与学术薪传》,北京:生活·读书·新知三联书店,2009 年版,第 399 页。

④ 孙敦恒:《清华国学研究院史话》,第 80 页。

⑤ 戴家祥、林在勇:《清华国学研究院·导师·治学》,《文艺理论研究》,1997 年第 4 期。

教师都是具有深厚的人文素养和教师素养的人,其中既有声名显赫的王国维、梁启超,也有在当时还不为人知的青年教师如陈寅恪。同为"哈佛三杰"之一,吴宓深知陈寅恪的学问,"为全中国最博学之人"①,因而不拘一格聘请之。在业绩考核上,清华研究院和今天中国教育实行的量化管理体制大不相同,陈寅恪发文章较少,但每一篇都是精辟之论,这在急功近利的今天,十有八九会面临调岗、换岗的危机。今天的大学教师,为了评职称,不得不拼命申报项目、发论文、写著作,那种原来应当追求真理、追求自由的学术思考,那种治学所需要的宁静心态和学术积累,往往因功利化、经济化的现实所累。各种漫天飞舞的表格、各种钱权交易的论文发表、各种空洞的学术高帽、各种充满人情世故的职称评选都只是为了应付这种功利性评比机制,由此造就了海量的了无新意、无病呻吟的论文、专著,造就了以身体换论文、以感情换学位的游戏人生,造就了各种注水学术头衔……越是在所谓的学术繁荣时代,我们越应该从清华国学研究院的教育理念中去反思背后存在的问题和危机。同时,清华国学院对学生的成绩考核也注重学术研究能力的培养,学校规定"学生研究期满,论文合格,即予毕业,而不授学位,研究生也都力求实学,并不重视虚名"②。这一考核方法取得了很好的成效,清华国学研究院的很多教师和学生后来都成为各个领域中的重要人物,为推进相关领域的发展及进一步的创新做出了杰出的贡献。清华国学院聘请教授不看重一纸文凭,毕业生也不颁发学位证书,这一现象可谓世所罕见。

再次,清华国学研究院贯彻的是通才教育、通人教育,以"研究高深学术,造就专门人才"为宗旨。在学科设定上,研究院所设国学一科涵盖中国语言、历史、文学、哲学等诸门学科,而不是局限在具体的一个小分支中,这更有利于学生提高自身的文化涵养,扩大学术眼界。因此,国学研究院主要培养的是:(1)以著作为毕生职业者;(2)各种学校之国学教师③。从吴宓最初提出"文教中华"的教育思想到后来在清华大学国学研究院的人文教育改

---

① 吴宓:《吴宓诗集·空轩诗话》,上海:中华书局,1935年版,第146页。

② 蓝文征:《清华大学国学研究院始末》,《清华校友通讯》,1970年第32期。

③ 徐葆耕编选:《会通派如是说——吴宓集》,第177页。

革,一直贯穿的是他对人格养成和通才教育的重视。

　　清华国学研究院从 1925 年成立至 1929 年解散的短暂四年中,在吴宓、梅贻琦的主持下聘请到了梁启超、王国维、陈寅恪、赵元任等国学大师,先后共同培养了杨筠如、吴其昌、王庸、刘盼遂、王力、周传儒等七十四名学生,梁启超认为他们之中"可以栽成者,实占三分之一以上,其中有三五人研究成绩,实可以附于著作之林而无愧"①。从国学院毕业生后期影响来看,他们之中很多人后来成为国学研究的翘楚和 20 世纪我国人文学科的中流砥柱。同时,王国维倡导之"二重证据法"成为研究国学、史学的重要方法,梁启超从多方面将"古书真伪和辨真伪方法"的知识系统化,陈寅恪讲课和研究常用比较法等,这一系列的方法开启了中国用科学的理论整理我国固有文化之先河,并形成研究系统,为后世所研摹。对于吴宓在清华国学院的贡献,冯友兰先曾有一段公允的评价:"雨僧一生,一大贡献是负责筹备建立清华国学研究院,并难得地把王、梁、陈、赵四个人都请到清华任导师,他本可以自任院长的,但只承认是'执行秘书'。这种情况是很少有的,很难得的。"②清华国学研究院从 1925 年到 1929 年虽然只存在了四年左右的时间,却蔚然成为当时国内最重要的国学教育和研究机构之一,吴宓在清华国学院进行人文主义教育理想的实践至今仍对国学教育的发展产生重要的影响。

三、新亚书院之人文理想

　　新亚书院始创于 1949 年,其前身为"亚洲文商专科夜校"③,是由钱穆、唐君毅、张丕介等著名学者在香港创办的一所大学程度的学校。半年后,校舍迁至桂林街一所大厦,并正式命名为"新亚书院",由钱穆任校长,唐君毅任教务长。唐君毅在 1952 年发表的《我所了解之新亚精神》一文中明确提出了新亚书院的教育主旨是"讲求中华传统文化精神的现代化",其精神理

①　梁启超:《任公致吴宓函》,《清华周刊》,1926 年,总第 371 期。
②　转引自孙敦恒:《清华国学研究院史话》,第 47 页。
③　新亚研究所编:《新亚教育》,香港:新亚研究所,1981 年版,第 45 页。

想在于"一方希望以日新又日新之精神,去化腐臭为神奇,予一切有价值者皆发现其千古常新之性质;一方再求与世界其他一切新知新学相配合,以望有所贡献于真正的新中国、新亚洲、新世界。"①唐君毅为学与做人有机结合的人文主义思想构成了新亚书院的教育理想。新亚书院从"手空空,无一物"的简陋教室,到获得美国雅礼协会的资助,获得台湾教育主管部门的学历认可,并最终成为新的香港中文大学的重要组成部分,成为唐君毅人文主义理想的现实落实。

新亚书院在 1950 年 3 月的《招生简章》中指出:"本书院创立于一九四九年秋,旨在上溯宋明书院讲学精神,旁采西欧大学导师制度,以人文主义之教育宗旨,沟通世界中西文化,为人类和平社会幸福谋前途。本此旨趣,一切教育方针,务使学者切实了解为学做人同属一事。"这个"人文主义之教育宗旨"具体落实在两个方面:一是教育的内容,即为学的方面提倡通识教育。唐君毅作为新亚书院的教务长,不遗余力地推行人文主义的教育,"惟有人文主义的教育,可以药近来教育风气,专为谋个人职业而求智识,以及博士式学究式的专为智识而求智识之狭义的目标之流弊"②。那么,什么是人文主义呢? 唐君毅在《人文主义之名义》一文中指出:"所谓人文主义,从最宽泛的意思讲,即尊重人类与其文化的一种观点、一种思想、一种态度、一种信仰。"③他对人文主义教育目的之认识与中国儒家传统重德教以使学生修身进德而最终达于贤圣之境的教育目的是相通的。他深切地指出:"中国教育文化,不能承续五千年之教育文化,以开启中国未来之教育文化,中国之教育文化即非真实的存在;新亚书院之教育不能承继新亚之原始教育精神,开启未来之新亚教育精神,新亚书院之教育亦非真实的存在。"④新亚书院的另一位创始人钱穆也表达过类似观点,"一所大学,其主要的理想,决不

---

① 唐君毅:《我所了解之新亚精神》,《新亚校刊》第一期,1952 年 6 月。

② 钱穆:《新亚遗铎》,北京:生活·读书·新知三联书店,2004 年版,第 12 页。

③ 唐君毅:《人文主义之名义》,《唐君毅全集》卷九,台北:台湾学生书局,1991 年版,第 207 页。

④ 唐君毅:《略释诚明》//新亚书院编:《新亚生活》双周刊,第 12 卷。

在颁发文凭，而是要培植社会后起人才，为来学青年创造一个理想将来"①。唐君毅的人文主义教育理想主要通过通识教育来实现。通识教育是针对现代大学教育的过分专业化而提出的，现代学者往往选择一门和自己性情相近的专业，以为毕生献身的所在，这可以说是他的"门户"。但是学问世界中还有千千万万的门户，因此专家也不能以一己对策门户自限，而尽可能求于其他门户相通。唐君毅指出："人便应有学问上之通识，通识所以可贵，正在其能肯定尊重各种专门知识、专门技能之价值，而使各种专门之知识技能，得相容而俱存，并行而不悖。通识与专门知识专门技能，是互依以存在的。"②这与倡导通识教育的美国芝加哥大学校长赫钦士的教育理想颇为相近，顺应了国际高等教育发展的潮流。首先，通识教育体现在课程设置上，即要求所有学生都学习一般的人生文化课目，如儒家的人生理想等课程。新亚书院的《招生简章》说："本书院一切课程，主在先重通识，再求专长。首先注重文字工具之基本训练，再及一般的人生文化课目，为学者先立一通博之基础，然后再各就其才性所近，指导以进而修习各种专门智识与专门技术之途径与方法。务使学者真切认识自己之专门所长在整个人生中之地位与意义。"③其次，通识教育还见于学习方法上。唐君毅认为："人文学术有一性质，就是关系到人的本身，人本身的事情就是密切关系着的；行为表现就是历史，情感记录下来便是文学，思想道理表现出来就是哲学。简单来说，人就是思想、情感、行为这三方面。"④因此，最好的教育方法是文学、哲学、史学打通，各门学科贯通和配合，才能让学生对人类文化有一个整全的认识⑤。新亚书院注重各系共同的通识课程，培养学生健全的思想基础，因此一、二年级哲学、史学、心理学、社会学、经济学、语文学等课程所占时间较多；专门性质及技术性质的课程则从三年级开始，专业课程注重学生自修与导师的

---

①　钱穆：《新亚遗铎》，第 581 页。

②　唐君毅：《中华人文与当今世界》，桂林：广西师范大学出版社，2005 年版，第 195 页。

③　钱穆：《新亚遗铎》，第 12 页。

④　唐君毅：《新亚研究所之存在意义》，《唐君毅全集》卷九，第 582 页。

⑤　钱穆：《新亚遗铎》，第 17 页。

个别指导,上课时间比一、二年级少。

新亚理想的另一方面是教育目标,其最高目标在于成就学生的道德人格。《新亚学规》第九条说:"要求参加人类历史相传各种大学业、伟大事业之行列,必先具备坚定的志趣与广博的智识。于博通的智识上,再就自己材性所近作专门之进修;你须先求为一通人,再求成为一专家。人类文化之整体,为一切学业事业之广大对象;自己的天才与个性,为一切学业事业之最后根源。"①唐君毅有感于现代大学教育以各种专业课程为中心,意在把学生培植为分门别类的专家,公开声称新亚书院的教育宗旨是要以人格中心来补课程中心之弊,要求每一位教授都成为一人格中心以便学生仿效。新亚书院提倡学生在校学习,不应只注重死的课程学分,不能为知识而求知识,而应充分利用每一门课程来成就自己的人格,即在寻求智识中来完成自己的人格,"乃真见及人类文化与受教者之自然身心之贯通,而真体验及文化之再生根于自然,在自然中成长,而有最大之教育意识之满足"②。新亚书院的教师除课堂讲授基本共同课程外,还通过导师制与学生相联系,即"使学者各自认定一位至两位导师,在生活上密切联系,在精神上互相契洽,即以导师整全人格及其生平学问之整个体系为学生作亲切之指导,务使学者在脱离学校进入社会以后,对于其所习学业仍继续在研求上进之兴趣与习惯"③。新亚教育将日常生活与课业结合,内心修养与学业结合,为学与做人结合,这种师生关系,既是中国传统书院师生伦理关系的延续,也有些类似于英国传统的导师制度,新亚书院的教育理想正是试图融摄中国传统的书院精神于现代大学制度之中。

唐君毅非常看重人文主义教育对于一个人的独立,一个国家民族的文化对于国家民族的独立所起的至关重要的作用:"我们须知,一个人的身体固然必须独立的站立起来;但一个人的思想与精神更其必须独立的站立起来。一个国家民族亦然。一个国家民族必须使自己的文化站立起来,方是

---

① 钱穆:《新亚遗铎》,第1-2页。
② 唐君毅:《文化意识与道德理性》,《唐君毅全集》卷二十,第621页。
③ 钱穆:《新亚遗铎》,第582页。

真正的站立起来的国家民族。"①新亚书院的存在与其未来教育上的希望就在于应当"培养出更多之这样'无所凭仗、而独立奋斗,并亦能共同作事,以开创更多之教育事业或其他事业'之'士',并希望其中能出若干'国士'、'天下士'"②。唐君毅一生为故国招魂,包含着对于中国以及绵延数千年之久的传统文化的深深眷恋和深厚情感,就其人文主义教育思想中这一复兴中华民族优秀传统文化、重拾民族自尊、自信这一理想而论,无疑是可堪敬佩的。钱穆曾经说:"古来大伟人,其身虽死,其骨虽朽,其魂气当已散失于天壤之间,不再能博聚凝结。然其生前之志气德行、事业文章,依然在此世间发生莫大之作用。则其人虽死如未死,其魂虽散如未散,故亦谓之神。"③唐君毅可以看作是具有这样一种对于国家、民族和传统文化的人文情怀的"大伟人"。

四、再造中国文化研究之堡垒

我们研究吴宓与唐君毅的人文主义教育思想,并不是对二者进行简单的、机械的对比,更重要的是探索由清华研究所的"转制"和新亚书院的转向所透视出的高等教育自身的发展规律和对当前国学教育的启示。吴宓和唐君毅都是能办实事的人,也都富有人格魅力,但二者为何在人文主义教育实践和结果上大相径庭? 原因归结一下大致有三:

首先,主事者的个性与毅力。吴宓与唐君毅都是有独立思想、有人格魅力的人,因而在他们周围能聚集一批学人从事中国文化研究这项艰苦而并不热门的工作。吴宓是清华研究院的主任,不是导师,不负责教课。他自谦说学问不够只配当主任,这体现了学术至上、大师至上的大学精神,现在中国大学已经很难找到有这等胸怀和境界的教育家了。同时,吴宓能够慧眼识英才、诚心请人才、用心待人才,也是清华国学院名重一时的重要因素。据《吴宓年谱》1925 年 2 月 13 日记载:"宓持清华曹云祥校长聘书恭谒王国

---

① 唐君毅:《国庆、校庆、月会》,《唐君毅全集》卷九,第 490 页。

② 唐君毅:《新亚二十周年校庆典礼讲词》,《唐君毅全集》卷九,第 567 页。

③ 转引自余英时:《钱穆与现代中国学术》,桂林:广西师范大学出版社,2006 年版,第 25 页。

维先生静安先生,在厅堂向上行三鞠躬礼。王先生事后语人,彼以为来者必系西服革履、握手对坐之少年,至是乃知不同,乃决就聘。后又谒梁启超先生,梁先生极乐意前来。"王国维对新式学校的新派学人的思想、作风是有抵触情绪的。但是吴宓的恭谒和"执礼甚恭"的姿态,在王国维看来,这不仅是对自己人格的尊重,更是对整个中国文化传统的尊重,正是这一点使王国维把吴宓引为知己,并目之为可以"文化托命之人"。吴宓对于自己的职责定位有清醒的认识,他曾说:"主任之职务,在上承校长,中与各方合作,措办研究院各种事物,并筹思未来之计划,总使教授学生,能得最大量之便利,专心学问,指导研究,获益倍蓰,而研究院原来之目的,得以实现,故亦愿竭绵薄,略尽供应之职,渴望后来之效。"①正是因为研究院主任吴宓的威望和谦逊,清华国学院才能在短短时期之内网罗到一批国内一流的大师级人物。

1926年,清华校方主持会议讨论国学研究院发展一事,决定研究院国学门在大学研究院成立之日,即归并其中,这一决议与吴宓所设计的国学研究院发展宏图相违背,"委员会起草《清华学校组织大纲》已竣功。该大纲中。竟将研究院取消……由我作成,复由我手破坏。我乃如自杀焚身之蚕儿"②。同时,"且拟多聘'名人'来为教授。诸人复随意妄行举荐,至堪慨叹"③。对于此中变故,吴宓深感痛心。烦琐的研究院事务、被迫卷入或明或暗的人事纷争与他个人迂直的性格发生了严重冲突,吴宓在日记中写道:"1月8日,决撰意见书,以实之所主张,提出校务会议,不行,即辞职。庶几光明磊落,否则人将不解,以实为毫无宗旨办法者。且沁沁倪倪,寄人篱下,欲全身读书而不得。顾决采取积极之态度。无所,昏法,无所谦逊,以与张!赵辈周旋矣。"④激愤之下,吴宓决定不再负责清华国学研究院的发展事宜,而专任大学部外文系教师,当然这其中还有一时意气的因素,清华教务长张彭春与吴宓性格不合,教育理念也相异⑤。张彭春主张国学研究院应办成多科性的

---

① 吴宓:《清华开办研究院之旨趣及经过》,《清华周刊》,1925年,总第351期。
② 详见《吴宓日记》第3册,1926年3月6日,第153页。
③ 详见《吴宓日记》第3册,1926年3月28日,第163页。
④ 详见《吴宓日记》第3册,第123-124页。
⑤ 详见《吴宓日记》第3册,1926年1月5日、6日、7日、8日,第121-124页。

科学研究院并能够与大学部相衔接,而吴宓则主张国学研究院应是"国学"的研究院,强调它的独立性、纯粹性①。客观地说,在关于国学研究院的未来发展问题上,体现出吴宓性格中固执的一面。作为一位"白璧德式"的人文主义者,他只接受自己的理念指引,而很少去认真对待现实;他只听从自己内心理念的召唤,而从未听到这种召唤的现实回应。一个知识分子如何处理事功与学术,如何处理人事纠葛与人格坚守?如何处理理想与现实的矛盾?在这些问题上,吴宓最终被碰得头破血流,足以给我们一种深刻的教训。我们应该看到,国学的生长必须与别的学科相交融、相对话,纯粹的国学、单学科性的存在反而会令其丧失生命力。从现代大学的体制来看,也不大可能允许某种缺乏延伸性、封闭的像国学研究院这样的机构存在。

相比之下,钱穆、唐君毅在创办新亚书院的过程中所遇到的困难和阻力更大,唐君毅为此不惜蒙受屈辱,但始终百折不回,坚韧不拔,最终带领新亚书院走出困境,走上正轨。最初的新亚书院成员只有几位从大陆南迁香港的学者和一批流亡学生。上课的地点只有一层楼房,几间简陋的教室,甚至有一段时间老师们只能睡在教室。由于经费有限,老师们的薪水都非常微薄,学生们交不起学费,有时他们的基本生活也由学校负责,条件非常艰苦,但钱穆、唐君毅更具有忍辱负重的韧性和毅力,苦心经营,终于等到了1953年美国亚洲基金会、1954年美国耶鲁大学雅礼协会的资助,学校开始步入正轨。

在办学情况稍有改善之后,钱穆和唐君毅等商定开办新亚研究所,提出"本院研究所之设立,旨在培养中国文史专才暨大学师资"②。新亚研究所鲜明地体现了钱穆和唐君毅的人文主义理念,他们认为要救中国,必先复兴中国固有之文化,"中国固有历史文化的基本意识与基本观念之复兴,不仅对此后新中国之建立为必要,而且对世界大同与人类和平有必然可有之贡献"③。1955年,新亚研究所获得美国哈佛大学燕京学社的资助。新亚书院

①　转引自郑家建、吴金喜:《清华国学研究院时期吴宓的事功与学术》,《文艺理论研究》,2004年第5期。

②　钱穆:《新亚遗铎》,第114页。

③　同上,第64页。

并入香港中文大学后，唐君毅的人文主义教育的理想遇到了前所未有的挑战，"当时新亚书院提出的意见亦是最被尊重的。例如：钱宾四先生、吴士选先生坚持新亚一定要办新亚研究所，属于新亚书院，经费列入预算……都为富尔顿报告团之团员所共同接受。后来此报告书之不为大家所信守"①。唐君毅在新亚书院与香港中文大学当局的矛盾和冲突中，极力坚持新亚书院一贯奉行的人文主义教育宗旨。而香港中文大学强调专门教育，比如"中大设哲学部的人不希望学生懂文学、史学，不要历史系同学读文学、哲学"②。并于1970年另办中大研究院。在新任所长唐君毅的努力下，当时的新亚研究所巨星云集，唐君毅、牟宗三为20世纪中国哲学大师，他们对中国哲学所做的承前启后的诠释论证工作，至今仍惠泽后学。徐复观治先秦两汉思想史，鞭辟入微，胜义纷陈，亦为现代新儒学大师。严耕望治理中国政治史与历史地理，全汉昇治经济史，都是各自领域声名赫赫的大家。潘重规传承其岳父、国学大师黄侃的声韵训诂之学，又在敦煌学与红楼梦研究方面享有盛誉。新亚研究所的这些老师都是各自学科中执牛耳的大师级人物，使得新亚研究所不仅成为20世纪中国现代新儒学的最大堡垒，而且成为20世纪中国文史哲学术研究之重镇。清华国学研究院未竟之业，转由新亚研究所而实现。

其次，清华大学与新亚书院的学校性质不同，发展机制也不一样。无论是清华研究还是新亚书院，在其发展初期都采取的是"明星效应"来取得广泛的影响力，获得社会的支持。清华大学是留美预备学校，这使它拥有充足而持续的经费投入保证高薪聘请到梁启超、王国维等国学大师坐镇研究院。但同时国学研究院也因此受到校董会的干涉较多，吴宓不能按照个人意愿和理想从事。1925年，吴宓鉴于研究院发展良好，曾希望扩大规模，并向校方提出了具体的发展方案，包括改研究院国学门为国学研究院或科学研究院的提议，结果遭到校方的否定。校方相关人士认为，清华资金有限且国学院与西方正规大学的体系不符，不应再向其投入太多经费。教务长张彭春认为："此后研究院应改变性质，明定宗旨，缩小范围，只作高深之专题研究，

---

① 唐君毅讲述：《新亚的过去、现在与未来》，崔锦铃记录，《新亚教育》，第156页。
② 唐君毅：《新亚研究所之存在意义》，《唐君毅全集》卷九，第584页。

而不教授普通国学,教授概不添聘,学生甄取要从严。"①1926 年吴宓离职后,由新上任的教务长梅贻琦先生"兼管"国学研究院。同时,清华国学研究院的设立是为大学院做准备的,可以说是清华学校改办大学的一个过渡机构,校方缺乏长期的发展规划。《清华大学校史稿》一书也分析认为:"它的设立,本来就是学校当局争夺第二批'庚款'的一种权宜之计。"②随着王国维和梁启超的相继去世和清华改办大学任务的完成,清华国学研究院也完成了它的历史使命。同时,清华国学院的盛极而止也与 20 世纪中国社会局势的发展有关。20 世纪 30 年代日本侵华使得中国的大学和研究机构纷纷西迁,学术研究中断;国民政府也大肆开展党化教育,进行思想控制,清华大学在夹缝中求生存,步履维艰。即便 1929 年清华国学研究院能勉力持续下去,在抗战期间恐亦难以支撑。待 1949 年以后,在无产阶级思想专政和意识形态改造运动的浪潮冲击下,一切不符合马克思主义的思想学说皆无容身之处,清华国学研究所走向解体是历史发展的必然,这已非吴宓个人所能掌控了。

相比之下,新亚书院是私立机构,所受到政治干涉和社会文化层面的冲击要小得多。新亚书院在创立之初依靠钱穆、唐君毅等人的声望勉力维持,办学经费也完全靠自筹和学生学费支撑,后期虽然获得美国耶鲁大学雅礼协会、福特基金会的资助,但是作为私立教育机构依然保有相当大的自由性和自主性,因而能够按照钱穆、唐君毅的理想,成为一个颇具人文主义特色的文化研究机构。新亚书院之所以能够得到持续的发展,一方面在于创办者都有着为中华文化慧命薪传、承续道统的强烈文化使命感,这使得他们能在"手空空,无一物"的艰苦情形下苦苦支撑了下来。当时担任总务长的张丕介曾经为了师生们生活的支出,把他夫人的仅存首饰全拿去典当了。正是在这样艰苦创业、凤凰涅槃精神的支撑下,新亚书院才能从当初创校时的

---

① 吴宓:《研究院发展计划意见书》,《清华周刊》,1926 年,总第 371 期。
② 清华大学校史编写组编:《清华大学校史稿》,第 54 页。

简陋教室发展到现在的香港中文大学新亚书院和新亚研究所①,三者一脉相承,慧命薪传。另一方面,新亚研究所在香港中文大学的挤压下,积极拓展经济捐助渠道和各方支持,勇敢地走出了一条独立自主发展的新路,成为私立大学发展之典范。新亚研究所开始与耶鲁大学雅礼协会合作,后来又与哈佛燕京学社合作,并先后获得美国洛克菲勒基金会、英国文化协会、香港孟氏教育基金会、香港明裕文化基金会的资助,但始终没有改变其独立自主的私立性质,也没有照搬国外的教育制度,而是在继承中国传统书院和广泛借鉴欧洲、美国大学制度的基础上,形成了独具特色的"月会"制度、助理研究员制度②等良好的学术制度,取得了良好的社会声誉和办学效果。

再次,在协调教育理想与现实生存之间的关系上,新亚书院做出了新的探索和尝试,获得了自身的发展空间和良好的社会效应。新亚书院一面坚持人文主义教育理想,同时又非常注意适应香港社会的需求。唐君毅在继承中国书院传统中的人格教育的同时又非常重视通识教育和现代大学教育的使命,他务实地将做人的教育与做事的教育结合起来,"现代大学教育发展之方向,总是事实上在向培植分门别类之专家,以供社会文化之各方面之需要之目标而趋"③。1959年,唐君毅在《对未来教育方针的展望——在新亚第十六次月会上的讲词》中又说:"我与钱先生及一些先生曾谈及我们今后可能要分别施行两种不同的教育方式。第一种方式是施之于那些理想高的,对学问有兴趣而不甚重视职业问题的同学;第二种方式是专为那些被职业问题逼迫得紧,或他自己对职业问题特别重视的同学而设。此二者,一方面是理想的、人文的、较尊重传统的;一方面是现实的、职业的、要求适应现

---

① 新亚研究所在1952年成立,在新亚书院并入香港中文大学后,因发展理念不合,遂退出中文大学,研究所的行政与教学一直维持其独立性,在新亚书院的旧址继续培养研究中国文史哲的专才,迄今仍在努力奋斗。历年从此研究所毕业的同学也有相当的数量,有多位在港台及大陆的大学任教,可以说新亚研究所仍然承续了新亚的精神。

② 新亚研究所从毕业生中选取成绩较佳者,留所为助理研究员。助理研究员仍然在导师指导下读书、研究、写论文,也可旁听各种课程,必须参加"月会",并可每月获得若干津贴,免于生活之忧,类似博士研究生之阶段。

③ 唐君毅:《中华人文与当今世界补篇》,第455页。

代的。我们希望以这样两种不同的教育,来配合同学之不同的要求。"①这是新亚理想在现实社会中做出合乎时代发展的调适,为新亚的发展争取到了生存的空间。同时,学生的就业生存问题对新亚的社会声望有极大影响,也对香港的高等教育产生了深远的影响。杨祖汉指出,从某种意义上说,如果没有新亚书院,港台新儒家这一在20世纪中国产生重要影响的思想学派就不可能成立②。斯言诚哉!新亚书院开设了传统书院所忽视的专业技术知识方面的课程,努力培养香港社会所需要的人才(见下表),这批学以致用的新亚人成为香港社会有重要影响力的文化人,具有鲜明的现代教育色彩,是传统书院精神在现代社会的创造性发展的成功例证。

工作类型 \ 就业情况	新亚硕士毕业生(1957—1997)	新亚博士毕业生(1957—1997)
大专院校	84	24
中小学	67	7
文化机构(报社、出版社、贸易、银行业等)	38	1
其他	0	0

　　而清华国学研究院的理想过于空疏,吴宓头脑中对于清华国学院的发展定位,可能大致类似于后来马一浮创办的复性书院、梁漱溟创办的勉仁书院这类私立学院,专研国学,经济自给自足,不发文凭,这样的理念最终"上厄于强有力者,中不合于教授,下沮于学生"③。在任何一个时代办教育,不太考虑学生出路的宗旨都容易流于"清高"、脱离现实而致学生怨声载道④。在后来研究院确定将被撤销时,学生因吴宓未能维护其地位而群起反对,使

---

　　① 唐君毅:《中华人文与当今世界补编》,第433页。

　　② 杨祖汉:《香港新亚书院的成立对台港二地新儒学发展的影响》,《宜宾学院学报》,2012年第五期。

　　③ 吴宓:《吴宓日记》第3册,1926年1月19日,第130页。

　　④ 后来马一浮办复性书院,也主张不必考虑学生在社会上的出路,这一做法连熊十力也不能同意。熊十力:《十力语要·与贺昌群》,《熊十力全集》第4卷,武汉:湖北教育出版社,2001年版,第269-271页。

吴宓非常痛心，他对"今之所谓专治国学、修行立名之士，其行事之不可问，盖有过于新文化之党徒"①，深感失望。国学研究院最终以哲人其萎、学校转制而停办，这是其必然的命运。

五、结语

吴宓与唐君毅的个性差异、清华国学研究院与新亚书院的机构性质差异、在教育理想与现实生存关系的协调上以及时局的变化导致清华国学研究院和新亚书院走向了不同的结局。对二者人文主义教育思想的深入思考和比较研究，对当今国学教育发展的有重要的启示。首先，办国学教育者，应该有一颗儒家的"正其谊不谋其利，明其道不计其功"的天下为公的精神，不应让国学教育成为个人和机构聚财或谋名谋利的工具，抱此种心态办国学，不可久矣。吴宓、唐君毅身上体现了可贵的"为而不有，长而不宰"的中国文化精神，"中国文化的精神，是对于一件有意义的事情，出了钱，并不一定要求其因此而属于自己。西方的文化精神，则似乎是，出了钱，便必定要属于自己"②。唐君毅一生以办学育人、承续慧命为己任，真有虚云大师所说的"世有迁流，界有方位，道有隐显，事有废兴，况夫道在人弘，理因事显，欲承先而启后，续慧命以传灯。"③吴宓、唐君毅因为个人的文化使命感而主持清华国学院或创办新亚书院，又因为与当局者的发展理念不合己见而毅然离开，体现了他们不慕虚名、看淡权利的高贵气质，也鲜活地印证了他就是鲁迅先生所称许的"埋头苦干的人、拼命硬干的人、为民请命的人、舍身求法的人"。

其次，"大学者，有大师之谓也，非谓有大楼之谓也。"④今天的中国大学，

---

① 参见吴宓：《吴宓日记》第 3 册，1925 年 9 月 14 日，10 月 28 日，1926 年 1 月 19 日、20 日。

② 徐复观：《悼念新亚书院》//黎汉基、李明辉编：《徐复观杂文补编·思想文化卷》（下），台北：中研院中国文哲研究所，2001 年版，第 269 页。

③ 虚云：《重兴曹溪南华寺记》，《虚云和尚全集·文记》，郑州：中州古籍出版社，2009 年版，第 167 页。

④ 梅贻琦：《大学一解》，《清华学报》第十三卷第一期，1941 年 4 月。

在拼命建设大楼、研究所、重点学科、博士点的同时，也出现了追求学术明星、"学术大师"的趋势。国内高校纷纷出台各项优惠政策，不惜斥巨资引进国际诺贝尔奖获得者、国外一流大学的教授及博士毕业生、中科院院士、"千人计划"获得者、长江学者等学科领军人物，这对于提升学科实力、加强对外学术交流当然是有好处的，但喧嚣的背后却是学术研究生态环境的恶化。人才引进来了却没有用武之地，或者除了给钱之外受不到真正的尊重，最终双方利益都受损。这种追求学术明星的做派类似当年清华国学研究院和新亚书院的"大师效应""明星效应"。清华国学院通过引进王国维、梁启超这样的大师，短期内取得了巨大的社会声誉，但从辉煌到衰落也极速，为何？清华国学院选梁启超和王国维为导师的学生较多，1927年6月王国维以"五十年只欠一死，经此世变义无再辱"[①]的遗书自沉颐和园昆明湖；1928年5月梁启超先生因病辞去研究院教授一职，并于1929年1月病逝；赵元任和李济因考察方言和考古经常不在学校，在此情形下，研究院许多课程无法开设，招生人数也骤然减少。新校长罗家伦到任后，即决定于1929年暑假停办研究院国学门。我们应该清醒地看到，"大师效应""明星效应"毕竟只是"人治"的学术架构，是政治宣传的手段策略，因人而兴者，必因人而衰。今天中国大学的"双一流"创建，依然是在这条错误的道路上高歌猛进，动不动就几百万、几千万引进"大师"、院士以及各种"江河湖海学者"，炮制出各种尊重知识、爱惜人才的"形象工程"，而忽略了学科梯队和学术团队的建设，忽略了投入资金对年轻人的培养，只是杀鸡取卵之举。而很多所谓的"大师"、削尖脑袋带上各种帽子的"江湖学者"在获取了大量的资金和荣誉后，忙于走穴捞钱，打一枪换一个地方，反而成为破坏学术生态的毒瘤。国学的振兴也好，中国教育的发展也好，不能仅靠几个"大师"或学术明星，更重要的是要形成人才培养、人才成长的良好学术生态，建立真正公平、公正、合理的科学评价体系和学术发展制度。

另外，国学教育应通过建立科学规划通识教育课程体系展开，要重视并

---

① 袁光英、刘寅生编：《王国维年谱长编》，天津：天津人民出版社，1996年版，第522页。

真正落实通识教育在大学教育中的地位。在今日的教育体制下,国学教育不能仅仅通过某个专门的国学机构单独实施,而应该渗透在大学教育的课程体系设计的各个环节之中。今天中国大陆的大学都开设了不同程度的国学通识教育课程,但很多人浮于事,学生也仅仅把修学分看作是学习国学通识课程的主要目的,尤其是忽视了中国传统书院中的那种自修、对话、自由思考的学习方式。胡适曾指出,中国"一千年演进出来的书院制度,因为他注重自修而不注重讲授,因为他提倡自动的研究而不注重被动的注射,真有他独到的精神,可以培养成一种很有价值的教育制度"①。因而在人文素养的提升、独立思考能力的养成方面收效甚微②。这种状况体现在大学教育上的严重后果,就是加剧了大学教育中的技术化、非教养化和功利主义倾向,导致了人的片面发展和人文精神的严重缺失。科学专业化造成的学科、专业之间的隔膜,不利于造就对人类知识融会贯通的高级人才。唐君毅的人文主义教育观是对自由教育的发展和人文传统的继承,注重对学生进行中国传统文化的教育和熏陶等思想,无疑都是宣扬一种人文主义精神。它实际上并不是一种新的教育模式,而是一种新的教育理念,是针对教育的过度专业化和功利主义倾向提出来的,对于纠正当前中国某些大学重理工科轻文科的办学思路、重智力开发轻人格理想塑造的教育理念、重应试教育轻人文素质教育的思想倾向等,都具有十分重要的启迪意义和现实意义的。

(本文以《为往圣继绝学》为篇名刊于《孔子研究》2015 年第 6 期)

---

① 胡适:《书院的教育》//见耿云志主编:《胡适遗稿及秘藏书信》第 5 册,合肥:黄山书社,1994 年版,第 476-478 页。

② 刘建平:《大学通识教育的困境、反思与对策》,《江西财经大学学报》,2008 年第 2 期。

博雅精神的传承者

——吴宓与李赋宁及其他

李伟民

（浙江越秀外国语学院）

在 2004 年 5 月飞花飘雨的季节,李赋宁先生离开我们而去了。李赋宁先生是我国著名的西方语言文学大师、教育家、翻译家,北京大学外国语学院英语系教授,当今外国语言文学界的诸多著名学者均出自其门下。他那沉静深邃的学问,澄净明澈的语言,桃李不言,下自成蹊的道德力量和诲人不倦的夫子精神,使领受过他泽被的后学终生难忘。他的学术成果主要体现在《英语史》《欧洲文学史》等专著中,他对西方文学批评、莎士比亚研究和欧洲文学史等学术领域的深入研究得到了这一领域学者的交口称颂。

一

李赋宁初入学于西有圆明园、西山、颐和园、玉泉山、碧云寺等名胜,内有苍松老桧、杨柳竹石、藤影荷声、流溪观鱼听蝉的清华园。但他还来不及欣赏"槛外山光,窗中云影",就"痛南渡","辞却了五朝宫阙",就不得已到了春城。1939 年,李赋宁毕业于其时已搬迁到昆明的西南联合大学(毕业时仍领清华大学外文系文凭),1941 年毕业于清华大学研究院。在"天长落日远""乾坤晨昏浮"的危急存亡之秋,在西南联大期间,由于是同乡和世交的原因,李赋宁与吴宓关系密切,可称为"忘年交"。吴宓也将李赋宁看作可以倾吐心曲的知己,并将很多重要甚至琐碎的事情托付学生李赋宁办理。

"学足以通古,才足以御今。"在中国教育史上,清华大学西洋文学系所提出的培养"博雅之士"的教学方针在人才的培养上具有非常重要作用。清华大学西洋文学系课程编制之目的,"为使学生得能:(甲)成为博雅之士,(乙)了解西洋文明之精神,(丙)熟读西方文学之名著,熟悉西方思想之潮流,因而在国内教授英德法各国语言文字及文学,足以胜任愉快,(丁)创造今世之中国文学,(戊)汇通东西之精神思想而互为介绍传布"①,说到底就是培养"通人"。李赋宁先生撰写的《西南联合大学外国语言文学系》的史料中也说,"抗战前清华外文系曾以培养"博雅之士"作为本系的任务,要求学生'熟读西洋文学之名著','了解西洋文明之精神'"②。这样一批被称为"博雅之士"的"清华学人在学术研究上取得的成功,在于为中国的西方语言文学研究在深层次意义上设立了个人精神与学术风格上博雅之风习。李赋宁先生就深受清华大学西洋文学系博雅之浸淫。这种博雅之精神,不仅表现在学术上,而且表现在艰苦卓绝的抗战形势下"仍保持勤奋、严谨的敬业精神"。

清华大学外文系和西南联大所设的"欧洲文学史"课程主要由吴宓讲授。这是清华大学和西南联大外文系的必修课程,也是外文系学生最重要的一门专业基础课。"欧洲文学史"不仅包括西欧、北美文学,还兼及俄国、东欧,以及印度、波斯、日本等国文学,为抗战中的西南联大学生提供了广阔的视野和系统的世界文学知识③。为了培养李赋宁的讲课能力,吴宓把"欧洲文学史"的英国文学部分分给李赋宁讲。吴宓离开清华后,命李赋宁讲授英国文学史代替此课,并保证这是绝无问题的。

---

① 齐家莹:《清华人文学科年谱》,北京:清华大学出版社,1999 年版,第 50 页。
② 李赋宁:《外国语言文学系》//西南联合大学北京校友会编:《国立西南联合大学校史——一九三七至一九四六年的北大、清华、南开》,北京:北京大学出版社,1996 年版,第 127 页。
③ 李赋宁:《外国语言文学系》,第 127 页。

二

自 1990 年以来,国内共召开过五次吴宓学术研讨会,最近的一次是 2004 年岁末在陕西师范大学召开的"吴宓诞辰 110 周年纪念会暨第四届吴宓学术讨论会"。前四次会议,都是在李赋宁先生亲自主持下召开的。从现代文学史上将吴宓、"学衡派"树为"反面人物","守旧派"到吴宓研究能够出现今天的繁荣局面,是与李赋宁对恩师吴宓的崇敬和深厚感情分不开的。

据我两次通读共 20 册的《吴宓日记》和《吴宓日记续编》的统计,吴宓先生在 1910—1974 年的日记中记载了数百次和李赋宁先生的交往记录,无论是在一起用餐、邮局寄信、银行取款,还是读书、考试,乃至操心李赋宁的婚姻、晒被子等生活琐事,吴宓先生都有记载。从这些记载中可以看出作为学生的李赋宁对老师的尊敬,在"居安思危"中,对艰苦环境安之若素的人生态度、对国家的忧患意识、对人类的悲悯情怀和其中蕴蓄着的深厚情感充分体现在师生"如切如磋,如琢如磨"中,而这些正是"博雅之士"的题中之义和隽永形象的生动缩影。如 1939 年 7 月 30 日,吴宓先生记载"寻得赋宁,命径制姜汤"[1];1939 年 9 月 2 日,"赋宁完卷出场……为慰解宁考事之困疲……陪宁游步翠湖"[2];1940 年 4 月 27 日,"宁陪导宓至校中图书馆检阅本年三月十八日北京《新民报》第一版王一叶君'按王荫男君'撰文"[3];1942 年 1 月 14—19 日,"宁率本舍仆僮至新新购咸菜肉丝面来,宓甚思食"[4];1944 年 8 月 5 日,"曝宁被褥床板于宓窗际"[5];1944 年 8 月 13 日,"下午助宁晒被褥"[6],等等。1944 年吴宓去成都燕京大学讲学,命李赋宁替他看守房间。吴

---

[1] 吴宓:《吴宓日记》第 7 册,第 41 页。
[2] 同上,第 62 页。
[3] 同上,第 160 页。
[4] 吴宓:《吴宓日记》第 8 册,第 236 页。
[5] 吴宓:《吴宓日记》第 9 册,第 306 页。
[6] 同上,第 312 页。

宓宿舍贴着"请勿吸烟"的告示,李赋宁从不违反规定①。而李赋宁后来翻译《艾略特文学论文集》与1942年9月10日吴宓先生在他那里翻阅《乔治·艾略特的生平——根据书信和日记》这本书不无关系吧。1938年十一月十二日吴宓在日记中记载:"下午2—3,宁来室中补考《欧洲文学史》。"②这次"补考"具体原因不知是什么,可能是李赋宁先生临时有事错过了考试时间。但是,吴宓对学生要求严格却是一贯的。李赋宁后来成为西方语言文学大师与这次"补考"也不会全无关系吧?1939年,国立清华大学第十一级毕业生毕业,外文系有李赋宁、王佐良、许国璋等十人。1941年4月5日,清华大学文科研究所外国文学部为李赋宁举行研究生毕业初试,吴宓称赞李赋宁"是真正的学者"③。清华读书风气很盛,作为吴宓先生的弟子的李赋宁明白,"读书之法无他,惟是笃志虚心,反复详玩,为有功耳"。当李赋宁从耶鲁学成后,吴宓勉励:"弟在美四年,单就夕阳语文及文学知识材料论(不论中国学问及创造著作),弟今当为中国第一人,恐锺书实不能及,宓更空虚不足言矣。"④20世纪60年代,李赋宁曾力邀吴宓来北京大学西语系任教,然被吴宓婉言谢绝了,吴宓有感于弟子的好意,但担心必须批判"自己之过去",故说:"弟与王佐良、杨周翰等诸公,不但马列主义学习好,且近年留学英美归来,其西洋语言文学之知识、学问,其生动精彩之文笔、著作,远非宓所能及。"对于社会上不重视知识分子的风气,吴宓也说,"目前英国文学与西洋文学不被重视,等于无用,然我辈生平所学得之全部学问均确有价值⋯⋯应有自信力,应宝爱其所学。断不可弃书⋯⋯断不可卖书⋯⋯宁受人讥骂,亦必大量细心保存书籍"。吴宓对李赋宁的这些谆谆教诲,也许就是他今后成为一代西方语言文学大师的原因之一吧。

为了提高重庆的英语教学与研究水平,在20世纪五六十年代,吴宓曾多次向李赋宁介绍四川、重庆籍的学生到北京大学访学。例如,在1963年介绍

① 李赋宁:《昆明北门街71号》//《清华大学校友文稿资料选编》(第六集),北京:清华大学出版社,2000年版,第167页。

② 吴宓:《吴宓日记》第6册,第376页。

③ 齐家莹:《清华人文学科年谱》,第254页。

④ 吴宓:《吴宓书信集》,第366页。

四川外国语大学(原四川外语学院)学生蓝仁哲到北京大学西语系访学就是一例。蓝仁哲曾经在《尊师重道的典范——忆李赋宁先生崇敬吴宓二三事》一文中写道:我1963年夏在四川外语学院英语系毕业后留校工作,我院英语系当时尚未开设任何文学课程,便给我一年时间准备开设"英国文学史"课程。用吴宓先生的话说,盖四川外语学院不但无一门文学课程,其校中之师资图书均缺。吴老师知道后很高兴,便主动给当时任北京大学副教务长的李先生去了一封信,请他安排我去北大进修一年。李先生是那么认真地看待吴老的托付,硬是亲自到西语系了解情况。我在向领导提出申请时,得到的答复却是我刚毕业留校,即使派人去北大进修也还轮不到我。现在回想起来,我当时的确不够去进修的资格,联系的方式也不符合那个年代的规范①。吴宓给李赋宁的多封信件中介绍,蓝仁哲毕业于四川外语学院,是一优秀学生,聪明好学,而仁厚多情。今请求收录蓝仁哲在校肄业留学二年,专修英国文学史。只须将蓝君编入现在为本科、进修助教正在开讲之英国文学史及有关课程,如莎士比亚、英国浪漫诗人、英诗宣读,又准令其在图书馆读书,不过增加一名学生而已。蓝仁哲来北大虽名曰"进修",实不需周翰、赋宁弟或任何一位教授,花费时间精力给予特别指导,对学校及教师均不增加负担,而造福于四川省外文教学甚大,何幸如之。吴宓先生长期在重庆任教,他认为应该努力提高四川、重庆的英语教学水平,为学生打牢基础,而开设"英国文学史"等课程正是提高学生素质的一个基础。

---

① 蓝仁哲先生学生时代在四川外国语大学(原四川外语学院)读书期间,曾多次专程步行去西南师范学院向吴宓教授就有关英国文学、莎士比亚问学,时间晚了就席地睡在吴宓先生小屋的床脚下,吴宓先生对其多有指点。后蓝仁哲教授曾任四川外语学院校长、博士生导师。在蓝仁哲向吴宓先生问学期间,吴宓先生曾赠送给他一本《吴宓诗集》,我曾向蓝仁哲教授借阅过这本珍藏在他的书柜显赫位置的书,并在我的莎学研究论文中引用过。为提高四川、重庆的外语学术水平,李赋宁教授曾为《四川外语学院学报》题词。当《四川外语学院学报》创刊百期时,我通过信函恭请李赋宁先生为我刊题词,但后来李赋宁先生的夫人徐老师打来电话,说李赋宁先生已经病重,不能为我们题词了,他表示非常遗憾,希望《四川外语学院学报》越办越好! 见蓝仁哲:《尊师重道的典范——忆李赋宁先生崇敬吴宓二三事》//北京大学外国语学院编:《李赋宁先生纪念文集》,北京:北京大学出版社,2005年版,第248-251页。

三

20世纪50年代,研究"大、洋、古"的莎士比亚与西方"资产阶级文学"显然不合时宜。当然,也有骤雨暂停之时,在1956年,李赋宁先生还可以发表研究莎士比亚《皆大欢喜》的文章,就是在1957年的5月份以前"还可以积极展开西方语言和文学的研究",以响应号召"帮助解决一些有关文学理论和文学翻译的问题,此外它还有吸取外国人民的优秀文学传统来丰富我们自己的文化生活的重大作用"①。但是,在紧接着在1957年第2、3期《西方语文》上,李赋宁先生发表的《乔叟诗中的形容词》这篇文章,在"双反运动"中被作为典型遭到了批判。1957年7月份"党中央发动了反击右派分子的运动。可是反右派斗争被严重地扩大化了,把一批知识分子、爱国人士和党内干部错划为'右派分子'"。政治形式波谲云诡,到处有湍流旋涡。1958年春季开学后,根据上级指示,文教界开展了"反浪费、反保守"的双反运动。4月下旬转入"向党交心"和"拔白旗插红旗"运动,一批学有专长的教师和教学骨干被错作"白专"典型而遭到批判,结果,损害了教师的尊严,降低了教师的威信,加剧了师生之间的紧张关系,进一步挫伤了知识分子的积极性②。我们从远在上海但是也属于外语界的上海外语学院就可以看到当时人们的狂热与研究外国语言文学存在的现实与潜在的危险。"1958年2月24日至25日午夜,上海外国语学院大字报突破一万张。28日,大字报突破五万张。"③这种大批判主要针对的就是文教界中包括外国语言文学界的"白专"道路和所谓名利思想。

1958年第3期《西方语文》发表的《一定要把社会主义的红旗插在西语教学和研究的阵地上!》一文的编者按说:"约请了一部分高等学校西语教师

---

① 编者:《创刊词》,《西方语文》,1957年第1期,第1页。

② 院史编写组:《上海外国语学院简史(1949—1989)》,上海:上海外语教育出版社1989年版,第31—32页。

③ 戴炜栋主编、《上海外国语大学志》编纂委员会编:《上海外国语大学志》,上海:上海外语教育出版社,1996年版,第7页。

笔谈双反运动中所揭发出来的西语教学与研究中的资产阶级思想,和如何在党的领导下在这一领域拔白旗,插红旗,实现西语教学的大跃进。"这一时期在中国的大学讲授、学习莎士比亚和西方语言文学是要冒风险的,更会遭到批判。在《西方语文》精心组织的这一组火药味十足的文章中,批判者谈到外国语言文学界的现状:"谈到文艺复兴时代,则认为是人类文化的顶点,读一读莎士比亚的十四行诗,就胜过二十年(这句话和马克思讲的'一天等于二十年'对照一下,会令人发生怎样的感想呢?),但对于英国目前的进步文艺,却只作为讲授的附录。"出现了"各式各样的'厚资薄无'的现象",在长期的"厚古薄今"的西洋语言文学教学中,"在西洋文学的教学和研究中,资产阶级思想还在顽强地守着它的阵地,东风还没有完全压倒西风"。而且"更令人惊心怵目的是,因为没有很好地把西洋古典文学有批判地介绍给青年,雪莱的名句'如果冬天来了,春天也就快到'居然被右派分子用来做煽动青年反党、反社会主义的工具。这样看来,介绍西洋资产阶级古典文学作品的工作竟变成是挖社会主义的墙脚了。是可忍,孰不可忍!"批判者认为,"他们对根据古典作品拍成的片子,如'罗蜜欧与幽丽叶',可以看了又看,百看不厌,但是对我们自己的优秀影片'董存瑞'和'平原游击队'则就是不看。这又是一种什么感情?如果真是从心里爱新社会,怎么能不看?如果真是热爱社会主义教育事业,热爱学生,怎么能不和自己的学生在一起看社会主义的电影?批判者看到在被批判者眼里,"世界上只有两本书可读:一是红楼梦,一是莎士比亚"。在这一期《西方语文》中,李赋宁先生也遭到质问,《乔叟诗中的形容词》"非常不切合实际,一般读者对此不感兴趣,通晓中世纪英语的人也并没有从中得到什么新东西。通篇从头到尾是给已死的一个资产阶级学者偶尔说的一句话,作了详尽的注解……难道这不是名副其实的为资产阶级服务么?……论文究竟是为我国广大读者服务呢,还是为资产阶级服务?问题岂不很明显?……追随资产阶级治学的老路,那只是死路一条。'西方语文'面临的问题是两条道路的问题,我衷心希望立即把红旗插在以后发表的每一篇文章上"。批判者们强调李赋宁的《英国民族标准语的形成与发展》一文"由于接受了资产阶级学者的观点","他的这篇文章尽管好像是卑卑无高论,但颇足以说明当时这种情况。今天我们的思想觉悟已大大地提高,再看这篇文章,问题便十分清楚。简单说来,便是完全无保留地接受资产阶级的一套,不肯学习马列主义。……作者引证的材料,英法德文俱全,就是没有俄文,更没有中文(我想他如果肯参考我们的语言工作者的著作,像民族语言,文学语言等概念,会要清楚一些)——更严重的,他没有引证,也未企图引证,任何马列主义经典著作!这样,他所根据的只有资产阶级的著作……"这样的文章"正体现了这种资产阶级厚古薄今的研究方向","厚古薄今倾向不单是一个治学方法问题,它也是一个思想问题,是一个立场问题。这个倾向之普遍正说明西语工作者中资产阶级思想还很严重,还急待改造"①。在同期杂志的批判浪潮中,王佐良的《读蒲伯》《论现代英语的简练》、许国璋的《鲍士文稿及其他》、鲍文蔚的《雨果与西班牙》、吴兴华评《浮士德博士的悲剧》的中文译本也都受到了批判。当然,这样的政治运动比起后来的"文化大革命"是小巫见大巫了,但是,即使在疾风暴雨的一个接一个的政治运动所引起的文化变革、思想变革面前,在整个社会的价值体系、道德体系、伦理体系四分五裂之际,包括李赋宁先生在内,他们心中并没有放逐、颠覆莎士比亚和西方语言文学研究。因为在他们看来,文学永远需要通过传达人们的理想诉求来建立人性引导的方式,这些代表了人类文化精神的血脉应该得到延续和传承,同时,也代表了他们对自身生命与思想自由的追求,对生命的尊严和文化的捍卫。

四

我真正认识李赋宁先生是在两次吴宓学术研讨会上,一次是在西安的吴宓学术研讨会上,另一次是在重庆的吴宓学术研讨会上。在西安的学术会议期间,我向先生请教了莎士比亚研究的有关问题,当先生得知我在莎士比亚研究上已经取得了一点点成绩的时候②,他欣然命笔为我题下了"李伟

---

① 以上所引均见《一定要把社会主义的红旗插在西语教学和研究的阵地上!》,《西方语文》,1958 年第 3 期,第 1-3 页。

② 李伟民:《心悟博雅,以通古今——李赋宁先生与莎士比亚研究》,《山东外语教学》,2006 年第 2 期,第 81-85 页。

民同志:祝贺您的莎学研究取得更丰硕的成果!"①当我拿到先生的题词时,真是诚惶诚恐,以先生在西方语言文学研究、莎士比亚研究领域的学术地位,这样的题词,我只能当作对我们年轻一代的无声的鞭策与鼓励。几年后,在重庆的会议上,赋宁先生又认出了我,并且向他的老伴徐老师介绍我,说我既研究莎士比亚也对吴宓研究发表过意见。谈话中,李赋宁先生和徐老师还欣然与我合影。我曾经在《许国璋先生纪念文集》和《王佐良先生纪念文集》和另外一些书中一睹先生和他的朋友、学生的照片,许多时候看到的都是先生在照相时把两手放在裤缝上站得笔直,表现出的是一个浸淫于西方文化,又深深地植根于中国文化精神的大学者涵泳沉潜的风采,可以说,这是标准的李赋宁姿势。后来,当我编辑的《中华莎学》出版后,也会给先生寄上一册,每到新年,我给先生寄去贺卡后,必定也会收到一张先生给我寄的新年贺卡,而且,每次都称我为"教授",虽然,其时我离"教授"还有很长的距离,但是,我却看到了一位长者、一位学界泰斗对一个普通教师的平等精神和对年轻一代的殷切期望。

功遂身谢,名由实美。李赋宁先生的逝世使中国学界失去了一位杰出的西方语言文学研究专家。包括李赋宁先生在内的一代杰出学者,创造了内在于自己生命之中而又超出于生命之外的学术精神,在最终完成了他们的历史使命后,为后来者树立了一个值得毕生为之努力才能达到的精神境界。

(本文部分内容刊于《社会科学报》2018 年 8 月 2 日第 008 版)

---

① 李伟民:《莎士比亚与清华大学——兼论中国莎学研究中的"清华学派"》,《四川戏剧》,2000 年第 5 期,第 13–17 页。

论吴宓的国学教育思想及意义

李闽燕

(泰山学院)

作为"中国文化本位论"的坚守者,吴宓一生与教育为伴,将教书育人、弘扬中国传统学术文化作为自己一生的志业。他在漫长的教育生涯中坚持提倡国学教育,将讲授、传承国学为己任,他丰富、独特的国学教育思想和实践经验值得后人总结、继承。本文拟以吴宓在清华国学研究院时期的教育实践为研究对象,探讨其国学教育思想。

一、国学教育的内容:中国学术文化之全体

(一)何为"国学"

虽然吴宓一向谦逊地称自己对于国学并未有多少研究,但是他自幼接受中国传统文化的熏染,熟读古史经籍,对古诗体创作也深有心得,并以"造成一国学说,发挥国有文明,沟通中西理事,以熔铸风格,改进道德,引导社会"①作为自己的人生理想。在《清华开办研究院之旨趣及经过》《研究院章程·缘起》等文中,吴宓表达了他对国学的看法。他认为:"兹所谓国学,乃指中国学术文化之全体而言。而研究之道,尤注重正确精密之方法(即时人

———————————

① 吴宓:《吴宓日记》第1册,第410页。

所谓科学方法）并取材于欧美学者研究东方语言及中国文化之成绩,此又本校研究院之异于国内之研究国学者也。"①在吴宓撰写的《研究院章程》中有专门对考题而设置的规定:"第一部,经史小学,注重普通学识……第三部,专门科学,分经学、中国史、小学、中国文学、中国哲学、普通语言学等八门。"②1926 年一月吴宓上书曹云祥校长的《研究院发展计划意见书》中,他又对国学的定义作了一定的补充:"本院所谓国学,乃取广义,举凡科学之方法,西人治汉学之成绩,亦皆在国学正当之范围以内。故如方言学,人种学,梵文等,悉国学也。"③

在吴宓看来,国学指的是中国固有文化的各个方面,如政治、经济、哲理学等,而不是某家某一学说,这就强调了作为学者必须认识学术的整体性,而"学问之道,应博极群书,并览古今。夫然后始能通底彻悟,比较异同"④。国学所涉及的范围是完整的、全面的,涵盖了文化、人世、自然的方方面面,包括中国古典经籍、近代所出之古代史料;历代生活之情状、言语之变迁、风俗之沿革,道德、政治、宗教、学艺之盛衰;以及川河之迁徙,动植物名实之繁赜等⑤。吴宓认为,对于政治、经济、哲学等道理,古人已经在著述及生活中通晓得很清楚明白了,现代人若要对此进行阐发而产生新的学问,必须先透彻领悟古代典籍,并深入其中,以明了关于人生、社会的一切根本道理,以期用先民智慧启发未来,即"凡论学论事,当究其终始,明其沿革,就已知以求未知,就过去以测未来"⑥。需要指明的是,虽然吴宓认为所谓国学所指的是中国学术文化的全体,但是在吴宓的个人修习过程中,他更加倾向于儒佛之道,在《论新文化运动》一文中,吴宓就曾坚称:"中国之文化,以孔教为中枢,

---

① 吴宓:《清华开办研究院之旨趣及经过》,《清华周刊》,1925 年 9 月 18 日,第 351 期,第 71 页。

② 吴宓:《清华学校研究院章程·缘起》,《清华周刊》,1925 年 10 月 20 日,第 360 期,第 21-24 页。

③ 吴宓:《研究院发展计划意见书》,《清华周刊》,1926 年 1 月 17 日,第 371 期。

④ 吴宓:《论新文化运动》,《学衡》,1922 年第 4 期。

⑤ 同①。

⑥ 同④。

以佛教为辅翼。"①他认为:"孔子为中国文化之中心,其前数千年之文化,赖孔子而传。其后数千年之文化,赖孔子而开。无孔子、则无中国文化。"且孔子是中国道德理想的化身,代表了人格的最高标准,"不特一人一家之连命,即一国之盛衰,一民族之兴亡,世界文化之进退,靡不以道德之升降,大多数人人格之高低,为之枢机"②。

(二)吴宓国学教育观

吴宓认为,在这个西学涌入、知识良莠混杂的时代,研究国学是一件尤为重要的工作,更是一门浩大的工程,而国人必须对西方文化有精神的研究,"然后可以采择适当,融化无碍"③。国学教育除了要重视并传承弘扬中国传统的优秀文化,还应涉及文字训诂、史籍的考证,而"西洋真正之文化与吾国之国粹,实多互相发明,互相裨益之处,甚可兼蓄并收,相得益彰"④。所以在研究中国固有学术的同时,更应该运用自西方引进的科学研究方法,吸取西学的精华,"吾国古今之学术、德教、文艺、典章,皆当研究之,保存之,昌明之,发挥而光大之。而西洋古今之学术、德教、文艺、典章,亦当研究之,吸取之,译述之,了解而受用之"⑤。即在了解中外古今文化的基础上汲取双方精华,以求得中西文化在一定层面上的交流和融合。

1925 年 2 月,吴宓担任清华大学研究院筹备主任,并被增聘为"清华大学筹备委员会委员",参与了清华学校改办大学及国学研究院的筹备工作。清华学校国学研究院正式成立后,吴宓正式担任国学研究院主任一职直至1926 年 3 月。虽然吴宓在国学研究院的任职仅不到一年的时间,但是从筹备到最终建立,吴宓都在此倾注了大量的心血,将自己的国学教育理念尽情地付诸实践,且积累了大量的宝贵的国学教育实践经验,培养了一大批博学多识、德才兼备、会通中西文化的博雅之才。而在同时期发表的一些文章

---

① 吴宓:《论新文化运动》,《学衡》,1922 年第 4 期。
② 吴宓:《清华学校研究院章程·缘起》。
③ 吴宓:《清华开办研究院之旨趣及经过》。
④ 同①。
⑤ 同①。

中，吴宓也比较系统、完整地表明了自己的国学教育思想。

二、国学教育的目的

在新文化运动盛行的时代，吴宓为何逆势而行如此积极地推进国学教育，他认为国学教育对于国家、文化、学术等问题有何意义呢？

（一）传承古典文明，贯通中西文化

在"新学"日益昌盛的学术环境下，一部分持"新学"论者提出了若要引进西学必须先消灭国粹的主张。在这样的学术语境下，青年学生热情高涨地欢迎西学的到来，国学一时间被抛掷一边。吴宓痛心于国人机械照搬西方理论并将中国固有文化视为糟粕的现状，担心在中国流传几千年的文明智慧及学术文化面临着后继无人的危险："国粹丧失，则异世之后，不能还复。文字破灭，则全国之人不能喻意。长此以往，国将不国。凡百改革建设，皆不能收效。"①他清醒地认识到在这个西学涌入、知识良莠混杂的时代，保存国学、研究国学、培养国学教育人才是一件尤为重要的工作。

吴宓认为，国学研究院的开办可以整理古代史料，使今人对于古代文化、社会、风俗等有更加深入和广泛的了解并对其进行分门别类。吴宓深知对民族文化的践踏与破坏会将中国文化有价值的部分消灭殆尽，而若不及时挽救则日后国人只能面对古史经籍的残编碎纸哀叹了。吴宓坚信具有五千年悠久历史的民族文化是一笔极其重要的人类精神文化遗产，在其长期的历史积淀中是形成了独特魅力的，不论是儒家所提倡的孔孟思想还是道家所坚持的"无为而治"都蕴含着先人们高度凝结的人生智慧和道德规范。国学教育的推广不仅可以为国家造就能够传承传统文化的专门人才，更能够为当今学者融汇新旧、中西道理提供一条光辉大道。再者，吴宓认为对古代文化的传承不仅仅是对学术知识的继承和发扬，现在"中国人今所最缺乏

---

① 吴宓：《论新文化运动》，《学衡》，1922 年第 4 期。

者,为宗教之精神与道德之意志"①,所以保存古典文化中所蕴含的宗教精神与道德意志同样重要。

(二)"采撷远古之花,酿造吾人之蜜"②

在《吴宓诗集》中,吴宓将法国诗人解尼埃的《创造》进行翻译并放在了书籍的首页:"采撷远古之花兮,以酿造吾人之蜜;为描画吾侪之感想兮,借古人之色泽;就古人之诗火兮,吾侪之烈炬可以引燃;用新来之俊思兮,成古体之佳篇。"虽然吴宓将此诗放在诗集的首页是"以明吾诗集作成之义法"③,但是这首诗同样也表达了先生推崇、研究古典文化,是为了将中国固有文化作为原材料,以"酿造吾人之蜜"的理想和决心。

吴宓认为:"凡真正之创造,必有所因袭。"④"旧有之物,增之损之,修之琢之,改之补之,乃成新器。"⑤即便是作为"至圣先师"的孔子能够观察宇宙及人生并得其大体真相,也是承袭了历来人类的智慧经验,将先人所发现的成果供其参考,用为材料。而今天所谓的学术不过是对旧有文化的继承,并在继承的基础上进行创新。所以推进国学教育不仅能够将先民智慧加以保存、传承,更能够为今人提供改良社会的办法。且国学研究不仅仅是对古史典籍的考据和背诵,而应该对其进行价值判断,关心文章的义理、结构、辞藻、精神美质之所在,还应在其中寻找到一条挽救国家与国民道德于倒塌边缘的光辉大道。在归国后写给恩师白璧德的信中,吴宓曾有这样的忧虑:"自从我回国后两年,中国的形势每况愈下。国家正面临异常极为严峻的政治危机,内外交困,对此我无能为力,只是想到国人已经如此堕落了,由历史和传统美德赋予我们的民族品性,在今天的国人身上已经荡然无存,我只能感到悲痛。我相信,除非中国民众的思想和道德品性完全改革(通过奇迹或巨大努力),否则未来之中国无论在政治上抑或是经济上都无望重获新生。

---

① 吴宓:《吴宓日记》第3册,第364—365页。
② 吴宓:《吴宓诗集》,第1页。
③ 同上。
④ 吴宓:《大公报·文学副刊》,1927年9月22日。
⑤ 吴宓:《论新文化运动》,《学衡》,1922年第4期。

我们必须为创造一个更好的中国而努力，如不成功，那么自 1890 年以来的中国历史将以其民族衰败的教训，在世界历史上留下最富启示和耐人寻味的篇章。"①对于吴宓来说，研究、宣扬国学是"造成正直高明之士，转移风俗，培养民德"②的唯一途径。

（三）研究高深学术，造就通才硕学

吴宓认为，国学研究院"非清华大学之毕业院（大学院），乃为研究高深学术之机关"③；同时，"讲明国学，以造成正直高明之士，转移风俗，培养民德，籍符宓夙昔之所想望"④。他所要培养的人才不是单科优秀的人才，也不是一般意义上的高校师资，而是"以著述为毕生事业"的国学研究人才和"各种学校之国学教师"⑤，这种人才是博通古今中西学术文化、能够研究高深学术的思想深邃、识见广博并有着坚定信念的通才硕学。他渴望通过对中国古代学术文化的教育和推广来塑造当今具备良知良能、特立独行、不顾世俗古今利害是非的具有独立之精神的治学之士。在吴宓的设想中，国学研究院不仅能为年轻的学者提供研究国学的栖息之地，为其营造良好的学术氛围提供学术支持，更应该是学生人格修养乐土。

吴宓强调学术的贯通和融会，认为古今中外的学术是彼此相连密不可分的，而且他所佩服、聘请的学者如陈寅恪、王国维、梁启超等人也都是在学术上有很高造诣的通人。国学研究院作为一个研究机构，注重于高深学术的研习，更关注相关知识之间的融会贯通，要造就"博而能约"的学术通才，不是要训练"职业的"及"技术的"人才。只有这样的通才硕学才能够担任起昌明社会文化、弘扬中国传统文化的重任。所以吴宓不仅不赞成中国现代学术中的中外分家、古今对立。因为若做学问不能够将其融会贯通，则会造成学者执着于某一偏狭的领域，而无法抓住学问的重点和根本。

---

① 吴宓：《吴宓书信集》，第 156 页。
② 吴宓：《吴宓日记》第 3 册，第 156 页。
③ 吴宓：《清华开办研究院之旨趣及经过》。
④ 吴宓：《研究院发展计划意见书》。
⑤ 吴宓：《清华学校研究院章程》，《清华周刊》，1925 年 10 月 20 日，第 360 期。

吴宓先生在国学教育上对培养会通中西、博通古今的通才的追求是值得肯定的。他所认定的通才不仅是学问上的巨人，还应该是中国古代所推崇的宗教精神和道德意志的楷模。他的理念对于19世纪以来中国社会和青年注重对国外实用科学，如农工商业和经济社会学等学问的引进，对学习生活中外在形式的过度关注，忽略对真正之学术和高尚道德理想的追求而造成的见识狭隘、形式拘囿、注重物质、视职业过贪于金钱、地位的掠夺而失去精神幸福等问题敲响了警钟，并提出了他所认定的解决之道。

（四）争取办学自主，塑造独立精神

吴宓理想中的大学教育，是脱离于政治和国外势力干扰的，能够塑造国人之独立精神的教育。外国势力对教育的控制会使中国失去教育的独立权和自主权，而政治对于教育的捆绑则会扼杀学者的独立精神，使其心灵堵塞、感情郁苦，无法做出真正之学问。1911年，吴宓考入清政府利用美国退还的部分庚子赔款而建立的清华留美预备学校，早在此校读书期间吴宓就产生了争取中国办学自主权的想法。吴宓认为，这所学校名为帮助清政府建立用于人才培养和赴美留学，其内在本质则是利用人才培养的借口向中国输入美国理念，用美国文化影响中国新一代青年的思想，从而稳固美国在中国的文化霸权。在美国人掌控的学校中，教员聘任不能自主，学校制度与精神塑造完全与美国无异。还有同时期的繁荣发展的教会大学，虽然他们对中国引进现代教育模式有巨大的贡献，为中国发展高等教育塑造了样板，并开启了中国人留学海外的大门，但是犹如一把双刃剑，国外办学理念的渗入对中国的办学自主权及国人的独立精神也产生了巨大的影响。

而清华学校国学研究院的创立，正是在新文化运动的浪潮和中西文化激烈碰撞的大背景下，为了适应举国上下的文化热、正确对待中西文化的交流和融合而建立起来的。成立国学研究院首要的目的是在民族主义高涨的社会条件下，更正作为留美预备学校那种崇尚美国的风气，以保证中国教育的独立性。在此基础上，更为全国爱好国学、对国学研究有一定能力和远大志向的学者提供一个专门的学术机构，使其在这样的环境中自由研究并得到宏博精深、学有专长的学者的悉心指导，培养国学人才，并通过对中国传

统文化的精神研究,来继承、发扬我国优秀传统文化,从而振兴已然落后于世界的中华民族①。

三、国学教育的途径与措施

在清华学校《研究院章程》中,对于研究方法,吴宓是这样规定的:"本院略仿旧日书院及英国大学制度,研究之法,注重个人自修,教授专任指导。"②吴宓采用中国传统书院教育和英国大学"导师制"相结合的方式对学生进行教育、管理。

(一)途径:书院教育与英国大学制度相结合

书院是中国士人的文化教育组织,书院教育作为一种传统的教育模式,自唐代开始兴起至宋代以后达到繁荣。这种教育方式在中国历经千年,分布于全国各省的城乡(比较著名的有岳麓书院、白鹿洞书院、味经书院等),为中国的教育、文化、学术、出版藏书等事业的发展做出过巨大的贡献,并对国民思维习惯、伦理观念的形成也有很大的影响。近代以来西方学问与教育模式的传入,书院逐渐被西式现代学校教育而取代。英国大学制度以其古老传统和特殊的形态屹立于世,个性鲜明,且文化根底深厚,而吴宓所指的应该是 16 世纪以来牛津、剑桥两所古典大学以教授古典学问培养"绅士"精神为目的古典人文主义的教育传统。这样的教育"目的在养成 Christian Gentleman(即:信奉基督教的正人君子),注重人格之修养及感化"③。

为什么在西式现代学校教育如此盛行的年代,吴宓依然钟情于传统的书院教育与英国大学教育相结合的制度呢?我以为主要是有以下原因:

一是国学教育的内容要求传统书院精神的护航。

前面已经提到,作为一名接受过正统儒家教育又对西方文化有着深入

---

① 孙敦恒:《清华国学研究院史话》,第 17 页。
② 吴宓:《清华学校研究院章程》。
③ 吴宓:《吴宓日记》第 5 册,第 134 页。

理解的传统学者,吴宓十分重视传统文化的教育。他坚持认为国学是对于中国全部文化这样一个整体而言的,但是现代学校教育特别是清华一贯提倡的美式教育的专业化分科制过于"重实际而蔑理想",过分关注学科专业的知识技能和学生办事能力的培养,而对传统文化所提倡的"渊博之学问,深邃之思想,卓越之识见,奇特之志节"则极少顾及。而条块分明的教育容易隔断相关知识之间的关联性。所以单纯的现代大学教育是不可能承担如此庞大的国学教育的职能的,更无暇在"研究高深学术,造就专门人才为宗旨"①的基础上"为中国养成通才硕学"②。借用英国大学制度,将政治摒绝于校门之外,学校及师生免于政治的干扰,更为其教育理想的实现打下了基础。

二是只有在这样的环境中才能够真正做到因材施教,在使学生获益最大化的基础上对其进行道德塑造,养成博雅之才。

吴宓自小就受到书院式教育,从十岁起就承教于刘古愚先生门人恩特亨先生,后来又受王麟编先生的教育和影响,吴宓对这段学习记忆颇深、获益良多,"王麟编师,主张'因材施教',即对每一学生各订计划,单独讲授。是时对宓,则(一)续读(兼背诵)《左传》,但不注重《春秋》(经)而专重传文,不论'书法',只作史书读。……师并可为答疑、详解。总之,在此两月中,宓进益深大。深信此家塾实胜过宓三年来所入之各学,所从之诸师也"③。那时的吴宓生活在单纯的学习生活环境中,老师淡泊名利、学生潜心向学,师生之间可以自由、宽松地交流。且这样的由书院教育演变而来的家塾由于教师所授学生相对较少,讲论自由,师生之间交流起来相对更加方便。

研究院"略仿旧日书院教育与英国大学制度"的方法为学生的培养和教师的自由研究提供了很大的便利。在这样的环境下,学生根据兴趣自由选择导师,长期频繁的交流使师生情谊受到了很大的重视。课堂教授与个别指导相结合,又注重个人自修、教授专任指导,更能够培养学生博览多思的

---

① 吴宓:《清华学校研究院章程·缘起》。
② 吴宓:《清华开办研究院之旨趣及经过》。
③ 吴宓:《吴宓自编年谱》,第58页。

思维习惯。

（二）实施措施：以人为本

吴宓始终秉承以人为本的原则，绝对承认学生和教师在教育活动中的主体性。他深刻地认识到学校是学生和教师聚集在一处讲学探讨学术的场所，一所学校的建筑和组织建构是外在的东西，只有讲学者和从学之人在一起宣讲学问、探讨学术才是一所学校的灵魂。他抛开美式教育中注重学校外观和组织这一外在形式和组织对中国新兴大学的影响，而将师生放在学校事务的首位。

首先，他强调"大师"对于以研究高深学术为目标的学校的重要性。他深知"研究院前途之声望与成绩，悉为诸教授讲师之学问指导，与学生之进修功夫是赖"①。他认为，要办好国学研究院，就必须先聚集能够胜任教职的教师，而后凝聚教师们的智慧和魅力，吸引有志于国学的青年学子。季羡林先生说，吴宓先生一生最大的功劳就是创立了清华国学研究院。同样的，吴宓对研究院最大的贡献应该是师资的招募和配备。吴宓聘请了国内外宏博精深、博通古今、会通中西，既"通知中国学术文化之全体"，又"具正确精密之科学的治学方法"，还"稔悉欧美日本学者研究东西方语言及中国文化之成绩"的学者、大师到学院讲学②。大师的汇聚为国学研究院增添了一份凝聚人才的吸引力和凝聚力。

无论是在导师的聘任还是开学后的教学活动中，吴宓都做到了尊重学者、照章办事。他尊重学者们的学识与人格，不以领导自居，反而身甘作为一名服务者承上启下为教师和学生服务。他尊重导师们的思想自由，从不干涉他们的学术研究与指导，为他们提供了宽松舒适的生活和精神环境，使其能够充分发挥自身的特长和主动精神。而各位导师重视学术、"治学与做人并重"的学者魅力又给予各位学子以极大的感染力。

其次，吴宓为学者们提供了一个"疏懒闲暇"的空间。吴宓认为，"惟有

---

① 吴宓：《清华开办研究院之旨趣及经过》。

② 同上。

不为目前生活所迫革革奔走,而能有闲暇的人,才是能研究学问的人"①。只有充分利用闲暇而驰骋于抽象的智慧境界的人,才能够在研究高深学术之路上造就伟大的成果。为了使学员安心于学,他要求学员"长川住校,屏绝外物"从而免于外界功名利禄的诱惑和影响。他认为:"浮名之害,人多知之,而顾往往趋而甘之,不克自脱。……此在今日之学生尤为大病。"②所以只有将浮名利禄排除在外,学生在学习研究中才能够做到心如止水,不拘小节,才能够在治学之路上有所建树。为了免除学员对于生活的后顾之忧,国学研究院的学员免交学费及住宿费,只需要在每学期入学之时"交膳费约三十五元,预存赔偿费五元"③。吴宓还为"力学之士,研究成绩卓越,而能以撰述文字证明者"④设立了奖学金,从而使其能够补助生活所需。吴宓对学生的关照,正体现了他尊重学问、保育人才的良苦用心。

再次,吴宓深知书籍对于研究国学的重要意义,所以在研究院设立初期吴宓就将购置图书放在了工作的首位。吴宓认为:"学问之道,应博极群书,并览古今。夫然后始能通底彻悟,比较异同。"⑤1925 年 5 月起,吴宓为此多次协助王国维审查图书馆现有书籍、入城参观书籍展览会并去各家书店访寻中国书籍为校中图书馆选购图书。他认为,若一所以国学为研究对象的学校里只有教授和学生而没有图书资料,就变成了"类似演剧式的表演,变成类似背书式的复诵"⑥。单纯的记诵会逐渐消磨学生们的思考能力,学习则会变成对学问、知识的纯粹继承而无法在继承的基础上创造出新的学问。而完备的书籍资料,不仅可以为教授、学员提供学习、研究的方便,为学员提供丰富的知识营养,更能够诱导学员们养成一种酷爱读书的好习惯、好风气,使师生神交于智慧的国度里,徜徉在前人积累下的人类珍贵文明和宝贵

---

① 杨德生主编:《西北大学教育理念文选》,西安:西北大学出版社,2004 版,第 71-74 页。

② 吴宓:《吴宓日记》第 5 册,第 134 页。

③ 吴宓:《清华学校研究院章程·缘起》。

④ 同上。

⑤ 吴宓:《论新文化运动》,《学衡》,1922 年第 4 期。

⑥ 杨德生主编:《西北大学教育理念文选》,第 71-74 页。

情操的世界中。

此外,学生与教授共居一处,消除了师生在地缘上的陌生感。"四大导师"与学员"长川住宿,屏绝外务,潜心研究,笃志学问"①。学员的分组不以学科而是以教授为主,学生入学后可根据其兴趣及研究方向自由选择指导教师,师生之间可频繁、自由互动。这样的环境,既可以使学生精准地确定自己的志向,又能在教师的切实指导下打下坚实的国学根底,并能掌握一定的适合自己的治学方法。而在学生自由的学习积极吸取老师的毕生所学所给予的营养的同时,教授们在此也能够潜心研究,各展所长,将毕生所学尽情传授。吴宓制定的制度最大限度地消除了学生与教授之间的隔阂,以及由这种隔阂而产生的生疏和情感上的淡漠,从而搭建起师生之间以学术为中心、超越世俗地进行精神交流的桥梁,为师生携手探索智慧打下了坚实的精神基础。

四、吴宓国学教育思想对当代国学教育的启发意义

以上所分析的是吴宓针对他所处的特殊时代而进行的国学教育实践从而形成的国学教育思想,虽然吴宓在清华国学院的建树已经与现在隔了近一个世纪,但是他对国学教育的思考仍对现代中国的国学教育乃至整个高等教育都有着很大的启发意义。

(一)当代国学教育应首先明确国学教育的内容和目标

国学和国学教育的发展之路是崎岖的,它经历了新文化运动的冲击,也经受了"文革"的破坏。但是它的生命力是顽强的,20 世纪 90 年代以来,为了弘扬经典文化、充实人文学科教育体系,国学教育又兴盛了起来,甚至形成了一股新的国学热,一些大学开设了有关国学的课程,不少高校为此开设国学研究院、国学实验班,为国学教育和研究提供了很大的机会和便利。但是国学教育在其发展中由于政治、文化运动的冲击所导致的断层如同瓷器

---

① 吴宓:《清华学校研究院章程·缘起》。

上的一条裂痕一样是不可能轻易被掩盖的。而今教育界虽然积极提倡学习国学、发展国学教育事业，但是在实行的过程中仍不免出现了一些乱象，如：国学教育推广的动机不明确；课程设置肤浅凌乱，或仅仅将其当成学校通识教育的一部分未加重视，而导致这些问题的首要原因就是未能对国学、国学教育的内容和目标进行一个明确的定位。而今在这个"全球化"的时代，由于作为工具的英语的重要性，以英语为基础的西方文化必然对中国本土学术文化有一定的冲击。如何使中国的教育在跟上全球化步伐的同时将中国传统学术文化命脉加以传承也是我们必须正视的问题。

在《论新文化运动》中，吴宓引用孔子"必也正名乎"的观点，即若要论述一件事物，为一事物进行辩论，必须先对其有明确的定义。吴宓很早就对"国学"概念进行了思考，并对国学研究院的培养目标进行了明确的定位。他为国学研究院制定了办学章程，并谨遵章程有条不紊地处理院中大小事宜。行于当代也是如此，在推广国学、提倡国学教育之前，我们应首先明白自己所推广的、提倡的应该是什么。国学发展到现代已经不仅仅是一个单纯的概念，几本典籍不能代表国学的全部，开设几堂国学课程也不是真正的国学教育。经典国学书籍和课程是国学外在的、物质的显现，是国学最基本、最基础的内容，若只关注这一层面的含义是远远不够的，国学是一个博大精深的知识系统，它还包括千百年来积淀下的传统中国人的基本修养和传统文化魅力及其传达出来的思想价值，而这些才是国学的真正价值和灵魂。国学是从前人的学术和生活传统中继承而来的，虽然看起来与现代以科技为本的生活相隔甚远，但是不能将其当成是一门已经老去的学问，因为国学不是陈陈相因的，它在不断地继承和沿革中亦有不少创造和革新。国学所包含的内容是广泛的，古籍浩瀚篇目繁多，完全掌握所有知识是不可能也没有必要的。而且现代社会提倡学习国学、推崇国学教育，目的不能够仅仅局限于对古史典籍的重复诵读，这样的形式只能将其变成一门死掉的没有生命力的学问而将学习者陷入复古的泥沼中不可自拔，使其对国学失去兴趣。

与吴宓所设想的一样，国学教育应该分别侧重于基本国学知识的普及和高深学术研究两个层次。基本国学知识普及的目的是昌明国学、弘扬传统,从传统文化中提炼具有普世意义的价值观,在经典的熏陶下提升学生的整体素质和综合能力,使年轻一代不至于失去对本土文化的认同感和归属感。在熟读深思圣贤经典的同时,还能够提升学生的品德,涵养其气质,造就其高尚的人格。而对于国学的研究指的则是对于高深学术的研究,以培养博雅会通的国学人才为目标,应侧重于对传统的经史子集所包括的经典书籍,包括自然、宇宙与人类社会的各种复杂关系与相关问题,也包括由古至今各种文化制度的因革与风俗人情的变迁,举凡中国传统的形上之道与形下之器,都是国学研究的对象,它不仅涵盖了文学、历史、哲学、考古,还包括语言、教育、宗教、伦理、军事、社会、法律,甚至地理、医学、化学天文、气象等等学科的知识。所以对于这一层次的国学教育,应强调学问之间的贯通,打破现代学校中学科之间壁垒森严的界限,以实现各门学科知识的融合。对这一层次的教育研究的目的则是去伪存真,吸取传统学术文化中的精华成分并为现代学术发展所用,以期发挥其对当今学术研究的借鉴意义。

(二)应正视国学教育对现代中国高校人文教育的重要意义

近代以来,中国的教育是从向国外学习的路上蹒跚走来的,从晚清、民国时期的向欧美学习到解放后新中国向苏联学习,国外的教育模式对中国高等教育的影响是巨大的。新中国成立后,苏联模式成为拯救中国百废待兴的教育事业的"镇痛剂",虽然教育工作在一时间走上了正轨,但是并未彻底解决问题且遗留下了根深蒂固的"后遗症"。在苏联专才教育的模式下,旧时代的教育体系被重新改造,为了适应经济建设的需要,国家以"培养工业建设人才和师资为重点,发展专门学院,整顿和加强综合性大学"为方针对高等教育进行了大规模的调整,高等教育进入高度统一的计划管理阶段。这样的教育体系虽然可以加速培养工程技术和科技人才,但是学科划分过于细致,将文、史、哲互相剥离,传统人文学术体系被过度解构,学校培养出来的仅仅是一大批专业工作者,也就是吴宓所说的具备较强"办事能力"的人,大学已经沦为市场的职业培训学校。如今苏联模式虽早已得到纠正,但是这一模式对文科和综合性大学的严重削弱使得教育的人文价值和人文内涵难以体现,特别是其对中国传统文化的断裂是难以弥补的。只有打破学科之间、专业之间的藩篱，对学生进行综合素质的提升和通才教育，打通学科之间的内在联系，才能够对现代教育的偏颇进行纠正。

吴宓在《论新文化运动》中提出了人之所以比兽类更高级是因为"人能记忆历史而利用之，禽兽则不能"①区别，所以人应该认真研读古代经典博览群书，并览古今，然后才能对古典文化形成通透的领悟，这与他保存国粹、创立国学研究院的初衷是相契合的。吴宓创立清华国学研究院的目的除了保存中国优秀的传统文化使之不至于断裂，还在于在对古典文化进行考据、整理的基础上与现代文化相结合，并为其注入新的生命和活力。更重要的是，吴宓渴求学者们能够在古典文化中寻找到更高一层次的理性，找到现代生活与古典精神和宗教文明的契合点，从而打破实用主义对高校人文传统的破坏性的影响，即用传统文化中的文明成分教会国人为人之道。在吴宓看来，国学教育的实施不是简单的知识的传承和研究，他对国学教育的终极要求是形而上的，他所关注的是传统文化思想对国民素质的启发和提高。他赋予国学教育培养具有高尚道德和广博学识的通才的期望，希望学生在领受知识洗礼的同时注重涵养自己的人文精神。

吴宓认为，以儒、佛为主体的中国传统文化是中国人文教育的源头。他对于国学教育的倡导是以汲取中国传统智慧为基础，对国民进行人格理想的塑造和道德精神的陶冶为目的的。国学中蕴藏着中国传统文化的尊严，对于国学的研读能够革除国民浮躁的心性，净化社会中的不良风气。而国学中蕴含的人文精神还能够补偿现代高度精细的分科所导致的人文思想与学术的分离。社会的发展是飞速的，对于"创新"和"成功"的追求已经使身处其中的学子们失去了闲暇的时间去潜心研究真正的学问。而吴宓所提倡的正是要让学生摆脱外界的桎梏在闲暇的大学校园中享受人文之光的熏陶和传统文化的滋养，并最终在对中国传统文化的汲取中提炼出永恒的人类价值。

总体来说，吴宓作为一位继承中国儒佛思想、心系国学教育的现代教育家，虽然并未在教育或学术上刻意构建自己的教育或学术理论，但是他在我

---

① 吴宓：《论新文化运动》，《学衡》，1922 年第 4 期。

国教育史上对国学教育的贡献是巨大的,他所主持的国学研究院为正在变革中的中国培养了一大批国学人才,为中国传统文化的继承和发扬所做出的贡献是难以磨灭的。

（本文作者撰有博士论文《吴宓国学教育思想及其当代价值》,西南大学,2015 年度）

试论冯友兰"负方法"对维特根斯坦 "不可说"论的借鉴与发展[*]

罗绂文　刘薛蒂

（贵州大学哲学与社会发展学院；华中科技大学出版社）

"语言是如何可能的？"这是维特根斯坦在《逻辑哲学论》中试图回答的一个康德式问题，他想确定的是要具备什么样的条件才促使严格的、有意义的语言得以可能。正如康德，他试图在科学与非科学之间划界，这条界线是事实语言与非事实语言之间的界线。我们所探讨的所有形而上论题，如美学命题即是在界线的非事实话语那一边的。对于非事实语言所呈现的"不可说"的超验命题，维特根斯坦告诫我们应该保持沉默，而受其影响的冯友兰则在延展这一沉默的同时提供给我们另一种思维路径，即运用"负方法"的模式去体悟"不可说"的终极存在。言说"不可说"的意图蕴涵着人类在追求普世性问题时一种无法回避的烦恼。由于人是语言的动物，人类天性中具有将其所感所思赋予成形的求知性冲动[①]，但超越经验的事物是无法言说的，即使能勉强言说也是无法尽其意的。求真，即是要去除遮蔽，可如把一切都暴露在阳光之下，五色令人目盲，我们反而什么都看不到，故而求真者

---

[*] 本文为国家社科基金项目"现代中国哲学建构中'境界论'的流变研究"（编号：13XZX008）阶段性成果。

① 〔古希腊〕亚里士多德：《形而上学》，吴寿彭译，北京：商务印书馆，1959年版，第1页。

必须把秘密作为秘密加以隐蔽,即是维特根斯坦与冯友兰都体会到了"六合之外,圣人存而不论"这一道理。

一、维特根斯坦以"可说"安顿"不可说"

维特根斯坦一方面觉得自己的《逻辑哲学论》"清澈见底",但另一方面又觉得"没人能理解",因为"它推翻了我们所有关于真、类、数的理论以及所有其它理论"①。维特根斯坦把这本书的中心论题概括为:什么能被语句(或语言)说出(或思想),什么不能被说出而只能被显示。这一点在该书序言中是这样表述的:"这本书的全部意义可以用一句话概括:凡是可以说的东西都可以说得清楚;对于不能谈论的东西必须保持沉默。"②

那么什么是可以说的呢?按照维特根斯坦在《逻辑哲学论》中的看法,一个语句只有对世界有所摹画才是有意义且可说的语句。由此书的第二到第四部分,我们可以看到这种有意义的标准在于其逻辑构造,维特根斯坦的思想基础即是把对语言逻辑的构造直接推演到对思想结构的分析,并由此构造出一个关于世界的图景。在维特根斯坦的逻辑图像中,世界和事实均是逻辑构造的结果,它们仅存于由命题所揭示的逻辑空间之中,命题构成思想而思想也即是命题的意义。

实际上,对事实的摹画并不是哲学的研究目的,而是实证科学的主要职能。那么哲学的意义何在?维特根斯坦或说是为了划清实证科学与哲学的界限,或说是为澄清语句的逻辑形式,实质是要为说出有意义的语句作清场准备工作。他把自己的命题比作梯子,而借梯子登上高处以后必须把梯子扔开,即维特根斯坦认为他的命题应当是以如下方式来起阐明作用:任何理解我的人,当他用这些命题作为梯级而超越了它们时,就会终于认识到它们是无意义的。可以说,在登上高处之后他必须把梯子扔掉,才能真正地面向

---

① 〔奥〕维特根斯坦:《维特根斯坦读本》,陈嘉映编译,北京:新世界出版社,2009年版,第Ⅵ页。

② 〔奥〕维特根斯坦:《逻辑哲学论》,贺绍甲译,北京:商务印书馆,1996年版,第23页。

终极存在,也就是必须超越这些命题,然后才能正确地看待世界①。

逻辑一方面使语言描述世界成为可能,另一方面又为这种描述提供了限度:以非逻辑的思考描述世界是不可能的。人生的意义我们不仅无法弄清,甚至无法去追问生活的意义何在:"若解答不可说,其问题也不可说。谜是不存在的。当一个问题可以提出,它也就可能得到解答。"可以提出并可以回答的是科学问题,而"我们觉得,即使一切可能的科学问题都已得到解答,也还完全没有触及人生问题。当然那时不再有问题留下来,而这也就正是解答。""人生问题的解答在于这个问题的消除。"②

维特根斯坦认为在《逻辑哲学论》中能说明白的都已说明白了,而对于不可说的东西我们只能保持沉默。但恰恰这些不可说的东西是至关重要的,也就是说,以人类自身全部力量所能讲清楚的所有问题之外的区域才是关涉人生的意义的重要问题,诸如善、美的定义,何为存在之类的问题。从根本上说,存在、"美本质""善本身"等哲学论题,都不摹画世界,它们所关心的命题,都是事实之外的东西。这些超验的命题,都是我们扔掉梯子之后所直面的终极之阈,但是,维特根斯坦并不因此而否认这些命题的存在,相反,他认为这些命题是人生的最根本的问题,只是我们无法以恰当的方式来谈论,因此必须对之保持沉默。

这种沉默不是日常所理解的"故作深沉"或"闷不发声",而是警醒哲人们接受和承认更高者通过其方式强加给我们的一种限制,并意识到哲学对于公共领域与城邦政治的潜在威胁,从而持更为审慎的态度。在这种沉默中,超越的"更高世界"的神秘不仅得到了承认和保护,它还同时表达了对"什么是善的"这一类问题的虔敬。而得知答案的方式不在于人以中间者的身份通过命题的形式直接地回答"什么是美,美的意义何在"——维特根斯坦明确告诉我们这些问题没有答案,因而就是没有意义的——而是应当在保持沉默的前提下,间接地去亲身"显示"这类问题的答案。沉默只是一种间接的沟通,它恰恰要求的是人们不能在生活中消极地静默,而是应当以实

---

① 〔奥〕维特根斯坦:《逻辑哲学论》,第 105 页。
② 同上,第 104 页。

际的行为和品格来体认与呈现。

二、冯友兰以"负方法"超越"不可说"

《新知言》是冯友兰"贞元六书"中专门讨论哲学方法论的著作。在这部书的第一章"论形上学的方法"，冯友兰主要谈到了两种哲学方法，即"真正形上学的方法有两种：一种是正底方法；一种是负底方法。正底方法是以逻辑分析法讲形上学。负底方法是讲形上学不能讲。讲形上学不能讲，亦是一种形上学的方法。"①

冯友兰"负方法"的渊源，可以追溯到 1933 年冯友兰去英国剑桥大学演讲，遇到维也纳学派的宗师维特根斯坦，两人相谈甚欢，"颇觉以为相投"。之所以谈得投机，冯友兰讲是因为他们两人在不可言说、不可思议问题上有着相同的兴趣②。可以说，正是在维也纳学派的启示下，冯才重新发掘出中国古代哲学的言说方式③，即负的言说在现代中国哲学建构中的意义。

1943 年，冯友兰在《新理学在哲学中之地位及其方法》及作为此文的扩充之一的《新知言》中，阐明了他对《逻辑哲学论》的基本看法。虽然冯友兰直接讨论维特根斯坦哲学的篇幅不大，却清晰简明。其中关于《逻辑哲学论》的阐释大约有这样三层意思：首先，将维特根斯坦和维也纳学派的界限划清。在冯友兰看来，在西洋现代哲学家中，维特根斯坦虽作为维也纳学派的宗师，但他并不同于其他维也纳学派中的成员。表面上他似乎要取消形上学，实则是以我们所谓形上学的负的方法讲形上学④。冯友兰认为，维也纳学派是力图将形上学彻底消除，与其不同的是维特根斯坦批判传统形而上学的目的是为了维护不可说的形而上学，以冯友兰的术语来讲，这就是用负的方法讲形而上学。其次，冯氏用禅宗哲学来阐释维特根斯坦的"沉默

<hr>

① 冯友兰：《三松堂全集》(第 5 卷)，郑州：河南人民出版社，2001 年版，第 149 页。
② 冯友兰：《三松堂全集》(第 1 卷)，第 231 页。
③ 郑飞：《"负的方法"与"不可言说"》，《中州学刊》，2004 年第 6 期。
④ 冯友兰：《三松堂全集》(第 4 卷)，第 149 页。

说"。冯友兰认为,负的方法在中国传统哲学中并非没有依据,相反它由来已久,中华道家与佛家均运用负的方法进入与加强形而上学,后在道家与佛教的融合下诞生了禅宗,在冯友兰看来禅宗哲学即为静默的哲学。在《新知言》论禅宗的方法的一章中,冯氏便引述了《逻辑哲学论》的最后结论,对于不可说的,我们需保持静默,"照我们的看法,这种静默,是如上引慧忠国师的静默。他们都是于静默中,'立义境'"①冯友兰认为,维特根斯坦和慧忠禅师均是以沉默的姿态来表显第一义的。最后,冯友兰认为维特根斯坦《逻辑哲学论》是采用了诗意的文字表达法。他说哲学家表达思想既可以以大部头大篇幅的文字论述,也可用格言的方式予以启示,前者在他看来为散文的风格,而后者为说诗的方式。散文的方式文字越多表达越是明确,意义便越是局限,而诗的方式言有尽而意无穷,富于暗示性,读者可得言外之意、象外之旨。冯友兰认为维特根斯坦的《逻辑哲学论》"也是用名言隽语的方式写出来底。它是用诗底方式表达意思……是富于暗示底"②。

维特根斯坦的"梯子"是一整套关于命题意义的图像论。这套理论旨在向人们表明自然科学命题可以完全地描述世界。可以说,图像论所指明的是可以言说的。不过,维特根斯坦构造这套理论还有另一个更大的企图,即通过指明可说的而意指不可说的东西——"哲学通过清楚地表达可说的东西来指谓那不可说的东西。"③于我们而言,神秘之物永远应该且只能神秘地自我显示着。在维特根斯坦的视界中,世界由一切偶发事实所总和,在世界之外潜伏着必然性的价值。由于语言仅仅与世界具有同构关系,所以语言的表达方式与内容具有偶然性,它并不能触及世界之外的绝对"价值之域"。如果某种价值可以被陈说,那么这一价值本身由于并不具有必然性从而丧失了价值。以"超验的方案"看待"冲撞语言界限的冲动",便需要明确事实(语言)与价值这两个世界的无限分离,前一领域是偶然和经验的领域,而后一个是必然和绝对的领域。这种分离要求人们对于什么是美这一类人生问

---

① 冯友兰:《三松堂全集》(第 5 卷),第 229 页。
② 同上,第 234 页。
③ 〔奥〕维特根斯坦:《逻辑哲学论》,第 49 页。

题保持一种崇敬的沉默。

　　而冯友兰认为，真正的形而上学是"一片空灵"，这是真正形而上学的标准①。所谓正的方法，即是逻辑分析法，以讲形而上学的对象为核心。所谓负的方法，则并不关心形而上学的对象为何，而着重描绘其不是什么。在审美活动中，我们更应采取是负的方法，"新理学"之所以以负的方法作为补充，正是因为冯友兰感受到了逻辑分析方法的局限。他认为从方法来说，哲学最初是以经验为出发点，但形上学的发展使它最终达到超越经验所思议的"某物"时——是超越理智的，即不可感又不可思者，人必须用否定理性的方法才能达到它。这种否定的方法似乎很趋近于神秘主义似的思想。冯友兰认为：一个完整的形上学系统，应当以正的方法开始，以负的方法结束②。如果它并不以负的方法为终点，那它也就无法达到哲学的最后顶点。如果它不以正的方法为起点，它就缺少作为哲学本质的清晰思想。

三、"不可说"与"负方法"的美学问题

　　冯友兰的"负方法"更多来源于中国式释、道家思维，对于沉默的显示法与负的方法的诠释，《新知言》中有一个十分形象的比喻，冯友兰阐述道："此种讲形上学的方法，可以说是'烘云托月'的方法。画家画月的一种方法，是只在纸上烘云，于所烘云中留一圆底或半圆底空白，其空白即是月。画家的意思，本在画月。但其所画之月，正在他所未画底地方。用正底方法讲形上学，则如以线条描一月，或以颜色涂一月。如此画月底画家，其意思亦在画月。其所画之月，在他画底地方。用负底方法讲形上学者，可以说是讲其所不讲。讲其所不讲亦是讲。此讲是其形上学。犹之乎以'烘云托月'的方法画月者，可以说是画其所不画，画其所不画亦是画。"③从这里我们可以看到冯友兰所讲求的正的方法就如同维特根斯坦的"梯子"，是一套由理性构筑

---

①　冯友兰：《三松堂全集》（第 5 卷），第 155 页。
②　冯友兰：《三松堂全集》（第 4 卷），第 4-18 页。
③　同上，第 150 页。

的理论体系,用这一类学说来阐释世界上"可说的",而其所谓的负的方法与维特根斯坦的"显示"学说则十分相似,同样是通过"清楚地表达可说的东西来指谓那不可说的东西"。维特根斯坦一再断言,意义命题是无法陈述的东西,且根本就不能被陈述,但他认为虽然某些东西不能为命题所陈述,但仍然可以在以意义命题中出现,它们是自我显现的,因此不能说的某些东西可以被显示。可见,冯友兰和维特根斯坦是对于那未说的部分是更为感兴趣的,但由于其理性精神所赋予的审慎态度与科学立场使得他们认识到有许多超验的对象是无法用语言来进行具象描述的。

不可说的"无意义"话语对于理解与揭示人生意义至关重要。只有在这种无意义的谬说中,人真实的生存状况才得以流露,这便是无意义话语的"重要性"。维特根斯坦认为是它记载了人类心灵的一种倾向。与维特根斯坦相似,冯友兰一方面坚持以理性的分析与归纳作为根本的哲学方法,另一方面,又以负的方法所达到的不可思议的高境界为其更高精神追求。在他看来,康德哲学区分了可知与不可知,人能够知的是现象,人所不能知的、不可知的是自在之物。在可知与不可知之间有一个界线,理性没有办法超过这个界线,只能留在界线的此岸,而美学学科则是在此岸与彼岸间的一种典型命题,也即维特根斯坦的"界线"。所以,在冯友兰关于哲学方法论的论述中,用负方法讲形而上学的研究方法对美学具有深刻的启示,且负方法本身就蕴含着丰富的美学意味。

彭锋认为,在为数不多的冯友兰美学思想研究中,研究者大多重视他以正的方法说明的与美学直接相关的命题,从而遮蔽了其以负的方法显现美学意蕴的深刻性[①]。例如,冯友兰对天地境界的论述在很大程度上就是一种审美境界,其所谓风流人格亦是一种审美人格。李昌舒认为,冯友兰的负方法是把握新理学最高哲学范畴"大全"的根本方法[②]。冯友兰在他的哲学著作中,将负的方法分为道、禅、诗三类,其中道家用"去知""坐忘"的方法把握

---

① 彭锋:《冯友兰"人生境界"理论的美学维度》,《北京大学学报》(哲学社会科学版),1997年第1期。

② 李昌舒:《新理学负的方法的美学意义》,《安徽师范大学学报》(人文社会科学版),2004年第4期。

同天境界,实际上是站在一种无限的立场观照有限,这种以"无"观"有"的思想正是"中国艺术的一切造景"①;禅宗认为第一义是不可说的,所以强调"悟"的方式,而此"悟"恰与审美直觉相似,宗白华认为"悟"是审美的最高阶段,审美只有达到这一阶段才得以真正地诞生;诗的语言因其本身不可说性与暗示性决定了负的方法必然蕴含着丰富的美学意味,所以正是艺术审美而非思辨才使得天地境界的达成成为可能。

四、结论

维特根斯坦认识到人有冲撞界限的冲动,他在自己的体系内也不断重复着"形而上学的冲动"。维特根斯坦表明他绝不是因为这种冲动无果而嘲笑它,相反,这也是他自己最本真的冲动。在把自己的《逻辑哲学论》推介给出版商 L.V. 费克的一封信中,维特根斯坦曾说明,《逻辑哲学论》的观点"是一种伦理(美学)的观点",并称这一点也许是"了解这本书的一把钥匙"②。他说,这本书有两个部分,一个是写出的部分,另一部分没有写,而正是没有写的那一部分才是至关重要的。哲学"通过清楚地表达可说的东西来指谓那不可说的东西"。我们也许可以这样理解:维特根斯坦觉得人们在空谈伦理、审美问题,而他自己则通过对可议论的事情的言说来对不可议论之事保持沉默,通过这种方式把一切安放在适当的位置上。所以,无并不是笼统无别的,无通过不同的有生成,即不可说随着言说生成。冯友兰的哲学方法论中延续了这一言说与沉默的互补模式,并融进具有中国本土化特色的文化特性,使得维特根斯坦的沉默有了得以显现的容器,例如道、禅、诗等。冯友兰强调将东方重直觉轻概念的思维方式同西方重逻辑少诗意的思维方式相结合,以达到提高人的精神境界之目的,由此,为我们打开了一个新的美学体悟向度。他有意识地融合中西思维模式传统,强调主客二分而又超越主

---

① 宗白华:《美学散步》,上海:上海人民出版社,1981 年版,第 70 页。
② 陈嘉映:《语言哲学》,北京:北京大学出版社,2003 年版,第 151 页。

客二分,他的哲学思想系统中设置了一个充满审美意蕴的负的方法,这便在终极意义上走向了"超主客关系的天人合一",抵达了一个全然有别于主客对立的诗性弥漫境界。

吴宓与《红楼梦》研究管见

王启孝

20 世纪 60 年代初，在西师中文系读书时，吴宓老师担任我们年级的《文言文导读》课程，当时听说他能一字不差地背诵《红楼梦》全书，而且还听说书中有多少个标点符号，有多少个人物，哪个人物在哪一页出现的，他都记得一清二楚。我听到这些说法后，甚为赞佩吴老师的治学精神和惊人的记忆力。1964 年毕业前夕，为了写好毕业论文《试论薛宝钗》，我几乎天天下午下课后和晚上都到学院图书馆翻阅有关《红楼梦》研究的资料。在偌大的西师图书馆却没有看到吴老师写的评《红楼梦》的文字。我们读的《中国文学史》教材里面，在《红楼梦》一章中，有关吴宓研究《红楼梦》的事一个字都没有记载；授课老师在讲这一章节时也没有提到吴老师的名字。1974 年 6 月发行的西南师范学院中文系首届工农兵学员编著的《读〈红楼梦〉资料选》一书中，也没有吴宓的名字。当然，那时我和同学们也不知道吴老师在"红学"研究上的成就和贡献。要是那时我能读到他的《红楼梦新谈》《石头记评赞》等文章，或是去请教他的话，我的那篇毕业论文就不至于写得那么拙劣了。

毕业后，我被分配到青海后又搬迁到川西北的一个偏僻的山沟，几乎与世隔绝，一待就是几十年。在吴老师离开人世三十多年后的一天，我偶然在新华书店购得徐葆耕编选的《会通派如是说——吴宓集》，该书选录了《〈红楼梦〉新谈》和《石头记评赞》。读完此书，我才知道吴老师既是诗人、教授、学者、教育家、比较文学的开拓者,还是杰出的红学家。于是,我在网上搜索,在书店里寻找,几是刊载有吴老师在红学方面的文章和资料,我都想方设法搞到手来阅读、欣赏和品味,并摘抄了不少这方面的资料。

在相当长的一段时间里,吴宓老师是个被遗忘或被忽略的人物,他在"红学"上的名声同样被埋没了几十年,但他在《红楼梦》研究上所做出的努力、所取得的显著成就和做出的杰出贡献,历史不会忘记,人民也不会忘记。

一、嗜读《红楼梦》终生不衰

吴老师年纪尚幼时,其嗣父仲旗公,就给他讲红楼梦的故事,在他少年时代的心灵里留下深刻印象。1907 年,他刚十四岁时,第一次阅读《红楼梦》。《吴宓自编年谱》有如下记载:

"仲旗公带回之行李中,有《增评补图石头记》此书,俗称《红楼梦》。一部,铅印本,十六册。本书第一回,由第二册起。(与后来商务印书馆所出版之《增评补图石头记》,分订上下两册者,完全相同。)宓见之大喜,赶紧阅读。并于夜间,伏衾中枕上,燃小煤油灯读之。每昼夜可读五至六回。故得于明年中旬(宏道下学期开学前)读毕全书。"①

从此,这部《增评补图石头记》成为他的好友、伴侣,与他形影不离,陪同他从三原到北京清华。随后,吴老师去美国读书时,《增评补图石头记》伴随着他漂洋过海到了美国。他从美国留学回国后,这套《增补图石头记》成了他的终生挚友,与他朝夕相处,陪他渡过了坎坷的一生。他经常阅读或随时翻阅其中的某些章节,抑或是借给学生和老师们阅读。直到"文化大革命"期间,他受到关押、批斗,命悬于一旦时,他仍然阅读《增评补图石头记》不辍,还时常和学生、老师交谈《红楼梦》。为保存这部书,"文化大革命"期间,在他遭受成天批斗的关头,他不得不把跟随自己数十年的《增评补图石头记》托付给自己培养的助教江家骏保存。

---

① 吴宓:《吴宓自编年谱》,第 74 页。

1971 年 5 月，吴老师被送到梁平"劳改队"后，仍然坚持读《红楼梦》，仍然惦记他那部《增评补图石头记》。《吴宓日记》有详细记载：

1972 年 5 月 4 日　星期四

晚批复荣、富四月二十八日来函。改正错字，述宓近况。另附一页，令荣、富、果、建四人，往设法取来江家骏所据有之宓藏《增评补图石头记》上下二册。①

1972 年的《吴宓日记》，还为我们留下了吴老师读《红楼梦》一书的详细记录：

1972 年 4 月 18 日　星期二

午餐后，卧息。背诵《石头记》回目(不缺)。②

1972 年 5 月 5 日　星期五

晡夕作函致李赋宁北京大学述宓近况，请宁在北京代购新印行之《红楼梦》一部，寄至宓处书价及邮费，由宓补偿。为盼。(笔者注：后来，陈心一和李赋宁都没有给吴老师买到《红楼梦》一书)③

1972 年 9 月 11 日　星期一

又致心一函，请改买平装三册《红楼梦》一部寄来。④

1972 年 11 月 4 日　星期六

上午，晴，云。8:30 至 11:30 中文系学习……中间休息时，有人询宓以《红楼梦》之价值何在？宓答：在能描写封建贵族家中人性(尤其妇女习性)之真实。⑤

---

① 吴宓：《吴宓日记续编》第 10 册，第 103 页。
② 同上，第 89 页。
③ 同上，第 104 页。
④ 同上，第 180 页。
⑤ 同上，第 217—218 页。

1972 年月 12 月 2 日　星期六

荣此来,借得其友汪声荣之新版、铅印《石头记》一部,上下册,与宓读。① （笔者注:从此,吴老师几乎天天读这部《石头记》）

1972 年月 12 月 3 日　星期日

下午……宓坐窗前,对日光,读《石头记》卷首,至晚完。……

晚粘贴(并修补)《石头记》之大观园图。又为《石头记》卷首绣像,加标题、人名,校对错字。至晚 9 时寝。②

1972 年 12 月 4 日　星期一

上下午专读《石头记》。至下午四时读完第一至第六回,并校对错字,且加评注。……夕 5 时,……贺国俊与宓简谈《石头记》。③

1972 年 12 月 5 日　星期二

日出,大晴。宓临窗,据案读《石头记》第七至十二回。

下午,阴,晦。宓续读《石头记》,连上午至第十二回。④

1972 年 12 月 6 日　星期三

下午及晚在舍读《石头记》第十三至十八回。⑤

1972 年月 12 月 7 日　星期四

上午,读《石头记》第十九至二十二回。……下午续读《石头记》第二十三至二十七回。⑥

1972 年 12 月 8 日　星期五

上午读《石头记》第二十八至三十二回。……下午,阴晦。续读《石头记》第三十三至三十六回。晡夕,雪来,坐读《石头记》。⑦

1972 年 12 月 9 日　星期六

---

① 吴宓:《吴宓日记续编》第 10 册,第 242 页。
② 同上,第 243-244 页。
③ 同上,第 244 页。
④ 同上,第 245 页。
⑤ 同上。
⑥ 同上,第 246 页。
⑦ 同上,第 246-247 页。

上午下午读《石头记》第三十七至四十四回。①

1972 年 12 月 11 日　星期一

上午及下午读《石头记》第四十五至五十回。②

1972 年 12 月 12 日　星期二

……又谈中文系教师(i)编写中学教材(ii)学习外文事。本系教师林昭德所编写之件,须求借《石头记》一书,参阅。宓告雍君:可命其来宓室借读。……下午,晴,云。午眠和衣、覆盖寝寐。至 2:30 起,读《石头记》第五十一至五十三回。③

1972 年 12 月 13 日　星期三

晚,下楼,访钱泰奇、孙荃夫妇……(二)告奇:心一复函未能在京买到《石头记》。与奇商购《石头记》事,奇谓彼亦欲买一部,但决无法买到云云。劝宓向江家骏索还此书。④

1972 年 12 月 15 日　星期五

3 时午眠起,续读《石头记》至晚 8 时,读毕第一册(上册)第五十三至五十六回。⑤

1972 年 12 月 16 日　星期六

上下午及晚,读《石头记》下册第五十七至六十三回。⑥

1972 年 12 月 17 日　星期日

上午及下午续读《石头记》第六十五至六十八回。⑦

1972 年 12 月 18 日　星期一

上午下午,读《石头记》第六十八到七十四回。⑧

1972 年 12 月 19 日　星期二

---

① 吴宓:《吴宓日记续编》第 10 册,第 247 页。
② 同上,第 249 页。
③ 同上,第 249-250 页。
④ 同上,第 251 页。
⑤ 同上,第 252 页。
⑥ 同上。
⑦ 同上,第 253 页。
⑧ 同上,第 254 页。

上午及下午,读《石头记》第七十五至七十八回。

晚七时,方读至《芙蓉诔》,林昭德如约来,彼方奉令撰文,遂取去《石头记》上下册,以供参考,约半月后还来。①

从此,吴老师读《石头记》被中断下来,直到"1973 年 2 月 13 日 星期二。取来奇、荃处之读书笔记第二册荃已为缝钉毕。及《石头记》下册,宓自七十八回起续读"②。以后他连续读了数日,终于读完《石头记》下册。

在此期间,吴宓老师曾于 1972 年 12 月 24 日"作柬致江家骏,说明:骏所借去宓旧藏之《增评补图〈石头记〉》一部,上下二册,黑皮,商务版。已七八年。该书,宓曾约定:宓临死时必将赠送骏,但今祈骏将该书,借与宓重读,1973 四月一日以前定必归还,云云"③。直到 1973 年 1 月 3 日晚上,江家骏之妻冯昌敏来告诉他,承认书在骏处,说是为避免多人盗取、借读,她带往成都存放在其兄处,并劝他"该书取回之后,宓仍必密藏,勿令人窥见,起觊觎之心,设法窃取或强借去"④。从 1973 年的《吴宓日记》中可以看出,江家骏后来将《增评补图石头记》送还了吴宓老师。1973 年 10 月 5 日的《吴宓日记》这样写道:"林昭德随宓来舍,借去《增评补图石头记》上下二册。——又欲借读宓撰之'读敦敏等著作中述及曹雪芹事迹'之笔记"⑤。过了一个月,即 11 月 5 日上午 10:30,吴宓老师亲自"着胶鞋出。至文化村二舍访林昭德,取还宓书《增评补图〈石头记〉》上下二册"⑥。11 月 30 日下午,吴宓老师收到"心一寄来之 1973 十一月十九日《北京日报》,上有辛文彤撰《吃人的封建的社会,血写的历史——看〈红楼梦〉中几十条人命》"⑦,他将该报送往林昭德宿舍,并在报纸上用红笔大写其来意,要林速送还他借去的《增评补图石头记》。林还他书后,11 月 11、12 日他又借给"雪重读",到 12 月 30 晚上,

① 吴宓:《吴宓日记续编》第 10 册,第 254-255 页。
② 同上,第 306 页。
③ 同上,第 259 页。
④ 同上,第 271 页。
⑤ 同上,第 494 页。
⑥ 同上,第 518 页。
⑦ 同上,第 535 页。

雪才将《增评补图石头记》送还给他。以后,直至吴老师离开西师回陕,再没有看到有关此部《增评补图石头记》的记载。因为 1974 年日记在"文革"中被抄去丢失,1975、1976 和 1977 年吴宓老师写没有写日记至今不得而知。此部吴宓老师一生珍藏的宝书,是否与他一块回到了陕西,至今无从知晓。但愿这部《增评补图石头记》没有丢失,能够永远陈列在安吴堡吴宓纪念馆里面,供人们参观,看见它犹如见到吴宓老师那样,让人崇敬和感动。

吴宓老师如痴如醉地喜欢《红楼梦》,认为此书是古今中外的第一本好书,并且称自己为紫鹃,理由是紫鹃对林黛玉的爱护最纯粹。吴宓曾在《武汉日报》发表过《论紫鹃》一文,对紫鹃忠诚、善良、执着的品格褒扬备至。文章的尾句是:"欲知宓者,请视紫鹃。"在吴宓看来,林黛玉是中国女性中最美好的人物,能够像紫鹃那样无限忠诚和深情地服侍和维护黛玉,是自己的最高理想。其实,酷爱《石头记》,宝爱和捍卫中华民族的优秀传统文化更是他毕生的追求和理想。

二、演讲《红楼梦》至死不辍

吴老师演讲《红楼梦》时间之长、次数之多,可以说是无人可比。早在哈佛大学求学期间,"盖哈佛大学中国留学生规定,每两星期开晚会一次,每次请二位同学讲(中、英语,随意)。本年(笔者注:1919 年)一月中旬一次晚会,轮值(1)孙学悟(2)宓,演讲。宓所讲,即《红楼梦新谈》之内容,而更加发挥。是晚会中,众皆急盼(1)孙君速完毕,而得聆(2)宓讲。麻省理工学院及波士顿大学亦各有中国学生数人来会,为听宓讲《红楼梦》云"[①]。其结论是:"《红楼梦》为中国小说一杰作。其入人之深,构思之精,行文之妙,即求西国小说中,亦罕见其匹。"[②]这是吴老师首次在国外讲《红楼梦》,也是中国人第一次向留学生及美国学生盛赞《红楼梦》之伟大。他开了在国外演讲《红楼梦》之先河。

---

① 吴宓:《吴宓自编年谱》,第 185-186 页。
② 徐葆耕编:《会通派如是说——吴宓集》,第 276 页。

　　无论是"旧红学"还是"新红学",红学家众多,在公众场合演讲《红楼梦》的人,除了吴宓老师,仅有少数几人。吴宓老师在美国的讲稿《红楼梦新谈》发表在 1920 年《民心周报》第十七、十八期上,开始了他的红学生涯。据有人统计,1919 年至 1949 年,吴宓共做了六十多次《红楼梦》讲座;解放以后到"文化大革命"开始后为止,他先后在大学、重庆市政协、重庆市川剧二团、四川省政协对《红楼梦》做了多次演讲,广泛宣传《红楼梦》的艺术价值和社会意义,对弘扬我国的传统文化做出了不可磨灭的贡献。

　　1919 年 3 月 26 日,陈寅恪给吴宓的《红楼梦新谈》题词:"等是阎浮梦里身,梦中谈梦倍酸辛。青天碧海能留命,赤县黄车更有人。世外文章归自媚,灯前啼笑已成尘。春宵絮语知何意,付与劳生一怆神。"这是陈寅恪与吴宓最早之文字交往,也是现在能够见到的陈寅恪评价《红楼梦》的最早的文字。吴宓得此诗后非常高兴,从此开始了二人长达几十年的生死友谊。

　　岳南《南渡北归》一书中写道:"在 1940 年至 1942 年期间,西南联大校内竟掀起了一股《红楼梦》热潮,此热潮最早是由吴宓的学生、联大外文系教授、留德博士陈铨发起,吴宓帮着张罗。陈铨本人是位作家,曾以剧本《野玫瑰》闻名于当世,且在重庆地区掀起批判讨伐的波浪。据吴宓 1940 年 4 月 11 日记载,陈铨于当晚在联大西门内文林堂讲演《叔本华与红楼梦》,反应强烈,'听者极众,充塞门户。其盛况所未有也'。陈铨的演讲一炮打响,令吴宓等人极其兴奋,很快在联大成立了一个'以研究《石头记》为职志'的'石社',以吴宓、陈铨、黄维等欧美派教授为核心人物,开始于不同时间、场合演讲《红楼梦》,热潮随之掀起,渐渐从联大校园内漫延至整个昆明城,演讲受到各阶层人物的追捧。当地新闻媒体以新闻从业者的敏感,抓住这一话题趁机炒作,使'石社'与《红楼梦》热潮持续升温。作为这股热潮核心人物之一的吴宓,还受昆明电台之邀,专门演讲了二十分钟的《红楼梦之文学价值》,得酬金 80 元。当时昆明一碗面的价格是 2 元,吴宓一次演讲所得相当于 40 碗面条,其数量不算太多,但对穷困的教授来说,也算是相当可观的'灰色收入'了。"①

---

　　①　岳南:《南渡北归》,长沙:湖南文艺出版社,2011 年版,第 264–165 页。

仅 1942 年暑假,吴宓为联大学生讲《红楼梦》共七次。可以想见,吴宓讲演《红楼梦》,成为联大和昆明的公众人物,这情形大概和如今的《百家讲坛》讲红楼梦的刘心武类似。

吴宓在西南联大多次演讲《红楼梦》,深受广大师生和听众的爱戴和尊敬。他给学生演讲《红楼梦》时,不但能一字不差地背诵原著的诗文,而且,要求学生写出自己读书的心得,集中放在图书馆里,供大家借阅,互相交流、启发。这样,在战火连天的年代,西南联大校园内实际上就辟出一块红学园地,有了红学专刊,奋发向上的莘莘学子在这里与吴宓教授一起,共同探讨红楼梦的艺术价值,思索文学与人生的真谛,从而,极大地推动了西南联大的《红楼梦》研究。

缪钺在《回忆吴宓先生》一文中记述道:"1944 年秋冬间,吴先生应燕京大学之聘(时燕京大学在成都复校),前往成都,路过遵义,住了半个多月。……浙江大学请吴先生讲演,吴先生讲'《红楼梦》人物分析'专题,阐发《红楼梦》书中所蕴藏的人生哲理,见解精辟,师生听者兴致甚高,称为山城盛事。"①

1947 年吴宓老师回陕西省探亲期间,应邀在西北大学和陕西师大讲演《红楼梦》。吴宓老师的妹妹吴须曼在《回忆先兄吴宓教授》作了详细记录:"1947 年来西安时,在西北大学作过一次《红楼梦》演讲,听讲的人很多,我当时也去了。偌大一个礼堂,座无虚席,每一个窗台都被占用了。演讲开始后,全场没有一点声音,当时我感到不是在听演讲,而是在看一个演员作表演,而且是一个人扮几个角色,王熙凤的阴险毒辣,林黛玉的多情善感……都演得惟妙惟肖。他的精彩演讲,轰动了整个古城。此后,先兄还于 1961 年到陕西师大作过一次讲学。"②

吴宓老师在西南师范学院教学期间,经常给学院老师和学生讲《红楼梦》。仅 1963 年《吴宓日记》记载的就有数次:

① 李继凯、刘瑞春选编:《追忆吴宓》,北京:社会科学文献出版社,2001 年 1 月,第 5 页。

② 政协泾阳县委员会文史委员会编:《国学大师吴宓》(泾阳文史资料第十三辑)(内部资料),2012 年版,第 21 页。

1963 年 1 月 25 日　星期五

阴历癸卯年正月初一日,春节。……宓出与近邻互拜年讫,8:30 乃随历史系党总支书记季平、系主任郭豫才、系办公室李德奎同出至各首长家拜年……(5)姚大非副院长似已复职。及夫人徐明,留进茗点,谈《红楼梦》,宓简述"一从二令三人木"解。①

1963 年,吴宓老师曾帮助重庆市川剧团二团编写川剧《晴雯传》。

1963 年 2 月 3 日,星期日

……至北碚电影院门口,遇吴祖慰,缓步同归,为慰述说宓讲《红楼梦》之要点。慰送宓归抵舍,已下午 1:00 矣。②

1963 年 2 月 22 日　星期五

今日会中,以定计划及讨论宗老及樊所编之参考资料为主。计划中有四月底曹雪芹纪念会之红楼梦讲谈一项目,讲者数人,宓为其一,须早速交入讲稿,备印发研究,云。③

1963 年 2 月 26 日　星期二

晚,以热水濯足,兼为马、温二生讲《石头记》人物。④

1963 年 6 月 23 日,星期日。

方军又一再言,宓讲《红楼梦》对重庆川剧院二团诸演员启发甚大,故《晴雯传》演出甚佳。此次荀慧生来渝,曾连观两次,甚为赞赏,回京携去剧本,拟改由京剧演出,云云。⑤

这页还作了这样的注释:重庆市政协文艺组曾于 1963 年 4 月 13 日在市

---

① 吴宓:《吴宓日记续编》第 6 册,第 10—11 页。
② 同上,第 17 页。
③ 同上,第 34 页。
④ 同上,第 36 页。
⑤ 同上,第 47 页。

政协俱乐部举办讲座,纪念曹雪芹逝世两百周年。请林昭德主讲《曹雪芹的生平和〈红楼梦〉的人物形象及艺术特点》;作者(笔者注:吴宓)主讲《〈红楼梦〉与世界文学》。此外作者曾为重庆川剧院演创人员讲演《红楼梦》,又对该院所排演的《晴雯传》提出己见①。

在汪曾祺的记忆中,吴宓先生讲"红楼梦研究",经常有后来的女生没有椅子坐,他看到后,马上就去旁边的教室搬来椅子,等学生都坐好,才开始讲课。吴先生此举,也引来一些有骑士风度的男生追随学习。

吴宓老师经常把自己比作《红楼梦》中的贾宝玉。顾毓琇有"千古多情吴雨僧"句,吴宓字雨僧,让人想起蒋捷的《虞美人听雨》:"而今听雨僧庐下,鬓已星星也! 悲欢离合总无情,一任阶前点滴到天明。"事实上,吴宓一生的苦恋和痴情,也的确如这半阕词所写,"悲欢离合总无情"。有同事取笑他是"情僧"。吴宓并不因此恼怒。缪钺在《回忆吴宓先生》中说:"我经常听他讲《红楼梦》。妙绪纷披,发人深省。"

三、研究《红楼梦》功垂后世

"《红楼梦》出世以后,它所具有的思想艺术力量,立刻惊动了当时社会。人们读它,谈论它,对它'爱而鼓掌''读而艳之';又为品评书中的人物,'遂相龃龉,几挥老拳';还有的青年读者,为书中的爱情故事感动得'呜咽失声,中夜常为隐泣'。《红楼梦》不仅获得了广泛的传播,而且还取得了极高的声誉,当时有'开堂不说红楼,读尽诗书是枉然'之语。后世有千千万万的人来读《红楼梦》。"

《红楼梦》除了具有广泛的社会影响之外,它还引起人们研究的兴趣。在中国文学史上,还没有一部小说曾经像《红楼梦》这样引起探索、评论的热情。著名作家王蒙在《红楼启示录》一书中指出:"红楼梦是一部挖掘不尽的书,随着时代的变迁、读者的更换,会产生新的内容、新的活力。它本身是无价之宝,又起着聚宝盆的作用,把种种睿思、色色深情都聚在周围,发出耀目

---

① 吴宓:《吴宓日记续编》第6册,第47页。

的光辉。"他还指出:"《红楼梦》是一部奇书,奇就奇在它的'话题价值'。它是永远的,历史不衰的话题。它是各色人等从贩夫走卒到胡适到俞平伯,从毛泽东到江青……的话题。你讨论不完它,研究不完它,它是不可穷尽的话题。"①这段论述告诉人们,围绕《红楼梦》的价值、社会影响等话题,两百多年来众多的红学家、广大读者进行了艰辛的探索、论争和交流,甚至历经多次所谓的批判和斗争,不少人为此付出了自己毕生的心血、代价甚至生命。吴宓老师就是其中之一。

早在清朝光绪初年,京朝士大夫尤喜读《红楼梦》,互相口称为"红学"。在光绪后期的士大夫中,谈红学已成为他们的重要谈话内容,"红学"一词已成为他们口头语。可见,"红学"一词由来已久。后来,"红学"就成为研究和评论《红楼梦》的专称,成为一门非常特殊的学问。"红学"有旧红学和新红学之称。

吴宓老师研究《红楼梦》,既不同于索隐派,也不同于胡适的考据派,也区别于建国后的"新红学"。这是基于他对《红楼梦》独特而深刻的认识和理解。他认为《红楼梦》不仅是一部伟大的文学著作,而且是一部阐发人生哲理的书。因而他把《红楼梦》作为文学作品来研究,用比较文学的理论和方法研究《红楼梦》,更着重于对人物的剖析。吴宓老师写过很多文章,对贾宝玉、林黛玉、紫鹃、王熙凤等人物进行深入分析。例如,他把卢梭的所谓"二我"之说,也即心理学上所谓"双重人格"应用在贾宝玉身上,认为甄、贾二位"宝玉"都有着曹雪芹的影子。这样的解释在今天当然已经不再新鲜,但在当时还是"独具慧眼",令人耳目一新的。

我们不妨回顾一下《红楼梦》研究的历史。

清末民初著名学者王国维是从哲学和美学角度评论《红楼梦》的第一人。1904 年,王国维的《红楼梦评论》发表在《教育世界》杂志上,比蔡元培的《石头记索隐》早十三年,比胡适的《红楼梦考证》早十七年,比俞平伯的《红楼梦辨》早十九年。

蔡元培的《石头记索隐》是旧红学代表作,它以索隐猜谜的方法探测作

---

① 王蒙:《红楼启示录》,北京:生活·读书·新知三联书店,1991 年版,第 258 页。

品,在当时则不足取。胡适、俞平伯的著作是新红学的代表作,他们对旧红学是沉重一击,在考证作者的生平、版本和作品的价值上有新的突破,但他们仍未摆脱唯心主义的观点,仍未从哲学和美学的角度来衡量《红楼梦》,而真正运用哲学和美学来评价《红楼梦》,在红学研究史上是从王国维开始的。

王国维的《红楼梦评论》共分五章,首章"人生及美术之概观"是一篇总论,重点阐述人生的本质和文艺的作用。他认为人生的本质是欲望与痛苦的海洋,人生是不幸的。他写道,"故人生者如钟表之摆,实往复于苦痛与倦厌之间者也"①,"欲与生活与苦痛,三者一而已矣"②,认为要解决这种痛苦只有文艺,而文艺有两类,一类是使吾人"离生活的欲",这是好的,另一类则是使吾人"复归于生活之欲",这是该诅咒的,《红楼梦》则属于第一类。第二章"红楼梦之精神",在第一章基本观点的基础上,他把《红楼梦》的主旨归为宣传"人生之苦痛与解脱之道","实示此苦痛之由于自造,又示其解脱之道不可不由自己求之者也"③。第三章"红楼梦之美学之价值",他先举出叔本华三大悲剧之说,认为《红楼梦》属于第三种悲剧,即"由于剧中人物位置及关系而不得不然者,非必有蛇蝎之性质与意外之变故也",是"人生之所固有"④,其美学价值是"示人之真相及解脱之不已"。第四章"红楼梦伦理学上之价值"。他认出为《红楼梦》的伦理学价值重于美学价值。它在理论上的价值是宣扬"解脱","以解脱为理想","自己解脱者得观之,安知解脱之后,山川之美,日月之华,不有过于今日之世界者乎?"⑤他把人生描绘成苦海,竭力宣传超脱。第五章"余论",这是对当时的"索隐""影射"和自传说的批评。他指出倘若以贾宝玉为纳兰性德,那"吾恐其可以傅合者,断不止容若一人而已"⑥,又说倘若所写系自道生平,亲闻亲见,那"《水浒传》之作

---

① 王国维:《红楼梦评论》//王国维:《王国维文学论著三种》,北京:商务印书馆,2010年版,第2页。

② 同上。

③ 同①,第8页。

④ 同①,第12页。

⑤ 同①,第16页。

⑥ 同①,第21页。

者必为大盗,《三国演义》的作者必为兵家"①。这些批评一针见血,是中肯的。

《红楼梦评论》一书的好处首先是以哲学和美学理论作基础;其次文章本身具有系统性、逻辑性,不是零敲细打、支离破碎的;第三,他的评论是从文艺特征出发,不是从政治学、社会学来看待的;第四,正当索隐说、自传说风行之时,他能独树一帜,不赞成他们的见解。这些都是王国维高于前辈和同辈人的地方。但是,《红楼梦评论》以德国哲学家叔本华虚无主义哲学和我国老庄思想为指导,把人生看成是一种痛苦和灾难,把一部伟大的现实主义巨著变成悲观厌世的人生哲学的宣传品。

1921 年胡适发表《红楼梦考证》,1923 年俞平伯发表《红楼梦辨》,他们两人互相补充和阐发,以考证方法代替以往索隐猜谜的方法,以重事实的客观态度代替荒诞的主观臆测,是"红学"研究的突破。历史学家顾颉刚在为俞平伯《红楼梦辨》所写的序言中称:胡适《红楼梦考证》的发表和俞平伯《红楼梦辨》的出版,标志着"旧红学的打倒,新红学的建立"。"新红学"的主要建树是:一,确认《红楼梦》的作者是曹雪芹;二,考证出曹雪芹的生卒年、家世、生平及交游;三,指出《红楼梦》有脂本和程本两个系统;四,根据脂批提出八十回后"迷失"部分的若干线索;五,把《红楼梦》作为一部文学作品来鉴赏和评价,认为"《红楼梦》是一部自然主义杰作",是作者自叙传。在当时索隐派妖风迷雾的笼罩下,能有这样的看法,已是相当可观了。因此,他们在"红学"研究上是一次大大的推进。"虽然这种推进有它本身的局限,倡导者本人有唯心主义观点,但从事件的发展上终究是个突破。"②

用比较文学研究《红楼梦》,吴宓是第一人。吴宓老师的红学研究,早在20 世纪 20 年代,已经很有影响了。他的第一篇研究论文《红楼梦新谈》(发表在《民心周报》1920 年第十七、十八期)早于胡适的《红楼梦考证》和俞平伯的《红楼梦辨》,"是吴宓以西方文学视角重新阐释中国文化的力作,它不仅是本世纪红学史上一个不容回避的存在,而且在现代学术史上也有重要

---

① 王国维:《红楼梦评论》,王国维:《王国维文学论著三种》,第 21 页。
② 罗宗阳:《红楼梦轶事》,南昌:江西人民出版社,1989 年版,第 124 页。

意义"①。他把《红楼梦》这部伟大的著作放到世界文学的平台上,用西方文学的标准去评价它,既是破天荒的,又是红学史上的创举。

在红学研究中,吴老师著述颇丰,先后用中英文发表过《红楼梦新谈》《石头记评赞》《红楼梦之文学价值》《红楼梦与世界文学》《红楼梦之人物典型》《贾宝玉之性格》《王熙凤之性格》《红楼梦之教训》及《论紫鹃》等多篇红学论文。这些学术论著观点新颖,见地独特,发自心灵,让人深受教育和启迪。他对《红楼梦》内涵和价值的认识远远高于前人。正如徐葆耕写的那样:

> 吴宓深受从亚里士多德到但丁的史诗理论影响,善于将作品中的人物命运同社会之升降、国家之兴衰及至宇宙之神秘规律联系起来。他从麦戈迪纳尔评价小说之六条标准出发,提出《红楼梦》的"四义说":一,通过宝玉的际遇,揭示富于想象力和情感的诗人均不可避免悲剧性命运,说明以理制欲的必要;二,通过钗黛二人命运的对比,揭示直道而行者常败的社会原因;三,以王熙凤等人所作所为喻古今亡国之历史必然规律;四,以惜春、刘姥姥等人物晓喻世人物质进化而精神快乐不增的现实及返璞归真的道理。吴宓以"西方文学之格律"(吴宓语)审视这部中国古典作品,较之琐碎、狭隘的旧红学视角要阔得多。在吴宓之前,王国维曾以西方哲学家叔本华的悲剧思想阐述红楼梦,亦属振聋发聩之作。王、吴各有千秋。王国维的阐释侧重在于人的内省,吴则由人的命运扩展到社会;王的批评属于心理学与人生哲学范围,吴则是社会学、哲学、政治学与美学相结合的多视角的文化批评。而后撰写的《石头记评赞》和《贾宝玉之性格》中,吴把贾宝玉同堂·吉诃德、卢梭、雪莱等相比较,看来突兀,其实是在更深的层次上打通了中西文化的内在联系。这种阐释的结果,大大丰富和提升了《红楼梦》的内涵和价值,得出"其入人之深,构思之精,行文之妙,即求之西国小说中亦罕见匹"结论。以解释学的方法,"援西入中",达到丰富和弘扬传统的目的,《红楼梦新

① 徐葆耕:《会通派如是说——吴宓集·前言》,第7页。

谈》成功地体现了吴宓这一学术理路。①

而韩进廉《知音灼见——评吴宓先生的贾宝玉论》一文这样评价：

> 吴先生一生酷爱"红楼"，诚如其友人姚之卿先生赠诗所赞："一代文章吟四海，平身骚怨寄红楼。"在"红楼"人物中，他自比紫鹃，喜爱黛玉，更自视为宝玉的知音。他说，宝玉"与今世之许多人为知友"，"吴宓亦其一"，并借用陈寅恪挽文廷式诗句"隔代相怜弥怅惘，平生多恨看缠绵"，表达他对贾宝玉的怜爱之情。他之所以能够成为贾宝玉的知音，在于对古今中外驰誉文坛的小说作品及其人物形象烂熟于心，并善于进行比较。……他在小说领域知多识广，更嗜《红》成癖，对主人公贾宝玉引为同诂，故而论及贾宝玉，广征博引，侃侃而谈，颇多真知灼见。②

吴老师对贾宝玉的评论有独到的见解，他的贾宝玉论，"涉及到贾宝玉的性格、爱情、人性悲剧及其典型意义。今天看来，许多观点仍不失为精辟论述"。"随时着时间的推移和社会审美观念的发展变化，不同时代的学者会从《红楼梦》的艺术世界里领悟到区别于以往见识的新东西，为红学宝库增添新的内容。衡量一位学者的学术成就，不是看他提供了多少可供今人享用的东西，而是看他在前人基础上有多少提高。"③

吴宓和许多红学家一样，因为研究《红楼梦》，在新中国成立之后的每次政治运动中，都遭受到批判、折磨和摧残。

自 1954 年 9、10 月间，继批判所谓反动影片《武训传》之后，毛主席又亲自发动和领导了对《红楼梦研究》和胡适派主观唯心主义的批判。1954 年 10 月 16 日，全国各大报纸发表了毛主席写给中央政治局同志及其他有关同志的《关于红楼梦研究问题的信》，发出了向胡适派唯心主义全面开火的动

---

① 徐葆耕：《会通派如是说——吴宓集·前言》，第 7-8 页。

② 韩进廉：《知音灼见——评吴宓先生的贾宝玉论》//李继凯、刘瑞春选编：《解析吴宓》，第 475-476 页。

③ 同上，第 487-488 页。

员令,又一场声势浩大的政治批判运动在全国范围内展开起来。这场批判运动锋芒直指意识形态领域,全国高等学校更是首当其冲。吴宓老师在这场批判运动中不可避免地受到了冲击。

笔者想从《吴宓日记》中看到当时吴老师在这场运动中的详细记录,遗憾的是他1954年10月和11月的日记,绝大部在"文化大革命"中被抄后失去,仅存十六天的,无法知晓他在这场运动初期的反应。从保存下来的《吴宓日记》当中,我们看到了吴老师在这场批判《红楼梦》运动中遭受到的种种折磨和他的坚韧不屈的性格。

当年的《吴宓日记》作了如下记载:

十一月十九日　星期五
今日上午九时,中国作家协会重庆分会、重庆市文学艺术工作者联合会为批判俞平伯之《红楼梦研究》(在古典文学研究中,用马列主义观点驱除胡适派之资产阶级唯心论之斗争),在重庆新民街三号文联会所召开座谈会。有柬来,校中备专车送接。同居李效庵教授,随何剑熏主任等往出席,宓以有课未往。

此运动(据重庆市宣传部部长任白戈报告)乃毛主席所指示发起,令全国风行,特选取《红楼梦》为题目,以俞平伯为典型,盖文学界、教育界中又一整风运动,又一次思想改造,自我检讨而已。宓自恨生不逢辰,未能如黄师、碧柳及诸友,早于1949年以前逝世,免受此精神之苦①。

同日,吴老师记下了前数日"枕上曾作四诗,由俞平伯而怀念诸师友,所怀者甚多,先成四首,题曰怀人诗"。最后一首乃为俞平伯而作,诗曰:"雪苑名声水绘居,吟诗度曲意犹舒。无端考证《红楼梦》,举国矛锋尽向渠。"②

此次批判检讨,宓自不得不参加,幸宓自解放后,绝口不谈《红楼梦》,此

---

① 吴宓:《吴宓日记续编》第2册,第65页。
② 同上,第65-67页。

次尚未曳出受审,未尝非韬晦之益①。(可见作者预感到自己将难逃此劫,他写诗同情俞平伯,抒发自己的抵触情绪。)

十一月二十四日　星期三

下午写日记。连日读报,各地批判《红楼梦》研究之运动甚嚣尘上,宓在势无可逃,又须巧为词说,自责自涤,以此心极不乐。②

十一月二十五日　星期四

午前赖公名肃,字以庄,时六十四岁,巴县人。邀同何剑熏、李效庵酒叙其斋中。宓饮白酒半茶锺,谈《红楼梦》之批判。熏谓宓之《红楼梦》解说,实较俞平伯为"进步",且熏凤知宓与胡适无关系,文联有人疑及此。昔尝为敌对云云。熏拟定期开会,嘱宓预备发言。③

十二月十二日　星期日

上午9:00至12:00,又下午2:30至6:00在教室大楼1201室,赴中文系所召之讨论《红楼梦》研究中的错误问题座谈会。来函特约宓系主任何剑熏主席。宓以第四人发言,分三段(一)我对此会及本运动之认识。引昨报载郭沫若之言。(二)我自己之思想检讨。(三)我旧日对《红楼梦》之评论。

按麿等誉宓是日所言为最有内容,为人所乐闻。而昔曾为僧而新任中文系副教授谭壮飞君,则讥宓仍存有封建主义唯心论之观点云云。④

十二月十三日　星期一

《四川日报》成都华兴街记者甘泉来访,请宓撰《红楼梦》研究讨论等文。⑤

十二月十四日　星期二

---

① 吴宓:《吴宓日记续编》第2册,第67页。
② 同上,第69页。
③ 同上,第70页。
④ 同上,第80页。
⑤ 同上,第81页。

阴。……出遇李一丁,命撰《红楼梦》检讨文登报。①

1955 年 1 月 11 日,吴宓老师接到通知,他被批准为四川省政协第一届委员会委员,"并命于一月十八日到成都出席一月二十日召开之该委员会第一次全体会议"②。与此同时,重庆市统战部办公室又给他来函,"命宓于十二日上午九时出席重庆临江路戴家巷该部会议室,座谈有关问题"③。他先是托人代为请假,不想去重庆赴会,后又去访历史系主任孙培良诉说,欲"辞去委员之职,不往成都"④。孙培良劝吴宓"断断不可辞却委员之职,即明日之座谈会亦须到"⑤。回到宿舍后,他经过一番权衡,"遂决从良劝,受聘前往"⑥。于是接下来,吴宓老师就遭到了一连串的折磨和苦难,先是十四日上午,"谢院长招往,命已指定宓撰发言稿,须谈二运动之体会,并以稿呈阅,定。宓大苦"⑦。第二天"散步归,夕草成宓发言发稿为对比式,拟避重就轻"⑧。"晚,如约访凌道新,细为删正"⑨。十六日,星期日。"约 11:00 谒谢院长,呈初稿,大不谓然,命改撰;必须自行批判胡适、《红楼梦》二运动之宓。宓归,大伤悲,自视如囚之陪受死刑。回舍,午饭前后勉撰次稿成,凡四段(二运动)"⑩;"3—5 访凌君,删润并助撰次稿,5:30 归。知谢公来邀,乃赴办公楼再到谢宅。谢公细阅二三过,提改数处,宓悉遵从。晚饭时归"⑪。当晚,他"再抄缮,粘连,备发抄"⑫。经几次折腾,他的发言稿才得以完成,并打印了四份。

---

① 吴宓:《吴宓日记续编》第 2 册,第 82 页。
② 同上,第 97 页。
③ 同上。
④ 同①,第 98 页。
⑤ 同上。
⑥ 同上。
⑦ 同①,第 100 页。
⑧ 同①,第 101 页。
⑨ 同⑧。
⑩ 同⑧。
⑪ 同上,第 101–102 页。
⑫ 同上,第 102 页。

1955年1月17日,吴宓老师带着他的发言稿去成都参加省政协会议。他到重庆报到时,收去了他修改后的发言稿。他到成都后的第三天晚饭后,"统战部杨同志来,还宓稿,多所指责,命另作,专谈《红楼梦》,不许述及胡适,亦不许自高自大。宓甚苦,但即在灯下(对李承三)作出大纲(存),又全文(一)(二)段"①。第二天"未晓4:00起,就桌灯撰稿批判'我自己《红楼梦》研究的错误'(三)至(四)段完。晨托乐君(8室)代交呈入"②。晚饭后,杨部长将稿子还给他,对他说:"对此无意见",又告诉他"此稿可用,汝即照此讲可也"。第二天上午11点,吴宓在大会上发言,讲了十分钟。经过近一个月的折腾、苦恼,吴宓对自己的《红楼梦》研究作出了检讨,他虽然不情愿,但无可奈何。我们难以理解,俞平伯和吴宓研究《红楼梦》到底有何错?当然历史早已解开了这个"谜"。这对逝世多年的吴老师也是个欣慰。

蒋书丽在其《坚守与开拓——吴宓的文化理论与实践》一书的"前言"中,肯定了吴宓在文学上做出的最大贡献:一是"开了中国比较文学的先河,创立了中国比较文学课程体系"③;二是"他的红学研究。吴宓还在哈佛读书时,就对《红楼梦》深有研究,不仅首先向西方介绍了《红楼梦》这部不朽的名著,还第一次运用比较文学的方法对《红楼梦》进行了人物分析,这也是他第一次运用西方的小说理论对《红楼梦》的主旨、结构、情节等元素进行对应分析,并给予了《红楼梦》高度评价,认为无论是从中国还是世界的角度,《红楼梦》都称得上是巨著。吴宓的红学研究完全是从文学的角度,对其进行哲学上的、美学上的挖掘,这就远远胜过了当时流行的考据风。吴宓关于《红楼梦》的另一个重要活动是讲演,听众遍及各阶层。如此对《红楼梦》进行普及宣传,在现代文学史上吴宓可说是第一人。红学研究几乎贯穿了吴宓的一生,也构成了吴宓研究的一个重要组成部分。一个西洋文学、比较文学教授,却大谈特谈《红楼梦》,本身就足以说明问题了,更不用说,1949年后经过各种各样的思想改造和政治斗争,一部《红楼梦》却成为他的枕边书,是带给

---

① 吴宓:《吴宓日记续编》第2册,第107页。

② 同上。

③ 蒋书丽:《坚守与开拓:吴宓的文化理想与实践》,北京:社会科学文献出版社,2009年版,第12页。

他莫大的精神安慰的一部中国古典文学著作了"。①

《王蒙活说红楼梦》一书告诉读者："本体先于理论,《红楼梦》反映的是人的本体,它先于一切理论而存在,也可以与一切理论相贯通。再过二百年,甚至一千年,仍然会有某种科学理论能在《红楼梦》中找到某种相通的契机。"②

王蒙还在书中写道："由于不同的处境、不同的经历及不同的参照系而产生对《红楼梦》不同的看法,也是值得正视的一种历史现象。"

批判《红楼梦》研究的时代一去不复了。今天我们正在建设社会主义文化强国,我国已经进入了文化大繁荣、大发展的崭新时代,要建立社会主义的先进文化,就必须继承和弘扬我国优秀的传统文化,这是每个中华儿女共同的历史责任和义务。

正如王蒙讲的那样："我还说,曹雪芹和《红楼梦》永远和我们同在。"

吴宓老师"终身钻研红学,红心为国留芳寰宇,功垂后世"。③

① 蒋书丽:《坚守与开拓——吴宓的文化理想与实践》,第 13-14 页。
② 王蒙:《王蒙活说红楼梦》,北京:作家出版社,2005 年版,第 217 页。
③ 摘自吴宓九弟吴含曼所撰祭文。

吴宓与杂志编辑

学衡派的"新诗"文体观及其传统根脉

赵黎明

（暨南大学人文学院）

1917 年,胡适发表《文学改良刍议》,正式拉开诗歌文体革命的大幕。文章所列"八事",多半针对旧诗积弊而来,对传统诗坛产生了致命的冲击;随后新诗作大量涌现,"诗体大解放"实践也动摇了传统"诗体"观念。追随新诗潮的人不少,但对新诗持怀疑、批判态度的也大有人在。他们是这样一群人,在文化态度上,对固有传统有相当程度的认同;在文学理念上,对传统文学有不同程度的眷恋;他们批评新诗,但又并不是冥顽不化的守旧派;他们也提倡"改良"文学,但对"灭裂"传统的过激行为绝不赞同。这个没有统一口号的松散文学阵营,姑且称之为现代中国的古典诗派,学衡派就是其中的重要一脉。

对于中国旧诗,学衡派当然是力主改良的,他们提出了一整套不同于新文学派的"新诗"改革方案。对于他们的诗歌主张,在相当一个时期内,人们或者视而不见,或者简单以"旧"斥之。近十多年来,学界对学衡派诗学思想的研究全面展开,不再停留在为其简单地做"翻案"工作层面,而是呈现为多方位多侧面的深入挖掘。这些研究,或者为其古典主义诗学思想正名,或者对其诗学观念进行系统梳理,抛开价值判断不谈,但有一点是肯定的,那就是其诗学主张的确有某种"守成"倾向(或称"保守")。我们的问题就从这里开始:是哪些传统原因导致了其文体观念的"保守"?其文学思想"保守"

的文化根源何在？如今如何看待这种"保守"倾向？本文尝试在这些问题上提出一管之见。

一、诗学本体观："诗文各有体性"

有韵为诗，无韵为文，这是深植于历代诗人脑中的传统文体规训。刘勰有言："有文有笔，以为无韵者笔也，有韵者文也。"①后世应和者不可胜数。李东阳说："诗与诸经同名而体异。盖兼比兴，协音律，言志厉俗，乃其所尚。"②诗文各有体性，在传统文人眼里，二者甚至到了不可相兼的程度，"诗与文判然不相入"③，"诗与文异体，不可相兼"④。可以看出，在中国诗学传统里，所谓"韵"实乃诗之区别于文的支配性文体规范。这种沿袭千载的文体规范，养成了中国诗人不宜更易的文体期待，"诗之有声调格律音韵，古今中外，莫不皆然。诗之所以异于文者，亦以声调格律音韵故"⑤。

在这种认识的基础上，学衡派进一步论证韵律的本质和功用。在他们看来，诗有韵律，是诗歌文体的内在需求，它对于诗人率意行事是一种有力限制，表面看它似乎限制了作者自由，但正是这种限制使诗人免除了信口开河的危险。吴宓说："诗中韵律之功用，正以吾人出言下笔太过轻易，遂特设此种种严密复杂之规矩，作为抵抗之材料。忽来此心外之物，禁止吾人不得率意行事，乃可得佳诗也。此种规矩必须强半无理，使吾人愤怒不平，否则其功用失。奉行此规矩，遵守此规律，然后作诗者乃失自由而免危险，乃不至信口吟成，乃不徒有意思，徒具印象，而昏沉醉梦，坐失良机，使其心目中以成之美人形像逃逸而去未得擒获。"⑥梅光迪也说："诗者，为人类最高最

---

① 周振甫：《文心雕龙今译》，北京：中华书局，1986 年版，第 385 页。

② 〔明〕李东阳：《镜川先生诗集序》//吴文治主编：《明诗话全编》第 2 册，南京：凤凰出版社，1997 年版，第 1664 页。

③ 〔明〕胡应麟：《诗薮内编》//《明诗话全编》第 5 册，第 5447 页。

④ 〔明〕黄廷鹄：《诗冶序》//《明诗话全编》第 7 册，第 7699 页。

⑤ 胡先骕：《评〈尝试集〉》，《胡先骕文存》（上卷），南昌：江西高校出版社，1995 年版，第 27 页。

⑥ 吴宓：《吴宓诗话》，第 108—109 页。

美之思想感情之所发宣,故其文字亦须最高最美,择而又择,选而又选,加以种种格律音调以限制之,而后始见奇才焉,故非白话所能为力者。"①当然,这种限制不仅仅是对漫无际涯的情感之流的管控和塑型,也是对诗人表现范围的划定和确认,"能确定诗人所表现之绝对世界之范围"②。胡先骕还借英国诗人德来登之口,强调"韵之最大之利益,则在限制范围诗人之幻想":"诗人之想象力,每每恣肆而无纪律,无韵诗使诗人过于自由,使诗人尝作多数可省或可更加锤炼之句。苟有韵以为之限制,则必将其思想,以特种字句申说之,使韵自然与字句相应,而不必以思想勉强趁韵。思想既受有此种限制,审判力倍须增加,则更高深更清晰之思想,反可因之而生矣。"③

此外,学衡派还坚持诗歌是声音的艺术,而韵律则是声音之美的依托形式,胡先骕旁征博引,"诗人诺伊斯……谓诗以声音之美为主,而声音之美必寄托于韵律"④,并且是造成语调之抑扬顿挫的必要手段,否则诗歌便"堕入散文之平易",还借西方诗论家之口说明音节美化文章的作用,"大批评家阿狄生云:'叶韵一法可不藉他物之辅助,即可使语句异于散文,每能使平庸之词句,逃过指摘。若诗不叶韵,则音节之美丽,与夫言辞之力量,决不可须臾或离,以揹持其体裁,使其不堕入散文之平易。'"⑤

在上述观念支配之下,学衡派对自由派的诗学主张进行了强烈的批评。早在新文学发轫之初,梅光迪已经对胡适的"作诗如作文之论""颇不以为然"了,根源在于"诗文截然两途,诗之文字(poetic diction)与文之文字(prose diction),自古以来(无论中西)已分道而驰"⑥。梅光迪认为,"诗之文字"与"文之文字"古来有别,中西不能例外。前者是一种"琢镂粉饰"的语言,后者是一种散行的语言,而白话甚至连散文的文字都不如,"以白话之为物,不合文字学之根源与法律,且其用途与意义取普及、含糊、无精微之区辨,故有教

① 梅光迪:《梅光迪文录》,沈阳:辽宁教育出版社,2001 年版,第 170 页。
② 吴宓:《吴宓诗话》,第 109 页。
③ 胡先骕:《评〈尝试集〉》,《胡先骕文存》(上卷),第 36 页。
④ 吴宓:《吴宓诗话》,第 106 页。
⑤ 同③
⑥ 梅光迪:《梅光迪文录》,第 160 页。

育者摈之于寻常谈话之外惟恐不及,岂敢用之于文章哉!"①嗣后,吴宓也多次批评新诗人"痛恶文学中之体裁格律"之偏颇②,以至于"破除韵律,侈言天才,于是声音之美全无,而所作者直不成为诗矣"③。而胡先骕则对胡适《尝试集》之打破"五七言之整齐句法"深以为憾,"胡君之目的,在'打破一切枷锁自由之枷锁镣铐'。五七言之整齐句法亦枷锁自由之一种枷锁镣铐,故亦在打破之列,而对于其自著《尝试集》之第一编中之诗,乃以不能完全打破此项枷锁镣铐为恨"④,并据而认为其整个《尝试集》文体学价值是"负性"的,即是有害无益的。

既然古今中外诗有格律无可免,那么如何对待白话诗,又如何创造白话诗呢?"新诗"与"旧诗"如何相处呢?综合起来,他们提出了这样几种思路:

第一,"新诗"理当重新命名,以一种不同于"诗"的文体独立存在。学衡派有人将这个新体命为"西洋体":"我对于现在的白话诗,以为他受的西洋的影响,可说他在诗史上添了一个西洋体。"⑤既然是一种新体,那它就当与其他诸体和平共处,其间不当再分主次尊卑。吴芳吉说:"感情当绝对的自由,则表示感情的诗,当然绝对自由。表情的方法既不能人人相同,做诗的格调自必个个有异……诗既无文话白话之分,是彼此均属一家;诗纵有文话白话之分,亦不妨各行其是。以文学说,我要用英文做诗、法文做诗、拉丁文做诗、希腊文做诗,总之任我的能力。以文体说,我要用近体做诗、古体做诗、乐府做诗、西洋体做诗,总之任我的嗜好。须知,诗的佳处,不在文字与文体之分别,乃在于内容的精彩。"⑥强调诗体多元,诸体和平共处,新旧各擅其长,各派诗人自由作诗,这些观点当时不为人所重,但在今天看来还是有它的积极意义的。

---

① 梅光迪:《梅光迪文录》,第 170 页。
② 吴宓:《吴宓诗话》,第 135 页。
③ 同上,第 106 页。
④ 胡先骕:《评〈尝试集〉》,《胡先骕文存》(上卷),第 27 页。
⑤ 吴芳吉:《提倡诗的自然文学》,《吴芳吉集》,成都:巴蜀书社,1994 年版,第 381 页。
⑥ 同上。

第二，诗歌革命，应当在诗歌文体内部进行，不应该跨过诗的文体边界，从诗歌之外的文体资源来寻求支持。梅光迪曾非常明确地表达过这个意思，他说："一言以蔽之，吾国求诗界革命，当于诗中求之，与文无涉也。若移文之文字于诗，即谓之革命，即诗界革命不成问题矣。以其太易易也。"[①]他声称自己本来赞同"文学革命"之说的，但是"文学革命"的本意不应是以俗语白话入诗那么简单，而应该以诗的手眼对此加以"美术之锻炼"，"吾辈言文学革命须谨慎以出之，尤须先精究吾国文字始敢言改革。欲加用新字，须先用美术以锻炼之，非仅以俗语白话代之即可了事者也(俗话白话固亦有可用者，惟须必经美术家之锻炼耳。)"[②]。

第三，中国诗歌已经找到了最合适自己的语言形式，没有必要再进行文体实验了，这种看法要算比较保守的了。有着江西诗派遗风的胡先骕考证说："考之吾国则五言古诗实为吾国高格诗最佳之体裁，今试以历史上之往迹观之，四言诗只盛于周，至五言诗则自汉魏以至于齐梁，几为唯一之诗体。其时七言诗虽间有作之者，然远不及五言诗之重要。即至唐宋以还，虽七言古兴而律诗大盛，然五言古始终占第一重要位置。直至于今日，犹无能起而代之者。学诗者犹以为入手之途境、最后之轨则，其间岂无故哉。"[③]基于这种认识，他得出结论云："中国诗之单句，以四五七言为最宜；而舍四言外，单数字所组成之句较双数者为宜，至四五七言与单数字句之所以宜于诗之故。"[④]因此，"中国诗以五言古诗为高格诗最佳之体裁，而七言古五七言律绝与词曲为其辅……尤无庸创造一种无纪律之新体诗以代之也"[⑤]。也就是说，中国诗歌经过千百年的反复摸索，已经诸体皆备、搭配相宜，新诗的出现纯属画蛇添足、多此一举。这一对新诗带有排斥性的看法，当时最不能为新文学派所能容忍。

①　梅光迪：《梅光迪文录》，第 160 页。
②　同上，第 165 页。
③　胡先骕：《评〈尝试集〉》，《胡先骕文存》(上卷)，第 30 页。
④　同上，第 28 页。
⑤　同上，第 33~34 页。

二、"中庸之道"与调和的文体变革策略

吴宓、胡先骕等在阐述其诗学理论的过程中,屡屡提及中西方人文主义的"古圣先贤",特别是对其有直接影响的"白璧德师",在学衡派的笔下,这些人文主义者简直就是中国孔圣在西方的徒子徒孙,"中庸敏感与合理。中庸之义为克己,有节制,毋太过,综合各极端而掌握其重心之所在,故能趋于中行,不激不随"①。张其昀描述的这些人文主义者的"君子之风""君子三长"等,不就是孔子之徒为人行事的真实写照吗?在学衡派的想象里,一定有这样一组对比,中国的新文化派就是西方的浪漫派,他们自己就是西方人文大师在东方土地上的嫡传,他们的共同责任就是倾其全力"矫正浪漫主义之流弊"②。他们捡起了五四新文学"四十二生的大炮"所猛烈抨击的"折中主义",大张旗鼓地祭起"中庸"法器,对中西浪漫派的"流弊"进行了总的回击。

在儒家经典中,"中庸"称"中道""中行"等,亦有"中""执中""允执厥中"等不同称谓,大多含有无"过"及"不及"之意。作为一种方法论和思维形式,它的最主要特征是"把对立两端直接结合起来,以此之过,济彼不及,以此之长,补彼所短,在结合中追求最佳的'中'的效果"③。总之,含有对立两端之间的调和、折中之意。学衡派在阐述其诗学主张之时,常常直白地称道"中庸"实乃其方法论基础,梅光迪说,"凡世界上事,惟中庸则无弊"④;吴宓亦说,"总之,此事之分寸至难决定,必须合乎中道。而所谓中道者又非一成不变,须临事审机善为裁量,视结果以为断"⑤;胡先骕则批评新文化派如"迷途之少年",早晚"憬悟主张偏激之非而知中道之可贵"⑥。据此,他们对新文

---

① 张其昀:《白璧德:当代一人师》//《梅光迪文录》,第 252 页。
② 同上。
③ 庞朴:《儒家辩证法研究》,北京:中华书局,2009 年版,第 84 页。
④ 梅光迪:《梅光迪文录》,第 166 页。
⑤ 吴宓:《吴宓诗话》,第 152 页。
⑥ 胡先骕:《评〈尝试集〉》,《胡先骕文存》(上卷),第 59 页。

化派的批评,首先是批判其方法论的"过",梅光迪不赞成胡适"过激"的文学革命论,"足下言文学革命本所赞成,惟言之过激,将吾国文学之本体与流弊混杂言之,故不敢赞同"①。认为其将改革流弊演变为将本国文学"尽行推翻",不合中道之旨,"岂得谓之改良乎!大抵改革一事,只须改革其流弊,乃以暴易暴耳,而与其事之本体无关。如足下言革命,直欲将吾国之文学尽行推翻,本体与流弊无别,可乎?"②梅氏宣称,他本人并不是反对自由主义,而是不认可将自由主义推向极端,"弟之所恶于今人者,非恶其'自由主义',恶其自由主义行之太过之流弊也。……学术思想自由极端之流弊,在如狂澜决堤而不可收拾"③。具体到白话新体诗,学衡派认为其最大问题是"解放太过",致使诗歌失去了存在的依据。

立足于中庸立场,学衡派提出两种"过"的行为均为适当。新派"解放"太过自不待言,旧派也有"过分"之处,具体表现为"但知步武格律剽袭摹仿而亦油滑轻率",根子与新派一样,"所谓旧派老辈作家,知格律体制形式之要,且曾经长久之练习研究,所作悉能合拍按律叶韵谐声,然亦以天才缺乏与不肯苦心精思之结果,其材料意旨则陈陈相因,其字句词藻则互相抄袭,千篇一律,曾何足贵。是故新旧二派,其行事方向相反,而同犯油滑轻率之病。新派以破除格律恣意乱写而油滑轻率,旧派以但知步武格律剽袭摹仿而亦油滑轻率"④。不管是因循太过,还是轻率太过,都不符合中外人文主义的中道精神。

除了批评旧诗派之"过",古典派还特别指出了旧诗的"不及"。在他们看来,旧诗的"不及"表现为"材料之缺乏","即作者不能以今时今底之闻见事物思想感情,写入其诗。而但以久经前人道过之语意,陈陈相因,反复堆塞,宜乎令人生厌"⑤。二是过于严酷的格律的限制,比如律诗、绝句的平仄对仗等,在他们看来,正是这种偏颇,才导致了"文学革命"的发生。

---

① 梅光迪《梅光迪文录》,第 165 页。
② 同上。
③ 同①,第 166 页。
④ 吴宓:《吴宓诗话》,第 150-151 页。
⑤ 同上,第 97 页。

以"中庸之道"为方法论基础,学衡派对传统诗歌文体采取了"调和"的变革策略,具体表现在两个方面:首先是新旧之调和。"新材料与旧格律"的调和,是学衡派最基本的主张,吴宓反复强调:"居今日而作诗,自当以'熔铸新材料以入旧格律'为正法。"①他认为,"古近各体""旧有之平仄音韵之律",以及"他种艺术规矩",都应该"保存之、遵依之,不可更张废弃",至于旧诗中"稍嫌板滞"的各种格律,也要视情况而定存废,但总体上说格律不能轻言废除的,这是谈诗论艺的一个基本前提,"总之,诗之格律本可变化,而旧诗格律极有伸缩创造之余地,不必厌恶之、惧避之、废绝之也。凡作诗者,首须知格律韵调、皆辅助诗人之具,非阻抑天才之物。乃吾之友也,非敌也。信乎此,而后可以谈诗。"②

其次是中外调和。中西关系某种意义上说,是新旧问题的延伸,在现代中国,中国的往往被称为旧的,西方的常常就是新的代名词,因此时间问题顺理成章地转为空间问题,新旧问题自然转为中西问题。吴宓说:"旧指中国,新指西洋。"③在诗歌的选材上亦复如是,"今日吾侪所运用之旧材料,乃中国旧有之思想感情经验事物。新材料,则西洋传来学术文艺生活器物,及缘此而生之思想感情等,所号为现代之特征者是。"④如何将这些西洋的经验,转化为中国诗歌的营养,这是学衡派经常思考的一个问题。

中外调和后的"新诗"是一个什么样子呢?在吴宓心目中,它是"同化西洋文学,略其声音笑貌,但取精神情感,以凑成吾之所为"。它与自由派新诗是不同的,自由派模仿西方诗歌,"俨若初用西文作成,然后译为本国诗者";而吴宓想象中的"新诗",是"中国之人,中国之语,中国之习惯,而处处合乎新时代者"。因此吴宓认为:"新派之诗,与余所谓之新诗,非一源而异流,乃同因而异果也。"⑤总起来说,学衡派主张要像调和古今一样,调和中西,建设"中体西用"的现代诗学,"故余之取于外人,亦犹取于古人。读古人之诗,非

---

① 吴宓:《吴宓诗话》,第 169 页。
② 同上,第 98 页。
③ 同上,第 140 页
④ 同上。
⑤ 同①,第 164 页。

欲返作古人,乃借鉴古人之诗以启发吾诗。读外人之诗,断非谄事外人,乃利用外人之诗以改良吾诗也。……余既生于中国,凡与余之关系,以中国为最亲也。"①

以中庸之道为理论武器,学衡派对所谓"新派""旧派"进行了左右开弓,一方面不满意于旧派的一味守旧,一方面也反对新派的一意呈新,其中缘由当然就是二者不是显得"不及",就是显得"过",不符合"文学创造之正轨"。不过需要指出的是,学衡派虽也指责旧诗的"不及",但更多的还是批评新诗派的自由过度:"自由乃一柔媚之女神,足为人蛊,而其害诗人也尤甚。自由之说,若甚新奇而中含智慧,易动诗人之想象,与诗人之缺点则代为掩饰。而常炫诱诗人,使共破弃古来陈腐无用之规律,而顺从灵魂及声音之自然节奏以为诗,其说几无以难也。顾自由之为物,与'粗率''不经意'密相关联。世间颇多具有韵律之旧体诗,率尔作成,油腔滑调,诵之亦颇顺适。然中实无物,千篇一律。此类之旧诗,乃与彼无韵律之新诗同一可厌。虽新旧门户个别,互相对立,此之所美乃彼之所恶。然此二类之诗,其无价值实相等,盖皆自由之产物也。"②其将旧诗沿袭旧律、言之无物积弊的根由统统归罪于"自由女神",显然也不太不符合"中道"精神。

三、常与变;模仿与创造

在中国文学发展史上,"通"与"变"(或"常"与"变")是一组古老的范畴,也是一对充满着无穷变量的函数,如何求"通"而又不失其"变",变化万端而又不失常数,个中分寸对历代文学变革者而言都是颇费踌躇的事情。刘彦和云:"夫设文之体有常,变文之数无方,何以明其然郁?凡诗赋书记,名理相因,此有常之体也;文辞气力,通变则久,此无方之数也。"(《文心雕龙·通变》)其中"文体有常"与"变数无方"就是这样一对矛盾。具有传统情怀的诗学家往往恪守其不可变者,孜孜于古法,而对变革的要求心存芥

① 吴宓:《吴宓诗话》,第 164 页。
② 同上,第 106-107 页。

蒂,在二者关系处理上常常因为守有余变不足而在文化态度上显出保守倾向。

黄侃曾这样为保守者辩护:

> 文有可变革者,有不可变革者。可变革者,遣词捶字,宅句安章,随手之变,人各不同。不可变革者,规矩法律是也,虽历千载,而粲然如新,由之则成文,不由之而师心自用,苟作聪明,虽或要誉一时,徒党猥盛,曾不转瞬而为人唾弃矣。拘者规模古人,不敢或失,放者又自立规则,自以为救患起衰。二者交讥,与不得已,拘者犹为上也。彦和此篇,既以通变为旨,而章内乃历举古人转相因袭之文,可知通变之道,惟在师古,所谓变者,变世俗之文,非变古昔之法也。①

黄侃可谓是古典派的知音,古典派在跟新文化派论争之时,反复要坚守的就是这些"不可变革者"。

那么,哪些是不能变的东西呢? 大体有二:一是所谓"天理人情"。"天理人情,一定而不变。古今东西,曾无少异。惟疆界部落、政教风俗、衣冠文物,种种外象末节,则息息迁改,绝无全同之时。"②具体到中国诗学,就是"温柔敦厚"的诗教和"诗穷后工"的规律。吴宓说,"顾吾谓诗中有根本二义,则为众所公认而万不能废者:一曰温柔敦厚,是为诗教。诗之妙用,乃在诗人性情之正,而使归于无邪。二曰作诗者必有忧患,诗必穷愁而后工也。由前之说,则非天性笃厚而深于情者,不能为诗,强为之亦不工。由后之说,则非生于乱世,遭遇困厄,备历艰险,而悲天悯人,忧时伤世,蓄志未伸,郁郁以没,如唐之杜工部,西洋之但丁,弥儿顿者,必难成大诗人。"③二是旧格律。"声律守旧程,思想运新境。"④对于格律旧程,吴宓详加解说云:"所例如杜工部所用之格律,乃前世之遗传,并世之所同。然王杨卢骆只知道袭齐梁之材

---

① 黄侃:《文心雕龙札记》,北京:中国人民大学出版社,2004 年版,第 101 页。
② 吴宓:《英文诗话》,《吴宓诗话》,第 49 页。
③ 吴宓:《吴宓诗话》,第 102 页。
④ 同上,第 264 页。

料,除写花写景写美人写游乐以外,其诗中绝少他物。杜工部则能以国乱世变,全国君臣兵民以及己身之遭遇,政治军事社会学艺美术诸端,均纳入诗中。此其所以为吾国古今第一大诗人也。今欲改良吾国之诗,宜以杜工部为师,而熔铸新材料以入旧格律。"①如此,吴宓将文学革命的先驱绕到了宋诗派的祖师爷杜甫头了。人们知道,胡适发起"文学改良",最初动议即为消除规模唐宋的诗坛颓局,在中国文学除旧布新的变革之世,古典派提出如此陈腐的建议,怎么可能为新文学派所接受呢?

哪些是可以变更的东西呢?学衡派认为是所谓"新材料","即如五大洲之山川风土国情民俗":"泰西三千年来之学术文艺典章制度,宗教哲理史地法政科学等之书籍理论,亘古以还名家之著述,英雄之事业,儿女之艳史幽恨,奇迹异闻,自极大以至极小,靡不可以入吾诗也。又吾国近三十年国家社会种种变迁,枢府之掌故,各省之情形,人民之痛苦流离,军阀政客学生商人之行事,以及学术文艺之更张兴衰,再就作者一身一家之所经历感受。形形色色,纷纭万象。合而观之,汪洋浩瀚,取用不竭,何今之诗人不知利用之耶?即如杜工部由陇入蜀,几于每至一地皆有诗。"②看得出来,吴宓将诗材范围大大扩充了,古今中外、天文地理、人文科学、历史现实、一切人类生活均可为诗歌创作的素材,从这一点来说,古典派的"新诗"观念又具有相当开放的革新姿态。

常与变关系如何处理?具体在诗体建设方面,就是吴宓反复声称的"旧格律新材料","欲谋诗之创造,则旧格律与新材料当并重"③。从道理上讲,学衡派的理论未必没有某种真理性,然而最核心的问题被学衡派所忽略,那就是时代语境与革新者使命。众所周知,中国文学发展到清末民初,已经老态龙钟,显出十足的破败之相,诗歌规唐模宋,散文谨守桐城义法,诗文坛布满"鹦鹉名士"的腐臭气息,非有一场疾风暴雨不足以冲刷这积年而成的陋习。胡适提出文学改良"八事",款款针对旧诗文坛积弊而来,问题看得准,

---

① 吴宓:《吴宓诗话》,第98页。
② 同上。
③ 同上。

出手下得狠,真可谓针针见血,刀刀催命。新文学派绕开传统文士所熟悉的那一套话语系统,"不拘格律,不拘平仄,不拘长短;有什么题目,做什么诗;诗该怎样做,就怎样做",目的在于创造一种全新的文学。创造新文学,是时代赋予新文学作家的庄严使命,可惜学衡派没有充分认识到这个时代课题的紧迫性。

其实,古典派何尝不承认文学有"局于时代"与"超越时代"两种元素,但在实际中往往沉迷于超时代的东西,而轻慢时代的需求。胡先骕就是这样一个例子,他认识到这两种因素"前者以时而推移,后者亘古而不变",但是他接着又强调,"其局于时代之原素,不能强吾人以必从,吾人所景仰赞叹者,要为其超越时代之原素也。勿务以创造为怀而忘不可免之模仿。……诗歌之体裁,既经古人之研几,而穷其正变之理,则亦惟有追随其后,而享受其工作之遗产,不必务求花样翻新也"①。问题的根子就在这里,忽略时代因素、淡化时代需要,以所谓"亘古而不变"的因素抵制"以时而推移"的东西,其结果必然显得迂腐穷酸,不合时宜,最终被时代所淘汰也是势所必然。关于这一点,贺昌群先生借"哭梅迪生"做了很经典的发明,现移录于此,以为我们的总结:

> 一种影响于后世几千百年的思想或学说,其本身必含有两个不可分的成分:一是属于时代的,一时代有一时代的问题,一种思想或学说的产生,必是针对那个时代的问题而发,问题愈大,那学说在当时的影响也愈大。另一种成分是超时代的,那是总集一种文化之大成而带有承先启后的作用,才能继续影响于后世,息息与整个历史文化相关。五四运动所攻击的,是儒家思想的时代的部分,这是曾经历代帝王政治利用、墨守、假借,成了一种虚伪的古典的形式主义,演成了中国政治社会、文化思想的种种腐败与停滞,百害而无一利,我们应当绝对排斥的,我们有我们的问题。五四运动所做的是这个破坏工作,我们现在还需要继续做这个工作……学衡社所欲发扬的,是那超时代的部分,那是一

---

① 胡先骕:《胡先骕文存》(上卷),第33页。

个民族文化的基石,终古常新,虽打而不能倒,因为我们自身与古代即在这个同样的时间空间内,怎能跳得出这个文化圈外去?……不过五四运动的攻击得其时,学衡社的发扬非其时,须知在一个深厚的文化基业上,没有破坏,如何能言建设?①

学衡派与新文学派的另一个争论点就是模仿与创造关系的处理。学衡派对新文学派的一个很大的指摘就是其违背"文学公例"的"破坏主义"。吴宓说:"所谓新派,以诗词各体格律繁难作成匪易也,则倡为解放之说,欲举中国旧文学之种种格律规矩而悉行铲除之、破坏之,不知此实大背文学公例。"②又说:"新派之失,在不肯摹仿,便思创造,故唾弃旧格律。旧派之失,在仅能摹仿,不能创造,故缺乏新材料。欲救其弊而归于正途,只有熔铸新材料以入旧格律之一法。此说在中国近世倡自黄公度。其实此乃古今中外文学创作之万有公例,惟一方法。凡真正之批评家莫不知之,凡伟大之创作家莫不行之。"③在此,他们把模仿与创造的关系掳上了台面。

在学衡派看来,新派虽然以模仿为"奴性"之表现,但实际上其做派仍不出模仿之范畴。吴芳吉说:"其二曰,不摹仿古人。以为摹仿古人乃奴性之事也……今人于创造,初无能力,与摹仿不屑为,乃不得不出于破坏,而号其言曰新文学。然新文学之言大倡,举国风从之者,仍无不以摹仿为事。"④他还批评新派不屑于模仿本国文学,然依然模仿外国文学,"所谓二三首领者,虽于本国文学不屑模仿,于外国文学依然摹仿甚肖,且美名其曰'欧化'。倘自新派惯于骂人之恶意言之,是亦一种变相奴性。旧奴性倒,新奴性生,奈何奴性之不绝于天地间也!然吾人绝不以此,而藐视古今之为模仿者。吾人犹不当以奴性二字,抹杀摹仿之人。吾人盖以后人之得力于前人者,或师承其意,或引用其言,或同化其文笔,或变异其结构,或追随其习俗,或揣摩其风尚以为文者,无论其形迹之显晦,皆摹仿也。使惟旧派摹仿,而新派绝

---

① 贺昌群:《哭梅迪生先生》//《梅光迪文录》,261—262 页。
② 吴宓:《吴宓诗话》,第 150—151 页。
③ 同上,第 151 页。
④ 吴芳吉:《吴芳吉集》,第 454 页。

不模仿,则旧派犹可称为奴性,以有新派之自性与之较也。使旧派亦摹仿,新派亦复摹仿,是摹仿固为新旧派之不可免"①。因此,他们得出结论,模仿乃是一种文学发展的自然现象,古今中外殆无例外。

他们借此将"摹仿说"发扬光大,认为文化的典则是"不摹仿,则无以资练习;不去摹仿,则无以资表现"②。文学的规则也是如此,"文章成于摹仿,古今之大作者,其幼时率皆力效前人,节节规扶。初仅形似,继则神似,其后逐渐变化,始能自出心裁,未有不由摹仿而出者也"③。即使那些看起来纯出"自然"的佳作,也是惨淡经营、匠心久运之作,"凡诗文结构,看来最自然者,其作出也必最费力。盖惨淡经营、锻炼炉锤之后,方能斟酌尽善。去芜词,除鄙想。他人读之,以为神来之笔,而不知其匠心久运也。他人以为纯出天籁,而不知其有意摹仿也"④。因而,一部文学发展变迁史,就是一部模仿加创造的历史,"文学之变迁,多由作者不摹仿此人而转摹彼人,舍本国之作者,而取异国为模范。或舍近代,而返求之于古。于是异彩新出,然其不脱摹仿一也。如英国文学,发达较迟。自乔塞(Chaucer),至伊丽莎白时代,作者均取法于意大利。而复辟时期则专效法兰西"⑤。

他们的结论有二,一是"居今日而言创造新文学,必以古文学为根基而发扬光大之"⑥,"吾人所斥为模仿而非脱胎,陈陈相因是谓模仿,去陈出新是谓脱胎,故史汉创造而非模仿者也,然必脱胎于周秦之文;俪文创造而非模仿者也,亦必脱胎于周秦之文;韩柳创造而革俪文之弊者也,亦必脱胎于周秦之文。他若五言七言古诗五律七律乐府歌谣词曲,何者非创造,亦何者非脱胎者乎?故欲创造新文学,必浸淫于古籍,尽得其精华,而遗其糟粕,乃能应时势之所趋,而创造一时之新文学,如斯始可望其成功"⑦。二是当今"诗文体制之变",须有横空出世的豪杰之才的典范引领方能成功,"大率诗文体

---

① 吴芳吉:《吴芳吉集》,第455页。
② 同上,第456页。
③ 吴宓:《论新文化运动》//《吴宓诗话》,第56页。
④ 吴宓:《吴宓诗话》,第49页。
⑤ 同③。
⑥ 胡先骕:《中国文学改良论》,《胡先骕文存》(上卷),第6页。
⑦ 同上,第5页。

制之变也,率由二因。其一,则每一大作者,其精神必有独到之处。后人共欣赏之而竞仿效之,然又无其才,只能效其皮毛而遗其精神,如东施效颦,满涂脂粉。其二,文体之变,必有杰才出世。其智德学识,天资人工,均属第一流。其所作诗文,自足宝贵,于是群俗乃自然趋效之,非仅攘臂号呼,即可成事。若乃毁瓦画墁,指鹿为马,盲从以取利者,则有之。文章只受其害,是特破灭之、摧残之而已。变革云乎哉?"①

站在今天的角度来看,学衡派对新文学派批评的是非曲直十分了然了,古典派所谓文艺无能逃于模仿之途、创造是在模仿基础之上进行的等等,并不是没有道理,有时候甚至还是文艺发展铁的定律。然而,这里面有若干错位是其所未曾认识到的,第一,此模仿非彼模仿,二者所针对的问题不一样,胡适之的模仿是一个时代陈陈相因文坛积弊,是一个宏观的问题,而学衡派强调的是文章习得的一般道理,是一个具体的问题;第二,时代的错位,需要的错位。文学革命之初,时代需要的是一声振聋发聩的当头棒喝,是一场改头换面的暴风骤雨,非如此不足以撼动千年如斯的陈腐文坛。这是时代的大问题大需要,有时候是顾不了那么多细小道理的,这是历史发展的残酷辩证法,可惜学衡派对此缺乏洞察,一味叨唠细枝末节,在历史洪流面前失去了方向。

四、"公度体"与"新诗"之"模范"

学衡派对于"新诗"的若干理论设想落实到现实层面,就是对于所谓"公度体"即黄遵宪诗歌创作的一致推崇,在他们看来,黄遵宪的诗歌简直就是"新诗"的楷模。过去,康有为以极为夸张的描述性语言形容,"公度之诗乎,亦如磊砢千丈松,郁郁青葱,荫岩竦壑,千岁不死,上荫白云,下听流泉,而为人所瞻仰徘徊者也!"②梁启超也将黄氏举为诗界豪杰,"昔尝推黄公度、夏穗

---

① 吴宓:《吴宓诗话》,第51页。
② 康有为:《人境庐诗草·序》//《黄遵宪集》(上),天津:天津人民出版社,2003年版,第77-78页。

卿、蒋观云,为近世诗界三杰"①。将其诗列为"新诗"首屈一指之大家,"公度之诗,独辟境界,卓然自立于 20 世纪诗界中,群推为大家,公论不容诬也"②。学衡派一脉相承,将其拜为"诗界革命导师",认为黄诗乃 20 世纪"新诗"创作之"典则","遵宪为中国近世大诗家,《人境庐集》,久而流传,脍炙人口。二十余年前,梁任公尝称其最能以新思想事物熔铸入旧风格,推为诗界革命之导师"③。那么,学衡派从"公度体"中到底读出了哪些文学意味,从黄氏的"诗界革命"中得到了哪些启示呢?

第一,他们首先从"公度体"中确认了"新材料旧格律"的文体改良思路,这是古典派最为惊喜的收获。梁启超最先总结这个特点,"近世诗人能熔铸新理想以入旧风格者,当推黄公度"④。吴宓紧密跟进,不仅认可这个事实,"黄公度之为诗,主以新材料入旧格律"⑤,而且将其看着文学改良的"正轨""指南","黄先生以新材料入旧格律之主张,不特为前此千百诗人所未能言,所未敢言,且亦合于文学创造之正轨,可作吾侪继起者之南针"⑥。

第二,他们发掘出了公度诗的"史诗"品格。《人境庐诗草》中,黄遵宪对其身历的重大历史事件都有不同程度的记述,难怪古典派从中读出了"史诗"的味道。吴宓的说法可为典型,"黄先生之诗。多咏国事,少叙私情,不愧为诗史,可称民族诗人。"⑦

第三,公度体是继承与创新并举的典范。吴宓分析黄遵宪的诗作,认为其至少受到了汉魏乐府、杜工部、吴梅村、龚定庵的影响,黄氏对此"四源"之精妙融会贯通,因此其诗为中国诗学正宗断无疑问,"杜工部为古来中国第一大诗人,而黄公度先生为近世中国第一大诗人"⑧。在他眼里,黄遵宪之所以是可与杜甫比肩的伟大诗人,就是因为其不仅善于继承,而且善于推陈出

① 梁启超:《诗话》(28),《梁启超全集》(九),第 5308 页。
② 梁启超:《诗话》(32),《梁启超全集》(九),第 5310 页。
③ 吴宓:《书人境庐诗草自序后》,《学衡》,第 60 期,1926 年 12 月。
④ 梁启超:《诗话》(4),《梁启超全集》(九),第 5296 页。
⑤ 吴宓:《吴宓诗话》,第 142 页。
⑥ 吴宓:《空轩诗话》,《吴宓诗话》,第 206 页。
⑦ 同上。
⑧ 吴宓:《吴宓诗话》,第 206-207 页。

新,"吾重公度诗,谓其意象无一袭昔贤,其风格又无一让昔贤也"①。

应该看到,"公度体"被学衡派列为"新诗"文体解放的圭臬,是有着很强的示范作用和建构目的的。从历史发展的角度,黄遵宪在诗体改良方面的确做了惊人的突破,如超越唐宋之争、扩大诗文疆域、弥合新材料旧格律裂痕等,但是其诗的局限性也是十分明显的,如叙事诗普遍缺乏感兴、诗句生拼硬凑、旧格律与新材料的龃龉、诗文兼体时诗性索然,等等。其实,作为一个"新诗体","公度体"是远远不够典范资格的,顶多是传统格律诗的一种变体,从诗体本质上看应当属于"旧"而不能算作"新",因为它的形式远远不能适应内容的需要。在这个问题上,学衡派与新文学派似乎永远无法达成共识,前者认为,"革命者,当革其精神,非革其形式"②。而后者认为,"一部中国文学史只是一部文字形式(工具)新陈代谢的历史……工具僵化了,必须另换新的、活的,这就是'文学革命'"③。因为"五七言八句的律诗绝不能容丰富的材料,二十八字的绝句决不能写精密的观察,长短一定的七言五言决不能委婉达出高深的理想与复杂的感情"④。到底旧瓶能不能装下新酒,到底谁是谁非,这些问题怕是只有留给时间来最后检验了。

总起来看,学衡派诗学态度之所以显得"保守",是因为文化或文学传统的遗传因子有力地限制了其文体观念的充分解放,即诗文之辨的文体规训,使他们无法超越"旧格律"的藩篱;中庸之道的世界观方法论,决定了其"调和"的文体改良策略;在处理通变关系之时,守常有余而促变不足;创作方面乏善可陈,只好把"公度体"看作"新诗之模范",岂知它不过是各种旧体的大杂铺。整体而言,学衡派的文体观念和改良思路,虽然也不乏某些真理成分,但是由于疏离了时代要求,有时甚至偏离历史潮流,因此其诗学见解中即使明显合理的部分也不被世界所接受,这真是古典派诗学家的悲剧,也是一个时代的悲剧。

---

① 梁启超:《诗话》(9),《梁启超全集》(九),第5300页。
② 梁启超:《诗话》(63),《梁启超全集》(九),第5327页。
③ 胡适:《胡适学术文集·新文学运动》,北京:中华书局,1998年版,第200页。
④ 胡适:《胡适学术文集·新文学运动·谈新诗》,第386页。

然而,我们不能因此而对其诗学观念视而不见,更不能全盘否认其诗学见解中有价值的部分。作为五四新诗派的批评者,学衡派的诗学表述呈现反驳型特征,有时为反驳而反驳,有时为争锋而相对,这就使其诗学思想显得仓皇局促,缺乏必要的连贯与从容。但是作为五四新文学的净友,他们的出现对于五四新诗走得过远的文体改革家,是一个有力的牵制或提醒;他们较为浓厚的传统观念对于五四新文学过于激烈的"反传统"行为,也是一种有益的掣肘;更为重要的是,他们与五四新文学家之间的对话、碰撞、交流,大大丰富了现代文学的张力内涵。实际上,不同声音的充分对话、不同观念的充分融合,本身也是现代诗学、现代文学的伟大传统———一种基于建构而众声喧哗的伟大民主传统、伟大复调传统。

(本文刊于《文艺理论研究》2015 年第 5 期)

吴宓与《学衡》：整合的文化现代性理路

孙　媛

（闽南师范大学文学院）

之所以将吴宓与《学衡》结合在一起进行论述，是基于二者之间的密切关系。在近代学术史上，吴宓之所以被视为文化保守主义者，很大程度上取决于他主持编辑《学衡》杂志的经历，无论是在学术生涯还是在个人事功里，《学衡》都占有吴宓生平的重要一页。与此相应，吴宓在《学衡》的编撰者中也占有头等重要的位置，切实主导了该杂志的办刊取向。自《学衡》编辑之初，吴宓便被公推为"集稿员"，负责编排稿件并撰写目录①。从此，吴宓除了尽心教授东南大学的课程，便是"集中全力于编撰《学衡》杂志"②。由于《学衡》的集稿筹款等具体事宜几乎都是吴宓一人所为，所以该杂志实为吴宓编辑思路和文化思路的体现。当杂志出版遭遇困境，刊物同人亦纷纷心有旁

① 梅光迪在第一次社务会议上即提出："社员亦不必确定：凡有文章登载于《学衡》杂志中者，其人即是社员；原是社员而久不作文者，则亦不复为社员矣。"针对这一"清高主张"，吴宓坚决主张"办事必须有一定之组织与章程。职权及名位，亦必须明白规定。对内、对外方可有所遵循。窃意（一）《学衡》杂志之宗旨及体例，用人之根本思想与公共主张，必须写成数条。用明确之文字，宣布于世。此即可作为本志、本社之'宪法'。（二）杂志稿件之去取及删改，尽可由同人公议及分担，但为办事之便利，总编辑一职必须设置。（三）第一期必须有《发刊辞》或《〈学衡〉杂志社宣言》一篇，刊于卷首。云云。"最后公推吴宓为"集稿员"，编排稿件并撰写目录。（吴宓：《吴宓自编年谱》，第229页）。

② 吴宓：《吴宓自编年谱》，第233页。

鹜,无暇或不愿再顾及《学衡》时,吴宓仍在积极与各方交涉,为刊物的生存寻找各种支持①,最终通过"自捐赀以印《学衡》,每期费百金"②的自我牺牲之举与中华书局达成协议,使出版在艰难中得以延续至七十九期。自第八十期起,《学衡》的南京同人拟使缪凤林取代吴宓编辑《学衡》,但是该杂志一旦离开视"《学衡》为我之事业"③,"为《学衡》忍辱含垢"④的吴宓,很快便续办无望,黯然收场。吴宓堪称是《学衡》的精神灵魂,而《学衡》亦是吴宓毕生最重视的事业,以至于直到晚年,吴宓不仅将阅读把玩《学衡》旧刊当作人生乐趣,而且时时为当年编撰杂志时留下的缺憾懊悔自责⑤。吴宓之所以如此重视《学衡》,不仅因为它是自己一生中编辑时间最长的刊物,更是缘自它是自己在现实中无从实现的文化理想的寄托。可以说,正是在《学衡》这一明确自觉地反对新文化运动偏激取向的文化平台上,吴宓才全面展开了对整合的文化现代性理路的深入思索。

一

现代性⑥是 20 世纪以来中国社会所面临的重大时代课题,一百多年来,

---

① 详见《吴宓日记》第 3 册 1926 年 11 月到 1927 年底的记载。

② 详见《吴宓日记》第 4 册 1928 年 2 月 1 日的记载。

③ 吴宓:《吴宓日记》第 3 册,第 419 页。

④ 同上,第 60 页。

⑤ 如《吴宓日记续编》中所记:"宓翻阅长沙新寄来之宓旧藏《学衡》各期合订本,至中夜乃寝。思宓一生空过,近尤玩忽不可恕。六十年中所事所为,惟编辑《学衡》尚可称许,此自为宓今生惟一之功绩。然宓于此役,初志虽诚且高,坚毅之力则乏。到清华后,尤其 1928 爱彦后,日趋偷惰,不但《学衡》出版愆期,终且停刊,而其内容,亦大失初刊时取材之精严性。"(1954 年岁次甲午二月二日,《吴宓日记续编》第 2 册,第 3–4 页)"近值岁暮,静思宓生平行事,殊多悔恨自责。最要者,宓当坚苦不懈,专心编撰《学衡》。尽力维持其久久出版,且内容充实,立场明白而坚定。至 1937 年停刊,可出至一百五十或一百八十期。清华研究院主任及《大公报·文学副刊》编辑,均可不担任。"(1959 年 12 月 27 日,见《吴宓日记续编》第 4 册,第 258 页)。

⑥ 我们所理解的"现代性",是一种产生于特定历史语境的价值观念体系。在这个体系中,传统和现代既相互对立又相互融合,传统是未终结的历史,现代是未完成的方案,传统与现代的复杂关系本身就构成了现代性作为价值观念的内涵和具体表现方式。

中国知识分子怀抱着满腔理想主义热情,沉迷在对"现代性"方案的想象和规划之中,五四新文化运动,就是激进知识分子对中国文化的"现代性"图景所作的一次整体构设。然而,在急切浮躁心态的驱使下,五四精英们不自觉地陷入了对进化论的盲目崇信,专注于在线性发展的时间语境中界定"现代",机械引用代表未来价值的西方现代文化标尺,将中国文化的现代性工程等同于中国文化的西化工程,没有注意到或是有意回避了现代性所应具备的那种复杂性、矛盾性和自我批判性。长期以来,这种现代性的单维价值取向和忧国救亡的社会心理紧密结合在一起,借助政治风云成长为占据主流地位的文化现代性话语。但是,不容忽视的是,自占据主流地位的文化现代性话语形成之日起,对它的质疑反思和崇拜信仰就始终同步。在新文化运动前后的中国知识界,作为对激进主义知识分子现代性单维体认方式的否定性回应,文化保守主义群体从如何处理传统与现代、中国与西方的关系方面展开了对文化现代性的另一种设想:强调传统,推崇国粹,主张通过调和新旧融合中西的方式建立新文化。毋庸置疑,就其在具体历史时代里的即时性社会效果而言,保守主义确有不够理想之处,但是,如果我们从文化合力系统的视角出发对其展开反思,就会发现,文化保守主义牵制缓解激进派狭隘功利主义倾向的效用注定了它和文化激进主义之间二元互补的客观关系。正如海外学者余英时所指出的:"相对于任何文化传统而言,在比较正常的状态下,'保守'和'激进'都是在紧张之中保持一种动态的平衡。"①所以,在激进主义全面掌控话语权的时代里,文化保守主义尽管备受急功近利的集体性认知力量的无情打压,甚至因此而沦落成为代表守旧倾向的边缘话语,但是却始终保持着潜滋暗长的势头,且一直在以与主流话语异质的现代性体认方式推动着中国文化的现代性建构。而边缘话语和主流话语之间所产生的对话和冲突,就使得中国文化的现代性诉求呈现为一个充满着矛盾与困惑的复杂进程。

在文化激进主义和文化保守主义共同推动文化现代性进程的关键时期

---

① 余英时:《中国近代思想史上的激进与保守》//李世涛:《知识分子立场——激进与保守之间的动荡》,长春:时代文艺出版社,2000年版,第24页。

里,吴宓对文化现代性理路作出怎样的选择,完全取决于他的固有文化视域。按照伽达默尔的说法:"视域就是看视的区域,这个区域囊括和包容了从某个立足点出发所能看到的一切。……谁具有视域,谁就知道按照近和远、大和小去正确评价这个视域内的一切东西的意义。"①

吴宓生于泾阳,后就学于三原,泾阳和三原均为关学重镇,濡染关学思想就成了吴宓成长中的重要思想经历。所谓"关学",指的是由北宋张载所开创的关中理学学派,自宋以降,许多关中士人在不同程度上继承了张载的学术旨趣、精神气质和价值追求,从而使"关学"成了延续至明清乃至近代的一个具有地域文化特征的学术流派。在关学氛围的熏陶中,吴宓深深折服于中国传统文化的魅力,早在赴美之前,其文化思想中注重传统文化价值的倾向就已经显而易见。在他看来,中国古典文化中所蕴藏的文明精粹具有极高的价值,值得全力推崇使之发扬光大,身为学人,应该"肆力学问,以绝大之魄力,用我国五千年之精神文明,创出一种极有势力之新宗教或新学说,使中国之形式虽亡,而中国之精神、之灵魂永久长存宇宙,则中国不幸后之大幸也"②。正是基于对传统文化的崇信与亲和,在清华读书的时候,吴宓才会深感"《论语》《孟子》等经书价值至高,无论其文章、哲理,即所含关于日常事物之规诫,以及政邢理教之设施,虽一二语而用新眼光、新理想咀嚼寻味,可成千百言,且皆系对于今时对症下药。"这种珍视传统的深层文化心理不仅注定了吴宓所持的文化价值取向与新文化运动时期崇尚激进的时代精神主流不会合拍,而且决定了其后来主持编辑的《学衡》杂志也只能游离于五四时代主潮之外。

张载所创立的关学实际上只是宋代以及明清时期的一个民间学术派别,没有因要被推尊为一个时代的统治思想而受到强大的学术束缚,加之张载在治学方面明确提出了博学之说,一向主张开拓广阔的学术领域,故而张载以后的关学学者,往往能够兼容各派学说,吸取不同学派的思想,体现出

---

① 〔德〕加达默尔:《真理与方法——哲学诠释学的基本特征》,洪汉鼎译,上海:上海译文出版社,1999 年版,第 388 页。

② 吴宓:《吴宓日记》第 1 册,第 331 页。

善于融合的可贵精神。这种兼收并蓄、博采众家之长的学术思想亦已内化成了吴宓精神内涵的重要因素，在很大程度上决定着他后来的文化取向。从入学校读书起，吴宓所受的即是新旧中西杂糅的教育，尽管在情感取向上，他对中国传统文化更感亲近，但是在"发挥国有文明"的同时，他时时不忘"沟通东西事理"①，认为若能"发刊杂志多种，并设印刷厂，取中国古书全体校印一过，并取外国佳书尽数翻译"，则可以"期成学术文章之大观，而于国家精神之前途，亦不无小补"②。由此我们已经可以看到后来吴宓和《学衡》在文化取向上主张融会东西古今文化创立新文化的端倪，但是，此时的吴宓仍然停留在以中国儒家思想衡量西方文化价值的层面，中国传统文化本位意识仍然十分明显③，如果没有后来海外新人文主义文化思想的结合作用，吴宓和《学衡》也不可能跳出传统文化精英主义思想的藩篱，提出明显具有世界意识的通过融会东西古今文化来建立现代新文化的主张。

赴美留学期间，吴宓接触到了白璧德的新人文主义思想。新人文主义思想对传统文化的重视与阐扬，与吴宓珍视传统的文化倾向有着某种天然的契合，使其看到了在现代语境中重新弘扬传统文化的话语力量，增强了他对传统文化价值的自信心和认同感，故而在他那里激起了强烈的接受热情和思想共鸣。在白璧德看来，西方现代社会正在陷入前所未有的危机——现代人在迎来繁盛物质文明的同时也面临着精神毁灭的厄运。究其原因，"自然主义"的思想倾向正笼罩着西方社会，"自然主义的个人主义者"不承认任何一种具有一致性因素的标准，过于耽溺于"多"的一面，坚持认为"他自己的个人性的、私人性的自我就是衡量一切的标准，而这种标准本身，他补充说，则是不断变化的"。这种对"一"的忽视导致现代人的心智渐趋失

---

① 吴宓：《吴宓日记》第 1 册，第 410 页。
② 同上，第 312 页。
③ 如，他认为希腊哲学优于西方近世哲学，只因前者多有与中国先儒思想相合之处。据吴宓日记载："读 History of Ancient Philosophy（W.W.Benn 著）一书，完。知希腊哲学，重德而轻利，乐道而忘忧，知命而无鬼。多合我先儒之旨，异近世西方学说，盖不可以道里计矣。"（《吴宓日记》第 1 册，第 440 页）。

衡,使他们只能"满足于最危险的只有部分真实性的真理"①。所以,要想恢复人类心智的正常状态,就必须要恢复"一"的地位,"在统一(unity)与多样(plurality)之间保持最佳的平衡"②。具体到文化选择上,白璧德认为,较之代表"多"的成分过于泛滥的现代文化,东西方传统文化更能体现出"一""多"之间的平衡,所以,在对西方近现代主流思想文化进行清理和批判的同时,白璧德力主挖掘东西方传统文化的精华以寻求拯救之方。在挖掘和寻求中,白璧德执着于对人类文化中普遍真理和永恒价值的追求,坚持认为自古以来人类思想智慧之中的精华可以连成一个系列,所谓文化,即是由这种不断延续发展着的思想精华熔铸而成的,其中既有因时因地不断变迁之处,又有超越时空亘古长存的普遍真理和永恒价值,这种普遍真理和永恒价值决定了东西学问理应相互交融,"联为一体",形成"最完美之国际主义"③。在新人文主义"东西学问联为一体"形成"最完美之国际主义"的信念支撑下,吴宓渐渐形成了自由出入于中西方文化之间的坦然心态,跳出了以中国传统文化为本位的思想藩篱,转而强调文化建设应该具备一种世界性的视野:"自受学于巴师(白璧德老师,本文作者注)……更略识西国贤哲之学说,与吾国古圣之立教,以及师承庭训之所得,比较参证,处处符合,于是所见乃略进。"④"吾年来受学于巴师……乃于学问稍窥门径,方知中西古今,皆可一贯。天理人情,更无异样也。"⑤

　　要之,在关学思想和白璧德新人文主义思想这两种文化视域的交相作用下,吴宓逐渐形成了文化保守主义的理论立场和既强调传统又主张融贯古今,既重视国粹又主张会通中西的整合型的文化现代性思路,力主将中西古今文化的优良成分置于同一平面上进行考察,使之沟通互补以形成一种

---

① 〔美〕白璧德:《卢梭与浪漫主义》,孙宜学译,石家庄:河北教育出版社,2003年版,第3页。
② 〔美〕白璧德:《文学与美国大学》,张沛等译,北京:北京大学出版社,2004年版,第20页。
③ 胡先骕:《白璧德中西人文教育谈》,《学衡》,第3期。
④ 吴宓:《吴宓日记》第2册,第69页。
⑤ 同上,第46页。

融"国粹"与"欧化"于一身的较为完美的新文化："盖吾国言新学者,于西洋文明之精要鲜有贯通而彻悟者。苟虚心多读书籍,深入幽探,则知西洋真正之文化,与吾国之国粹,实多互相发明裨益之处,甚可兼蓄并收,相得益彰。试能保存国粹而又昌明欧化,融会贯通,则学究文章必多奇光异彩。"①后来,这种立场和思路在吴宓对《学衡》杂志的编辑中得到了较为集中的体现。

二

早在留美期间,吴宓就对新文化运动和文学革命抱有强烈的不满,决心回国后自办报刊发表言论与之抗衡："幼涵来书,慨伤中国现状,劝宓等早归,捐钱自办一报,以树风声而遏横流。宓他年回国之日,必成此志。此间习文学诸君,学深而品粹者,均莫不痛恨胡、陈之流毒祸世。张君鑫海谓羽翼未成,不可轻飞。他年学问成,同志集,必定与若辈鏖战一番。"②而他在归国前毅然辞去薪金优厚的北京教职,受聘于东南大学的主要目的就是与梅光迪等"同志"一起创办《学衡》杂志,以之作为舆论基地与新文化倡导者展开论争,批评新文化运动和文学革命的缺失和谬误,扭转现代文化向激进方面无限制发展的趋势。可以说,吴宓从一开始就是以新文化运动反对派的身份登上历史舞台的,而《学衡》,作为文化保守主义者的重要理论阵地,正是出于牵制五四新文化倡导者的激进主义倾向的需要应运而生的,正如胡适所言："……《学衡》,几乎专是攻击我的。"③质疑和否定新文化运动和文学革命的论文,在吴宓主持编辑的《学衡》杂志中占有显著的地位:创刊号上是胡先骕的论文《评〈尝试集〉》,终刊号上是易峻的论文《评文学革命与文学专制》,中间还有吴宓的《论新文化运动》(4 期),郭斌龢《新文学家之痼疾》(55 期)等多篇对当时占据主导地位的时代潮流作出否定性回应的论文。这表明,《学衡》始终没有放弃与新文化倡导者进行话语权的争夺,处处

---

① 吴宓:《论新文化运动》,《学衡》,第 4 期。
② 吴宓:《吴宓日记》第 2 册,第 144 页。
③ 中国社会科学院近代史研究所:《胡适的日记》,北京:中华书局,1985 年版,第258 页。

体现出了文化保守主义的价值取向和理论姿态。

值得注意的是,尽管作为新文化运动的对峙力量,《学衡》具有鲜明的文化保守主义特征,但是,其中所体现出的世界性的文化视野和整合性的文化心态却远远地超过了其他保守主义刊物,更具现代色彩。

这种文化视野和文化心态的形成与吴宓对文化的基本认识密切相关。在白璧德"一""多"观念的影响下,尽管吴宓并不否认文化会随着时代的变化而发生变迁,但是却仍然执着于对人类文化中普遍永恒真理的追求。这种普遍永恒的真理即是文化变迁当中不断涌现的"多"的表象下面不变的"一":"'一'与'多'之存在相互对立,不得抹杀其一,推而衍之,则'一'之变形为在、定、静、绝对、普遍、合、久、质、实在等。'多'之变形为成、变、动、相对、特殊、分、暂、量、浮象等,各成对偶而同时并存。"①"观念为一,千古长存而不稍变,外物实例,则为多,到处转变而刻刻不同。前者为至理,后者为浮象。"②作为人类思想智慧精华的观念形态,文化发展的理想境界便是经由"兼顾一多,凭一以定多"③所实现的"一""多"两方面的执中和协调。在吴宓看来,他所处时期的文化已经面临着由于"多"的泛滥而导致的"一""多"失衡的局面:"今世为博放之世,故一般之趋势多数人之思想,皆偏重'多'类,而欲调剂其偏、救正其失,则持论立言,宜偏重'一'类,始能近真而有裨云。"④所以,他摒弃了新文化倡导者求新求变的文化观,强调在标准失范的"博放"时代里寻找文化的普遍价值和可继承性,强调在文化的时空变迁中自有不变的因素存在。与陈独秀、胡适等人在《新青年》上所宣传的建立在进化论基础上的弃旧图新、趋西弃中的文化观念不同,吴宓认为文化无新旧中西之分,只有好坏真伪可讲,好的和真的文化自会成为"古今思想言论之最精美者"⑤,从而具备一种超越时空的普遍永恒的价值特质。因此,应该修正新文化运动所设定的文化现代性发展线路,在整合中西传统文化精华的

---

① 吴宓:《论事之标准》,《学衡》,第56期。
② 吴宓:《我之人生观》,《学衡》,第16期。
③ 吴宓:《一多总表》//徐葆耕:《会通派如是说——吴宓集》,第116页。
④ 同①。
⑤ 吴宓:《论新文化运动》,《学衡》,第4期。

基础上建立起一种真正的新文化。

具体而言，吴宓和新文化倡导者在设定文化现代性发展线路方面的分歧主要有二：

其一是如何处理新旧文化的关系。新文化派致力于通过与"过去"决裂的方式来彰显"现代性"的先进，认为新旧文化势不两立，中国的新文化只能在破除和抛弃旧文化的前提下才有可能建立起来。和新文化派相反，吴宓及《学衡》从"一""多"观念出发，认为新旧文化的内在精神所具有的一致性决定了它们之间自有某种相通之处，在文化演进中，旧有文化中那些"通过时间考验的一切真善美的东西"可以具备跨越古今的现实存在价值，使历史成为"活的力量"①。新旧文化的相通之处决定了它们之间势必存有一种连绵不断的传承关系："新旧乃对待之称。昨以为新，今日则旧；旧有之物，增之损之，修之琢之，改之补之，乃成新器。举凡典章文物理论学术，均就已有者，层层递嬗而为新，未有无因而至者。故若不知旧物，则决不能言新。凡论学论事，当究其终始，明其沿革，就已知以求未知，就过去以测未来。"②故而，较之彻底背弃传统和一味沿袭传统这两种极端做法，建立在洞悉世界现代趋势与中国学术思想本源基础之上的新旧调和之法为万全之策，"唯一两全调和之法，即于旧学说另下新理解，以期有俾实是。然此等事业，非能洞悉世界趋势，与中国学术思潮之本源者，不可妄为。他日有是人者，吾将拭目俟之，囊笔随之"③。

其二是如何处理中西文化的关系。在对国学和西学进行介绍时，吴宓及《学衡》反对新文化派中西二元对立的观念，认为中西文化之间有着沟通互补和交汇融合的可能："西洋真正之文化与吾国之国粹，实多互相发明，互相裨益之处，甚可兼蓄并收，相得益彰。""今中西交通，文明交汇，在精神及物质上，毫无国种之界，但有选择之殊。"④对文化的现代性理路进行思考和设计的时候不应当局限于一国一时的范围，而应该通过正确的文化选择汲

---

① 梅光迪：《我们这一代的任务》，《中国学生》(12, 3)
② 吴宓：《论新文化运动》，《学衡》，第 4 期。
③ 吴宓：《吴宓日记》第 2 册，第 404 页。
④ 吴宓：《孔诞小言》，《大公报·文学副刊》，1932 年 9 月 26 日。

取中西古今文化中的精华因素,将其融合为一个文化整体:"今欲造成中国之新文化,自当兼取中西文明之精华,而熔铸之,贯通之。吾国古今之学术、德教、文艺、典章,皆当研究之,保存之,昌明之,发挥而光大之。而西洋古今之学术、德教、文艺、典章,亦当研究之,吸取之,译述之,了解而受用之。" ①

在相信新优旧劣主张趋西弃中的时代氛围里,吴宓这种专注于在"中""西""新""旧"之间进行文化整合的现代性建构思路,不能不说为文化现代性探索提供了一个可资借鉴的参照。而《学衡》"昌明国粹,融化新知"的办刊宗旨即是这种文化现代性建构思路的明确体现,即一方面发扬中国固有之文化,另一方面昌明世界最新之学术,力图将现代性与民族性结合起来,既不反对输入外来文化,又不否认传统文化的合理内核,既要求文化建设具备一种世界性的现代视野,又相信中国传统文化的生命力和自我更新能力,坚决反对用西方文化体系对中国文化进行整体性置换。

基于这一办刊宗旨,在对《学衡》杂志进行编辑时,吴宓将目光放在了世界范围内一切优秀的文化遗产上:"于国学则主以切实之工夫,为精确之研究,然后整理而条析之,明其源流,著其旨要,以见吾国文化,有可与日月争光之价值。……于西学则主博极群书,深窥底奥,然后明白辨析,审慎取择,庶使吾国学子,潜心研究,兼收并览,不至道听途说,呼号标榜,陷于一偏而昧于大体也。"(见《学衡》杂志简章)他从"一""多"观念出发,坚持二者具有共通性的观点:"稍读历史,则知古今东西,所有盛衰兴亡之故,成败利钝之数,皆处处符合;同一因果,同一迹象,惟枝节琐屑,有殊异耳。盖天理 Spiritual Law 人情 Human Law,有一无二,有同无异。下至文章艺术,其中细微曲折之处,高下优劣,是非邪正之判,则吾国旧说与西儒之说,亦处处吻合而不相抵触。阳春白雪,巴人下里,口之于味,殆有同嗜。"这种共通之处便是中西文化中属于"一"的部分,超越时间和空间的界限,具有普遍和永恒的价值。而他主持编辑《学衡》时专注于挖掘和整理中西古典文化的主要目的就是要从中找到普遍永恒的"一",以之整合传统文化与现代文化、中国文化与西方文化,从而纠正由于在古/今、中/西之间进行非此即彼选择而造成的扬

---

① 吴宓:《论新文化运动》,《学衡》,第 4 期。

西抑中或是扬中抑西的单向思维。所以,在对国学研究进行强调的过程中,较之杜亚泉、梁漱溟等其他文化保守主义者所持的传统文化本位立场,《学衡》更倾向于摒弃厚此薄彼的先入之见,将中国传统文化置入世界文化系统中加以思考,通过在哲学宗教等各方面对中西文化进行比较和考察来理解和阐发传统文化的意义和价值。这种实证主义的态度决定了它虽然站在文化保守主义的立场上,但是却没有杜亚泉、梁漱溟在推崇传统文化时所体现出来的文化普世主义的野心①。而是体现出了一种更为开阔的世界性的文化视野和更为健全的整合性的文化心态,既能消除由于简单否定文化传统所造成的民族虚无主义的弊端,又能避免由于片面夸大传统文化救世功能而造成的文化自闭症的倾向,从而更具现代气息。

三

如上所述,作为文化保守主义的重要力量,吴宓和《学衡》正是基于对五四新文化运动的激进主义倾向进行牵制的需要才登上历史舞台的,二者似乎势不两立,但是,如果把吴宓和他苦心经营的《学衡》放在现代文化思想史这个大背景下进行考察,就可以发现,支持着吴宓站在保守主义立场上对新文化运动进行批判的实际动力并非是对传统的缅怀,而是渴望建立现代文化的理想。在对《学衡》的编辑过程中,吴宓和五四新文化倡导者具有相同的关注点,其思考重心始终集中在中国现代文化的发展道路这一问题上,尽

①　杜亚泉和梁漱溟所强调的中西调和论,主要是指以中国传统文化为本位来融合西方文化思想,他们大多认为西方文化正在走向没落,而中国文化正是挽救西方文化的法宝:"我又看着西洋人可怜,他们当此物质的疲敝,要想得精神的恢复,而他们所谓精神又不过是希伯来那点东西,左冲右突,不出此圈,真是所谓未闻大道,我不应当导他们于孔子这一条路上来吗!"(梁漱溟:《〈东西文化及其哲学〉自序》,《梁漱溟全集》第1卷,济南:山东人民出版社,1989年版,第543页。)以中国文明为绳索统整贯穿西洋文明的做法不但是"吾人之自身得赖以救济"之道,而且"全世界之救济亦在是焉"。(伧父:《迷乱之现代人心》,原载1918年4月15日《东方杂志》第15卷第4号//许纪霖、田建业编:《杜亚泉文存》,上海:上海教育出版社,2003年版,第367页。)这些对中国文明的世界价值大加推崇的言论所透露出的文化普世主义的野心,势必会影响了他们对中西文化的正确评价。

管他们所认可的发展道路不尽相同,但却都怀着文化救世的决心和信心,希望建立一种能够挽救中国社会危机的现代民族文化。二者发生观念分歧的原因不在于政治的态度,而在于文化的理想。吴宓认为"所谓新文化运动者"虽然占有着新文化之名,但是实际上"持论则务为诡激,专图破坏"①,既抛弃了传统文化的精魂,又没有建立起真正适合中国社会发展的新文化,而他对《学衡》的主持和编辑正是为了匡正新文化运动的弊端和不足,推进自身对于新文化的理想,其目标不是为了否定他所处的时代,而是为了在更高意义上完成他的时代。

与新文化阵营主办《新青年》等杂志一样,吴宓对《学衡》的主持和编辑亦是探索中国现代文化建设道路的重要尝试。但是,在对中国现代文化发展具体道路的选择上,吴宓及《学衡》却采取了和新文化阵营截然不同的文化思维逻辑,后者是在政治理想的直接驱动下,怀着干预现实政治的强烈企图投入新文化建设的,而前者则倡导以学术研究的方式来"论究学术,阐求真理,昌明国粹,融化新知"(《学衡》简章),正如《学衡》杂志第一期《弁言》所述:"通述中西先哲之精神,以翼学;解析世宙名著之共性,以邮思。"吴宓和《学衡》力主通过梳理和总结"国学"和"西学"中具有永恒普遍价值的思想精华来为新文化建设提供理论参照。为了整理"国学",探究源流,《学衡》杂志刊发了许多关于中国文化史、文学史以及关于经史子集专题研究的学术作品,如马承堃的《国学摭谭》(1、2、6、10 期),张文澍的《论艺文部署》(1期)、《许书述微》(2 期),柳诒徵《汉官议史》(1 期),钟歆《老子旧说》(1期),缪凤林《四书所启示之人生观》(2 期),夏崇璞《明代复古派与唐宋派之潮流》(9 期),王庸《李二曲学述》(11 期)等,其中,尤以柳诒徵的《中国文化史》影响深远,堪称《学衡》国学研究的"门面"。对于引进"西学",吴宓亦是赞同的,而且,由于留学欧美的学术思想背景,他所掌握的"西学"文化信息不仅是很多文化保守主义者无法匹敌的,而且即使是和新文化倡导者相比也未必逊色。只不过,新文化倡导者往往将引进西方文化与拯救民族危机结合在一起,这种急躁态度和功利心理无形中限制了他们对"西学"追根溯

---

① 吴宓:《论新文化运动》,《学衡》,第 4 期。

源的可能,而吴宓则主张以学术研究的态度,在"博及群书"的基础上"深窥底奥"(《学衡》简章)。所以,除了大量刊登涉及白璧德新人文主义的译作之外,吴宓特别重视译介西方古典文化的作品,除先后刊发了缪凤林《希腊之精神》(8期),景昌极译《斐都篇》(柏拉图语录之三)(10、20期),夏崇璞译《亚里斯多德伦理学》(续第16、20、30期),向达译《亚里斯多德伦理学》(32期)等涉及西洋哲学和诗学的多篇文章和译文之外,还亲自动手撰写和翻译了《希腊文学史第二章 希霄德之训诗》(14期)、《希腊对于世界将来之价值》(23期)、《世界文学史》(28、29、30期)等著作,在他为中国"各大学及公立图书馆"编写的《西洋文学精要书目》(6、7、11期)和为"初学者"编写的《西洋文学入门必读书目》(22期)中,涉及西方古典部分特别是古希腊罗马部分的书目亦占据着相当大的比重。吴宓认为,对这些代表着西方文化发源精神的古希腊哲学文学论著进行强调,可以有效地开阔国内学者的眼界,使之认识到西方文化的"源流所溯,菁华所在"①,从而汲取西学中具有普遍意义和永久价值的精华,纠正新文化运动者在选择吸收西洋文化时"取材则惟选西洋晚近一家之思想,一派之文章"②的偏颇。他们挖掘整理中西传统文化的目的并不是为了反叛现代回到古代,而是意在寻找一种普遍永恒的价值特质,以之作为连接传统与现代、中国与西方的天然纽带,以一种整合的现代性思路建立一种既非复古亦非西化的新文化,纠正激进主义的现代性单维体认方式所造成的西化倾向。可以说,吴宓和《学衡》所坚持的融合中西传统文化的观点所体现出来的实际上是一种现代精神,其与新文化阵营之间的分歧只是文化现代性内部的分化,所显示的只是现代性价值自身的内在冲突,其思想理论作为中国文化现代性追求的重要组成部分,是对五四新文化思想的有益补充。

可见,在探讨中国文化现代性走向的问题上,《学衡》与《新青年》之间潜在着很多进行对话的可能。但遗憾的是,在新文化运动所掀起的那场声势汹涌的摧毁传统的西化潮流中,激进主义所代表的对现代性的单维价值体

---

① 吴宓:《希腊对于世界将来之价值》,《学衡》,第23期。
② 吴宓:《论新文化运动》,《学衡》,第4期。

认方式已经被价值化为一种占据绝对主流地位的理想,任何表示不同意见的声音都因被视作怀旧的反动而遭受冷落和压抑。吴宓主持编辑的《学衡》杂志,由于建立在质疑新文化运动的基础上,故而从一开始就被主流话语挤入了边缘位置,丧失了与对手进行平等对话的机会①。当然,吴宓和《学衡》所构想的中国现代文化的发展道路并非十全十美,其对普遍性永恒性的文化精神的强调亦存在着对文化时代变迁性重视不足的弊端,但是他们所提倡的整合性的文化现代性理路毕竟可以纠正对现代性进行单维体认所造成的价值判断的偏颇与片面,在一定程度上具有合理的意义。所以,时至今日,吴宓和《学衡》的文化现代性理路理应得到重新分析和评价,这将有助于我们更深入地认识和思考中国现代文化发展的复杂性和多种可能性的问题。

(本文刊于《东南大学学报》2011 年第 1 期)

---

① 胡适在其《五十年来中国之文学》中踌躇满志地宣称,"《学衡》的议论,大概是反对文学革命的尾声了。我可以大胆说,文学革命已过了讨论的时期,反对党已破产了。从此以后,完全是新文学的创造时期。"(见欧阳哲生编:《胡适文集》[3],北京:北京大学出版社,1998 年版,第 262 页。)

论学衡派的文学观

周　云

（华南理工大学马克思主义学院）

文学研究是学衡派着力最多的领域，他们成立的主旨即批判胡适等人倡导的新文学运动，阐扬自己的文学主张。他们的文学思想决定了自身的历史形象和历史命运，决定了时人和后人对他们的臧否。

一

道德理想主义是学衡派文学思想的重要主题。他们认为无论文学研究还是文学创作，都以教化人心、陶铸道德为其重要功用。学衡派的导师、美国学者白璧德以文学批评为志业，他认为"批评中之主要问题，在搜求标准以抗个人之狂想"①。吴宓深受其影响，认为文学创作和文学研究都须以"转移人心，端正风俗"为目的，"视文章作家，必当以悲天悯人为心，救世济物为志，而后发为文章。作文者以此为志，而评文者亦必以此志"②。吴芳吉也非常明确地提出文学作品之品格决定于文章所反映的道德精神："文学作品譬如园中之花，道德譬如花下之土，彼游园者固意在赏花而非以赏土，然使无膏土，则不足以滋养名花。土虽不足供赏，而花所托根，在于土也。道德虽

---

① 梅光迪：《现今西洋人文主义》，《学衡》，第 8 期，1922 年 8 月。

② 吴宓：《文学研究法》，《学衡》，第 2 期，1922 年 2 月。

于文学不必昭示于外,而作品所寄,仍道德也。"①这些言论都明确无误地表明学衡派文学思想中寄托的根本理想之所在。

对于学衡派文以载道的观念,必须放置在当时文学界的普遍的观念中进行考察,才能有比较客观的评价。五四新文学运动中,一部分作家逐渐抛弃了传统文以载道的原则,转而重视在文学作品中展现个人的情感和体验。周作人已提出"人的文学"的口号,而其他的几个文学社团如创造社、太阳社等的文学主张中也着重在文学主张中高扬个性与情感的旗帜。这些,都在不同的方向接近了文学的本质,文学的主体性原则得到了尊重。但在另一方面,文以载道的原则以另一种形式在文学创作和文学理论中显现出来。文学所承载的道不再是儒家的价值,但仍须背负其他的使命。胡适、陈独秀等人一揭橥文学革命的大旗,文学就担负着启蒙与救亡的双重任务。当时文学中启蒙与救亡的主题与文学主体性的发扬并无太多抵牾,因为二者对于传统意识的批判,对于个体价值的弘扬是一致的。但由此中国文学开始与政治结缘,并在此后的历史进程中二者的关系越来越紧密,这种新的文以载道的原则使文学的主体性再度丧失,完全沦为政治的附庸。从这样的视野中来考察学衡派的道德理想主义文学观,就会发现他们身上体现出来的"道德文章"的思维模式是普遍存在的,深深藏在绝大多数文人的意识深处,包括与他们文学主张对立的倡导新文化运动的诸公身上。随着时间的推移,在特定的历史条件下,这种意识就在现实中演变为文学对政治的服从与服务,文学的主体性遭到了极大的戕害。孔范令先生指出:"几乎一个世纪,就其主流部分而言,文学都是作为工具的存在而服膺于政治使命的。这种文学发展的基本格局,不仅使文学有效承担了历史的责任,而且也使其社会政治功能发挥到极致。从梁启超倡导'政治小说',到'革命文学'的鼓吹,到左翼文艺运动,一直到为工农兵服务方向的确立和革命现实主义文学的长期发展,这一清晰的脉络,即为 20 世纪中国文学发展的贯穿性主线。"②因

---

① 吴芳吉:《再论吾人眼中之新旧文学观》,《学衡》,第 21 期,1923 年 9 月。

② 孔范令:《对 20 世纪中国文艺的一种历史考察》//贺雄飞编:《世纪论语:〈文艺争鸣〉获奖作品选》,长春:吉林文史出版社,2000 年版,第 181 页。

此,考察学衡派的文学观念,不能只是着眼于批判,而是必须从中透析文以载道这一观念的普遍性,进而明确中国现代文学史中形形色色的载道文学的发生学基础。

<h1 style="text-align:center">二</h1>

道德理想主义是学衡派文学思想中的指导性原则,但并不能包涵学衡派文学思想的全部内容。在具体的文学主张、文学创作中,他们还是进行了一些有益的尝试。学衡派的精神导师白璧德主要以文学批评为志业,其新人文主义思想对学衡派影响极大。新人文主义是一种古典主义的文学理论,学衡派的文学思想也颇具古典主义的风骨。他们关于文学的论说中,表现出了对情感、人生、人性的强烈关注,表明他们已经从古典主义的角度体察和把握了文学的一些内在本质。在文学的审美趋向,文学写作的规程、手法上,他们也得出了带有强烈古典主义色彩的观点。

学衡派认为文学应该着力表现人的情感,此乃是文学作品能够具有恒久生命力的源泉:"文学之要,端在自体之不朽。此则惟诉诸人情为能耳。"①所谓文情,缪凤林认为必须是作者发乎于内心,形之于笔端,而感动读者的情感:"文情所属,析言凡三,一者作者之情动于中者也。二者书中之情形于言者也。三者读者之情,生于感者也。然必作者为情而造文,寓情于文,读者始因文而生情。"②缪凤林提出文学只应当表现人的正当、健康的情感,而将自利、苦痛等消极的感受摈绝于文情之外。文学所表达的情感应当具有以下几个特质:第一,普遍。文学作品所表达的应该是超越时空界限、能为古今中西之读者所接受、共鸣的情感,能够"诉诸人人,故人之见者,虽欲不为其深入而不得也"。只有这样表达的"普遍之情感"的作品,才能"足以为江河万古流"③。第二,有益于人生。缪凤林引述柏拉图的观点认为文学艺

① 缪凤林:《文情篇》,《学衡》,第 7 期,1922 年 7 月。
② 同上。
③ 同上。

术之美是因为其表现了善。因此文学须求有益于人生，表现和引导人生的善。文学如何有益于人生，缪凤林又分三端论述：（甲）人文。实际上是指文学砥砺道德、陶冶性情的教化功能：“人文（humanization）义兼文化（culture）及修养（refinement）而言。意谓人生而质，必经文学之陶淑，始温温然博学君子人也。”（乙）超卓。即通过文学激发人向上的精神。“文章之要，在有崇伟之精神，使人脱除凡俗，其诸上达。有不朽之念，而不局局于一时。”（丙）同情。言作者须努力体察和完美表述高尚的情感，以引起读者的共鸣，使他们的性情得到陶淑①。

　　从缪凤林的论述中，我们还可以看出，学衡派将文学与人生紧密地联系起来，主张以文学描摹人生，指导人生。在文学与人生的关系上，吴宓体会最深，论述最多。他长期在清华开设《文学与人生》的课程，全面地阐述了二者须臾不可分离的关系。吴宓说：“文学以人生为材料，人生藉文学而表现，二者之关系至为密切。每一作者，悉就己身在社会中之所感受，并其读书理解之所得，选取其中最重要之部分，即彼所视为人生经验之精华者，乃凭艺术之方法及原则，整理制作。藉文字以表达之。即成为文学作品。”②吴宓主张以文学摹写人生、表现人生，可以说准确地把握了文学的本质，一定程度上摆脱了道德主义的藩篱。他又认为，文学不应该也不可能完全客观地反映人生，而是经作者选择整理后而得之人生：“文学中所写之人生，乃由作者以己之意旨及艺术之需要，选择整理而得之人生，且加以改良修缮，使比直接观察所得者，更为美丽，更为真切，更为清晰。知乎此，则浪漫派之表现自我，与写实派自然派之惟真是崇，为艺术而作艺术，并属一种理想，不惟尚多可议之处，且决难实现，而吾人今日不当以此或彼为一切文学去取抑扬之标准，更不待辩而明矣。”③吴宓敏锐地注意到当时文学创作中脱离生活的倾向以及由此造成的种种缺失。他认为“今日中国文学之缺失”有四：“1.（主义）文学——as a means of propaganda.作为宣传的工具”；“2. 闲谈文学——lack

---

① 缪凤林：《文情篇》，《学衡》，第 7 期，1922 年 7 月。
② 吴宓：《文学与人生》（一），《大公报·文学副刊》，1928 年 1 月 9 日。
③ 吴宓：《文学与人生》（三），《大公报·文学副刊》，1928 年 2 月 18 日。

of High-seriousness. 缺乏高度严肃性";"消遣文学——低级趣味";"4. 特种或宗派文学——Esoteric（众人不解,矫揉造作）"①。以后的历史证明这些文学创作和批评中出现的倾向尤其是主义文学对于文学的戕害有多么严重。

学衡派的文学思想中还涉及人性的问题。学衡派认为,文学不但描摹人生,而且是还要反映人性。文学"以人生（life）及人性（human nature）为材料及范围"②。学衡派主张人性二元论:"人之心性 soul 常分二部,其上者曰理（又曰天理）,其下者曰欲（又曰人欲）,二者常相争持,无时或息。"③上达之人性,就是以理制欲,以人性中高尚的部分抑制卑下的部分。文学所应该表现的不是人性中恶的部分,而是人性中高尚的部分以及高尚对于卑下的抑制。

从上面可以看出,学衡派并不主张文学没有分别没有选择地去摹写人生和人性。吴宓在《文学与人生》中强调了这一点。他认为"文学所表现的,乃人生与人性之常,兼及其变,苟常与变二者缺一,则不能有允实之文学,亦不能成精警奇妙之作品"。文学首先要表现人性与人生中之"常",他断言,"凡古今伟大之文学作品,无论何类形式,必各攫取人生人性中之一根本普遍之事实,为其题材,藉是以成其伟大"。同时,"文学又必写人生人性之变,故重选择,专取人生经验中最有趣味之部分,写入书中。庸陋平凡者须从删弃,选择愈精严,则愈为佳作"。他解析古典派、浪漫派、写实派、自然派各文学流派对于"常"与"变"的体现,表明了自己的古典主义的文学立场,即文学应注重表现人生人性的常态,而不能一味地标新立异,哗众取宠。在常态和平易的人生人性中发现美,表现出了学衡派文学思想中鲜明的古典的、传统的倾向。

学衡派除了主张文学的内容要反映情感、人生、人性外,他们还特别注重追求文学形式之美,主张形式与内容完美的结合。胡先骕说:"文学之本体,可分为形质二部,形所以求其字法、句法、章法以及全书之结构。质其所

---

① 吴宓:《文学与人生》,第 21 页。

② 吴宓:《文学与人生》（四）,《大公报·文学副刊》,1929 年 11 月 25 日。

③ 吴宓:《我之人生观》,《学衡》,第 16 期,1923 年 4 月。

函之内容也。二者相需为用而不可偏废。"①吴宓同样对于文学的形式之美非常重视,他认为文学创作必须遵守一定的程式法则:"凡人生社会各种规矩(Convention),似若束缚,实皆为全体或大多数人之得便,当初制定之时,纵属勉强,纵由专断,然既通行之后,则可赖以免除人间多少猜疑纷争痛苦旁皇。譬如马路中车辆左侧东行右侧西行,又譬如电话簿按字画多少编目,其无形中便得群众便利个人之处,直不可思议,不可限量。上者如道德事功,下之如衣服装饰,于规矩定律之处,随时因人旋以变化,乃见七巧思与聪明,乃成新奇与美丽。故各种规矩之存在,不但足以维持社会秩序之安宁,且足以增加个人生活之趣味也。文学艺术,理正同此。各种规律之存在,不特不至阻抑天才,且能赞助天才之发荣滋长,不特非枷锁之束缚手足,且如枪炮之便利战斗。"②他对于小说、诗歌创作中的形式问题都有精深的见解。比如对于小说的结构,他说:"凡小说中,应以一件大事为主干,为枢轴,其他情节,皆与之附丽关合,如树之有枝叶,不得凭空架放,一也;此一件大事,应逐渐酝酿蜕化,行而不滞,续不起断,终至结局,如河流之蜿蜒入海者,二也;一切事实,应由因生果,按步登程,全在情理之中,不能无端出没,亦不可以意造作,事之重大者,尤须遥为伏线,三也;首尾前后须照应,不可有矛盾之处,四也。"③

从以上学衡派各种文学主张来看,他们与传统的、古典的文学有更多亲和之处。因此他们处处表现出维护传统的古典主义文学立场。他们认为,传统文学无论从内容到形式,都取得了出色的成就,因此对于传统应该继承和发扬。同五四新文化运动派不同,他们认为文学创作必须更多地遵循传统的标准和规程。吴宓说:"凡艺术必有规律,必有宗传(tradition)。从事此道者,久久沿袭,人人遵守,然后作者有所依据,不至茫无津涯,然后评者可得标准(标准有精神形式二种之不同,但皆关系重要),可为公平之裁判与比较。世界各国各体文学,皆有其特殊之规律及宗传。"④

---

① 胡先骕:《文学之标准》,《学衡》,第 31 期,1924 年 7 月。
② 吴宓:《诗韵问题之我见》,《大公报·文学副刊》,1932 年 1 月 18 日。
③ 吴宓:《红楼梦新谈》//徐葆耕编选:《会通派如是说——吴宓集》,第 288 页。
④ 吴宓:《诗韵问题之我见》,《大公报·文学副刊》,1932 年 1 月 18 日。

三

学衡派尊崇传统的姿态与五四新文学运动形成了尖锐的对立。学衡派这一团体成立最直接的因素是不满新文学运动对传统文学的批判,进而起来反驳。他们成立伊始,就向新文学运动发起了猛烈的批判。这一批判的态度与《学衡》杂志相始终。他们与新文学运动的主要分歧在于对传统文学的态度。

以胡适为代表的新文化运动派对于传统文学几乎采取了全盘否定的态度。胡适以进化论的观点解读文学,认为文学是随着时代而进化的。"文学者,一时代有一时代之文学;周秦有周秦之文学,汉魏有汉魏之文学,唐宋元明有唐宋元明之文学。此非吾人一人之私言,乃文明进化之公理也。"[1]胡适还认为,二千年来的中国的正宗文学都是死文学,因为一直以来,作为文学写作工具的语言文字都是脱离了时代的"死文字"。而真正合时代精神的文字是白话文,以白话文创作的作品才是"活文学":"这二千年的文人所做的文学都是死的,都是用已经死了的语言文字做的。死文字决不能产出活文学。所以中国这二千年只有些死文学,只有些没有价值的死文学。"[2]因此他和其他新文化运动派的人士发起了一场白话文运动,后来胡适称之为"文学革命运动",宣称"古文死了,死了两千年了","白话乃是创造中国文学的唯一工具"[3]。为了使白话文运动取得彻底的成功,胡适大力倡导"国语的文学":"若要造国语,先须造国语的文学。有了国语的文学,自然有国语","真正有功效有势力的国语教科书便是国语的文学,便是国语的小说诗文戏本。国语的小说诗文戏本通行之日,便是中国国语成立之时。"[4]

学衡派注意到胡适文学革命论理论之基点在于"文学的历史进化观

---

① 胡适:《文学改良刍议》,《胡适文存》一集,合肥:黄山书社,1996 年版,第 5 页。

② 胡适:《建设的文学革命论》,《胡适文存》一集,第 42 页。

③ 胡适:《文学革命运动》//胡明编选:《胡适选集》,天津:天津人民出版社,1991 年版,第 170 页。

④ 胡适:《建设的文学革命论》,《胡适文存》一集,第 44 页。

念":"胡君之倡文学革命论,其根本理论,即渊源于其所谓'文学的历史进化观念'","一代新文学事业,殆即全由此错误观念出发焉。"①吴芳吉认为这种"文学的历史进化观"是对文学自身艺术性的忽略和损害,"历史的文学观念既生,于是新派之陷溺以始。新派之陷溺由此始者,盖只知有历史的观念,不知有艺术之道理也"②。学衡派则从各个角度论证衡量文学作品价值的尺度存在于文学作品自身,而不应该仅仅从社会历史发展的角度去衡量。文学的流变自有其特点和规律,各个时代的文学都有其不可磨灭的价值。吴芳吉提出了"文心"的概念:"夫文无一定之法,而有一定之美,过与不及,皆无当也。此其中道,名曰文心",文心就是使文学作品产生美感的技法、风格、尺度等等要素。各个朝代的文学虽有变易,但各个时代的文学都有其文心,而文心的价值是不会因时代变迁而磨灭的:"盖文心者,集古今作家经验之正法,以筑成悠远之坦途,还供学者之行经者也。故作品虽多,文心则一,时代虽迁,文心不改。欲定作品之生灭,惟在文心之得丧,不以时代论也。"③另一位《学衡》的作者易峻也认为文学最主要的因子是情感和艺术,这些都是无所谓进化、退化的:"文学之历史流变,非文学之递嬗进化,乃文学之推衍发展,非文学之器物的时代革新,乃文学之领土的随时扩大。非文学为适应时代环境,而新陈代谢,变化上进,乃文学之因缘其历史环境,而推陈出新,积厚外伸也。文学为情感与艺术之产物,其身无历史进化之要求,而只有时代发展之可能。若生物之求适应环境以生存,斯有进之要求。文学则惟随各时代文人之创造冲动与情感冲动,乃承袭其先代之遗产而有发展之弹性耳,果何预于进化与退化哉。""文学情感与艺术之物,更多为古今人生之所共通。能表现古人之情感与艺术者,而乃不能表现今人之情感与艺术耶。"④

学衡派反对文学的进化观念,强调各个时代的文学都有其不可磨灭的价值,表现出了对文学传统的深厚的依恋之情。进而他们做出卫道的姿态,

①　易峻:《评文学革命与文学专制》,《学衡》,第 79 期,1933 年 7 月。
②　吴芳吉:《三论吾人眼中之新旧文学观》,《学衡》,第 31 期,1924 年 7 月。
③　同上。
④　易峻:《评文学革命与文学专制》。

以维护文言文在正统文学中的地位为职志。他们对新文学运动提倡白话文、废除文言文的主张极端反感，在白话文已被社会广泛接受的情况下，依然起来维护文言文，试图阻挡白话文一统天下的进程。

学衡派认为，白话文虽然有其优点，但文言文更胜一筹，更有其不可磨灭的价值和不可代替的作用。邵祖平从文字日常应用的角度论证文言优于白话，他说："夫文字不过意志、思想、学术传达之代表，代表之不失使命及胜任与否，乃视其主人之意志坚定，思想清晰，学术缜密与否为断，故其人如意思游移，思想淆杂，学术偏缺者，其文必不能令人欣赏以领会。文言然，白话亦何尝不然，盖为文必先识字，识文言之字与识白话之字，固无以异。文以载道，文言之能载道，与白话文之能载道，亦无以异也。至其传之久远，行之寥廓，文言视白话为超胜，良以白话之文尔见缕，篇幅冗长，不及文言之易卒读，一也。白话文以方言之不能统一，俗字谚语，非赖反切不可识，不及文言之久经晓喻，二也。沈约有言，文章有三易：易见一也，易识字二也，易读育三也。王通有言：古之有文约以达，今之文也繁以塞。由此言之，文言白话，知所从矣。"①

学衡派对于文言文白话文不同的立场比较集中地体现在易峻《评文学革命与文学专制》一文中。这篇文章首先批判了胡适的文学的历史进化观。然后论述了白话文与文言文的优劣。他从文学的艺术、文学的功用两个方面论述了这一问题。他认为："所谓文学的艺术谓如何陶铸文学的美感是也。""就文学艺术言之，白话文，艺术破产之文学。吾人须知文学有二重生命，即：（一）真实之情感，（二）艺术之方式。文学之价值不贵其能表情达意，而贵其能以艺术之方式表情达意耳。"他认为胡适等人的新文学主张完全忽略了文学之固有的表达方式："胡氏之主张'有什么话说什么话'，'赤裸裸表现出情感来'，盖人知有真实之情感，而不知须有艺术之方式也。夫如是，则世间又何贵乎有艺术，又何贵乎有文学家？噫！此今日白话文学界之所以滥欤。"而文言则讲究法度格律声调这些艺术手法，因而能使文章能够"惬于章法，精于词彩，畅于韵味，而妙于感觉也。故旧文学在文艺上之优点，即为

---

① 邵祖平：《论新旧道德与文艺》，《学衡》，第 7 期，1922 年 7 月。

能简法雅驯,堂皇富丽,及整齐谐和,微婉蕴藉之风致"。从文学的功用来讲,易峻亦认为旧文学胜过新文学。他说:"论文学的表现作用,吾人以为文言有一优点,即以其历史根源之深厚,词品极丰富,措词造句,可得心应手,左右逢源。白话文虽以其组织之自由,容易骋其奥衍曲折之致,然既非所以语于文学全部精神,亦非即以此可以压倒文言文者。吾人以为在语言,词品枯涩,字义浅泛,只便于描写日常生活之云谓动作。至少吾人一切幽微要涉之情感意志,则殊非日常平易直率之话词所能因应无穷,而必赖此繁复柔韧富满充盈之文词,以委曲达之。今白话文之所以成文,仍赖有文言文言词品为之供应耳。"他的结论是文言的表述能力要超过白话。最后,他总结说:"白话文在文学的艺术与功用方面,俱无健全的理论与基础,而文言文方面,却有坚实的壁垒与深厚的根源。""文言文为能表现艺术而亦能便利功用之文学,有数千年历史根基深厚之巩固,有四百兆民族文物同轨之要求,有须与吾民族之生存同其久远之价值。""白话文则为艺术破产而功用不全之文学,只能为文学一部分应用工具,只能于文学某种意义上有其革新之价值,只能视为文学的时代发展中之一种产物,绝不能认为文学上革命进行的一代'鼎革',而遂欲根本推翻文言,举此以统一中国文学界。"①总之,易峻认为,无论是从艺术的角度还是功用的角度,文言文都较白话文有更大的优越性,因此,文言文绝对不能废除,并且还要在文学领域发挥主导的作用。

四

以上我们从整体上对学衡派的文学思想进行了考察,可以看出,他们架构了一个比较完整的文学理论体系,主张文学反映情感、人生、人性,同时又认为文学作品中所描写的情感、人性和人生都应当是有选择、有节制、常态的和向上的,作者应当努力地去体现情感、人性和人生中的善和美,而不能趋于极端,散漫无际,无节制地暴露人生、人性中放纵和丑恶的一面。他们非常注重文学的形式之美,认为文学创作必须符合一定的标准和程式法则,

---

① 易峻:《论文学专制与文学革命》,《学衡》,第 79 期,1933 年 7 月。

只有这样,才能凝练出一种精致与和谐之美。不难看出,学衡派所主张的是一种古典主义的文学理论。事实上,学衡派应该被认为是中国现代文学史上的重要流派古典主义(或是新古典主义)的开创者。正是他们从西方引入了完整的古典主义的文学理论,并以此为指导进行了一系列的文学批评活动,同时开始尝试进行古典主义的文学创作。然而,他们的这一贡献在文学史上几乎被有意无意地遗忘了。这其中的原因,主要是因为他们被长期地贴着"保守""顽固""封建地主阶级的代言人"这样的政治标签,他们的贡献便为人所讳言。

但他们对新古典主义的开创之功不应该被抹杀和遗忘。事实上,他们的理论宣传被另一位新古典主义文学大家梁实秋发扬光大。梁实秋很推崇白璧德的新人文主义。1928年,他与吴宓联系,将《学衡》杂志上发表的有关新人文主义理论的文章结集出版。梁在序言中说:"白璧德的学说我以为是稳健、严正,在如今这个混乱的浪漫的时代是格外有他的价值,而在目前的中国似乎更有研究的必要。"[1]此举对古典主义文艺理论的弘扬可谓功不可没。此后古典主义的影响逐渐扩大,阵营日益壮大,除了梁实秋外,还有林语堂、沈从文、闻一多等,他们不仅在理论上认同古典主义,更为重要的是,他们渗透着古典主义理念的创作活动取得了非凡的成就,梁实秋等人都可称得上是中国文学史上的巨匠。他们在文学史上的地位,已为越来越多的人所承认。当我们在欣赏和赞美古典主义文学的成就的时候,不应该忘记学衡派在理论上的开创之功。

当历史进入21世纪的时候,我们回头再看学衡派与新文化运动派的争论,就会发现很难说哪一方取得了优胜。诚然,学衡派保留文言文的愿望已被历史事实击得粉碎,但新文化运动派文学进化观也并不完全符合文学的本质规律。以今人的眼光看来,学衡派和新文化运动派只是接受了两种不同的文学理念,这两种理念都应当是能结出丰硕的果实(历史事实也是如此),所以他们之间的关系只是互补的关系,应该能够进行对话和沟通,而不是对立和攻讦。然而历史不能假设,中国特有的文化历史传统与当时的社

---

① 梁实秋:《序》//徐震堮、吴宓、胡先骕译:《白璧德与新人文主义》,第2页。

会现实注定那是一个理想主义盛行的时代,形形色色的理想主义与传统遗留下来的根深蒂固的独断心理结合起来,便是对一己主张绝对的尊崇和对异己的绝对不宽容。在这样的情势下,文学的功能逐渐被异化,变成鼓吹道德理想主义的工具。随着文学派别与政治斗争的结合,文学呈现出愈来愈浓的政治功利色彩。学衡派启其端的新古典主义文学尽管也带着相当浓重的道德理想主义气息,但由于他们远离了政治,他们的理想主义与政治性意识形态有比较大的距离,所以他们的文学作品少有政治功利性。这既使得他们长期地遭到主流文学派别的批判,却又使得他们的文学作品更富于文学应当具备的特质,因而更有生命力。

吴宓的编辑实践与编辑思想

李伟民　胡　蓓

（李伟民,浙江越秀外国语学院;胡蓓,成都法语联盟讲师）

吴宓(1894—1978),字雨僧,又字雨生,陕西泾阳人,1910年毕业于陕西三原宏道高等学堂预科。1916年毕业于北京清华学校。1917年毕业赴美国留学,初入弗吉尼亚大学,1918年转入哈佛大学比较文学系,师从美国新人文主义的代表白璧德教授。1920年获学士学位,1921年获硕士学位。1921年回国后,先后在南京东南大学、东北大学、清华大学、西南联合大学、武汉大学、西南师范学院等大学任教。这期间,他先后主持了清华大学国学研究院,主编学术刊物《学衡》(1921年1月—1933年,共出79期)和《大公报·文学副刊》(1928年1月—1934年1月1日,共出313期),成为中国近现代文化教育史、文化史上的重要学术流派——学衡派的重要人物。许多在国内外享有盛誉的学者皆出自其门下。

吴宓是一位学贯中西、博古通今的学者。他一生涵泳书海,穷极学理,辛苦耕耘,勤奋著述,编辑学术刊物,阐释学派主张,在学术研究领域与长期的编辑实践等方面均留下了许多宝贵的财富。

一、在清华学校读书期间的编辑实践为编辑《学衡》奠定了基础

在清华学校读书期间,很多学生都尝试过编辑工作。编辑刊物在清华

学校的学生中蔚然成一时之风气,因而早期的清华学生对为人作嫁衣裳的编辑工作的甘苦有比较深刻的体会。在编辑工作中,当作者的稿件付印了,文章发表了,这些学生编辑也觉得自己的心血得到了回报,同学们更是津津有味地争先一睹新刊物,编辑却享受不到这种乐趣,有时,编辑将自己的辛苦换来的却是读者的不理解,甚至埋怨与攻击。吴宓在《日记》中记载:"余上年以《增刊》事,为人作嫁,备极劳碌,回思乃甚不值。泾清渭浊,本难合轨,况当事者狼狈自用,同人曾不在意。众已离心,而《周刊》益坏,于余何与哉?余知所以自处矣。"①尽管如此,吴宓赴美留学时,还是欲学习编辑专业,他在1915年十月二十日《日记》中说:"余近日深思熟虑,决定以'杂志'一科,向校长提出。"吴宓在清华学校读书期间,就担任过《清华学报》(1914)的编辑,《清华英文年报》(1914)、《清华周刊》(1915—1916)的编辑和顾问(一度任代理总编辑)。《清华周刊》是清华历史上出版时间最长、影响很大的出版物。当时,除了商务印书馆的几种刊物外,"清华周刊以资格年龄而论,在国内恐怕要坐第二把交椅了"②。吴宓在上述两个刊物中的初步实践为以后主编《学衡》和《大公报·文学副刊》等报刊的工作奠定了初步的基础。可以说,吴宓的一生都与编辑和出版结下了不解之缘。

二、一以贯之的编辑宗旨

《学衡》杂志是一批有真才实学的学者所办的同仁学术刊物,同时也是中国近现代期刊史上极为重要的学术刊物之一。刊物的宗旨往往体现了刊物的发展方向和整体面貌。担任《学衡》杂志总编辑的吴宓尤为重视杂志的办刊宗旨,他以为《学衡》的宗旨就是:"论究学术,阐求真理,昌明国粹,融化新知,以中正之眼光,行批评之职事。"在《学衡》的办刊过程中,他始终坚定不移地贯彻了这一宗旨。他主张学术刊物应该具有学术品格和文化品位,要实实在在地研究学术问题,为文化发展做出贡献,而不是为某一学派、某

---

① 吴宓:《吴宓日记》第1册,第25页。
② 吴宓:《吴宓自编年谱(1894—1925)》,第51页。

一见解而互相攻讦,这既应该是学术研究,也必然是办学术刊物所要遵循的原则之一。所以,他说:"本杂志于国学则主以切实之工夫,为精确之研究,然后,整理而条析之。明其源流,著其旨要,以见吾国文化,有可与日月争光之价值。而后来学者,得有研究之津梁,探索之正轨,不致望洋兴叹,劳而无功,或盲肆攻击,专图毁弃,而自以为得也。"学术期刊的文化建构力是期刊形而上的价值追求,在《学衡》的办刊过程中,吴宓在关注《学衡》的学术特色,以弘扬、培育优秀的民族文化为己任,以文化选择与文化积累作为文化创造的基础,正所谓"学术贵深究,名理要穷研。养汝心头机,汩汩若春泉"。吴宓为《大公报·文学副刊》制定的编辑思想是:"对于中西文学,新旧道理,文言白话之体,浪漫写实各派,以及其他凡百分别,亦一例平视毫无畛域之见,偏袒之私,惟美为归,惟真是求,惟善是从。"①他力求在捍卫中国传统文化的同时,将《学衡》与《大公报·文学副刊》办成中西文化、文学,甚至新旧文学交流的平台,而非站在文化本位的立场上,固守一切文化传统。吴宓重视利用这个公开的学术园地,宣扬"学衡派"的文化主张,并把培养、扶持优秀人才作为《学衡》办刊的任务之一。对于学生的稿件,特别是翻译稿,吴宓总是要进行文字上的润色,直到改动妥当后,才交付印刷。

《学衡》的"弁言"揭示了它的出版目的:"(一)诵述中西先哲之精言以翼学;(二)解析世宙名著之共性以邮思;(三)籀绎之作,必趋雅音以崇义;(四)平心而言,不事谩骂以培俗。"吴宓认为一本学术刊物的栏目应该固定,不易经常变动,所以《学衡》办刊的十一年中它的栏目未曾改变。《学衡》的栏目共有七个:插图、通论、述学、文苑、杂缀、书评和附录。主要栏目"通论"以发表政治时事评论与文史哲学术论文为主,"述学"以阐释中国传统文化与西方文化为主,尤其重视介绍中西学术思想②。

吴宓在《学衡》创办的十一年,不但"独立集稿捐资",而且为《学衡》撰稿甚多,在时局动荡与经费困难的内外交困中,作为总编辑的吴宓能够一贯

---

① 黄世坦:《回忆吴宓先生》,西安:陕西人民出版社,1990年版,第112页。

② 李伟民:《论吴宓的中国传统文化观》,《中国文化研究》,1996年第1期,第59-66页。

坚持办刊宗旨与独特的学术风格，勉力将《学衡》出版十一年犹属不易。在教学之余的编辑工作中，他"昕夕勤劳，至于梦中呓语，犹为职务述说辩论"实为不易，这也是吴宓一生"最精勤之时期"。吴宓在《日记》中记载，1926年十二月一日"《学衡》虽屡经挫折，而吾极端热心，始终不存他想"。1927年十一月十四日"夫宓维持《学衡》之种种愚诚苦心，以梅、胡诸基本社友，乃亦丝毫不见谅。宓苟有罪，罪在无功"。即使是在《学衡》已经很难维持下去的情况下，他仍然要用自己的力量把刊物一直办下去①。

三、特别重视序言和按语的写作

重视"按语"的写作，《学衡》办了七十九期，其中的一个显著特点就是"序言"和"按语"多，甚至每期都有，栏栏都有，这在我国期刊史上是极为罕见的。《学衡》的"序言"和"按语"是编者、著（译）者对所收文章的评介、说明和补充，体现了编辑的主张和编辑态度，引导人们去欣赏研究刊物中的著述、作品。吴宓大量地使用"序言"和"按语"，这些"序言"和"按语"有抒发情感的，有指导学术研究的，有提供学术研究方法的，有介绍内容和作者的，有提供书刊购买方法的。这种体现编辑思想、学术主张的文体，目的在于宣扬"学衡派"的文化主张、学术立场、治学态度、研究方法，以便在最大限度上阐明其"会通中外，熔铸古今"，提供重建中华文化精神的理路。如第五十七期《〈薛尔蔓现代文学论序〉按语》在介绍其学术成就、思想的基础上，告诉读者："本志早拟译出刊布，碌碌三四年，卒未有成。今兹于薛尔曼君辞世之后，追述其生平，以告吾国人士，乃以此篇用为纪念。缅怀名贤，忽焉殂谢，执笔申述之余，真不知涕之何从矣！编者识。"有告诉学术研究方法的，如第二十二期《〈西洋文学入门必读书目〉自序》、第三十期《〈世界文学史·圣经之文学〉文后按语》、第四十九期《〈罗色蒂女士"愿君常忆我"〉按语》。有的按语相当长，实际上就是一篇内容充实的学术论文，如第十八期《〈福录特尔

---

① 李伟民：《一卷麟经千载期　爱到崇高方是仁——吴宓与吴芳吉的文化观》，《北京农业工程大学社会科学学报》，1995年第1-2期，第68-75页。

记阮讷与柯兰事〉按语》、第十八期《〈圣伯甫评卢梭忏悔录〉按语》、第二十九期《〈世界文学史·印度文学〉后按语》，这些按语都在七八千字以上，有的长达一万多字①。在这些序言和按语中有对读者交代延迟发表原因的，如第六期的《〈非宗教运动平议〉按语》告诉读者："本杂志月出一册，印刷需时，各稿均需于出版定期前一月编辑完竣，顾内容之涉及时事者，常不免过时之讥，即如宗教问题，同人等早有所论列，然四月所撰之稿，至六月始得公诸世。明日黄花，实不获已，读者谅之。编者识。"第六十七期《〈白屋吴生诗稿自叙〉按语》告诉读者该书是什么时候出版的，售价多少，在何处购买，何处代售，甚至对翻译的原版书如《〈穆尔论自然主义与人文主义之文学〉译序》中也告诉读者原书售价多少，是哪里出版的。

四、看重刊物的社会作用，强调主编的责任

吴宓重视刊物的社会作用，他在 1923 年 9 月 15 日《日记》中说："予忠于《学衡》，固不当如是徇私而害公。盖予视《学衡》，非《学衡》最初社员十一二人之私物，乃天下中国之公器；非一私人组织，乃理想中最完美高尚之杂志。"吴宓在《学衡》和《大公报·文学副刊》的编辑中尤为重视它们在介绍新人文主义、译介西方文化与中西比较文学研究方面的阵地作用②。吴宓认为："欲窥西方文明之真谛及享受今日西方文明最高之理想者"，必须了解人文主义，而"实证主义之人文主义，如本志所提倡介绍之白璧德等人之学识是也"；吴宓提出：编辑应该具有博学、通识、辨体、均才、确评五个方面的修养。

文化思潮的传播，有赖于相应的文化背景的影响和文化、知识体系的构建，身处其中的文化人必然担负着某种文化使命。吴宓在主编《学衡》《大公报·文学副刊》《国文周报》和《武汉日报·文学副刊》中"埋首书卷寻真道，

---

① 阎淑侠、许军娥：《学衡序言按语辑注》，西安：三秦出版社，1998 年版，第 12-14页。

② 李伟民：《吴宓与钱锺书师生情谊重》，《读书人报》，1993 年 6 月 22 日，第 6 版。

入手篇章脱俗氛",他特别重视坚持爱国主义精神和中国知识分子的道义风节。他的编辑宗旨非常明确。他说:"方'九·一八'沈变之起,宓甫归自欧洲,仍兼为天津《大公报文学副刊》编辑,于是报中多登抗战诗词,兼以论文。旋历'一·二八'沪战,至长城之役,其间凡可以鼓舞士气而发扬国魂之佳什鸿文,无不尽力搜求刊布,而所得亦多名篇。"编辑宗旨明确源于吴宓对国家民族命运的关心,对东北沦陷区大好河山与人文教化遭到灭顶之灾的痛惜忧愤,源于对丧权辱国、沃野沦丧的民族危急存亡的焦急,源于对唤醒国人爱国思想、抗战热情的殷切期望。吴宓一生以传播中西文化为使命,认为出版报刊是一种文化积累的过程,出版能够促进文化的发展与交流,当他得知:"闻政府昨布报肆,凡在校学生均不许出报及杂志云云。报肆严酷如此,虽云应时势而为之,然其阻碍文化者大矣。余谓报之生命受检于警厅,其干涉已不为不甚。苟尽禁其出版,未免过当,以例前清专制,远过之矣。"能否促进文化的发展是他专注于编辑工作的原因之一。

吴宓对编辑工作认真负责、精益求精。《学衡》虽然为同仁刊物,《大公报·文学副刊》也主要由吴宓负责,但他的编辑方针和征稿要求都明确公布给读者和作者,采用稿件的范围也不仅仅局限在同仁中间①。《学衡》创办之始,梅光迪宣布了一个"清高"的主张,"谓《学衡》杂志应脱离俗氛,不立社长、总编辑、撰述员等名目,以免有争夺职位之事。甚至社员亦不必确定:凡有文章登载于《学衡》杂志中者,其人即是社员;原是社员而久不作文者,则亦不复为社员矣。"而吴宓则坚持:"办事必须有一定之组织与章程。职权及名位,亦必须明白规定。对内、对外方可有所遵循。《学衡》杂志之宗旨及体例,同人之根本思想与公共主张,必须写成数条。用明确之文字,宣布于世。此即可作为本志、本社之'宪法'……为办事之便利,总编辑一职必须设置,第一期必须有'发刊词'或《学衡》杂志社宣言一篇,刊于卷首。"②这个编辑主张,显示出吴宓在编辑思想超越学派、一切以刊物宗旨为办刊根本的特

---

① 李伟民:《独有书生甘寂寞:一代宗师吴宓的读书生活》,《广东外语外贸大学·图苑》,1998年第1期,第23-29页。

② 许军娥:《吴宓著译系年目录辑要》,第6页。

点。《大公报·文学副刊》的每期稿件经编辑成员讨论后,都由吴宓亲自统稿,计算字数,画出排版图式,然后才交寄印刷。吴宓对编辑工作始终负责到底,他编辑的书刊,校对精细,排版形式力求完美①。这在动荡的时局和战火频仍的国土上显得尤为难能可贵,如他对未刊稿件的退还、已刊稿件的付酬、停刊后撤销编辑部、图章作废等,都在刊物中交代清楚,以免误导读者和作者,体现出他高尚的职业道德精神。

（本文刊于《编辑之友》2006 年第 5 期）

---

① 李伟民:《试论吴宓的孤独意识》,《辽宁师范大学学报》(社科版),1996 年第 6 期,第 36-39 页。

吴宓的文化与翻译态度：坚守与适应[*]

方开瑞

（广东外语外贸大学英文学院）

　　无论是对 20 世纪 20 至 30 年代的学衡派，还是对学衡派的核心人物吴宓，学术界均以"守旧"等标签冠之。诚然，吴宓敢于提出和发表自己的观点，与新文化及西化思潮对垒，因而被视为守旧或顽固不化。本文从小说翻译这个角度，探讨吴宓的思想在上述时期所经历的变化。从这些变化当中，可以看出他在坚守自己的文化主张的同时，在小说翻译活动中也在适应和接受新的叙述形式与文体特征。

　　吴宓与学衡派的其他代表人物，如梅光迪、胡先骕等，尽管都在国外受过西方教育，但在学术观点上表现出程度不等的保守性。若大体就吴宓在文化、文学、语言等方面的观点做一个总结，那就是：保守但不顽固。吴宓对抛弃传统而全盘西化的主张不以为然，他主张本民族的传统和西方的事物应当加以合理的吸收，传统与现代之间应当具有传承性：

　　　　新文化者，似即西洋之文化之别名，简称之曰"欧化"……西洋真正
　　　之文化与吾国之国粹实多互相发明、互相裨益之处，甚可兼蓄并收，相
　　　得益彰，诚能保存国粹，而又昌明欧化，融会贯通，则学艺文章，必多奇

---

　　* 本研究受广东省教育厅特色创新类项目（人文社科类）（项目编号：2015WTSCX025）经费资助。

光异彩。

在吴宓看来,西方文化固然值得学习,但不能代替东方文化,二者应融会贯通,相得益彰。同样,创作和翻译应兼顾传统形式,作者和译者在依循规约的基础上才能有所创新:"文章成于摹仿(Imitation)。古今之大作者,其幼时率皆力效前人,节节规抚。初仅形似,其后逐渐变化,始能自出心裁,未有不由摹仿而出者也"①。那么在小说翻译中,译者应当模仿原文的叙述形式和文体特征,还是摹仿目标语言的叙述规范?显然,吴宓指的是后者。吴宓特别推崇章回体长篇小说,认为这种小说"艺术尤精"。②他在译小说时,就模仿了章回小说的某些风格。

吴宓采用章回体翻译小说的原因,除了他首肯章回体的艺术风格外,还有晚清和民国时期的文学传统因素。晚清的小说译者,要么采用文言,要么采用白话,而采用白话者,又多用章回体。有些译本即便在形式和语言上并非典型的章回体,却采用了章回体的某些风格,包括采用章回体小说所惯用的词语以及根据故事情节和人物而随时插入议论的做法,借以发表译者(重写者)的个人观点,或者针砭时弊。至民国初年,这种现象愈加突出。这与当时的观念有关。吴曰法认为:"短篇之体,断章取义,则所谓笔记是也;长篇之体,探原究委,则所谓演义是也。"③演义小说往往采用章回体,故用章回体译小说者,往往在原文基础上随意改写,译本中"演义"的成分越来越大,其结果是:小说翻译几乎"复制"了大量的旧式小说,不仅叙述形式与文体特征与原文存在较大的距离,意义上也存在悖谬之误。

吴宓在由他本人主编的《学衡》杂志第1期(1922年1月),开始刊登自己所翻译的英国作家萨克雷(William Makepeace Thackeray,1811—1863)的代表作之一《钮康氏家传》(*The Newcomes*)。实际上,吴宓在1919年8月31日的日记中,就谈到翻译此书的计划:三年完成;"译笔当摹仿《红楼梦》体

---

① 吴宓:《论新文化运动》,《学衡》,第4期,1922年。本文凡引自《学衡》杂志的材料,标点符号均为引者根据原文句读所加。

② 吴宓:《论今日文学创造之正法》,《学衡》,第15期,1923年。

③ 吴曰法:《小说家言》,《小说月报》,6卷6号,1915年。

裁,于书中引用文学美术之字面,则详为考证"。即便是原作中的人名、地名、事实等,也要"另加注解",以便于译文读者理解①。《红楼梦》已经不同于以前的话本小说,但保留了话本小说中的某些固定说法。所以,所谓"译笔当摹仿《红楼梦》体裁",显然指译本应当因袭话本中某些词语,如在每回或每个情节的开头使用"话说""却说""且说"等词语,结尾则用"欲知书中本事,切听下回分解"之类的套话。吴宓将上述英文原著八十章译作八十回,每回开头杜撰了一个八言二句的回目。如第一回的回目是:"乌萃鳞集寓言冯世 涤腥荡秽壮士叱奸。"有趣的是,北洋政府教育部早在1920年就颁令采用新式标点符号,但吴宓在自己的译文以及《学衡》杂志所刊其他文章中,仍然使用圆圈句读,拒绝使用西式标点符号。

在翻译中"详为考证"和"另加注解",表明吴宓是以认真的态度从事小说翻译的,因为他在着手翻译之前,已对作品有了一定认识。吴宓认为:"至原文意趣之深,辞笔之妙,非末学不文所能曲达,则译者所深愧歉,而愿以留待大雅者之修正也。"②吴宓认识到,单靠自己的力量,不足以将原文的叙述形式与文体特色完全再现出来,他希望其他译者进一步努力,拿出完美的译本。这体现了吴宓谦虚和宽阔的胸襟。

1926年7月,吴宓在《学衡》第55期发表了《名利场》(Vanity Fair)汉译文之第一部分。吴宓先译《钮康氏家传》,后译《名利场》,这说明他在选择文本时带有一定的社会功利性思想。在他看来,前者在伦理道德方面较好,而后者在艺术性方面较好③。兹以《名利场》开头的翻译为例,探讨吴译(下列译文1)在叙述和文体方面的特征。为便于分析,笔者将原文的句子予以编号:

(1) While the present century was in its teens, and on one sunshiny morning in June, there drove up to the great iron gate of Miss Pinkerton's

---

① 吴宓:《吴宓日记》第2册,第58页。
② 吴宓:《钮康氏家传·译序》,《学衡》,第1期,1922年。
③ 吴宓:《文学与人生》,王岷源译,第57-58页。

academy for young ladies on Chiswick Mall a large family coach with two fat horses in blazing harness, driven by a fat coachman in a three-cornered hat and wig at the rate of four miles an hour. (2) A black servant who reposed on the box beside the fat coachman uncurled his bandy legs as soon as the equipage drew up opposite Miss Pinkerton's shining brass plate, and as he pulled the bell at least a score of young heads were seen peering out of the narrow windows of the stately old brick house. (3) Nay, the acute observer might have recognized the little red nose of good-natured Miss Jemima Pinkerton herself rising over some geranium pots in the window of that lady's own drawing-room.[①]

译文 1

话说一千八百十几年(按书中叙滑铁庐之战,事在一千八百十五年。则此书开场,应在一千八百十三年左右也。)六月十五日(六月者学校放暑假之时也。),英国伦敦京城启斯威克路(Chiswick Mall)卞克登女士(Miss Pinkerton)所设私立女学校门口,忽来一马车,直至那两扇铁门旁边停住。那马车是富贵人家自养的,两匹肥马拖着。鞍围丝缰,鲜明有光。赶车的马夫,身体肥胖,戴着三角帽及假头发,扬鞭疾驰。一点钟约行十二里(原文作四英里)。马夫身旁坐着一个仆人,系黑种人,躺卧打盹。马车回到学校门旁,直对着那闪烁发光的铜牌。那黑仆忙即跳下,按着门铃,维时,便有二十几位女学生,住在那砖造古式的校舍中的,闻声便一齐由那窄小的窗口,向外窥看。校长之妹卞仁美女士(Miss Jemima Pinkerton),伸着小小的红鼻子,亦俯在自己房中窗口。窗台上堆着几盆风吕草。[②]

---

① William Makepeace Thackeray. *Vanity Fair: A Novel without a Hero*. London: George, G. Harrap & Co. Ltd., 1924, p.15.

② 〔英〕沙克雷:《名利场》,吴宓译,《学衡》,第 55 期,1926 年。

译文2

　　话说一八一一年六月,有一天太阳光很好的上午,在吉西米勒地方,平克吞小姐所开的女学校大门前,到了一辆大马车,驾车的两匹大肥马,辔勒铜活,都是发亮的,车夫是一个胖子,戴的是三角帽,披着假发。马车快到门口的时候,跑得很快,足有一点钟走十二英里的速率。在车夫身旁坐的是一个黑奴。马车正赶到大门口,平克吞小姐女学校大铜牌前面,就停住了。黑奴跳下来摇门铃。那时候至少有二十个女学生的脸,在窗子里往外张望。眼利的人还可以看见一个小红鼻子,就认得这就是好脾气的宅美玛(Jemima)小姐(平克吞小姐的妹妹　译者注)。那小红鼻子正在客厅窗台洋绣球花盆上。①

　　原文有三个特点:(一)故意模糊故事发生的现场时间。在故事开始,就说明时间在"本世纪十几年""六月的一个阳光明媚的早上"。这样处理与小说的名字有关。小说定名为:《名利场:一部没有主人公的小说》(*Vanity Fair: a Novel without a Hero*),旨在叙述一般人所习以为常的生活,包括生活中的喜怒哀乐、追逐名利。(二)大部分句子是长句,且当中包含许多细节性的信息,如句子(1)中的"a large family coach with two fat horses in blazing harness, driven by a fat coachman in a three-cornered hat and wig at the rate of four miles an hour",不仅介绍了车马及其装饰物,还介绍了车夫外貌、帽子、头饰,甚至把马车的时速都予以准确而具体的介绍。(三)原文在句子(1)中首次提到马车时用"coach"表示,而在句子(2)则使用了法语语源的词"equipage"(即法语的 équipage)。比照而言,Jemima 的姐姐、校长 Pinkerton 在随后的对话当中(参见原作)就体现出善用法语语源词的习惯。例如,当 Jemima 说已准备了"boughpot"后,其姐姐当即予以纠正:应说"bouquet"。其他的法语语

---

　　①　W. M. Thackeray:《浮华世界》,伍光建译,上海:商务印书馆,1932 年版,第 1 页。伍光建的译本是根据 Max J. Hergberg 节选本汉译而成,且译本的封面及版权页署作者名为"W. M. Thackeray"。

源词或短语还有"incident to"和"departure"（即法语的 departir），这些外来词或者短语都属于正式词汇，体现了校长良好的教育背景以及严肃、认真但又古板的性格。

根据这一点来分析以上原文，还能发现其他值得注意的信息。第一，叙述者是作为"敏锐的观察者"[句子(3)里的"the acute observer"]叙述故事的，因此上述原文属旁观者视角叙事模式，该模式也称外视角或外聚焦叙事（叙述）模式。在该叙事模式下，叙述者注重叙述的客观性，避免直接发表评论，包括避免涉及故事人物的内心活动。第二，叙述者看似客观、详细的叙述夹杂了校长惯用的词汇和古板语言风格。叙述者通过上面提到的使用长句、详述细节而使句子拖沓、采用正式词汇等风格，来映衬校长的个性。相比之下，吴宓的译文基本上没有体现出这些特征，因为他的译文大致是按照章回体风格叙述的，不仅在一开始加上"话说"二字，且叙述者是"全知"的。例如，原文提到的车是"一辆家用大马车"（"a large family coach"），这本来是旁观者可从外观上辨别出来的，但吴宓译文里的"那马车是富贵人家自养的"，却说明叙述者了解马车的实际情况。吴宓在译文里作此类改动，符合章回小说叙述者的特性，即大体上属于全知叙述者，不仅知晓人物的外貌、行动以及故事的场景，也知道故事人物的心理以及幕后的详细情况。

另外，吴宓的译文还存在如下问题：(1)没有再现出原文叙述者通过长句容纳大量细节信息的句法结构，也没有再现出原文叙述者模仿校长惯用的词汇所表现出来的讽刺效果。(2)译文将原文不确切时间改写为"一千八百十几年"的"六月十五日"，并将前者阐释为"一千八百十三年左右"。这样处理也与译文所模仿的章回体表述习惯有关，因为章回小说写史较多，而史的基本要素之一是时间准确。(3)在翻译和阐释中存在错谬之处。例如，原文句子(1)中的"a large family coach with two fat horses"，形容词"large"本来是修饰名词中心词"coach"，而译文则将这部分译为"那马车是富贵人家自养的"，显然，译者误把"large family"作为一个意群处理，并译成"富贵人家"。

吴宓在动手翻译《名利场》前，对原作无疑是相当了解的。他曾将这部小说和前面提到的《钮康氏家传》英文版列入西洋文学入门必读书目①。他于 1925 年在清华大学讲授《英文小说》这门课程时,所分析的小说也包括《名利场》②。但是,吴宓的译文是在原文基础上模仿章回体改写而成,自然会带上他所欣赏的章回体小说写作规范,并在无意识中造成了一些错谬之处。

每当新思潮出现,都会有不同声音或反响。在胡适等人大力为新文化运动鼓与吹之时,吴宓也提出了自己的观点。在译文中采用一些文言,固然是章回小说的风格,也体现了吴宓保守的语言观,因为他认为白话不如文言③。尽管如此,吴宓在语言问题上的态度还是比较开明,因为他毕竟是在用白话翻译小说,尽管当中夹杂了一些文言词汇。相比之下,学衡派的另一代表性人物胡先骕在语言问题上持更为保守的态度,认为:"以古文译长篇小说,实林氏为之创,是在中国文学中创一新体(genre)。"以古文译小说,难以避免改写,因为改写即创造:"一种名著,一经翻译,未有不减风味者,然翻译之佳者,不殊创造。"④吴宓和胡先骕尽管在语言问题上均持保守态度,但两人都主张语言应在原有基础上有新的发展。

吴宓并不认为译小说须用文言,却看重传统与"创造"。用文言译写外国小说,有悖传统。因此,在吴宓看来,翻译可用白话,但须用中国的叙述形式去译写外国小说,而这种形式就是章回体。换言之,吴宓欣赏章回体中的"白话",而不肯接受五四旗手所倡导的白话,更不接受翻译因"欧化"而形成的"白话",即翻译腔。从表面上看,吴宓是保守的,甚至有自相矛盾之处,他的"保守"和"矛盾"观的背后实际上隐含着他对于国人宗教观与道德现状的担忧。在其 1927 年 7 月 3 日的日记里,吴宓如是写下了自己的忧虑:"中国人今所最缺乏者,为宗教之精神与道德之意志……中国受世界影响,科学化、工业化,必不可免。正惟其不可免,吾人乃益感保存宗教精神与道德意志之必要。故提倡人文主义,将以救国,并以救世。"⑤而与这种忧虑所对应

---

① 吴宓:《西洋文学入门必读数目》,《学衡》,第 22 期,1923 年。
② 吴宓:《吴宓日记》第 3 册,第 15 页。
③ 同上,第 340 页
④ 胡先骕:《评胡适五十年来中国之文学》,《学衡》,第 18 期,1923 年。
⑤ 同③,第 364-365 页。

的是,学衡派担心五四之后新文化运动所倡导的西化,会使本民族的传统文化在东西文化交流中迷失。因此,吴宓主张翻译应摹写汉语的古典形式:"翻译之术非他,勉强以此国文字,达彼国作者之思想,而求其吻合勿失,故翻译之业,实吾前所谓以新材料入旧格律之绝好练习地也。"当然,吴宓倡导旧瓶装新酒的方法,也并非食古不化,因为他还是希望"研究西洋长篇小说之艺术法程",以"增广"和"补助"中国的章回体长篇小说的创作。显然,吴宓虽然认为文言优于白话,但他并不完全否定白话,他仍然认为戏剧、小说等文体应用白话①。然而,新文化运动所倡导的白话,不是章回体小说中的白话,因为那种白话,已不是新式语言。

利用章回体翻译外国小说的问题在新文化运动前期没有、也不可能得到彻底的纠正。伍光建的译本(初版于 1931 年)就采用了章回体的某些风格。实际上,至 20 世纪 30 年代,仍然有一批译者在用章回体翻译外国小说。然而,事实已经说明,用这种形式来翻译是没有出路的。汪倜然嘲讽这种风格,认为这是"穿了现代的西装去坐古代的轿子"②。进入 30 年代,用章回体翻译小说的做法已不再像晚清时期受到欢迎。实际上,吴宓在《学衡》第 55 期刊登《名利场》译文的楔子和第一回(章)之后,便没有继续将译文刊登出来。

吴宓的译文在个别句子的诠释方面存在偏差,译文也没有完整刊登出来,可能有多种原因。作为清华大学外国语文系的教师和主要负责人,吴宓疲于应付教学、校务等事③;作为《学衡》的主要创办者,他常常为解决缺稿问题而苦恼④,为处理印刷等事务而奔走⑤。尽管如此,吴宓必须面对的现实是:《学衡》在当时并未产生如期的影响。承担该刊出版和印刷的中华书局,甚至一度拒绝继续合作,因为《学衡》办刊五年,"销数平均只数百份"⑥。相

---

① 吴宓:《论今日文学创造之正法》,《学衡》,第 15 期,1923 年。
② 汪倜然:《当代文粹》(下册),上海:世界书局,1931 年版,第 342 页。
③ 吴宓:《吴宓日记》第 3 册,第 84 页。
④ 同上,第 248 页。
⑤ 同上,第 256、82、187、193 页。
⑥ 同上,第 258 页。

比之下，商务印书馆于 1910 年创刊的《小说月报》，尽管在办刊初期刊登了大量的鸳鸯蝴蝶派作品，造成了不良影响，使刊物的声誉受损，但该刊自 1920 年 1 月出版第十一卷起，开始改革，特别是自 1921 年 1 月起，茅盾开始担任主编，并自十二卷起全面改革，白话作品代替了文言作品，刊物的销量快速增长。改版前每期 2000 册，改版后第一期即增加到 5000 册，第二期则印刷了 7000 册，后更是印刷到 10000 册①。

而吴宓却在为《学衡》的出版四处奔走、求助，甚至一筹莫展。1926 年 11 月 16 日，当吴宓与老朋友陈寅恪商谈停刊事宜时，陈认为停办原因"当由中华（指中华书局——引者注）营业不振、资本缺乏、印刷减缩之故"，"并谓《学衡》无影响于社会，理当停办云云"。②吴宓终于意识到，新文化运动的倡导者，不仅迎合了时代的召唤，而且名利双收。吴宓在其 1928 年 2 月 1 日（星期三）的日记中写道："5-6（指当日下午 5 至 6 时——引者注）陈铨来……谈及中国近今新派学者，不特获盛名，且享巨金。如周树人《呐喊》一书，稿费得万元以上。而张资平、郁达夫等，亦月致不赀。所作小说，每千字二十余元。……呜呼，为义为利，取舍报施，乃如斯分判。哀哉！"③吴宓仅发表了他所翻译的《名利场》的楔子和第一回，加上《学衡》于 1927 年停刊一年，译文的事大概就被彻底遗忘了。个中原因，吴氏在其日记中虽未提及，但可以想象，旧瓶装新酒式的翻译策略（即用传统的章回体掺杂白话和文言的手法）受到了强烈挑战。

这种挑战来自新文化运动反对章回体的思潮。在评价刚刚作古的林纾时，郑振铎指出：林纾的创作小说"虽不能认为成功之作……但中国的'章回小说'的传统的体裁，实从他而始打破——虽然现在还有人在做这种小说然其势力已大衰"④。沈雁冰指出，章回体小说所用的"按下……不提""且说……"等老套话，是"最拙劣的"叙事方法，因为小说家在叙述故事时，"应注意不露接笋的痕迹"，且应让读者自己去了解和诠释事件，而非让叙述者不

---

① 参见应国靖：《现代文学期刊漫话》，广州：花城出版社，1986 年版，第 1-4 页。
② 吴宓：《吴宓日记》第 3 册，第 251 页。
③ 吴宓：《吴宓日记》第 4 册，第 17 页。
④ 郑振铎：《林琴南先生》，《小说月报》，15 卷 11 号，1924 年。

断露面来把事实的发展直白地告诉读者①。

数年之后，吴宓为燕京大学英文系女生杨缤（实名杨刚）翻译的《傲慢与偏见》（*Pride and Prejudice*）作序，并在自己于 1935 年至 1936 年在清华大学为高年级开设的《文学与人生》这门课中，将该译本以及前面提到的伍光建译《浮华世界》列为必读书目②。而杨缤所译《傲慢与偏见》（下列译文 1）采用五四式白话，且大体用直译法。这里仅以小说的开头为例：

It is a truth universally acknowledged, that a single man in possession of a good fortune must be in want of a wife.③

译文 1

这是普遍的真理，一个有钱的单身汉，一定想要位太太。④

译文 2

一个单身汉，有丰富财产，必须要个妻子，这是一般人承认的真理。⑤

原文叙述者先故作神秘地告诉受叙者有一个举世公认的真理，后面用逗号停顿以制造悬念，然后才告诉受叙者/读者这个"真理"不过是一个十分平常的事情。而且，这件事情与当地邻里在婚嫁问题上所持的门户、财富观念纠缠在一起，因为男大当婚，这是自然规律，对绝大多数的人都一样，并非

---

① 沈雁冰：《小说研究 ABC》，上海：世界书局，1928 年版，第 104-105 页。
② 吴宓：《文学与人生》，第 8 页。
③ Jane Austen. *Pride and Prejudice*. London：J. M. Dent & Sons Ltd., 1947, p.1.
④ 〔英〕奥斯登：《傲慢与偏见》（上册），杨缤译，上海：商务印书馆，1935 年版，第 1 页。
⑤ 〔英〕奥斯丁：《骄傲与偏见》，董仲篪译，北平：大学出版社，1935 年版，第 1 页。

单是有钱人才需要太太。这样,原文叙述者故意通过前后的反差达到了讽刺和诙谐效果。

杨缤显然了解原文的风格,她的译文仿照了原文的句法结构,既贴切又流畅;译文 2 则没有体现出原文的风格。值得注意的是,译文 2 的译者董仲篪在出版其译本时,也得到了相当的支持:胡适题写书名,梁实秋作序。然而,倘若我们将董仲篪的译本做全面比较分析,便不难发现其译本没有很好地再现出原文的形式特征,且在意义传递方面存在许多错误,叙述语言也十分生硬。

为杨缤译本作序的吴宓是熟悉《傲慢与偏见》的,他于 1925 年在清华大学讲授"英文小说"课程中就曾讲授这本小说①。所以,他很可能对杨缤译本和原文做过详细的对比,他在序言里也表明自己认可杨缤的译本,认为该译本兼顾了原文的内容和形式,且通顺流畅。吴宓曾认为,许多翻译作品所采用的白话佶屈聱牙,不堪卒读,所采用的西式标点也十分混乱,译本的效果必然欠佳。因此,他认为翻译应当以意义为重,"翻译之文章须自有精彩",而为了达到"精彩"之目的,译者须遵守严复提出的"信、达、雅"三个标准②,这似乎让人觉得吴宓主张小说翻译必须用他所推崇的章回体。然而,吴宓为杨缤白话译本作序,并在自己担任的课程中推荐该译本,表明他赞同在小说翻译中传递原文的叙述形式和文体特征的做法,赞同使用平易畅达的白话文,反对傲诡晦涩的白话文。由此可见,小说翻译在叙述形式和文体特征方面正在经历着深刻的变化,这个变化为社会文化进一步发展的趋势所造成,任何人(包括吴宓)都很难完全拒绝该趋势的影响。

---

① 吴宓:《吴宓日记》第 3 册,第 15 页。
② 吴宓:《论今日文学创造之正法》,《学衡》,第 15 期,1923 年。

吴宓主编《武汉日报·文学副刊》的初步考察

傅宏星

（湖南科技学院国学院）

提起吴宓的编辑生涯，人们自然会想到由他主编十一年之久的《学衡》杂志，想到他与《大公报》这份闻名遐迩的百年大报之间关系密切，特别是与该报《文学副刊》的不解之缘，却很少有人知晓老先生在 20 世纪 40 年代后期执掌国立武汉大学外文系期间，还曾创办过另一份报纸副刊——《武汉日报·文学副刊》。该刊由吴宓署名主编，是一份标榜"不立宗派，不持主义，而尊重作者之思想及表现自由"[①]，以文、史、哲学术短论（如红学论文）为主体，兼及著述序跋、学界动态、诗词创作和翻译作品的综合性报纸文艺周刊。由于《武汉日报》作为地方性报纸，传播有限，兼之战乱动荡和政治变迁，保存非易，即使在整个武汉地区，目前也只有湖北省图书馆、档案馆，武汉大学图书馆等少数单位藏有完整原件，普通读者很难一睹全貌，更没有一篇涉及副刊创办始末与整体面貌的详尽文字予以介绍，留下了诸多遗憾。本文依据华中师范大学中国近代史研究所庋藏的《武汉日报》微缩胶卷，拟就此问题做一初步考察，并求教于专家学者。

---

① 吴宓：《序例》，《武汉日报·文学副刊》，第 1 期，1946 年 12 月 9 日。

一、办刊始末

(一)《武汉日报·文学副刊》的出版发行情况

汉口《武汉日报》创办于 1929 年,曾经是一份活跃于华中地区的著名报纸①,但因其鲜明的反共立场和中统背景,伴随着蒋家王朝的覆灭而烟消云散,最终退出了历史舞台。根据《武汉日报》存在的不同历史时期和地域特点,湖北史学界将其分为战前版、恩施版②、敌后版、光复版和宜昌版,而恩施版和光复版的报社社长均由宋漱石担任。

自 1945 年 9 月 29 日《武汉日报》光复版发行之后,在宋漱石的主持下,励精图治,版面由最初的四版增加到六版、八版,内容与栏目更趋合理,影响力逐渐扩大。改革后的《武汉日报》,对开八版,第一版刊头及广告;第二版国内新闻全版;第三版国际新闻全版;第四版《今日读》杂文半版,另半版为广告;第五版省市新闻,半版广告;第六版学术专版,半版广告;第七版"社会服务"及"经济版",半版广告;第八版副刊,半版广告。每日发行二万多份。其中文艺类的副刊前后有《鹦鹉洲》副刊(周日出版)、文史副刊(周四出版)和文学副刊(周一出版)。

"文学副刊"是该报最后一个创办的文艺副刊。1946 年 8 月,正逢武汉大学复员,大批内迁教师陆续返回武昌珞珈山。作为首届部聘教授的吴宓先生亦于此时离蓉来汉,接手武大外文系主任之职。宋漱石于是趁机开始谋划《武汉日报·文学副刊》,希望借助名家效应和名校资源,把这份《文学副刊》办出学院派文化特色。他特意委派湖北省立实验民众教育馆馆长兼

---

① 国民政府定都南京之后,当时的国民党中央宣传部直辖一个通讯社——"中央通讯社"(社长萧同兹);下有四大党报:一为南京《中央日报》(社长兼总编辑程沧波);二是北平《华北日报》(沈尹默任社长,安怀音为总编辑);三是广州《中山日报》,四是汉口《武汉日报》。(徐叔明:《〈武汉日报〉发展史》//中国人民政治协商会议湖北省委员会文史资料研究委员会编:《湖北文史资料》(第 3 辑),1985 年 12 月 15 日出版)

② 资料显示,《武汉日报》"恩施版"之前,曾存在一个时间非常短的"宜昌版",但很快就随着日军陷落宜昌而终刊。

《武汉日报》编辑王嗣曾参与筹备，并代为邀请这位海内著名的清华教授、红学大师、前《大公报·文学副刊》主编来主持其事，并商定大体办法①。编辑部即设在武大校园里，而报社对稿件内容一律不加干涉。

而报头"文学副刊"隶书四字题字者，是时任武汉大学文学院院长的刘永济先生②，双款条幅，右款是"吴宓主编"，左款是"每星期一出版"。由于聘请了吴宓担任《文学副刊》主编，不仅稿源充足，而且大都是高质量的精品力作。创刊伊始，佳评如潮，其作者群体和内容质量均堪称豪华，一经出刊，即给读者强烈的视觉冲击力。例如《文学副刊》第1期，内容除了《序例》之外，学术论文有唐长孺(武汉大学历史系教授)的《读陈寅恪〈唐代政治史论稿〉后记(上)》、吴宓(武汉大学外文系教授兼主任)的《〈红楼梦〉之文学价值》、程千帆(武汉大学中文系教授)的《校雠目录辨》和金克木(武汉大学哲学系教授)的《印度师觉月博士来华讲学》，武汉大学文学院四系的四位知名学者一一登场;而"诗词录"则包括赵紫宸(燕京大学宗教学院院长)的《丙戌初冬即事》、陈寅恪(清华大学中文历史两系合聘教授)的《乙酉七月七日听说〈水浒新传〉后客有述近闻者感赋》和《华西坝(乙酉夏日成都作)》、沈祖棻(著名女词人)的《浣溪沙(乙酉冬成都作)》以及刘永济(武汉大学文学院院长)的《八声甘州(丙戌清明乐山作)》，均为学人诗词，作者无一例外都是各大学的知名学者，阵容强大。

《武汉日报·文学副刊》于1946年12月9日在汉口创刊，1947年12月29日终刊，每周一出版，共出五十期。中间除了偶尔有几期推迟或脱刊之外，各期均能按时连续出版。比如1947年6月9日(周一)第二十六期，因故推后至6月11日(周三)出版;1947年1月27日、6月16日、9月1日，各脱刊一期;1947年9月29日在出版第四十期之后，主编吴宓因前往南京主持正中书局《牛津英汉双解字典》③的编校会议，同时另一位编辑程千帆则有私事外出，在两位编者都缺席的情况下，副刊不得已停刊三周(10月6日、13

---

① 吴宓:《吴宓日记》第10册，第169页。
② 同上，第314页。
③ 戴镏龄:《英语教学旧人旧事杂忆》，《戴镏龄文集——智者的历程》，广州:广东人民出版社，2004年版，第316页。

日、20 日），迟至 1947 年 10 月 27 日才续出第四十一期。

（二）《武汉日报·文学副刊》的编辑团队

《武汉日报·文学副刊》的编辑力量非常精干，只有主编吴宓和编辑程千帆二位先生，外加一个助理编辑盛丽生。

吴宓（1894—1978），字雨僧，国民政府教育部外文专业部聘教授，陕西泾阳人。他不仅是中国比较文学、外国文学学科的先驱者和奠基人，而且是现代著名的教育家、诗人、编辑和红学大师。民国七年（1918）清华学堂毕业，赴美国弗吉尼亚州立大学、哈佛大学攻读比较文学，师从当时美国最负盛名的新人文主义大师欧文·白璧德（1865—1933）。1921 年回国后即任东南大学西洋文学系教授，又一度主持清华国学研究院工作，随后继任清华大学外文系教授长达十九年，期间曾三次出任清华外文系代理系主任，制定了所谓"博雅之士"的培养方案。自 1922 年《学衡》创刊起，直至 1933 年终刊，他一直担任该刊总编辑，不但"独立集稿捐资"，而且"里面的'声光与意义'深深地衬托出一位学者为自己的理想而奋斗的印迹"，虽败犹荣，广受瞩目；他还主编天津《大公报·文学副刊》六年，卓识宏谟，声名远播。吴宓学贯中西，传统国学素养精深，外文造诣尤高。1937 年，正当游学英、法的钱锺书先生在写给友人的信中，不无感激地谈到了自己的老师吴宓时说："我这一代的中国青年学生从他那里受益良多。他最先强调了'文学的延续'，倡导欲包括我国旧文学于其视界之内的比较文学研究。十五年前，中国的实际批评家中只有他一人具备对欧洲文学史的'对照'（synoptical）的学识。"

中国有一句古话："唯大英雄能本色，是真名士自风流。"吴宓的确是"真名士"，他打小就如痴如醉地喜欢《红楼梦》，认为此书是古今中外的第一本好书，并且近乎肉麻地称自己为紫鹃，理由是紫鹃对林黛玉的爱护最纯粹。战时物资匮乏，没什么消遣，吴宓居然在西南各地热热闹闹开讲《红楼梦》，办讨论班，发表论文，被誉为"红学大师"，因而留下了许多的故事与笑话，真真假假，扑朔迷离。而他一到武汉，就立刻引起了《申报》和《武汉日报》的注意，《申报》甚至采用了非常醒目的标题《红楼梦专家吴宓受聘武大》，予以追踪报道："〔申报社汉口五日电〕名教授《红楼梦》专家吴宓，已应武汉大学之聘,由蓉来汉,下期将在武大开设《红楼梦》讲座,该校各院系同学,均表欣然。"①没过多久,人们又在《武汉日报》上看到一篇《雨僧飞腿》的回忆文章,作者笔底生花,寓惨痛于诙谐,寄深意于言外,展示了这位有名士做派的老教授在那个战乱年代里所遭受的磨难。文中还不忘渲染他的"红学"讲座:"近年他爱讲《红楼梦》,杖履所到,万人空巷,青年男女尤其喜欢听。他常讲莎翁诸国的浩瀚精博,中国只有《红楼梦》勉强可以颉颃!我想,这个说法是并不夸大的。"②若真是到了"万人空巷"的地步,那比起今日当红的歌星影星来,自然也毫不逊色!末了又说:"上月他从成都来到武汉,担任武汉大学外文系的主任;部置稍定,书囊安排妥贴,武汉人士总可以听到他的议论,讽诵他的文章。"由此可见,武汉学界和普通读者对于吴宓的到来,是充满期待的。

编辑程千帆(1913—2000),原名会昌,湖南宁乡人。南京金陵大学中国文学系1936年毕业。曾任金陵大学(成都)讲师、武汉大学中文系副教授、教授。1957年被划为右派,1979年得到改正后,转任南京大学中文系教授。程千帆先生是当今学界公认的国学大师,在校雠学、历史学、古代文学、古代文学批评领域有着杰出的成就。但在当年,他只是一个三十出头的晚学后生;与吴宓的结识,则缘于一个共同的好朋友刘道龢。1944年12月25日,是他俩在成都的第一次见面:"晚6—10访刘道龢(君惠)于其宅。留同程会昌(千帆,宁乡。)共饮大曲酒畅谈。宓饮三四杯,薄醉。以浓茶解之。读程夫人沈祖棻女士(子苾,紫曼,籍嘉兴,居苏州。)近词《浣溪沙》三首,讽咏当道何、孔、宋(美龄)三人。"③三人品词论世,有酒有茶,吴宓不觉"畅谈"而"薄醉",双方自然非常投缘。从此以后,程千帆夫妻的名字("昌""棻")就开始频繁地出现在吴宓的日记当中,亦可知他们之间来往密切。1946年11月17日,吴宓正式允诺报社承办《武汉日报·文学副刊》之后,他首先想到的就是请程千帆一起来编。程氏不仅爽快地答应了吴先生的邀请,而且在

① 《红楼梦专家吴宓受聘武大》,《申报》,1946年9月6日。
② 万柳:《雨僧飞腿》,《武汉日报》,1946年11月5日。
③ 吴宓:《吴宓日记》第9册,第386页。

征稿、编稿过程中尽心竭力。吴宓很快就喜欢上了这个年轻人,认为他既有才华,又有勇于任事的精神。那时的程千帆,一没有留过洋,二没有研究生学历,年仅三十四岁,就破格当上了国立武汉大学中文系的教授,这与刘永济、吴宓等人的提携与奖掖不无关系①。吴宓曾在日记中写道:"4-6访程会昌,畅谈武大现局及出处问题。昌亦怀才,具胆识,欲奋力翊赞济,出而任事者。惜济不敢重用。"②言下之意,还颇为程氏大鸣不平。不久,程千帆就被任命为武大中文系主任,算是得到了重用。孰料十年之后,他的"勇于任事"风格又为自己争得了一顶"右派元帅"的桂冠,而横遭批判! 中国政治的波谲云诡,总让"书呆子们"始料未及,清兮浊兮,不说也罢!

盛丽生是吴宓在外文系的庶务助教,最初并不在编辑部的编制之内。但他经常帮着誊抄稿件,送稿或者邮寄,以及稿费和编辑费的办理领取等跑腿杂事。1947年7月23日,吴宓担心盛丽生经济上吃亏太大,就亲自致函报社,聘请他做《文学副刊》助理编辑。五天后,"《武汉日报》函复,聘盛丽生君为助理编辑,七月起支薪十五万元。"③

而报社方面,与编辑部工作对接的责任编辑,前为王楷元,后为叶平林。

(三)吴宓的编辑思想

因为自幼受到《清议报》《新民丛报》中维新思想的影响,加之父辈对他的新旧教育,吴宓耳濡目染,很早就知道关心国家大事和天下大势,已经初步萌发了"报业救国"的理想。1909年,吴宓与胡仲侯等诸表兄弟及南嵩云、牟深编撰并出版《陕西杂志》,由此开始了近四十年的编辑生涯。四十年中,虽说屡有中断,但吴宓创办和编辑过的报刊的确有不少。1913年秋,他出任《清华周刊》编辑,四年有余,其间还曾一度代理总编辑之职;1920年夏,出任波士顿"中国国防会"董事,负责"国防会"机关报《民心周刊》在美的征稿和发行;特别是1922年创办《学衡》杂志,前后主编十一年;1928年1月,又接

① 吴宓:《吴宓日记》第10册,第208页。
② 同上,第398页。
③ 同上,第220页。

受天津《大公报》主笔张季鸾之邀担任《大公报·文学副刊》主编,持续六年;直到 1946 年 12 月在汉口创办《武汉日报·文学副刊》。吴宓不仅积累了丰富的办刊经验,也形成了其独特的编辑思想和副刊理念。

1. 深刻认识报刊的独特价值,企图建立纯正学院派文艺副刊的编辑观

在人们的心目中,吴宓先生既是一位诗人,也是一位传道授业的大学教授。他所传之道、所授之业,无非是欧洲文学史、比较诗学、翻译学等西洋文学课程。而在《吴宓自编年谱》和《吴宓日记》没有出版之前,人们可能压根都不会想到,他赴美留学前所选择的专业居然是"报业",而且想上当时美国最著名的新闻专科——哥伦比亚大学新闻系。如果不是清华校长周诒春的坚决反对,吴宓此后的人生历程,恐怕又是另一番模样了。

吴宓虽然屈从了周校长的安排,勉强去弗吉尼亚州立大学学习文学,但对报业的兴趣始终未减。不过他很快发现,美国的报业大都是以营利为目的,这与其想象中秉持公正、引导公众的样子相去甚远。尽管失望,但吴宓并没有放弃对报业的痴情,仍然立志回国自办一个独立的杂志,"以持正论,而辟邪说"①。所以,当他接办《大公报·文学副刊》时,才义无反顾地表示:自己办报,"不为图利,但行其志"②。

对于副刊的重要性,报界前辈赵超构先生曾经有一个形象的比喻,他说:"新闻是报纸的灵魂,副刊是报纸的面孔,报纸耐看不耐看主要看副刊。"③而副刊的风格又往往取决于主编的趣味和文化倾向。因此,吴宓在编辑《大公报》《武汉日报》两"文学副刊"过程当中,依据新人文主义,并不把文学的意义看成孤立的。所以在办刊宗旨中,他十分强调"文学与政治"的关系问题,指出:"盖以日报杂志之内容不外政治与文学,而二者实关系密切。广义之政治,包含经济、实业、教育及国民之各种组织经营活动。广义之文学,包含哲理艺术、社会生活及国民凡百思想感情之表现。政治乃显著于外之事功,文学则蕴蓄于内之精神,互为表里,如影随形。政治之得失成

---

① 吴宓:《吴宓日记》第 1 册,第 134 页。
② 同上,第 447 页。
③ 姚福申、管志华:《中国报纸副刊学》,上海:上海人民出版社,2007 年。

败、因革变迁,每以文学之趋势为先导为枢机。而若舍政治而言文学,则文学将无关于全体国民之生活,仅为文人学士炫才斗智、消遣游戏之资。是故欲提高政治而促进国家之建设成功,应先于文学培其本,植其基,浚其源。而欲求文学之充实发挥光大,亦须以国家政治及国民生活为创造之材料,为研究之对象,为批判之标准。更就狭义之政治与狭义之文学而论,征之中西往史,无分专制共和,凡在国运兴隆民生安乐之时,文学与政治常最接近而相辅相成;而当衰亡离乱之秋,则文学与政治率背道而驰,各不相谋。吾人望从事于政治者毋蔑视文学,并望努力文学者能裨益政治。凡此均指广义。"①这种文化(文学)决定论来源于他长期对中西文化的观察与思考,可谓认识深刻。而《大公报·文学副刊》则略仿欧美各大日报之文学版及星期文学副刊之体例,而参以中国当时之情形及需要,宗旨鲜明,办法切当,实开近代中国报纸文艺副刊之新境界。

"文学与人生"则是吴宓文学观另一个很重要的命题,同时也是他副刊编辑观的理论基础。他认为"文学"与"人生"密不可分:"文学以人生为材料,人生藉文学而表现。"所以作者的任务是借文艺的形式来表现人生的精华。吴宓曾经用哲学上的"一""多"公式,清晰地表述他的这一文学观念,"一"是存在于绝对理念中的精神世界,"多"即是属于人生中的现实体验,文学的意义应当是在"多"中求"一",实现一种道德提升;人类才能提高自身,达到人性的高度。故而,追寻中西文化传统中的道德之美,在普遍的道德法则中寻求个性的实现,建立人性与美并存的道德世界,这是吴宓文学观的出发点,也是他心目中最为理想的文学形态。为此,吴宓写了《文学与人生》的系列论文,并在《评〈歧路灯〉》《班达论智识阶级之罪恶》《悼白璧德先生》等文章中重申了这样的观点。

由此可见,无论是《大公报·文学副刊》,还是《武汉日报·文学副刊》,都是借助文艺的形式来表现人生,引导公众,裨益政治。为了更好地达到这一目的,报纸副刊又必须符合学院派文艺副刊的五大要素:(1)副刊编辑应具备相当的独立性,以提倡高深学术为努力方向,关注国民生活之全体,爱

---

① 吴宓:《本副刊之宗旨及体例》,《大公报·文学副刊》,第1期,1928年1月2日。

国益群,并与现实政治势力保持距离;(2)副刊以学院派学人为主要撰稿人;(3)副刊由学院派知识分子来执掌;(4)副刊编辑部就设在大学校园里;(5)普通大学生和教师参与创作和编辑。毫无疑问,这一核心的编辑思想始终贯穿于中国现代报纸副刊的发展过程中,成为知识分子参与社会改造的重要途径之一。

2. 一视同仁,只认来稿不认人的编辑态度

吴宓办刊,文章力求精心结撰之稿,内容及形式不拘一格,无论新派白话,旧派文言,一视同仁,只以来稿的好坏为断。这是他努力追求的理想状态,也是编辑公平的重要体现,但却并不容易做到。

在报纸的传播过程中,文艺副刊是通过稿件内容的深度、品位、可读性和感染力获得读者群的关注,其文化品位的高低决定了报纸的整体水平,决定了报纸对读者的吸引程度和提升空间。如何保证副刊的整体水平,选择稿件恐怕是一个关键因素。在《大公报·文学副刊》创刊号的《本副刊之宗旨及体例》一文中,吴宓明确宣称:"但就此册作品之文字及内容以推勘评判,而不问作者之为人及其生平行事如何。"后来,他又在《武汉日报·文学副刊》创刊号的《序例》中,进而提出了选择稿件的两大原则:

> 举凡旧学新学,旧法新法,中国外国,东洋西洋,远古近今,同时异世,理想写实,唯心唯物,古典浪漫,贵族平民,雅正精奇,保守进步,等等,一律平视。惟以每一篇来稿自具之价值为断。
>
> 不拘文体,不别形式。文言语体,古文白话,或摹古或欧化,本刊兼蓄并收。又或高华凝练,或明白晓畅,或雅或俗,或庄或谐,悉听作者自由。但以每一篇来稿自具之真、善、美成分为断。

所谓"惟以每一篇来稿自具之价值为断""但以每一篇来稿自具之真、善、美成分为断",即是吴宓只认来稿不认人的编辑态度的最好体现。

3. 要求作者、编者、排版者谨守职业规范,对版式精益求精的编辑思想

事实上,要把一份刊物办好办出特色,获得读者的认可,离不开作者、编

者、排版者三方面的通力配合。作者是稿件的提供者,精心结撰之稿最终决定着刊物的质量和品位,但如果稿件字迹潦草,或者简笔、俗体字满天飞,难免会给编排者造成许多麻烦。所以,吴宓又一再提醒作者:"来稿务请书写整齐清楚最好楷书,勿用简笔及俗体字,以免印出少错,而减少编辑及排校人之劳苦。"①此外,他还要求来稿务必告知作者真实姓名和地址,以方便编者通讯或退稿;并随信附寄印鉴,以方便作者领取稿费。

编者是稿件的把关人,他的编辑工作决定着刊物的成败。吴宓认为:"编者之责任,乃就所得之稿,为公平审慎之选择,(编者学识固有限,然另聘有专门顾问,随时指导匡助,投稿人可勿疑。)编者所认为较佳之稿,必先予刊登。"②同时编者尊重作者的某些写作习惯,会使其获得更为丰厚的稿源:"至于标点符号,分章断节,亦全遵各篇作者原稿之旧。本刊不为变改,不求一律。"为了让读者更好地理解文章的内容,知人论世,吴宓屡屡亲自撰写"作者简介"。而在具体的编排过程中,又会产生大量的工作:"又于排版格式,详细计划,期于合理之美观。原稿中之简笔俗体字,均一一改写为正楷,俾印出少错。"③即便如此,排版中仍会出现各种错误,有时一字之差,甚至引发非常严重的事故,吴宓不得不特别更正:"本刊第八期《再论大学中国文学系科目》一文,第二栏,第三十九行'惟石荪淹逝'句,'逝'字为'通'字之误排。叶石荪先生刻在成都,任国立四川大学教授兼教务长,恐滋误会,特此更正。"④对于读者的要求,吴宓不仅亲自复函,予以答复,而且每每"来函照登",反映读者的心声。1947 年 10 月,副刊停刊三周,复刊后他特向读者说明原委:"本副刊编者吴宓及程会昌,各因事赴京沪一行,致本刊中辍三星期。谨向读者及投稿诸君致歉。"⑤吴宓认真负责的编辑态度可见一斑。

众所周知,吴宓生平最厌恶简笔、俗体字,多年来所写文稿、信札、日记、便条等,无不字皆正楷。每次编稿,亦如素日习惯,凡各位作者稿中有简笔

① 吴宓:《编者弁言》,《武汉日报·文学副刊》,第 23 期,1947 年 5 月 19 日。
② 吴宓:《序例》,《武汉日报·文学副刊》,第 1 期,1946 年 12 月 9 日;下同。
③ 吴宓:《编者弁言》,《武汉日报·文学副刊》,第 49 期,1947 年 12 月 22 日。
④ 吴宓:《重要更正》,《武汉日报·文学副刊》,第 9 期,1947 年 2 月 10 日。
⑤ 吴宓:《编者弁言》,《武汉日报·文学副刊》,第 41 期,1947 年 10 月 27 日。

及俗体字者,均曾一一改写为楷体,"但手民(排版者)未知我之苦心深意,排出时仍见……第一期中,错字甚多。尤以唐长孺先生《读陈寅恪〈唐代政治史论稿〉后记》一篇,其中第六栏第五行至第五十行之一大段,应排在第四栏第十行与第十一行之间。乃误置此处,实不可恕。编者谨对唐先生深致歉意,并告读者。"①吴宓的"苦心深意"与"实不可恕"的态度,颇能体现编者对版式精益求精的编辑思想。

(四)《武汉日报·文学副刊》创办与终刊

抗战胜利以后,胡适回国当北大校长,他的好友兼幕僚周鲠生则当武大的校长,而原校长王星拱先生调到了中山大学。

周鲠生(1889—1971),法学家,中央研究院院士、国民政府教育部法学专业部聘教授,湖南长沙人。早年留学日本,加入同盟会。后留学英法,获爱丁堡大学博士学位及巴黎大学国家法学博士学位。历任国立北京大学、东南大学、武汉大学教授及校务长。1939年赴美从事讲学研究活动,并任旧金山国际联盟组织中国团顾问。1945年回国后出任武汉大学校长兼政治系教授,广揽贤才,克服重重困难,学校由四川乐山复员武昌珞珈山,恢复农学院,增设医学院,使武大成为拥有文、法、理、工、农、医的著名综合大学。

周先生原来当过武汉大学的教务长,他很熟悉武汉大学的情况。自从国民革命成功以后就办武汉大学,有些人在学校创办初期就来了。他有一个想法,就是不能让这些威望很高但相对来说在学术思想上比较保守,或者不太愿意革新的人继续当院长、系主任。所以他就聘请了很多年轻人当教授,同时也换了一批系主任。有的系没有换主任,但是加了新人。当时文学院哲学系就聘请了刚从印度回来的金克木,外文系聘请了从爱丁堡回来的周煦良,中文系聘请了从成都金陵大学东归的程千帆,历史系的唐长孺则是武汉大学在乐山办学时期培养起来的,他们四个人相对来说,比较倾向于革

---

① 吴宓:《编者小言》,《武汉日报·文学副刊》,第2期,1946年12月16日。

新,所以关系也很好①。这四人都是《文学副刊》的主要撰稿人。

由于周鲠生早年有在汉口办《民国日报》的经验,后来《武汉日报》创办"星期评论",又特意邀约他与王星拱、皮宗石、陈西滢等武汉大学教授撰写专论。虽说有的言论锋芒过露,伤时触忌,有的写得偏重专门学术性,曲高和寡;但周鲠生由此对报纸副刊产生了非常清醒的认识。在《武汉日报·文学副刊》创刊伊始,他不仅给予吴宓等人许多直接的支持,而且还积极参与《武汉日报》随后的体制改革。1947年下半年,武汉日报社成立股份有限公司,设立董事会和监事会,聘请周鲠生和工商、金融界一些知名人士为董、监事,王亚明为董事长,宋为董事兼社长。

《武汉日报·文学副刊》酝酿筹办之际,正是武大百废待兴的快速发展之时。当时武大文学院在刘永济先生的领导下,学术研究空气浓厚。刘永济不仅力图恢复武汉大学《文哲季刊》,支持吴宓在外文系建立图书资料室,解决经费;而且,他还亲自给《武汉日报·文学副刊》题写报头,并积极投稿,希望吴宓能把这份文艺副刊办成以武大同仁为核心的学术阵地。文学院各系主任和教授又皆一时之选,外文系主任吴宓,教授袁昌英、田德望、缪朗山、朱君允、周煦良、戴镏龄等;中文系主任刘博平,教授席鲁思、程千帆、苏雪林等;历史系主任吴于廑,教授唐长孺、梁园东等;哲学系主任洪谦,教授景昌极、金克木、周辅成等。此外,吴宓还有一帮活跃于国内学术界的知交好友,新知旧雨,声气相通,如清华的陈寅恪、燕大的赵紫宸、川大的缪钺、重大的邵祖平、湖大的陈遂等人;而武汉地区,武大之外,还有华中大学的林之棠、钱基博、徐嘉瑞、何君超、邵子风,以及中华大学的贺良璜、湖北师范学院的顾学颉等学者群体。《武汉日报·文学副刊》正是在这样一个学术空气浓厚,有一大批"学贯中西"的诗人词人和专家教授可以源源供稿的环境下问世的。

当然,导致《武汉日报·文学副刊》创刊的根本原因还在于武汉地区报业之间的激烈竞争,直接催生了武汉日报社的一系列改革措施。为了超越

---

① 程千帆:《桑榆忆往》,《程千帆全集》(第15卷),石家庄:河北教育出版社,2000年版,第27页。

他报,宋漱石社长雄心勃勃地进行了大刀阔斧的改革,不仅增加版面,而且栏目方面也有大的变化。其中文艺副刊就由原来的一个("鹦鹉洲"副刊)增加到三个("文史"副刊和"文学"副刊),希望借助名人效应和名校资源,提升报纸的可读性和学术品味,吸引读者。

这时的武汉日报社,机构完善,人才济济,充满一股积极向上的朝气。社长宋漱石,副社长杨虔州,下分编辑部、经理部(广告组、发行组、事务组和会计室、出纳室)、印务部以及秘书室、人事室。

编辑部人员最多,除了总编辑张考详、总主笔陈友生之外,还有主任杜俊华,编辑王剑鸣、吴子赞、谌仲人、殷唯民、奚启铎、肖亚白、马希珍、阮璞等人;副刊组则有主编张四翼("鹦鹉洲"副刊)、胡绍轩("文史"副刊)、吴宓("文学"副刊)三人;此外是美术组、采访组、主笔室、资料室、校对室、编译室和电台室等①。不过,筹划之初,吴宓就清醒地意识到《武汉日报·文学副刊》与其理想的刊物之间存在矛盾:"回舍,金克木来,力赞宓独编撰《文学与人生》。勿与昌合编《文副》,俾精神一贯,免贻世讥,且《大公报·文学副刊》盛业难继,而胡适、杨振声、沈从文等主编《大公报》文史、星期、文艺等,亦难与之抗衡也。……宓深以为然。"②吴宓内在的矛盾与冲突,以及过去与新文化派论争而惨败的阴影,始终伴随着《文学副刊》的编辑过程,同时也为日后的停办埋下了伏笔。

吴宓创办《武汉日报·文学副刊》之后,国内的政治形势,并没有朝着人们期望的方向发展,而经济形势,也没有得到逐渐改善。一方面,政府不顾人民意愿,穷兵黩武,积极内战;另一方面,恶性通货膨胀越演越烈,势如脱缰之野马,到了1947年底,法币和关金券急剧贬值,导致国民经济几近崩溃的边缘。据相关资料显示,在《文学副刊》出版的一年时间里,稿费变更五次,每千字从六千圆到四万圆,涨幅几近七倍;主编吴宓的编辑费变更四次,每月从七万五千圆到六十万圆,涨幅达到八倍;而武大教授的薪资则激增至

---

① 奚启铎:《〈武汉日报〉敌后版与光复版》//中国人民政治协商会议湖北省委员会文史资料研究委员会编:《湖北文史资料》(第3辑),1986年10月15日出版。

② 吴宓:《吴宓日记》第10册,第173页。

十倍①。由此可见，当时货币贬值之快，通货膨胀变化之速，不仅深刻影响了普通人的生活，也给武汉日报社内部的经营管理带了诸多困难与矛盾。吴宓因此不得不为增加稿费和编辑费多次与报社方面交涉，甚至不惜以辞职为借口。

发生在 1947 年 5 月 20 日的"反饥饿，反内战，反迫害"运动是一场遍及全国六十多个大中城市声势浩大的群众运动，运动的规模和气势也是以往学生运动所少见的。自此以后，大学生们忙于学运，再也不能安坐课堂，对于读书与学术，殊少兴趣，加之"文副"有一幅令"左派"大学生生厌的旧面孔，难免招来攻击。11 月 4 日《吴宓日记》记载："晚，接本校'不具名'学生来函，对《文副》内容深表不满，尤致憾于 42 期刘健《论黄山谷诗》一文。自云夙昔敬济而敬宓，故对宓之编辑《文副》潦草敷衍，多所责难，并致箴规，教以宁缺毋滥云云。宓读之深为感痛。"②可以想见，青年读者的批评意见，一定让吴宓陷入巨大的痛苦和失望之中，从而瓦解他办刊的信心与决心。

虽说报社方面从不干涉吴宓编辑稿件，但在版式设计和排版过程中，一直矛盾不断，冲突不断。1947 年 3 月 31 日，《武汉日报·文学副刊》第十六期出版，面对排版人员的"妄为改动"以致"颠倒错乱"，吴宓在日记中愤然写道："宓撰《一多总表》，按《文副》二栏每行二十五字之版式写成，俾可每格纵横如式。……乃今日《武汉日报》忽将《文副》七栏半版缩小，而另画为六栏，每行改为二十七。于是排字工人不能依样葫芦，而致颠倒错乱。其他各处，亦不遵宓所定版式，妄为改动。宓甚气愤，以白费心力，无良结果。区区形式末节尚不能如意，而况舍己而逐末，一己之精神烦苦，著作难成。……故拟向《武汉日报》宋社长漱石辞去《文副》主编之职，举程会昌自代，名实俱辞，不更留恋。又恐不获辞，拟托徐嘉瑞从旁婉言之，期必获允辞去。……金克木极以为然。谓宓此役毫无益处，辞去为善云云。"③盛怒之下，吴宓遂萌生了辞职的念头。1947 年 9 月 22 日，《武汉日报·文学副刊》第三十九期

---

① 《吴宓日记》(1947 年 12 月 9 日)："以武大月薪为比，一年中增十倍。"
② 吴宓：《吴宓日记》第 10 册，第 272 页。
③ 同上，第 198 页。

出版，又出现了相同的排版错误，吴宓实在忍无可忍，但又不便立刻辞职，他只好在日记中表达自己的不满："《文副》版式，不遵指示，甚愤怒。"①此外，由于报社方面常常擅自增加广告而改版，又因改版而屡屡错排，也让主编疲于应付，不断做出更正，并向读者致歉。按照惯例，编辑提前二日发稿，1947年11月27日，报社突然改为提前三日发稿②，几乎让吴宓措手不及。

自3月31日因版式不如意而萌生去意，吴宓先后多次提出辞职，但都被报社方面好言挽留；程千帆、王楷元、徐嘉瑞等友人亦从旁疏导，鼓励他继续办下去。1947年12月8日，吴宓上书宋漱石社长，决心辞去"文学副刊"主编之职。社长宋漱石复函慰留，好友徐嘉瑞又受托相劝，无奈吴宓去意已决，遂致终刊。同年12月29日，《武汉日报·文学副刊》最后一期出版，吴宓在当天的日记中写道："《武汉日报·文副》50期，既不照宓所画版式，又不将宓所撰之小方《停刊启事》登出，致宓十二月八日已去函辞职及善后结束办法，均不得见知于读者，殊为愤怒。"③即便终刊，吴宓心里装着的还是读者，希望善始善终。

吴宓主编的《武汉日报》"文学副刊"停办后不久，"文史副刊"也宣布停刊。但考虑到报纸的声誉和读者的要求，报社又曾一度恢复了"文学副刊"，直至武汉解放前夕。不过，此"副刊"非彼"副刊"，编者不得不作一奇怪的声明："本刊承'文学副刊'旨趣，继续出版；但'文学副刊'为吴雨僧先生专业，不敢掠美，改用今名，并自第一期纪数。"④虽然明言宗旨不变，名称不变，但物是人非，总归不是一码事。于是，刊头就另请武大刘博平先生篆书"文学"二字，以示区别。

① 吴宓：《吴宓日记》第10册，第242页。
② 同上，第283页。
③ 同上，第300页。
④ 《编后记》，《武汉日报·文学副刊》第1期，1948年10月7日。

二、《武汉日报·文学副刊》之内容

(一)作者队伍

《武汉日报·文学副刊》先后出刊五十期,各期作者共计九十一人,从作者当时的工作单位以及与吴宓之间的人际关系分析,可略分为五大类:

1. 武汉大学教师(19位)

吴宓(文12篇,诗词3题)、唐长孺(文6篇)、程千帆(文4篇)、金克木(文2篇)、沈祖棻(文1篇,诗词4题)、刘永济(诗词8题)、何君超(文18篇,诗词11题)、景昌极(文1篇)、顾绶昌(文1篇)、戴镏龄(文1篇)、苏雪林(诗词3题)、叶瑛(文1篇)、周煦良(诗词10题)、朱君允(诗词1题)、周辅成(文1篇)、李国平(文1篇,诗词2题)、席启驷(文2篇)、胡国瑞(诗词10题)、郑若川(文1篇)。

2. 华中大学及武汉地区各高校教师(7位)

徐嘉瑞(文5篇,诗词8题)、邵子风(文1篇,诗词5题)、林之棠(文2篇,诗词3题)、钱基博(文4篇);顾学颉(文3篇,诗词5题)、贺良璜(诗词36题)、刘绶松(诗词10题)。

3. 国内其他地区大学教师(23位)

赵紫宸(诗词7题)、陈寅恪(诗词2题)、罗常培(文1篇)、马浮(诗词4题)、孙望(文3篇)、李思纯(诗词1题)、缪钺(诗词14题)、潘重规(文1篇)、萧公权(诗词1题)、李源澄(文1篇)、赵景深(文1篇)、王恩洋(文2篇)、张敬(词1题)、陈逵(诗词31题)、梁方仲(诗词16题)、邵祖平(诗词9题)、徐仁甫(文1篇)、殷孟伦(诗词14题)、朱杰勤(文1篇)、王璠(文1篇)、杜仲陵(文2篇)、陈志宪(文1篇)、赵世忠(文2篇)。

4. 大学生、中学教师及其他职业者(26位)

孙以翱(文1篇)、陈大慧(文1篇)、孙乐(诗词30题)、张白珩(文1篇)、曾一(文7篇)、翟公正(诗词7题)、黄有敏(诗词1题)、金月波(诗词

19 题)、陈西庐（诗词 1 题)、吴季诚（诗词 8 题)、施蛰存（诗词 6 题)、周光午（文 1 篇)、文密（文 1 篇)、唐玉虬（文 1 篇,诗词 40 题)、廖慕禹（诗词 17 题)、常燕生（诗词 2 题 17 首)、卫挺生（文 2 篇)、覃孝方（文 1 篇,诗词 2 题)、张昭麟（诗词 77 题)、万云程（诗词 1 题)、刘楚湘（诗词 36 题)、乔曾劬（诗词 1 题)、刘泗英（诗词 1 题)、黄贤俊（文 2 篇)、凌宴池（诗词 10 题)、徐恕（文 1 篇,诗词 1 题)。

5. 职业不详者（16 位)

赵冈（文 1 篇)、彭复斋（诗词 1 题)、乔懋叔（诗词 1 题)、杨慕村（诗词 1 题)、李自苏（诗 1 题)、柴自儒（诗词 1 题)、杨绛祥（文 1 篇)、张仲庄（文 1 篇)、万懋德（诗词 9 题)、李恩泽（诗词 3 题)、严涤宇（诗词 2 题)、张绍渠（文 1 篇)、刘健（文 1 篇)、张霖民（诗词 1 题)、杨霭生（诗词 1 题)、熊道琛（文 4 篇)。

从以上开列的作者名单中可以知道,武汉地区的作者占了绝大多数,其中一半人在国内各大学任教,还有普通大学生、中学教师,甚至银行职员、医师或立法委员,尽管职业不同,但足以看出吴宓广泛的交游以及“只认来稿不认人”的编辑态度。其中发表过三篇次以上文章者计九人,按发表多少顺序依次是:何君超（文 18 篇,诗词 11 题)、吴宓（文 12 篇,诗词 3 题)、唐长孺（文 6 篇)、徐嘉瑞（文 5 篇,诗词 8 题)、程千帆（文 4 篇)、钱基博（文 4 篇)、熊道琛（文 4 篇)、顾学颉（文 3 篇,诗词 5 题)、孙望（文 3 篇)。而发表过十题以上诗词者计十五人,按发表多少顺序依次是:张昭麟（诗词 77 题)、唐玉虬（文 1 篇,诗词 40 题)、刘楚湘（诗词 36 题)、贺良璜（诗词 36 题)、孙乐（诗词 30 题)、陈逵（诗词 31 题)、金月波（诗词 19 题)、廖慕禹（诗词 17 题)、梁方仲（诗词 16 题)、殷孟伦（诗词 14 题)、缪钺（诗词 14 题)、周煦良（诗词 10 题)、刘绥松（诗词 10 题)、胡国瑞（诗词 10 题)、凌宴池（诗词 10 题)。综观《武汉日报·文学副刊》主要作者的情况,可以说既有中西融贯、学有专长的知名学者,又有造诣精湛的诗人词人。由于吴宓本人的文化倾向和处事风格,必然会形成一个以主编为中心的作者群体,并影响到《武汉日报·文学副刊》的内容形式和学术品味。

(二)《武汉日报·文学副刊》栏目分析

自创办以至终刊,《武汉日报·文学副刊》并未强分栏目,也没有明确标识。现根据其内容和文体特点,大略可分为五部分:

1. 编者弁言。置于每期报头下的小方框里,自第八期以后,间或有之,以刊登出版说明、重要更正、来稿要求、译诗点评、作者简介、读者通讯等为主。亦有推介新出版的同仁刊物,前后五次,分别刊录了《思想与时代》《东方与西方》《历史与文化》《文教丛刊》等刊物的编者、版期、目录和作者。

2. 述学。这是《武汉日报·文学副刊》的主要栏目,以发表文、史、哲方面的学术论文为主,如第七期《略谈西洋信牍文学》(戴镏龄),第二十四期《人生之向上与升华》(王恩洋),第四十七期《论五朝素族之解释》(唐长孺);而吴宓有关红学研究的一组论文亦可归于这一专栏。

3. 序跋。这也是《武汉日报·文学副刊》的主要栏目之一。众所周知,序跋文章不仅仅是一部书稿的重要组成部分,同时也可以看作另外一种形式的学术论文(书评、诗话、词论等)。大量最新的学术著作和诗词作品集,已经出版的,或者未出版的,无不由副刊首先介绍给读者。

4. 文苑。专门刊登文学作品,又分为文录、诗词录等。以旧体诗词为多,兼或发表少量翻译作品。

5. 杂缀。此栏内容较芜杂,有杂记、悼文、诗词话等。杂记有张白珩的《尊闻录(马一浮先生讲学笔记)》、周光午的《我所知之王国维先生——敬答郭沫若先生》、文密的《(自传之一章)明德一年——吴芳吉先生从学记》;悼文有吴宓的《悼诗人王荫南烈士》和《悼念诗人常乃惪先生》、唐长孺的《悼金松岑先生》以及朱杰勤的《悼承钧先生》;而连载十五期的《双燕楼词话》(何君超),亦属于这方面的内容。

(三)《武汉日报·文学副刊》内容分析

从《武汉日报·文学副刊》五十期的内容考察,范围十分广泛,举凡文学、哲学、历史、宗教、艺术等,编者皆认为是广义之文学;又于考证、研究、批评、创作之稿,悉皆收纳,取精去粗,主要有以下四个方面的内容:

第一是文、史、哲学术通论。

这方面的作者主要有程千帆、顾学颉、沈祖棻、戴镏龄、陈志宪、潘重规、覃孝方、杜仲陵、吴宓、赵世忠、孙望、徐仁甫、李源澄、王恩洋、杨绛祥、刘健、黄贤俊、徐嘉瑞等。如程千帆的《校雠目录辨》《再论大学中国文学系科目——与朱自清教授书》《王摩诘〈送綦母潜落第还乡诗〉跋》，顾学颉的《温庭筠〈感旧陈情五十韵〉〈献淮南李仆射诗〉旧注辨误》《读谢康乐诗》《王渔洋对于诗之主张》，赵冈的《乱弹名义考》，孙望的《王逸〈楚辞章句〉十七卷本原为十六卷说》，沈祖棻的《白石词暗香疏影说》，戴镏龄的《略谈西洋信牍文学》，陈志宪的《周礼十三律考异》《唯情剧曲家汤临川》，潘重规的《凯风诗义今解》，覃孝方的《旧诗新话》，杜仲陵的《八代文论叙指》，吴宓的《欧美大学之起原及大学教育之本旨》《一多总表》，赵世忠的《音韵答问》，孙望的《〈山海经〉篇目考》《读王度〈古镜记〉》，徐仁甫的《〈礼运〉大同脱简证》，李源澄的《儒道两家之音乐理论》，王恩洋的《人生之向上与升华》，杨绛祥的《国故考证拾遗》，刘健的《论黄山谷诗》，黄贤俊的《杨守斋事迹考略》，徐嘉瑞的《陶潜的故乡》《陶潜的思想》等，林林总总，颇多创获，内容涉及现代学术的各个领域，时至今日，仍有其不可忽视的参考价值。

第二是专题研究。

（1）唐长孺的中古史研究。

出于对青年教师的提携，《武汉日报·文学副刊》曾刊发了唐长孺的一组中古史研究系列论文，包括《读陈寅恪〈唐代政治史论稿〉后记》《敦煌所出郡姓残页题记》《论金代契丹文字之废兴及政治上之影响》和《论五朝素族之解释》，以及唐氏的一篇悼文——《悼金松岑先生》。

处于一个新旧交替的转折时代，古今中外的各种学术思潮，毫无疑问会对学者的历史观产生深刻影响。学者们普遍认为，对唐长孺一生学术研究影响最大的三位学者是陈寅恪、吕思勉和李剑农，尤以陈氏影响最巨。唐长孺晚年曾赋诗，表白对这位史学大师的景仰："掩卷心惭赏誉偏，讲堂著籍恨无缘。他年若撰渊源录，教外何妨有别传。"虽以未列陈先生门墙而抱憾，但唐长孺的治史风格与陈寅恪神似，确是不争的事实。

1942 年唐长孺来到湖南蓝田国立师范学院史地系任教后，由于教学所需,专业转向魏晋南北朝隋唐史。也正在此时,陈寅恪研究中古史的两部划时代巨著——《隋唐制度渊源略论稿》和《唐代政治史述论稿》相继出版。陈寅恪既对中国古代文化、典章具有通识,又通晓多种外文,熟悉西方思想、学术及研究方法,因而能够兼摄中西史法,交叉多种学科,得以从魏晋隋唐时期错综复杂的历史现象中寻出主次,追溯源流,探明其内在的因果联系。陈氏治史,虽从大处着眼,却每从小处着手,从一些人所常见、不为注意的"小"问题出发,引申推论,融会贯通,因小见大,察微知著,最后得出人所未见、事关全局的重大结论。唐长孺讲授六朝隋唐史时,除了认真钻研陈寅恪的论著之外,还写下了这篇《读陈寅恪〈唐代政治史论稿〉后记》。该文除研究方法、论题选择、治史风格明显受到考据学和陈寅恪的影响外,也隐然可见风行当时的文化史观的痕迹。

唐长孺早年治辽金元史,曾先后发表《辽史天祚纪证释》《论金代契丹文字之兴废及政治影响》《论五朝素族之解释》《蒙元前期汉文人进用之途径及其中枢组织》等多篇论文,所得结论在民族史研究中具有广泛的意义。

作为从理论上全面而科学地对"敦煌学"进行概括的第一人,唐长孺预见敦煌学将成为当代世界学术的新潮流,号召中国学者积极"预流",并身体力行,将敦煌文书运用于史学研究。1947 年 3 月,唐长孺在《武汉日报·文学副刊》第十五期发表了他的第一篇敦煌学论文——《敦煌所出郡姓残叶题记》,对新兴的学问表现出异常的学术敏感。随后,他开始通过缩微胶卷抄录有关敦煌资料,以之运用于魏晋隋唐史研究,先后撰写并发表了数篇论文。20 世纪 70 年代,他积极推动、亲自主持整理吐鲁番出土文书,并在深入钻研敦煌吐鲁番出土文书的基础上,将文书与传世文献资料巧妙结合,推出一批高质量的研究成果。如参据有关文献,深入探讨了西州诸乡帐中所反映的西州境内奴婢、部曲在人口中所占比重以及奴婢、部曲数量的彼此升降;又如通过对出土高昌官文书中僚属押衔的系统研究,结合史籍文献所载,揭示了高昌郡行政体制与内地的一致;再如对中日学者已反复研究过的敦煌所出眉县尉判集,他凭借对文献资料的充分掌握,在已有研究基础上对防丁问题提出了新的见解。所撰有关论文除参用沙州、西州文书外,还间用有关简牍资料,相得益彰,如论述高昌郡军事制度中的屯戍制。总而言之,唐长孺关于出土文书的研究,不仅丰富和深化了对敦煌吐鲁番地区历史的认识,而且大大拓宽了六朝隋唐史的研究视野①。

(2)吴宓的红学研究。

吴宓治红学的时间比较早,他的《〈红楼梦〉新谈》问世于 1919 年春,次年春公开发表。在研究范式上,吴宓属于小说批评派,或称义理派,明确反对索隐派的"饾饤寡要",重视曹雪芹小说文本的赏析与诠释,近于王国维。但吴宓在红学史上所产生的实际影响,显然赶不上俞平伯,也远不及王国维,更别提胡适了。在相当长的一段时间里,如同人们漠视吴宓的许多学术领域一样,他又是一个被遗忘或被忽略的"红学大师"。

红学界之所以对吴宓关注不够,其中一个重要的原因是对他的涉"红"著作知之不多,因而给准确评价其人其学带来相当大的困难。吴宓生前,曾经手订《红楼梦研究集》与《红楼梦演讲节略》两部稿本,可惜目前下落不明。从已经披露的篇目来看,足以引发人们的趣味,如《红楼梦与现代生活》《红楼梦索隐及考证撮述》《石头记之作成及历史考证》《石头记中爱情之大旨》《悲剧与恋爱》《薛宝钗之性格》《探春之性格》《论妙玉》《晴雯与袭人》等。其中一小部分虽说已经发表,但愿那些尚未刊布的文稿,还侥幸留存于天壤之间。让人欣慰的是,在国内多位学者的努力下,从一些尘封的民国报刊如《流星杂志》《长青周刊》《武汉日报·文学副刊》中,又陆续有了许多令人兴奋的发现。其中在《武汉日报·文学副刊》上刊发的红学论文就有《〈红楼梦〉之文学价值》《〈红楼梦〉人物评论之一:论紫鹃》《〈红楼梦〉之教训》《〈红楼梦〉之人物典型》等四篇,还有一篇《〈红楼梦〉人物评论:柳湘莲与尤三姐》的讨论稿,作者虽系武大物理系学生孙以翱,但也为吴宓在武汉举办红学研究会留下了一篇物证。

据不完全统计,1919 年至 1963 年间,吴宓于课堂之外先后开设各类红学讲座至少有七十一次之多②,这些红学讲座受到了异乎寻常的欢迎,所谓

---

① 武汉大学中国三至九世纪研究所:《著书敢期延岁月,湖山倘许小盘桓——唐长孺教授学术成就及治学方法略述》,《武汉大学学报》,1995 年第 3 期。

② 沈治钧:《吴宓红学讲座述略》,《红楼梦学刊》,2008 年第 5 辑。

"每讲红学,千头攒动"①。因而,尽快出版一部内容完备的《吴宓文集》,包括吴宓那些"一代文章矜四海,半生骚怨寄红楼"的论红遗文,才是目前的当务之急,也是对他的最好的纪念。

(3)何君超的词学研究。

何传骝(1891—1967),字君超,福建闽侯人。中国现代有机化学(或称生物化学)学科的开拓者与奠基人之一。1911年清华学校高等科就读,与中等科的吴宓、闻一多等人同为国学特别班成员,后留学德国习化学,毕业于德累斯顿工科大学。先后出任四川大学、西南联合大学师范学院、华中大学、武汉大学化学系教授兼系主任等职。译著有《有机化学分析》(中华书局,1939年)、《大学有机化学》(国立四川大学出版组,1944年;1948年中华书局再版)、《生物化学大纲》(商务印书馆,1951年)、《有机化学讲坛试验》(商务印书馆,1955年)和《实用德语语音学》(时代出版社,1958年)等。

作为一位化学专业的知名教授,何氏学贯中西,文理兼通,尤工诗词,已发表有《双燕楼词话》《关于吴梦窗莺啼序》《略论贺新郎》《黄弦隽碧山花外集笺证序》等相关论著,可惜诗词作品多已散佚。如果不是《武汉日报·文学副刊》为我们保留了这些零篇断简,后人何从欣赏到化学教授的"绝妙好词"?福兮祸兮,还得要感谢主编吴宓先生。

何氏词共十二首,为典型的文人之作,用辞典雅,讲究兴寄。较有代表性的是《金碧词》《菊园词》各四首,前者作于云南昆明,时间是民国二十七年(1938)至三十一年(1942),后者作于成都四川大学,时间是民国三十四年(1945)至三十五年(1946)。因身处乱世,心忧国事,其词作又不拘于表现一己之悲喜,而表现出沉痛婉约的风致。以其作于戊寅年(1938)的《念奴娇(赋吴淞之别)》为例,"半江寒雨,配滇濛帆影,凄然轻别。凤泊鸾飘何足数,况是乱离时节。万里关山,百年兴废,来看滇池月。婵娟无语,几回圆了还缺。休问客里光阴,摩掌书剑,曾否深仇雪。金碧坊前裘马丽,尽是江东豪杰。酒次初逢,旧游重话,笑我今华发。衔杯相对,试听檀板鸣咽。"上片先叙别离之景,虽念自身漂泊,但更叹家国兴废。下片则抒发欲为国雪耻之

---

① 王楷元:《文史锦片》,《武汉日报》,1946年11月4日。

情，然现实却令人大失所望，江东豪杰尽为偏安之客，兼之自身年华老去，更添愁绪。结尾写饮酒听曲，似勉力排遣。

何氏不仅能作词，而且长于评词。其在《武汉日报·文学副刊》连载十五期的《双燕楼词话》，即效仿传统评词之法，往往先集录前人记载，再道出己见，颇为精炼中肯。其论词还有一个特点，重情感，重有益于世道，不喜言语鄙俗之作，又兼具考证，对前人观点有所质正。

第三是介绍最新的图书作品信息。

通过刊发大量书序文章，把文坛或学界上最新的图书作品信息介绍给读者，是《武汉日报·文学副刊》又一重要功用，从创刊至终刊一直坚持不懈。这些书序，大都文字精练，说理透辟，自序他序兼备，例如徐嘉瑞的《〈辛稼轩评传〉自序》，景昌极的《〈名理新探〉自序》，邵子风的《〈横江楼诗〉序》，林之棠的《〈英诗名著选译〉序》《〈词讲〉自序》，钱基博的《〈关友声词集〉序》《〈仁园诗稿〉序》《〈转蓬集〉序》《〈欧洲兵学演变史论〉自序》，王璠的《〈校笺漱玉集〉序》，张绍渠的《〈新校切韵指掌图〉叙》，陈大慧的《〈新校韵镜〉叙》，王恩洋的《〈儒学中兴论〉叙》，等等。

五四以后，白话文兴起，伴随着文学观念的演进，语言研究在观念及方法上也发生着根本性的变革。其中，具有里程碑式的语言学著作，就有徐嘉瑞的《金元戏曲方言考》。该书 1944 年成书，1948 年由商务印书馆正式出版，共收录金元戏曲方言俗语六百余条，用滇语注释，并逐条加以例证，是第一部以方言俗语为研究对象的语言学专著，具有开创之功。北大教授、语言学家罗常培先生认为此书"导乎先路"，"能发前人所未发"[1]；著名学者赵景深亦称其为"开山的著作"[2]，并分别作序。1946 年 12 月《武汉日报·文学副刊》创刊，就陆续刊登了罗常培、赵景深二人的序文，以及徐嘉瑞《金元戏曲方言考》的导言，予以全面介绍。由此引发了语言学界的高度重视，人们才逐渐认识到它在解释金元戏曲方言俗语上的优长之处，不仅扩宽了汉语

---

① 罗常培：《徐嘉瑞〈金元戏曲方言考〉序》，《武汉日报·文学副刊》，第 2 期，1946 年 12 月 16 日。

② 赵景深：《〈金元戏曲方言考〉序》，《武汉日报·文学副刊》，第 23 期，1947 年 5 月 19 日。

词汇的研究范围,而且提出了新的研究方法——"以滇语释曲辞",这对后来的元曲语言研究产生了深远的影响。

《武汉日报·文学副刊》介绍图书,一般只登序文,较少同时刊发书序与作品。但也有例外,比如该刊第二十七期就同时刊登了大数学家李国平教授的《〈屈赋诗译〉序》及其夫人郑若川女士的《屈赋诗译》,不仅交代了作品的成书原委,而且通过选录《离骚》《九辩》《哀郢》《怀沙》等四首四言、五言的屈赋译诗,使读者领略了作序者的良苦用心和译诗者的诗艺才华。对于五言诗的产生,文学界普遍认为发轫于西汉苏武、李陵之辈,或者东汉乐府诗;而李国平却慧眼独具,直接将五言诗的源头上溯至《诗经》《楚辞》,并与道统政统相沟连,令人耳目一新。李国平《〈屈赋诗译〉序》末曰:"余维郑氏,适余于艰困之时,相从于患难之中,躬操井臼,抚育子女者,于兹五年,劳而不怨,有志于学,卓然能继其先人菊初先生之志。盖亦夕□①而须眉者,故而序其本末如此云。"②相濡以沫,伉俪情深,不啻又写下了一段珞珈山上最诗意最浪漫的学坛佳话。

第四是文学创作。

(1)文:传统的文章诸体(不包括序跋文),并非《武汉日报·文学副刊》关注的内容,目前所知,唯有席启骃的《清微君谢石邻先生暨配刘孺人墓碣铭》《新纂宁远县志祠祀篇虞陵后案》和熊道琛的《文录》(4题),以及杨霭生的《村妇骂街赋》和卫挺生的《春兰赋》《秋菊赋》,数量虽少,但各具特色。

(2)诗:诗是《武汉日报·文学副刊》"诗词录"的重要组成部分,言简意永,数量也最多。吴宓本身就是一位毕生吟咏的著名诗人,以诗会友,因诗结缘,故而,他的身边经常聚集着不少高雅之士,论学谈道,酬诗命对,有许多清新的诗句保留在《武汉日报·文学副刊》里。其中选刊的诗集有《冰茧庵诗》(缪钺)、《蠲戏斋诗》(马浮)、《锦屏楼诗词》(林之棠)、《旅闽诗钞》(施蛰存)、《玻璃声续集》(赵紫宸)、《尘海诗钞》(刘绶松)、《结桂簃近诗》

---

① 原件此处汗漫,不可辨识。

② 李国平:《〈屈赋诗译〉序》,《武汉日报·文学副刊》,第 27 期,1947 年 6 月 23 日。

（殷孟伦）、《真我诗钞》（陈迤）、《常乃悪遗诗》（常燕生）、《匡庐集》（徐嘉瑞）、《流云诗钞》（金月波）、《宴池近诗录》（凌宴池）、《万山吟草旧体诗》（覃孝方）、《环瀛诗钞》（梁方仲）、《转蓬集》（贺良璜）、《培风楼时事乐府》（邵祖平）等，琳琅满目，网罗极广，皆大有功于文献。

（3）词：《武汉日报·文学副刊》刊发的词作不少，除了有刘永济、缪钺、沈祖棻这样的词学大师的作品之外，我们从中还结识到像何君超、金月波、唐玉虬以至更为生疏的一批词作者，读到他们在一般诗词选本和文学史料选编中难以见到的久被冷落了的遗篇，自然觉得新奇而饶有兴味。但《武汉日报·文学副刊》选刊的词集并不太多，只有《金城秋影词钞》（顾学颉）、（双燕楼偶存）《金碧词》《菊园词》（何君超）、《慷慨集》（唐玉虬）、《琴心诗词钞》（廖慕禹）、《云想词》（金月波）、《己斋词》（胡国瑞），等等。

（4）金克木、周煦良、苏雪林等人的翻译文学

刊登翻译作品，一直是吴宓所编刊物中不可或缺的内容之一，但每种刊物的侧重点又略微不同。而像《学衡》那样大量引介西方文化与文学的翻译活动，或者如《大公报·文艺副刊》多为应景的西方文坛新闻的译介情况，在《武汉日报·文学副刊》里几乎看不到。仅有金克木的《吠檀多精髓》梵文中译文，周煦良的《西洛泼少年》（英国霍思曼作）、《霍思曼诗连选》等英文中译诗，以及苏雪林的《海崖漫步》（嚣俄，即雨果）、《在某墓地中》（嚣俄）两首法文中译诗。

《吠檀多精髓》共三十六则，印度哲人真喜（SadAnanda，15 世纪末）著。属于商羯罗系统的不二一元论派，书名的意思是吠檀多哲学的精髓、纲要。该书以精炼的文字，简洁而有序地叙述了形而上学的哲学体系。金克木以雅可布校勘孟买版梵文本第五版为底本，参证德国波特林克校刊附德译本、波罗奈城刊通行本、浦那新刊附英译注本及雅可布旧英译注本，字斟句酌，密合原义，是目前为止最好的中文译本。周煦良（1905—1984）是当代著名的英国文学翻译家，自青年时代起就致力于新诗格律的探讨，一方面创作新体白话诗，一方面通过译诗来做实验，直至暮年，从未止歇。《西洛泼少年》《霍思曼诗连选》则是其早期文学翻译活动的实绩之一，在中国现代文学史上有其一席之地。苏雪林本为新文学女作家，但她翻译雨果的两首法文诗

时,居然以中国五言古诗译之,贴切传神,令文副主编吴宓倍加赞赏,认为是汉译法文诗之"三大译家",并加按语曰:"译法国名家之诗,为中国旧体诗,而甚精美者,除本期及下期苏雪林女士所译者外,有李思纯君译古今名家诗六七十篇名曰《仙河集》,刊登民国十四年《学衡杂志》四十七期。又有王力君所译波德莱尔《恶之花》诗二三十篇,连登民国三十四年昆明《中法文化月刊》各期。李译诗体不一,每首描摹原作极能传神。王译则一律为五言古诗,与苏女士同。"①

三、吴宓主编的三种刊物之比较研究

作为一位著名的报刊主编,吴宓的编辑思想是一以贯之的,比如始终坚持学院派的办刊宗旨;一视同仁,只认来稿不认人的编辑态度;要求作者、编者、排版者谨守职业规范,对版式精益求精,等等。但他在主编三种刊物(《学衡》《大公报·文学副刊》和《武汉日报·文学副刊》)之时,实际上又不可能完全相同,是否存在各自的特点呢?吴宓曾在《武汉日报·文学副刊》的《序例》中坦承:"今兹担任《武汉日报·文学副刊》编辑,其性质及关系与昔不同。故在本刊所秉之态度及所定之办法,亦与《学衡杂志》等所表示所推行者有异。读者与投稿人幸其鉴察。"以下尝试从宗旨、性质、关系、态度与办法四个方面进行比较研究,其中"态度与办法"则主要关注刊物对白话文的态度、稿费问题以及终刊原因等。

(一)《学衡》杂志

宗旨:"论究学术,阐求真理,昌明国粹,融化新知。以中正之眼光,行批评之职事。无偏无党,不激不随。"

性质:独立自营的同仁学术刊物,无政治背景,出版经费皆由社友捐助或自筹。其鲜明的反对新文化——新文学运动立场,不仅招致对手的打压与

---

① 吴宓:《编者弁言》(译诗点评),《武汉日报·文学副刊》,第25期,1947年6月2日。

批判，也加深了内部成员的矛盾与分化。让人感觉不可思议的是，该刊虽然举步维艰，但在主编吴宓的坚持之下，居然出版了十一年之久，不能不说是一个奇迹。

关系：《学衡》同仁最初并没有打算设立"总编辑"，正是害怕社员为此而生内隙，出现权力之争，可吴宓偏偏"自上尊号"而担任"总编辑"，硬生生把一份同仁刊物办成了一个人的事业。

态度与办法：（1）对于白话文，该刊力主："总期以吾国文字，表西来之思想，既达且雅，以见文字之效用，实系于作者之才力。苟能运用得宜，则吾国文字，自可适时达意，故无须更张其一定之文法，摧残其优美之形质也。"①坚持文言、反对白话的态度始终如一。（2）《学衡杂志简章》曰："采登之稿，暂无报酬。"实际上，自始至终编者都没有酬劳，作者也没有稿费。（3）1932 年秋冬，部分在南京的社员，提议《学衡》杂志与中华书局解约，改归南京钟山书局印行。吴宓力争却得不到同仁的谅解。不得已，他只好于次年夏天，正式辞去总编辑一职。于是诸社员推举缪凤林继任，乃与中华书局解约。此后《学衡》无人操心，遂至终刊。这件事令吴宓非常伤心。可外人不明实情，反而怀疑《学衡》停刊是由于主编吴宓疲倦怠惰，"宓既力尽智全，不能阻止，反尸其咎，乌得为平。故于此略述真相，以告世之爱读《学衡》杂志者"②。

（二）《大公报·文学副刊》

宗旨："本报之宗旨为大公无我，立论不偏不倚，取公开态度，愿以本报为国中有心人公共讨论研究之地。此宗旨亦即《文学副刊》之宗旨。"

《文学副刊》如何与《大公报》宗旨相同？吴宓进而解释说："《文学副刊》之言论及批评，力求中正无偏，毫无党派及个人之成见。其立论，以文学中之全部真理为标准；以绝对之真善美为归宿；以古今中西名贤哲士之至言及其一致之公论为权威（Authority）；以各国各派各家各类之高下文学作品为比较；以兼具广博之知识及深厚之同情为批评之必要资格；以内外兼到，即

---

① 《学衡杂志简章》，《学衡》，第 3 期，1922 年。
② 《吴宓诗集》卷末，上海：中华书局，1935 年版，第 46 页。

高尚伟大之思想感情与工细之技术完美之形式合而为一,为创造之正当途径;以审慎之研究,细密之推阐,及诚恳之情意,为从事文学批评及讨论者所应具之态度。"

性质:依附于中国北方最大的私营报纸——天津《大公报》出版。既有内部的商业诉求,又有来自新文化派一方的压力。

关系:当《学衡》出版难以为继的时候,熟悉西方"报业"运作的吴宓,借助与张季鸾的特殊关系,主动出击,把学衡派的势力渗透到了中国北方最有实力的私营传媒。他本意是想在新文化运动期刊如雨后春笋的情况下,"占领一角阵地,宣传一己之主张"。但由于报纸内部的商业诉求,吴宓又不得不调整策略,尽量减少与新文化派一方正面冲突。

态度与办法:(1)《本副刊之宗旨及体例》:"对于中西文学,新旧道理,文言白话之体,浪漫写实各派,以及其他凡百分别,亦一例平视,毫无畛域之见,偏袒之私。"该刊文言白话兼采,已无门户之守。为了办好这份"文学副刊",吴宓还特地邀请了朱自清担任新文学诗文编辑。(2)稿费办法:"来稿需酬报者须先声明,本报亦可酌奉酬金。"(3)该刊学院气息浓厚,曲高和寡,又不被当时新文学主流接纳,订阅颇受影响。《大公报》经理胡政之对此十分不满。沈从文、杨振声等人趁机创办《大公报·文艺副刊》,与吴宓唱起了对台戏。1934年初,报馆方面并未说明缘由,突然去函通知停办《文学副刊》,吴宓为此感到困惑不解,无比愤慨。

(三)《武汉日报·文学副刊》

宗旨:"本刊不立宗派,不持主义,而尊重作者之思想及表现自由。"

性质:依附于华中地区最大的党报——《武汉日报》出版。其内部的商业诉求和来自新文化派一方的压力,是显而易见的,但这一时期最主要的矛盾是全国性的通货膨胀以及读者群体对学术的关注度锐减。

关系:《武汉日报》贵为国民党四大党报之一,但它的订数和声誉,根本无法望《大公报》之项背。报社方面,希望借助名家效应和名校资源,把这份《文学副刊》办出学院派文化特色,吸引读者。然而吴宓一开始就没有把《武汉日报·文学副刊》看作"理想的刊物",虽然勉强承办,但是一遇矛盾与委屈,就有抽身退出之思。

态度与办法:(1)《序例》:"不拘文体,不别形式。文言语体,古文白话,或摹古或欧化,本刊兼蓄并收。"(2)稿费办法:"稿费每千字暂定国币六千圆至八千圆(以后多次增加)。登出后,由武汉日报社尽速致送。"①(3)全国性的恶性通货膨胀越演越烈,吴宓因此不得不为增加稿费和编辑费多次与报社方面交涉,甚至不惜以辞职为借口。而学潮的风起云涌,又使大学生们不再安于读书与学术,加之"文副"有一幅令"左派"读者生厌的旧面孔,难免招来攻击。虽说报社方面从不干涉吴宓编稿,但在版式设计和排版过程中,一直冲突不断。吴宓心劳力竭,只好主动提出辞职。

由上可知,由于《学衡》鲜明的反对新文化—新文学运动立场,使其"昌明国粹,融化新知"的宗旨很容易被人误读;而《大公报·文学副刊》与《武汉日报·文学副刊》的宗旨并无明显的不同,只是内容各有偏重而已。至于文言白话的对垒,《学衡》态度坚决,不予调和;而《大公报·文学副刊》与《武汉日报·文学副刊》则兼收并蓄,未分畛域。但因为主编吴宓个人的文学趣味和社会关系,三刊"文苑"一栏中,仍以古典诗文为主,丝毫没给白话诗文和小说留下一席之地。或许是对《学衡》杂志和《大公报·文学副刊》寄托了太多的理想,吴宓已然把编辑两刊当作自己一生的"志业",孜孜以求。因此,两刊最终停办,在他内心深处引发了巨大的情感波澜,至死都不能释怀。细究三种刊物的始末,我们不难得出这样的结论:《学衡》杂志的停办是内耗(学衡派内部的权力纷争)的结果,《大公报·文学副刊》的易手是外力干预(新文化派的倾轧)的结果,而《武汉日报·文学副刊》的终刊则是主编吴宓主动放弃的结果。

余 论

距离吴宓创办《武汉日报·文学副刊》之岁,也快七十年了。天涯谈往,

---

① 吴宓:《编者弁言》(出版说明),《武汉日报·文学副刊》,第8期,1947年2月3日。

谈吴宓先生，我们不能因为其主动放弃而责备先贤的怠惰，更不能因为其办刊时间短而低估了这份副刊的学术贡献。如何公正、全面、客观、科学地评价吴宓编辑活动的是非功过，小心谨慎地处理好历史与现实这个复杂的关系，才有可能得到一个完整、准确、实事求是的结论。以慰逝者，复警后人。

今年，是吴宓先生诞辰 120 周年的整日子。我们除了缅怀这位前辈学者在比较文学、外国文学、诗学、教育学、红学等诸多学术领域的丰功伟绩之外，千万不要忘记了，他还是一位杰出的编辑大家。仔细考察《武汉日报·文学副刊》的撰稿人身份，我们很容易看出，他们中既有声望卓著、成果丰硕的名流宿儒（如马浮、钱基博、赵紫宸、刘永济、陈寅恪、席启驷、王恩洋、罗常培、吴宓、徐嘉瑞、缪钺、苏雪林），也有一大批学风笃实、年富力强的中青年骨干（如唐长孺、金克木、程千帆、沈祖棻、周煦良、戴镏龄），暨日后的学术大师。同样，我们今天重读《武汉日报·文学副刊》的内容，还可以发现，无论是唐长孺的中古史研究，吴宓红学研究的系列论文，抑或金克木、周煦良、苏雪林等人的翻译文学，都称得上那一时期的精品力作，足传不朽。他们在学风和学术思潮上表现出同声相应、同气相求的倾向，通过这样一份副刊向社会和学术界传达了学衡派的学术追求和学术气象，的确起到了引领一时学术方向，开创一代学术风气的作用。

（本文刊于《近代史学刊》2015 年第 2 期）

《武汉日报·文学副刊》总目录

傅宏星　辑录

（湖南科技学院国学院）

合计：50 期

时间：1946 年 12 月 9 日—1947 年 12 月 29 日

第一期（1946 年 12 月 9 日）

序例	吴　宓
读陈寅恪《唐代政治史论稿》后记（上）	唐长孺
《红楼梦》之文学价值	吴　宓
校雠目录辨	程会昌
印度师觉月博士来华讲学	金克木
诗词录：	
丙戌初冬即事	赵紫宸
乙酉七月七日听说《水浒新传》后客	
有述近闻者感赋	陈寅恪
华西坝（乙酉夏日成都作）	陈寅恪
浣溪沙（乙酉冬成都作）	沈祖棻
八声甘州（丙戌清明乐山作）	刘永济

第二期（1946 年 12 月 16 日）

读陈寅恪《唐代政治史论稿》后记（下）　　　　　　唐长孺

《红楼梦》人物评论之一：论紫鹃　　　　　　　　　吴　宓

徐嘉瑞《金元戏曲方言考》序　　　　　　　　　　　罗常培

诗词录：

　　落花诗八首（和吴宓学兄原韵）　　　　　　　　何君超

　　减字木兰花（成渝纪闻）　　　　　　　　　　　沈祖棻

编者小言　　　　　　　　　　　　　　　　　　　　吴　宓

第三期（1946 年 12 月 23 日）

吠檀多精髓　　　　　　　　　　　　　　　　　　　金克木译

《辛稼轩评传》自序　　　　　　　　　　　　　　　徐嘉瑞

诗词录：

　　净土诗三十首　　　　　　　　　　　　　　　　孙　乐

　　附题诗　　　　　　　　　　　　　　　　　　　马　浮

　　赠孙乐道兄　　　　　　　　　　　　　　　　　吴　宓

第四期（1946 年 12 月 30 日）

温庭筠《感旧陈情五十韵》《献淮南

　　李仆射》诗旧注辨误　　　　　　　　　　　　　顾学颉

《名理新探》自序　　　　　　　　　　　　　　　　景昌极

乱弹名义考　　　　　　　　　　　　　　　　　　　赵　冈

王逸《楚辞章句》十七卷本原为十六卷说　　　　　　孙　望

双燕楼词话　　　　　　　　　　　　　　　　　　　何君超

《红楼梦》之教训　　　　　　　　　　　　　　　　吴　宓

诗词录：

　　冰茧庵诗（13 题）　　　　　　　　　　　　　缪　钺

第五期（1947 年 1 月 6 日）

《金元戏曲方言考》导论	徐嘉瑞
《红楼梦》之人物典型	吴　宓

诗词录：

有感	彭复斋
登白水寺	乔懋叔
醉太平	翟公正
南浦	翟公正

勘误

来函照登

第六期（1947 年 1 月 13 日）

尊闻录（马一浮先生讲学笔记）	张白珩
买书	顾绥昌
《横江楼诗》序	邵子风

诗词录：

蠲戏斋诗（3 题）	马　浮

第七期（1947 年 1 月 20 日）

白石词暗香疏影说	沈祖棻
略谈西洋信牍文学	戴镏龄
双燕楼词话	何君超

诗词录：

浣溪沙（壬午年补作于嘉定）	刘永济
浣溪沙（癸未秋嘉定作）	刘永济
解语花（听吴宓教授夜讲石头记）	何君超
蝶恋花（寄祝春琼生日）	杨慕村

第八期(1947 年 2 月 3 日)

编者弁言(出版说明)

再论大学中国文学系科目

  ——与朱自清教授书   程会昌

周礼十三律考异   陈志宪

凯风诗义今解   潘重规

双燕楼词话   何君超

旧诗新话   覃孝方

诗词录:

 辰溪山斋即事   邵子风

 丙戌九月到武昌   邵子风

 木兰花令(丙戌冬生朝)   萧公权

第九期(1947 年 2 月 10 日)

编者弁言(重要更正)

悼诗人王荫南烈士   吴 宓

悼金松岑先生   唐长孺

第十期(1947 年 2 月 17 日)

八代文论叙指   杜仲陵

欧美大学之起原及大学教育之本旨   吴 宓

《词讲》自序   林之棠

第十一期(1947 年 2 月 24 日)

八代文论叙指(续)   杜仲陵

第十二期(1947 年 3 月 3 日)

关于吴梦窗莺啼序   何君超

音韵答问 赵世忠

读谢康乐诗 顾学颉

诗词录：

　锦屏楼诗词(3题) 林之棠

第十三期(1947年3月10日)

《山海经》篇目考 孙 望

音韵答问(续) 赵世忠

《礼运》大同脱简证 徐仁甫

双燕楼词话 何君超

诗词录：

　张自忠将军殉国三周年纪念 苏雪林

第十四期(1947年3月17日)

戴南山临刑脱走之传说 叶 瑛

《红楼梦》人物评论：柳湘莲与尤三姐 孙以翱

双燕楼词话 何君超

西洛泼少年(英国霍思曼作) 周煦良 译

诗词录：

　浣溪沙 沈祖棻

　鹧鸪天 沈祖棻

第十五期(1947年3月24日)

敦煌所出郡姓残页题记 唐长孺

双燕楼词话 何君超

西洛泼少年(英国霍思曼作)(续) 周煦良 译

诗词录：

　旅闽诗钞(6题) 施蛰存

第十六期（1947 年 3 月 31 日）

一多总表   吴 宓

双燕楼词话   何君超

诗词录：

 玻璃声续集（6 题）   赵紫宸

第十七期（1947 年 4 月 7 日）

（暂缺）

第十八期（1947 年 4 月 14 日）

王摩诘《送綦母潜落第还乡诗》跋 程会昌

李自苏先生绝笔诗

双燕楼词话   何君超

诗词录：

 思佳客（彦威书问近况赋答） 刘永济

 烛影摇红（寄怀舍弟湘生）   刘永济

 南乡子（丙戌秋初抵金陵结念诸弟） 张 敬

第十九期（1947 年 4 月 21 日）

王摩诘《送綦母潜落第还乡诗》跋（续） 程会昌

略论贺新郎（附贺新郎 4 首）   何君超

诗词录：

 尘海诗钞（10 题）   刘绶松

第二十期（1947 年 4 月 28 日）

儒道两家之音乐理论   李源澄

双燕楼词话 何君超

诗词录：

结桂簃近诗（14 题） 殷孟伦

第二十一期(1947 年 5 月 5 日)

唯情剧曲家汤临川 陈志宪

双燕楼词话 何君超

诗词录：

金城秋影词钞(5 题) 顾学颉

第二十二期(1947 年 5 月 12 日)

我所知之王国维先生——敬答郭沫若先生 周光午

双燕楼词话 何君超

诗词录：

玉楼春 刘永济

满江红 何君超

满江红 刘永济

第二十三期(1947 年 5 月 19 日)

编者弁言(稿件要求)

读王度《古镜记》 孙　望

《金元戏曲方言考》序 赵景深

诗词录：

游长沙诗(8 题) 徐嘉瑞

第二十四期(1947 年 5 月 26 日)

编者弁言(新刊推介)

人生之向上与升华 王恩洋

悼承钧先生   朱杰勤

诗词录：

   采桑子（三十五年春留乐山）   朱君允

第二十五期（1947 年 6 月 2 日）

编者弁言（译诗点评）

王渔洋对于诗之主张   顾学颉

海崖漫步（嚣俄，即雨果）   苏雪林   译

《英诗名著选译》序   林之棠

双燕楼词话   何君超

诗词录：

   西湖张苍水祠   李思纯

   台湾寄郭晓苍   柴自儒

   南歌子   陈西庐

第二十六期（1947 年 6 月 11 日）

编者弁言（新刊推介）

国故考证拾遗   杨绛祥

《关友声词集》序   钱基博

在某墓地中（嚣俄，即雨果）   苏雪林   译

记梅县城西孙氏为明思陵后裔   张仲庄

诗词录：

   近诗选钞（9 题）   万懋德

第二十七期（1947 年 6 月 23 日）

编者弁言（新刊推介）

论金代契丹文字之废兴及政治上之影响 唐长孺

《屈赋诗译》序   李国平

屈赋诗译   郑若川

诗词录：

  听松庐词（3 题）   邵子风

  颠沛词（3 题）   李恩泽

  呕心词（2 题）   严涤宇

第二十八期（1947 年 6 月 30 日）

编者弁言（新刊推介）

真我诗钞   陈 逵

霍思曼诗连选   周煦良　译

第二十九期（1947 年 7 月 7 日）

编者弁言（作者简介）   吴 宓

（自传之一章）明德一年

    ——吴芳吉先生从学记   文 密

双燕楼词话   何君超

诗词录：

  西迁东归词（5 题）   翟公正

第三十期（1947 年 7 月 14 日）

编者弁言（新刊推介）

章太炎先生论文辑述   曾 一

诗词录：

  咏史（36 题）   刘楚湘

  （双燕楼偶存）金碧词（4 题）   何君超

  （双燕楼偶存）菊园词（4 题）   何君超

第三十一期（1947 年 7 月 21 日）

编者弁言（作者简介）　　　　　　　　　　　　吴　宓

章太炎先生论文辑述　　　　　　　　　　　　　曾　一

诗词录：

　慷慨集　　　　　　　　　　　　　　　　　　唐玉虬

第三十二期（1947 年 7 月 28 日）

编者弁言（作者简介）　　　　　　　　　　　　吴　宓

章太炎先生论文辑述　　　　　　　　　　　　　曾　一

诗词录：

　（万山吟草旧体诗）大战胜利庆祝会纪事　　　覃孝方

　（万山吟草旧体诗）秋的战歌　　　　　　　　覃孝方

　慷慨集（续）　　　　　　　　　　　　　　　唐玉虬

第三十三期（1947 年 8 月 4 日）

编者弁言（作者简介）

章太炎先生论文辑述　　　　　　　　　　　　　曾　一

悼念诗人常乃惪先生　　　　　　　　　　　　　吴　宓

诗词录：

　转蓬集（选钞）　　　　　　　　　　　　　　贺良璜

第三十四期（1947 年 8 月 11 日）

《校笺漱玉集》序　　　　　　　　　　　　　　王　璠

双燕楼词话　　　　　　　　　　　　　　　　　何君超

诗词录：

　环瀛诗钞（16 题）　　　　　　　　　　　　　梁方仲

第三十五期(1947 年 8 月 18 日)

章太炎先生论文辑述　　　　　　　　　　　　曾　一

诗词录：

　　拙著曾文正公学术之体系题词三十六首　　张昭麟

　　琴心诗词钞(17 题)　　　　　　　　　　　廖慕禹

第三十六期(1947 年 8 月 25 日)

章太炎先生论文辑述　　　　　　　　　　　　曾　一

介绍《历史与文化》双月刊　　　　　　　　　周辅成

慷慨集(续)　　　　　　　　　　　　　　　　唐玉虬

第三十七期(1947 年 9 月 8 日)

编者弁言(作者简介)

章太炎先生论文辑述　　　　　　　　　　　　曾　一

常乃惪先生遗诗　　　　　　　　　　　　　　常燕生

第三十八期(1947 年 9 月 15 日)

五十生日诗　　　　　　　　　　　　　　　　吴　宓

赋赠舒漱芝先生四十首　　　　　　　　　　　张昭麟

慷慨集(续)　　　　　　　　　　　　　　　　唐玉虬

清徽君谢石邻先生暨配刘孺人墓碣铭　　　　　席启駰

第三十九期(1947 年 9 月 22 日)

《新校切韵指掌图》叙　　　　　　　　　　　张绍渠

《新校韵镜》叙　　　　　　　　　　　　　　陈大慧

诗词录：

　　新春咏怀诗　　　　　　　　　　　　　　黄有敏

慷慨集(续)   唐玉虬

蒙警(三十六年六月)   李国平

答李国平教授   吴　宓

再呈吴宓教授   李国平

独醒   乔曾劬

哭常燕生同志   刘泗英

水调歌头   缪　钺

临江仙   刘永济

第四十期(1947 年 9 月 29 日)

《儒学中兴论》叙   王恩洋

诗词录:

 慷慨集(续)   唐玉虬

第四十一期(1947 年 10 月 27 日)

编者弁言(出版说明)

匡庐集   徐嘉瑞

诗词录:

 流云诗钞(13 题)   金月波

 云想词(6 题)   金月波

 双燕楼词话   何君超

第四十二期(1947 年 11 月 3 日)

编者弁言(出版说明)

论黄山谷诗   刘　健

《黄弦隽碧山花外集笺证》序 何君超

诗词录:

 慷慨集(续)   唐玉虬

第四十三期(1947 年 11 月 10 日)

编者弁言(论真诚不苟)   吴 宓

杨守斋事迹考略   黄贤俊

大足杨氏燕喜屏风题辞   徐 恕

诗词录:

    剑桥书感   徐 恕 译

    秋兴八首(用杜韵,三十六年九月)   万云程

    赴汉舟中作   张霖民

第四十四期(1947 年 11 月 17 日)

宴池近诗录   凌宴池

《宴池近诗录》跋   吴 宓

新纂宁远县志祠祀篇虞陵后案   席启駉

第四十五期(1947 年 11 月 24 日)

编者弁言(出版说明)

《仁园诗稿》序   钱基博

《转蓬集》序   钱基博

诗词录:

    转蓬集   贺良璜

    村妇骂街赋   杨霭生

第四十六期(1947 年 12 月 1 日)

编者弁言(补充说明)

陶潜的故乡   徐嘉瑞

第四十七期(1947 年 12 月 8 日)

编者弁言(出版说明)

论五朝素族之解释　　　　　　　　　　　唐长孺

诗词录:

　　培风楼时事乐府(5 题)　　　　　　　邵祖平

第四十八期(1947 年 12 月 15 日)

编者弁言(作者简介)

《欧洲兵学演变史论》自序　　　　　　　钱基博

春兰赋　　　　　　　　　　　　　　　　卫挺生

秋菊赋　　　　　　　　　　　　　　　　卫挺生

诗词录:

　　劫后行吟(8 题)　　　　　　　　　　吴季诚

第四十九期(1947 年 12 月 22 日)

编者弁言(出版说明)

陶潜的思想　　　　　　　　　　　　　　徐嘉瑞

诗词录:

　　己斋词(10 题)　　　　　　　　　　胡国瑞

第五十期(1947 年 12 月 29 日)

文录(4 题)　　　　　　　　　　　　　　熊道琛

诗词录:

　　培风楼旅渝近诗(4 题)　　　　　　　邵祖平

　　丁亥秋日访兆珊涵虚于南湖冈　　　　张昭麟

　　杨守斋事迹考略(续)　　　　　　　　黄贤俊

(2014 年 4 月 30 日整理于华中师范大学中国近代史研究所)

《武汉日报·文学副刊》作者生平索引

傅宏星　编撰

（湖南科技学院国学院）

C

程千帆（1913—2000），字伯昊，原名逢会，改名会昌，别号闲堂，湖南宁乡人。南京金陵大学中国文学系 1936 年毕业。曾任金陵大学（成都）讲师、武汉大学中文系副教授、教授。1957 年被划为右派，1979 年得到改正后，转任南京大学中文系教授。程千帆先生是当今学界公认的国学大师，在校雠学、历史学、古代文学、古代文学批评领域有着杰出的成就。代表著作有《校雠广义》《史通笺记》《文论十笺》《程氏汉语文学通史》《两宋文学史》《唐代进士行卷与文学》《闲堂文薮》《古诗考索》《被开拓的诗世界》等。

陈寅恪（1890—1969），江西修水县客家人，生于湖南长沙。中国现代最负盛名的集诗人、历史学家、古典文学研究家、语言学家于一身的百年难见的人物。其父陈三立是"清末四公子"之一、著名诗人，祖父陈宝箴（支持变法的开明督抚）曾任湖南巡抚。因其身出名门，而又学识过人，在清华任教时被称作"公子的公子，教授之教授"。

陈逵(1902—1990),字弼猷,湖南攸县人。美国尼布拉斯加及威士康辛大学学士、硕士。历任北平女子文理学院又南开、山东、湖南各大学外文系主任,浙江、中山、云南、贵州、暨南、复旦各大学教授,北大、清华、北平师大讲师。曾作英文自传及新旧体诗,登美国各杂志。1925 年开始发表作品。译著传记《亨利·艾斯芒德的历史》(合作)等。爱好中英文诗歌写作,在美国学习期间,被耐不拉斯加大学授予"桂冠诗人"称号。回国后,致力将中国古代名诗词翻译成英文,介绍到国外,开创出汉诗英译的新天地。著作有《陈逵诗集》《陈逵中英诗文选》。

陈西庐(1906—1970),名景植,河南内黄人。早年毕业于北平大学国画系,师从齐白石、陈半丁,专攻山水花鸟,造诣颇深。后任教汉口博学中学(后改为武汉第四中学)、信阳师范学校。1963 年"荷花图"应征到人民大会堂,1965 年画作特邀至首都中国画院展出。编有《国画基础知识》《中国山水画技法》。

陈志宪(1908—1976),字孝章,四川酉阳县(今属重庆市)人。1934 年毕业于中央大学中文系。先在成都协进中学、省立一中任教,后为四川大学中文系教授兼系主任。曾任四川省政协常委、省志编委会文艺组长。著有《西厢记笺证》等,工词曲,诗稿毁于"文化大革命"中。

陈大慧(1925—),女,汉族,重庆人。1947 年毕业于四川大学中文系。1992 年被聘为重庆市文史馆馆员。1948—1978 年在重庆巴蜀中学任语文教研组长、教导副主任。1978—1991 年在重庆渝中区教师进修学校任现代汉语、古代汉语教师,高级讲师。中华诗词学会会员。重庆文史书画研究会理事,《重庆艺苑》编委。

常燕生(1898—1947),字乃惪,山西榆次人。中国青年党首领之一。1920 年毕业于北京高等师范学校。曾任北京师范大学附中、上海中国公学中学部教员,燕京大学教授、爱国中学校长,四川大学、川康农工学院、华西大学、齐鲁大学教授。1925 年加入青年党，历任青年党中央执行委员兼宣传部部长、青年党中央常务委员兼文化运动委员会主任委员、国民政府行政院政务委员、国民政府委员等。1947 年 7 月 26 日在四川病逝。

柴自儒，生平不详。曾在《武汉日报·文学副刊》第二十五期刊发《台湾寄郭晓苍》一首。

D

戴镏龄（1913—1998），江苏镇江人。中国外国文学学会常务理事、中国莎士比亚研究会常务理事、中国美国文学研究会常务理事、中国英语教学研究会副会长、中国翻译工作者协会副会长。早年留学英国，获爱丁堡大学英国文学硕士学位。1939 年回国后任教于国立武汉大学，任教授兼外语系主任。译有（英）托马斯·摩尔《乌托邦》、马娄《浮士德博士的悲剧》，撰有论文《论科学实验对近代英国散文风格形成的影响》等。

杜仲陵（1909—1986），原名文燔，四川广安人。1934 年毕业于南京中央大学中文系。毕业后，即在教育界工作，1941 年后一直在四川大学中文系任教，1948 年晋升为教授。曾任四川省语言学会理事。毕生致力于中国古典文学和古代汉语的教学与研究。1949 年以前，主要研究六朝文学，后来以古代汉语词汇和语法修辞作为研究方向，主要著述有《八代文论叙指》《读杜卮言》等。编有《简明古汉语字典》。

G

顾绥昌（1904—2002），江苏江阴人。早年在无锡省立第三师范就读，对西方古典哲学产生了浓厚兴趣。1924 年，顾绥昌考入北京大学，先读预科，后读本科。1930 年夏，顾绥昌自北大毕业，获文学士学位，并于 1930 年至 1936 年间，先后在北京孔德中学和济南高中等校任英语教师。1936 年夏，自费到英国伦敦大学攻读硕士学位。1937 年抗日战争爆发后，身在异邦的顾绥昌，时刻思念着处于灾难之中的祖国，再也无心羁留国外求学，遂于 1938 年春回国。自 1938 年夏至 1946 年暑期，应邀到四川大学任教，先任讲师，一年后任副教授，次年升为教授。1946 年秋至 1954 年夏，受聘于武汉大学外语系任教授，主讲英国小说、作文及翻译等课程，同时从事莎士比亚和萧伯纳戏剧研究。1954 年因院系调整，自武汉大学调到中山大学西语系，1957 年"反右"期间，被错划为右派。1970 年由中大调到广州外语学院。1987 年，顾绥昌教授虽已年过八旬，还在关心祖国的改革开放，在孜孜不倦地培养助手，指导研究生写作论文，并在三年内用英语详细辑注了部分莎翁的代表性剧作，以自己的余热为祖国的教育和外国文学事业培养新苗。译作有《浮士德》和《伊凡之死》，广受赞誉。

顾学颉（1913—1999），字肇仓，号卡坎，别署坎斋，古典文学家。国立北平师范大学毕业，华北人民革命大学政治研究院毕业。历任国立西北大学、西北师院、湖北师院、民国大学讲师、副教授、教授、系主任及人民文学出版社高级编辑；1957 年因直言犯忌被错划为"右派"。1975 年退休；曾任国家古籍整理出版规划小组顾问、世界文学名著丛书编委，及中国古典文学各学会顾问、元代文学会名誉会长；中国作家协会会员。著作有《元人杂剧选》《醒世恒言》《今古奇观》。

H

胡国瑞（1908—1998），字芝湘，湖北当阳人。他出生于平民家庭，中学毕业后一度辍学，在家经营生计之余学习旧体诗词的写作，并于 1932 年考上武汉大学国文系，1936 年毕业。此后他辗转在鄂西建始、川东等地任中学教员，1946 年回到武汉大学执教，1986 年退休。1978 年以后，胡国瑞先生担任了中国唐代文学学会副会长、中国苏轼学会副会长、湖北省文学学会会长等职务，培养了唐翼明、陈书良、易中天等一批古代文学研究生，他的成就获得了学术界普遍的尊敬。著有《魏晋南北朝文学史》《诗词赋散论》《湘珍室诗词稿》等。

黄有敏（1914—1974），字恽生，湖北汉阳人。南京金陵大学中文系毕业，书法家、诗人。时任武昌荆南中学（一言教训女子中学，今二十三中）教师，原中央统战部陈铭枢诗词的唯一编审人。1957 年，黄有敏先生被划为"极右"，开除公职劳教并劳改、停薪，家庭生活无着。1964 年黄先生之女赴新疆，无钱添置基本生活用品，遂通过金月波转信给吴宓，金月波并附诗一首："掉臂独行昔少年，白头今竟倚人怜。能苏涸辙西江水，如望云霓大旱田。远嫁文姬伤父职，知贫鲍叔仰公贤。澉吟九月全家句，掩卷无端涕泫然。"

黄贤俊（1911—1984），福建福州人，中国作家协会成员。1928 年开始发表作品。1930 年曾赴德国谋生，后任德国公司驻中国稽察，1949 年后历任文化部对外文化联络局译员、《光明日报》编辑、重庆西南政法学院德语教师。著有游记文学《德国印象记》，译著德国话剧剧本《女村长安娜》等。

何传骢（1891—1967），字君超，福建闽侯人。中国现代有机化学（或称生物化学）学科的开拓者与奠基人之一。1911 年清华学校高等科就读，与中等科的吴宓、闻一多等人同为国学特别班成员，后留学德国习化学，毕业于德累斯顿工科大学。先后出任四川大学教授、西南联合大学师范学院理化系教授、华中大学教授、武汉大学化学系教授兼系主任等职。何氏学贯中西，文理兼通，尤擅长诗词，已发表有《双燕楼词话》《关于吴梦窗莺啼序》《略论贺新郎》《黄弦隽碧山花外集笺证序》等相关论著，其中《双燕楼词话》曾在《武汉日报·文学副刊》连载十五期，可惜诗词作品多已散佚。专业译著有《有机化学分析》（中华书局，1939 年）、《大学有机化学》（国立四川大学出版组，1944 年；1948 年中华书局再版）、《生物化学大纲》（商务印书馆，1951 年）、《有机化学讲坛试验》（商务印书馆，1955 年）和《实用德语语音学》（时代出版社，1958 年）等。

贺良瑗(1902—1980),字敏生,湖北蒲圻人。早年师事陈散原,工诗。曾任武昌中华大学等校教授,或兼中文系主任。著作有《转蓬集》《转蓬续集》等。

J

金克木(1912—2000),字止默,笔名辛竹,安徽寿县人,出生于江西。文学家,翻译家,学者。中学一年级就失学。1930年到北平求学。1935年到北京大学图书馆做图书管理员,自学多国语言,开始翻译和写作。1938年任香港《立报》国际新闻编辑。1939年任湖南桃源女子中学英文教师,同时兼任湖南大学法文讲师。1941年先生经缅甸到印度,在加尔各答游学,兼任《印度日报》及一家中文报纸编辑,同时学习印度语和梵语。1943年到印度佛教圣地鹿野苑钻研佛学,同时学习梵文和巴利文,走上梵学研究之路。1946年回国,任武汉大学哲学系教授。1948年后任北京大学东方语言文学系教授。历任第三至七届全国政协委员,九三学社第五届至第七届常委,宣传部部长。2000年8月5日,因病在北京逝世,临终遗言:“我是哭着来,笑着走。”金先生一生笔耕不辍,30年代就开始发表作品,留下学术专著三十余种及其他诗文作品多种。学术专著有《梵语文学史》《印度文化论集》《比较文化论集》等;诗集《蝙蝠集》《雨雪集》;小说《旧巢痕》《难忘的影子》;散文随笔集《天竺旧事》《燕口拾泥》《燕啄春泥》《文化猎疑》《书城独白》《无文探隐》《文化的解说》《艺术科学旧谈》《旧学新知集》《圭笔辑》《长短集》等;翻译作品《伐致呵利三百咏》《云使》《通俗天文学》《甘地论》《我的童年》《印度古诗选》《莎维德丽》《梵语文学史》等。

金月波(1914—1980),湖北沔阳人。湖北省立师范学校毕业,能诗善绘,先后在四川合江国立女中及南京、杭州等地中学任教。后任武汉市立第二女中(后改十七女中)语文教员,直至去世。

景昌极(1903—1982),初名奕昭,后改名昌极,字幼南,江苏泰州人,著名哲学家、佛学家、教育家。1919年9月，入南京高等师范学校文史地部学习，为史学大师柳诒徵先生门下高足，天资卓绝，经柳诒徵多年精心培植，文史哲俱为精通。曾与柳氏合办《史地学报》和《文哲学报》，1922年毕业。1923年1月，与缪凤林一起考入南京支那内学院，师从欧阳竟无研究唯识学。同年8月毕业，经吴宓推荐，被聘为沈阳东北大学哲学系讲师，开讲唯识学;后升为教授，同时兼任历史系教授。1925年东南大学学潮爆发，柳诒徵愤而出走东北大学，与先他而至的缪凤林和景昌极等人会合。1928年9月返回家乡。1929年1月应聘成都大学，兼任哲学、历史两系教授。1931年9月，任南京中央大学教授，1936年9月，任杭州浙江大学教授，1937年9月返回故里。1939年9月，任泰州时敏中学校长。1945年9月，任南京临时大学先修班教师。1946年9月，任武汉大学教授。1947年9月，任安庆安徽大学教授。1949年9月，任江苏省立泰州中学教师。1956年被评为一级教师、省优秀教师。1961年9月，任扬州师范学院教师。1965年因病退休。著作有《哲学论文集》《哲学新论》《人生哲学序论》《名理新探》等。译著有《柏拉图对话集选篇》(与郭斌龢合译)、《温楷斯德文学评论之原理》(与钱堃新合译)等。

L

刘永济(1887—1966)，字弘度、宏度，号诵帚，晚年号知秋翁，室名易简斋，晚年更名微睇室、诵帚庵，湖南新宁人。1911年就读于清华大学。历任长沙明德中学国文教师，沈阳东北大学教授，武昌武汉大学教授兼文学院院长，浙江大学、湖南大学及武汉大学国文系教授、文学史教研组主任。湖北文联副主席，中国作家协会武汉分会理事。《文学评论》编委。幼承家学，既壮从蕙风、彊村学祠，喜吟咏，终生未废。对屈赋和《文心雕龙》研究颇有成就。著作有《文学论》《十四朝文学要略》《屈赋通笺》《文心雕龙校释》等。

刘楚湘(1886—1952)，字梦泽，号适斋，云南省腾冲县人。早年受学于迤西道秦宥衡，并入岭南大学读书。辛亥革命成功，刘楚湘回家乡创办县立中学,1916 年被选为国会议员,并担任宪法起草委员,得授二等大绶嘉禾勋章。1917 年黎元洪辞去总统职务,国会解散,孙中山先生南下广州,召开国会非常会议,刘楚湘参加了会议。1923 年黎元洪复任大总统,恢复国会,刘楚湘再度赴会,反贿选愤然离京。1924 年由沪返滇,任八省联军机要处副处长,昆明市政会办,创办云南民治学院并任院长。1927 年辞职回腾冲。1942 年 5 月 10 日腾冲县城陷落后,群龙无首,一片混乱。刘楚湘以自己在民间的声望,于 5 月 28 日在曲石秧草塘会集各地士绅,商讨抗战事宜,首举抗日旗帜。6 月 5 日,在预备第二师副师长洪行主持下,在曲石江苴成立了腾冲县临时县务委员会代行县务,刘楚湘任主任委员,集合了千余抗日志士,筹办训练班,组织民众武装,抢运抗战物资,共同收复失地。后任第十一集团军高参。1944 年 9 月腾冲光复后,刘楚湘继张问德任腾冲县长,办理善后,1945 年日本投降后,即辞职回家读书著述,至 1952 年病逝。

刘泗英(1895—1995),四川省南川县(今重庆市南川区)人。日本法政大学毕业。历任上海《救国日报》编辑、留日学生总会反对《中日军事协定》及援助五四运动归国代表。创办《重庆新蜀报》并任总编辑。创办成都西南公学并任校长。创办东材煤矿公司并任董事长兼总经理。四川省银行经理处长。四川省参议员。抗战胜利后,任中国青年党中央党务委员及秘书长。1946 年当选为制宪国大代表。1948 年在原籍当选为第一届国大代表,后任四川省政府委员兼诉愿会主任、《新中国日报》社董事长、经济部顾问、代理政务次长、全国纺织业调节委员会主任、交通银行董事等职。

刘绶松(1912—1969),原名寿嵩,笔名刘漱流、宋漱流,湖北洪湖人。中国新文学史专家。1935 年入清华大学,1938 年毕业于西南联合大学。毕业后,任教于重庆南开中学、西北工学院(今西北工业大学)。1949 年后,任国立湖北师范学院、兰州大学教授。1952 年任武汉大学中文系副教授、教授,主讲中国文学史,1955 年出版《文艺散论》(长江文艺出版社出版)。"文革"蒙冤,夫妻一起上吊自杀。其最有代表性的著作是《中国新文学史初稿》,1956 年由作家出版社出版。

刘健，生平不详。曾在《武汉日报·文学副刊》第四十二期刊发《论黄山谷诗》一文。

罗常培（1899—1958），字莘田，号恬庵，笔名贾尹耕，斋名未济斋。北京人。满族，萨克达氏，正黄旗人。北京大学毕业。语言学家、语言教育家。历任西北大学、厦门大学、中山大学、北京大学教授，历史语言研究所研究员，北京大学文科研究所所长。新中国建立后，筹建中国科学院语言研究所，并任第一任所长，中国文字改革委员会委员。毕生从事语言教学、少数民族语言研究，方言调查、音韵学研究。与赵元任、李方桂同称为早期中国语言学界的"三巨头"。其学术成就对当代中国语言学及音韵学研究影响极为深远。

李思纯（1893—1960），字哲生，四川成都人，著名历史学家、元史学家。1893年生于云南昆明。1919年赴法国巴黎大学勤工俭学，后转赴德国柏林大学留学。归国后，任东南大学、四川大学等校教授。1953年为四川文史研究馆馆员。与陈寅恪、吴宓等史学大师多有交往。著有《李思纯文集》（四卷本，巴蜀书社，2009年5月版）。

李源澄（1909—1958），四川犍为人，字俊卿，又作俊清。师从廖平、章太炎、欧阳竟无、蒙文通等先生。先后在四川大学、浙江大学、大理民族文化书院、西南师范大学任教。1957年被错划成"右派"。1958年5月4日病逝。出版著作有《诸子概论》《学术论著初稿》《经学通论》《秦汉史》等。

李国平（1910—1996），字慕陶，广东丰顺人，数学家。1933年毕业于中山大学。1934年至1936年东渡日本，在东京帝国大学读研究生。1937年经熊庆来提名推荐，任中华教育文化基金会研究员，派赴法国巴黎大学庞加莱（Poincaré）研究所工作。1955年选为中国科学院数学物理学部委员，中国科学院武汉数学与物理研究所第一任所长，名誉所长，武汉大学原数学系教授、数学研究所所长,计算机科学系第一任系主任(1977—1980)、计算机科学研究所第一任所长(1978—1980),武汉大学副校长;韶关大学名誉校长,中国数学学会副会长,中国数学物理学会会长,《中国数学学报》副主编,《中国数学物理学报》主编。

李竟容(1887—1947),字晓沧,号自苏,河北赞黄人。前清拔贡、北洋陆军速成学堂毕业。历任河北省财政厅厅长、三十二师副军长、河南省政府委员、考试院考选委员会委员等职。诗集有《烬馀草》。

李恩泽,生平不详。曾在《武汉日报·文学副刊》第二十七期刊发《颠沛词》三题。

凌宴池(1893—1965),字霄凤,江苏海门县人。1929年曾与其妹凌海霞创办海霞女子中学。做过上海、汉口等地大陆银行行长。以画名于时,兼工诗善书,与陈彦通、吴宓常相唱和。生平搜致珍奇之墨甚多。著有《宴池诗录》《清墨说略》。

林之棠(1896—1964),字召伯,又字乐民,福建福安人。祖父是个裁缝,父亲从小苦读经史。林之棠国学基础厚,造诣深。他潜心研究文字、音韵、训诂和历代韵文,尤其于《诗经》下过苦功夫。1920年考入北京大学中文系预科,两年后升入本科,1926年毕业,获文学士学位。1928年考上北大文学研究所国学研究生,1931年卒业。后以优异成绩考取庚款留学,名额却为本省有权势者侵夺,遂节衣缩食,发愤自费赴日本游学考察。1937年应武昌华中大学之聘,任中国文学系讲师。1938年加入中华全国文艺界抗敌协会。不久随华中大学内迁云南大理喜州。1939年升为副教授,1942年升教授,1945年升部聘教授。1946年随校回武昌,任中文系教授兼系主任。1958年支援东北地区办学,赴吉林师专、长春师专任教。1962年调回武汉,任教于中央民族学院分院(即今中南民族学院)中文系。1964年3月10日上午8时在课堂上讲授昆曲《十五贯》,忽因急症昏倒,送医院抢救无效逝世。遗著有《诗经音释》《中国文学史》《国学概论》《词释》《二千年来诗经异说总闻》《诗经虚字释例》《锦屏楼诗词草》《世界名诗选译》(与戴惠琼合译)、《杜甫诗选集注》等。悉心研究元曲,在所撰《务头论》中提出"务头者,曲中之强调回应律也"的独特学说,成一家之言。

梁方仲(1908—1970),原名嘉官,笔名方翁、方仲、畏人,广东省番禺县(今广州市)人。著名中国经济史学家,明清史学家。毕生致力于中国社会经济史的研究,特别是对于明代财政史,更是鞭辟入里,多所创见,成绩斐然,被国内外史学界誉为研究"明代赋役制度的世界权威"。是中国社会经济史学的奠基者之一。辛亥革命后,投身于教育界,先后在唐山铁路学堂、香港汉文中学、广州知用中学、广州国民大学执教三十余年。一生共撰写经济史论文七十多篇,约一百二十多万字;专著两部,约八十七万字。这些论文已整理成《梁方仲经济史论文集》三册,分别由中华书局、中州古籍出版社和广东人民出版社出版。

廖慕禹,江西奉新人。毕业于浙江大学外文系,后留校任助教。1949年后,曾任江苏省南菁高级中学英语二级教师。

M

马浮(1883—1967),名浮,字一浮,浙江会稽(今浙江绍兴)人,中国现代思想家,与梁漱溟、熊十力合称为"现代三圣",现代新儒家的早期代表人物之一,《浙江大学校歌》的词作者,原浙江大学教授。于古代哲学、文学、佛学,无不造诣精深,又精于书法,合章草、汉隶于一体,自成一家,丰子恺推崇其为"中国书法界之泰斗"。曾应蔡元培邀赴北京大学任教,蒋介石许以官职,均不应命。建国后,任浙江文史研究馆馆长、中央文史研究馆副馆长、全国政协委员。所著后人辑为《马一浮集》。

缪钺(1904—1995),字彦威,江苏溧阳人,生于河北迁安,居家保定。著名历史学家、文学家、教育家。诗词、书法亦堪称大家。曾任保定私立培德中学和保定私立志存中国文教员。后历任河南大学中文系、广州学海书院、四川大学教授、浙江大学中文系教授。先生治学最大特点是文史结合。另一特点是博通与专精相结合。认为"唐诗以韵胜,故浑雅"。曾任中国唐史研究会理事、中国唐代文学学会理事、成都市杜甫研究学会会长。出版有《元遗山年谱汇纂》《诗词散论》《杜牧诗选》《三国志选》《读史存稿》《杜牧传》《杜牧年谱》《三国志选注》(主编)、《冰茧庵丛稿》《灵溪词说》(合著)、《三国志导读》(主编)、《冰茧庵序跋辑存》《冰茧庵剩稿》《词学古今谈》(合著)等专著。

P

潘重规(1907—2003),江西婺源人。南京中央大学中文系毕业,曾任东北大学、暨南大学中文系教授,四川大学、安徽大学中文系教授兼主任,台湾师范大学国文系教授兼国文研究所所长,新加坡南洋大学中文系教授,香港中文大学新亚书院中文系主任、文学院院长,台湾文化大学中文系教授兼研究所所长、文学院院长,台湾东吴大学中文研究所研究员等职,曾获法国法兰西学术院汉学茹莲奖、韩国岭南大学颁赠荣誉文学博士。2003 年 4 月 24 日逝世于台北国泰医院,享年 97 岁。

彭复斋,武汉人。生平不详。曾在《武汉日报·文学副刊》第五期刊发《有感》一首。

Q

钱基博(1887—1957),字子泉,别号潜庐,江苏无锡人,现代著名教育家和国学大师。历任私立上海圣约翰大学、国立北京清华大学、私立上海光华大学、私立无锡国学专门学校、国立浙江大学、湖南国立师范学院、私立武昌华中大学等高校国文系教授,或兼系主任、文学院长等职;全国解放后则继任华中师范学院(今华中师范大学)历史系教授,直至寿终。在钱先生长达五十余年的教书和治学生涯中,博学精思,著作等身,平生尤以擅长章学诚文史校雠之学著名,诂经谭史,旁涉百家,自谓集部之学,海内罕对;子部钩稽,亦多匡发。故而经、史、子、集四部之学均有专门论著,数量之众多,门类之齐全,学理之精深,文字之典雅,鲜与伦比,被钱仲联先生誉为中国现代学术史上真正全面精通经史的一代硕学通儒、文章巨擘。

覃孝方(1880—1959),字寿坤,名寿堃,湖北蒲城人。清光绪三十年(1904)进士。历任广东新宁、香山知县,钦州、直隶州知州、广州府工艺学堂总办。早岁宦游广东,与三原陈(涛)伯澜先生同客粤督幕府。辛亥革命起,在上海《民立报》撰社论。作《辛亥杂诗》为时传诵。后供职北京政府教育部。民国八年(1919)至民国十二年(1923)间,任河南、山东省教育厅长。刊诗曰《秋声集》。后任国民政府监察院监察委员,抗战起入川,居万县八载,成《万山吟草》一卷。《武汉日报·文学副刊》录其中新旧体诗各一篇。按其体裁及意旨,与黄炎培《苞桑集》、陈树人《战尘集》为近。又著有《中国文学新论》,多特识胜义。《孙子新注》亦多发明。

乔曾劬(1892—1948),字大壮,别署波外翁、伯戢、劳庵、桥瘁、瘁翁、乔痀。四川华阳人,毕业于北京译文馆,曾任北京图书馆管理员、实业部秘书、中央大学艺术系教授、经济部秘书、监察院参事,台湾大学中国文学系教授等职。擅长篆刻,名重一时。存世有《波外楼诗》《波外乐章》《大壮印蜕》。

乔懋叔,生平不详。曾在《武汉日报·文学副刊》第五期刊发《登白水寺》一首。

S

邵子风(1903—　),湖南常德人。长沙雅礼大学毕业。后入北京燕京大学研究院,获文学硕士学位。毕业后,任湖南《湘潭民报》主笔、上海商务印书馆编辑、长沙雅礼大学、武昌华中大学教授等职。

邵祖平（1898—1969），字潭秋，别号钟陵老隐、培风老人，室名无尽藏斋、培风楼，江西南昌人。因家境贫寒未入过正式学校，自学成才，喜欢写诗交友，早年肄业于江西高等学堂，为章太炎高足。1922 年后历任《学衡》杂志编辑，东南、之江、浙江大学教授，章氏国学会讲席，铁道部次长曾养甫秘书，朝阳法学院、四川大学、金陵女子大学、华西大学、西北大学、西南美术专科学校、重庆大学、四川教育学院教授。建国后，历任四川大学、中国人民大学、青海民族学院教授。著有《中国观人论》《文字学概论》《国学导读》《词心笺评》《乐府诗选》《七绝诗论七绝诗话合编》《培风楼诗存》（杭州刊本，1938 年成都刊本）、《培风楼诗续存》（1938 年成都刊本）、《培风楼诗》（商务印书馆版，1932 年初版、1946 年再版。曾获教育部一等奖）、《峨眉游草》（1943 年排印本）、《关中游草》等，今有重辑本《培风楼诗》行世。

孙望（1912—1990），原名自强，字止罿，也称子强，江苏常熟张家港人。孙望幼年在家乡读完初小，后随父到上海，入爱国女校就读。升入初中之年，恰逢父亲留日之时。先后在家乡虞西初中、上海湖州旅沪公学、苏州中学和南京中学读完中学课程。1932 年考入金陵大学中文系。1934 年，和同学程千帆及校外友人汪铭竹、常任侠、滕刚等组织"土星笔会"，从事新诗创作，出版期刊《诗帆》。著有诗集《小春集》《煤矿史》，专著《元次山年谱》《全唐诗补遗》《蜗叟杂稿》等。

孙乐（？—1977），字乐斋，号佛海居士，云南元江人。清末曾中经济特科第一名（民间称状元）石屏袁嘉谷的得意门生，后毕业于东陆大学，知识渊博，文史诗书无所不精，尤擅书法金石，名动省城。在其声名如日中天之际，放弃了"学而优则仕"的观念，抛下了祖传的浩大家业，隐入佛门，出家圆通寺做居士，全心研习佛法，积极编辑传播佛经，成为滇南宗教界著名人士，解放后为佛协昆明分会秘书长、省文史馆馆员，著有《湖月初集》《湖月续集》等。

孙以翱,生平不详。曾毕业于武汉大学物理系。晚年在安徽师范大学任教。

沈祖棻(1909—1977),女,字子苾,笔名紫曼。浙江海盐人,生于苏州。著名女词人和古典文学教授。中央大学中文系 1934 年毕业,南京金陵大学国学研究所研究生毕业。1942 年起,先后在金陵大学、华西大学、江苏师范学院、武汉大学教授古典文学史、诗词和戏曲。1977 年在武昌逝世。著作有《涉江词》《沈祖棻研究文论集》等。

苏雪林(1897—1999),女,原名苏小梅,字雪林,笔名瑞奴、瑞庐、小妹、绿漪、灵芬、老梅等。后因升入北京高等女子师范,将"小"字省去,改为苏梅。由法回国后,又以字为名,称苏雪林。生于浙江省瑞安县县丞衙门里,自嘲为半个浙江人,原籍安徽太平县岭下村。一生跨越两个世纪,杏坛执教五十载,创作生涯七十年,出版著作四十部。她一生从事教育,先后在沪江大学、安徽大学、武汉大学任教。后到台湾师范大学、成功大学任教。她笔耕不辍,被喻为文坛的常青树。她的作品涵盖小说、散文、戏剧、文艺批评,在中国古代文学和现当代文学研究中成绩卓著。

施蛰存(1905—2003),名德普,中国现代派作家、文学翻译家、学者,华东师范大学中文系教授。常用笔名施青萍、安华、薛蕙、李万鹤、陈蔚、舍之、北山等。施蛰存一生的工作可以分为四个时期:1937 年以前,除进行编辑工作外,主要创作短篇小说、诗歌及翻译外国文学;抗日战争期间进行散文创作;1950—1958 年期间,翻译了两百万字的外国文学作品;1958 年以后,致力于古典文学和碑版文物的研究工作。1926 年创作《春灯》《周夫人》,施蛰存的小说注重心理分析,着重描写人物的意识流动,成为中国"新感觉派"的主要作家之一。

T

唐长孺(1911—1994),江苏吴江人,著名历史学家。1932年上海大同大学文科毕业。1940年任上海光华大学讲师,1942年任湖南蓝田国立师范副教授,1944年任武汉大学副教授,1946年升任教授,并任武汉大学历史系主任。先后出任国家文物局古文献研究室主任,武汉大学中国三至九世纪研究所所长,中国科学院历史研究所研究员。从1963年起,主持并参加二十四史中"北朝四史"(《魏书》《周书》《北齐书》和《北史》)的点校工作。1975年,经他倡议,在国家文物局领导下,组成"吐鲁番出土文书整理组",由他任组长主持整理工作,并将整理后的文书主编出版了《吐鲁番出土文书》共十册;随后又主编《敦煌吐鲁番文书初探》一书。著作有《魏晋南北朝史论丛》《三至九世纪江南大土地所有制的发展》《唐书兵志笺正》《魏晋南北朝史论丛续编》《魏晋南北朝史论拾遗》等学术专著。

唐玉虬(1894—1988),名鼎元,江苏武进人。历任成都空军各校国文教官,兼讲《大学》《中庸》等课程。1956年,出任南京中医学院教授,由儒而医,医而育人。他擅长医术,热爱中医事业,半个多世纪以来,妙手回春,悬壶济世,还常常将临证遇到的案例记录积累下来,后来积成《玉虬医话》。中年曾撰写十四世祖《唐荆川先生(顺之)年谱》,考证精详,文辞俊茂。唐氏满腹诗华,却生逢乱世,一生赋诗不下万首。后结为《五言楼诗草》《景杜集》《入蜀稿》《慷慨集》《国声集》《怀珊集》等诗集,其中《入蜀稿》《国声集》被评为民国三十一年(1942)度全国高等教育学术奖励文学类三等奖(文学类只设三等奖)。吴宓称其:"君爱国慕义,出于至性。其诗根柢经史,恪守正法,卓然唐音,尤与杜工部、陆放翁为近。堂皇正大,不为儿女喁喁之调。专就民族正气、国家往史、道德至理,由大处发挥,以确立我国民之信仰,而端正士气与民志,允宜称为爱国诗人。夫西洋最尊,史诗作者,以其能代天地在心,为生民立命,合宗教政治而一之,兼先知与人师。君之诗,实有于史诗之义法者矣。"

W

吴宓(1894—1978),字雨僧,国民政府教育部外文专业部聘教授。陕西泾阳人,他不仅是中国比较文学、外国文学学科的先驱者和奠基人,而且是现代著名的教育家、诗人、编辑和红学大师。民国七年(1918)清华学堂毕业,赴美国弗吉尼亚州立大学、哈佛大学攻读比较文学,师从当时美国最负盛名的新人文主义大师欧文·白璧德(1865—1933)。1921年回国后即任东南大学西洋文学系教授,又一度主持清华国学研究院工作,随后继任清华大学外文系教授长达十九年,期间曾三次出任清华外文系代理系主任,制定了"博雅之士"的培养方案。自1922年《学衡》创刊起,直至1933年终刊,他一直担任该刊总编辑,虽败犹荣,广受瞩目;他还主编天津《大公报·文学副刊》六年,卓识宏谟,声名远播。吴宓学贯中西,传统国学素养精深,外文造诣尤高。

王恩洋(1897—1964),字化中,四川南充人。佛学家,居士。1913年入南充中学,1919年在北京大学学习印度哲学,后在南京支那内学院师从欧阳竟无研究法相唯识,1925年在该院任教。此后十几年主要从事教学和著述工作。1942年创办东方文教研究院。1957年出任中国佛学院教授。1964年在成都病逝。通内外学,精通法相唯识,主要著作有《摄大乘论疏》《唯识通论》《心经通释》《佛学通论》《人生学》《人生哲学与佛学》《起信论料简》等。

王璠,字象山,江西瑞昌人。早年就读于武汉大学中文系,师从苏雪林。著作有《校笺漱玉集》。

万云程(1902—1987),原名万思荣,籍贯四川省合江县,生前曾任首届中华全国针灸学会理事、四川省及重庆市针灸分会主任委员、重庆市中医研究所顾问、针灸主任医师。14岁始,从广东籍世医罗时前、张玉珍先生学医,历时七年,继承了古代单传下来的易经奇穴针按外治法。1923 年出师后,在合江行医,治愈县知事夫人所患的伤寒重症,一时名噪县里,被人们敬称"万神针"。此后至 1946 年,受病家延请,辗转于川、黔、滇行医。1955 年在重庆市卫生局中医直属门诊部工作,继而调重庆市第一中医院。

万懋德,江西九江人。生平不详。曾在《武汉日报·文学副刊》第二十六期刊发《近诗选钞》九题。

文密(1903—?),字菊僧,湖南湘潭人。金陵大学毕业,留学日本。曾任大学国文副教授。有志作长篇自传,仿《浮生六记》体,已写成日记材料数十册。吴宓知道后,十分赞赏,勉励他说:"宓亟赞之,且力劝其(一)速撰作,勿辍勿懈。(二)务求详实,勿嫌鄙琐。记载愈繁且真愈佳。(三)但记我当时之见闻感想。万勿杂入过后之意思,亦勿顾及他人之批评。能真且详,便足传世。言之有物,而发自中诚,则文不求工而自工矣。愿君勉之。"

卫挺生(1890—1977),字琛甫,湖北枣阳人。清华学校 1911 年考选留美,哈佛大学经济学硕士。曾任燕京大学、北京交通大学教授,立法院立法委员,国民政府主计处顾问,湖北省政府委员。1944 年弃政,致力于历史研究。1948 年底去香港,1956 年赴美定居。于财政多精要之建议,详其所作《自传》。

吴季诚,字甘荼,湖南岳阳人,为古文名家吴敏树之孙。曾任沅陵贞德女中校教员。著作有《棉花纤维》(商务印书馆,1924 年)。

X

席启骃(1896—1966),字鲁思,著名古典文学研究专家,武汉大学中文系"五老"之一,人称"鲁老"。湖南永州东安县伍家桥乡人,系席宝田侄子。他父亲席业,是前清秀才。他从小随父读书,勤奋刻苦。稍长,博览群书,废寝忘食。应聘到衡阳讲学数年。船山中学停办后,他去湖南大学中文系任教近十年。抗日战争时期,他去安化国立师范学院担任教授。抗战胜利后,去武汉大学任教,历时二十年。"文革"初期蒙冤,绝食而死。他平生治学谨严,以经史为基础,然后博览诸子及名家诗文集。先后讲授文字学,口讲指画,深入浅出,闻者忘倦。

徐嘉瑞(1895—1977),号梦麟,白族,大理邓川人。徐嘉瑞先生是一位中国现代文化史上的重要人物,研究范围涉及戏剧、历史、文学、民间文艺等多个领域;学术著作对今日的云南还有着深远的影响;是中国现代著名的文史学家、诗人、民间文艺学家、教授。抗战前曾任昆明《民众日报》社社长、云南大学教授等职。抗战时期,任中华全国抗敌协会云南分会主席,主编诗刊《战歌》,曾在华中大学和暨南大学任教。后参加云南艺术界联合会,任《云南论坛》编委。1949 年后历任昆明师范学院校管会主任、云南省教育厅厅长、西南军政委员会委员、省人民政府委员、省文联主席、中国作家协会昆明分会主席、中国民间文学研究会常委、云南民族文艺研究会主席、云南省政协委员等职。著作有《中古文学概论》《今古文学概论》《近古文学概论》《楚辞乱白解》《秦妇吟本事》《辛稼轩评传》《云南农村戏曲史》《金元戏曲方言考》《大理古代文化史稿》《望夫云》《驼子拜年》《多沙阿波》《徐嘉瑞诗词选》等。

徐恕(1890—1959),字行可,号彊簃,湖北武昌人。家多资产,1907 年曾游学日本。性喜藏书,兼及书画、印章、铜镜等物,又精校勘,为现代湖北文献大家。徐氏"毕生精力尽瘁于读书买书,辛辛勤勤,无间寒暑,节衣缩食,乐此不疲"。晚年将藏书七百箱尽数捐献国家,今藏湖北省图书馆。

徐仁甫(1901-1988),名永孝,字仁甫,以字行,老年称乾惕翁,四川省大竹县人。1923 年入国立成都高等师范学校,受业于著名语言文字学家赵少咸,习文字声韵之学;又受知于龚向农、林山腴、向仙乔(向楚)诸学者,习汉学。1927 年高师毕业后曾到上海、杭州、南京、北京等地考察教育。1928 年春任教于成都宾萌公学,并在公私立中学兼课。1942 年夏任大竹文献征存委员会委员,并任教于成都建国中学,创办车学杂志《志学月刊》于温江涌泉寺。1943 年任大竹私立潾山中学校长。1945 年任四川大学城内部夜校特约教授,后任四川大学中文系教授兼文科研究所指导。数年中曾兼华西大学、尊经国学专科学校、东方文教学院教授。新中国成立后调至四川师范学院任教。1972 年退休。1981 年任四川省社会科学院文学研究所特约研究员,同年被选为四川省语言学会理事。1984 年任四川省古籍整理出版规划学术委员,同年又任四川省人民政府文史研究馆特约馆员。徐仁甫从事教学和学术研究四五十年,在中国语言文字的领域中,主要致力于古代汉语方面的研究,对虚词的研究尤见成就。他对许多古籍做过专门的研究,并且多有论著,积稿很多。已出版的有《杜诗注解商榷》(中华书局,1979)、《左传疏证》(四川人民出版社,1981)、《广释词》(四川人民出版社,1981)、《古诗别解》(上海古籍出版社,1984)、《广古书疑义举例》(四川人民出版社,1981)几部专著。

熊道琛,湖北汉川人。湖北存古学堂毕业,北京政府高等文官考试及格。曾出任湖北省政府秘书主任。1916 年任钟祥县长。著有《苍溪县志》。

Y

叶瑛(？—1950),字石甫,安徽桐城人。1924 年毕业于武昌高等师范学校,师从黄侃。曾任教吴淞中国公学、南开学校。1942 年执教武汉大学中文系,任副教授。著作有《文史通义校注》。

萧公权(1897—1981),原名笃平,自号迹园,笔名君衡,江西泰和人。1920 年,自清华毕业,后赴美留学,就读于密苏里大学新闻专业和康奈尔大学哲学系。1926 年取得康奈尔大学博士学位后回国,先后在南开大学、东北大学、燕京大学、清华大学等校任教。抗战爆发后,迁成都,任教于四川大学、成都燕京大学、光华大学,抗战胜利后继续在光华大学及四川大学任教。1948 年,当选为中华民国第一届中央研究院院士。1949 年底赴美出任西雅图华盛顿大学教授,1968 年循例退休。1981 年 11 月 4 日,逝世于美国西雅图寓所。著述有:博士论文《政治多元论》,伦敦著名出版社出版,并列为"国际心理学哲学及科学方法丛书"之一;《宪政与民主》为其自 1932 年移讲清华大学起,1948 年去国前为止,撰写的一系列分别发表于国内的著名报章与杂志上的政论文字,凡二十二篇;《中国政治思想史》,被教育部审定为"部定大学用书";《中国乡村》(英文),获美国学术团体协会"人文学术奖";《问学谏往录》,回忆录;《康有为变法与大同思想研究》(英文)。其著述经其弟子汪荣祖先生辑成《萧公权全集》,计九册。

殷孟伦(1908—1988),字石臞,四川郫县人,语言学家。1932 年毕业于国立中央大学中国文学系,后赴日本东经帝国大学大学院当研究生。归国后历任四川大学中文系教授、系主任、文科研究所召集人及指导教师,中央大学中文系副教授,山东大学中文系教授兼古汉语教研室主任、语言教研室主任、校学术委员会委员,《文史哲》编委,山东语言学会理事长,中国语言学会理事,中国音韵学研究会顾问等。在训诂、音韵方面,著有《程瑶田〈果臝转语记〉疏证》(1943 年编入《四川大学文学集刊》)、《训诂学概论》等论著。此外,他还有《中国语文学概说》(成都普益书局,1949)、《中国语言文字学导论》(1949 年自印)、《汉魏六朝百三家集题注解》(人民文学出版社,1960)、《古代汉语函授讲义》(山东大学,1962)、《商君书新注》(主编,山东人民出版社,1975)、《古汉语简论》(合作,山东人民出版社,1979)、《中国古典文学名著题解》(中国青年出版社,1980)、《聊斋诗词》(合作,齐鲁书社,1983)、《子云乡人类稿》(论文集,齐鲁书社,1985)等论著。

杨慕村,生平不详。曾就读于四川大学。曾在《武汉日报·文学副刊》第七期刊发《蝶恋花(寄祝春琼生日)》一首。

杨绛祥,生平不详。曾在《武汉日报·文学副刊》第二十六期刊发《国故考证拾遗》一文。

杨霭生,生平不详。曾在《武汉日报·文学副刊》第四十五期刊发《村妇骂街赋》(附序,依国韵)。编者加按语云:"此篇与第二十六期《国故考证拾遗》疑是一人所作,以其文笔极相似也。读者可比观。"

严涤宇,生平不详。曾在《武汉日报·文学副刊》第27期刊发《呕心词》二题。

Z

赵紫宸(1888—1979),中国基督教神学家,学者。浙江省德清县新市镇人。赵紫宸早年进入美国田纳西州梵德贝尔特大学(Vanderbilt University)攻读神学,获社会学硕士和神学士学位。先后出任金陵协和神学院、苏州东吴大学、北京燕京大学教授,并长期担任燕京大学宗教学院院长。是中国20世纪最具影响力的神学家之一,是中国处境化神学的早期缔造者,也是中国系统神学的最早倡导者;集神学家、宗教教育家、诗人、作家于一身。他在西方基督教界享有较高声誉,被誉为"向东方心灵诠释基督教信仰的首席学者"。

张昭麟,字圣之,甸南乡达河村人,白族。近代著名的军事教育家,名诗人。17岁随父到腾冲进旧制中学读书,成绩优异,张昭麟、张开琼等十一人被道尹熊廷权擢入金陵大学,毕业于政治系。历任南京陆军军官总校少校教官、武汉军校中校教官、中央军校洛阳第一分校上校教官、军校昆明第五分校少将政治部主任。1937年出任重庆中央训练团训育干事、贵州省黔西县县长。1945年任《武汉日报》主笔兼武汉日报宜昌分社社长。工诗善吟,在武汉组织"汉声"诗社,与荆楚名士多有唱和,颇负声誉。著有《海天楼诗集》《人生哲学教程》(中央陆军军官学校,1936)。

张绍渠,生平不详。曾就读于四川大学,师从赵少咸先生。曾在《武汉日报·文学副刊》第三十九期刊发《〈新校切韵指掌图〉叙》一文。

张白珩，名国铨，四川崇庆人。抗战时期居乐山，为复性书院学生。曾任教成都石室中学。1949年后，任四川师范学院中文系教授。著作有《新序校注》（成都茹古书局，1944）。

张敬（1912—1997），女，原名清徽，贵州安顺人。北平大学女子文理学院毕业，北京大学研究院肄业。先后任成都燕京大学、南京金陵大学国文系讲师，台湾大学教授，擅长宋词、元曲及明清戏曲研究。著作有《明清传奇导论》《清徽学术论文集》二书。

张仲庄，生平不详。曾在《武汉日报·文学副刊》第二十六期刊发《记梅县城西孙氏为明思陵后裔》一文。

张霖民，字令名，书画家。生平不详。曾在《武汉日报·文学副刊》第四十三期刊发《赴汉舟中作》八首。

周煦良（1905—1984），亦名熙良，安徽至德人。著名翻译家、教授、诗人和作家，民进成员。1924年毕业于上海大同学院，1928年毕业于光华大学化学系，1932年英国爱丁堡大学文学硕士。历任上海光华大学外文系主任，四川及暨南大学、武汉大学、华东师范大学教授。翻译著作有《神秘的宇宙》（秦斯）、《希罗普郡少年》《水孩子》《福尔赛世家》三部曲（《有产业的人》《骑虎》《出租》）、《地球末日记》《活命的水》《金羊毛的国土》《天边灯塔》《封锁期间的列宁格勒》、毛姆的《刀锋》等小说。《周煦良文集》收集了他主要的英国文学译著和论著。

周辅成（1911—2009），四川江津县李市镇人。国立清华大学哲学系毕业，并在清华大学研究院做研究三年。曾先后在四川大学、金陵大学、华西大学、武汉大学教授。1952年院系调整，由武汉大学转到北京大学，1986年退休。退休前曾经担任中国伦理学会副会长等职。其讲授课程和研究方向主要是西方哲学和西方伦理学史。著作有《论董仲舒思想》(上海人民出版社出版,1961)、《戴震的哲学》(湖北人民出版社出版,1957)。在伦理学方面,编译了《西方伦理学名著选辑》(商务印书馆出版,1964年)、《西方人道主义、人性论言论选辑》(商务印书馆出版,1966)。

周光午(？—1958),字卯生,湖南宁乡人。中国科协名誉主席周光召兄。教育家、教授,白屋诗人吴芳吉的学生。上海中国公学大学部商科肄业。曾任北京清华学校国学研究院助理员、重庆清华中学教务主任,抗战时由吴宓介绍,到江津聚奎中学做校长多年。长沙周南女子学校教员。1950年代调入武汉大学中文系,任副教授。

曾一(1917—？),别名月波,湖南临湘人。湖南大学毕业,历任辰溪国立十一中、上海国防医学院、南京市一女中及电大教师。曾任新华社南京分社及《新华日报》编辑。为中华诗词学会会员、求真诗社社长、楚望诗社顾问。著有《对影集》。

郑若川(1913—2003),女,浙江镇海人(今属慈溪)。早年毕业于乐山时期的武汉大学,获哲学教育和中文双学位,擅长诗词。曾在重庆南温泉中学、武大附中执教,后调任武汉大学马列主义教研室、哲学系和图书馆,主要从事图书资料方面的工作。

朱君允(1896—1966),女,出生于湖南常德望族,据说曾任民国总理的熊希龄是他家的亲戚。朱君允毕业于美国 Bryn Mawr College 研究院,其夫君是著名的戏剧家熊佛西。抗战期间,朱光潜教授将她请到乐山武汉大学教英国文学,同时她还兼任了女生指导委员会主任。1947年,武大"六一惨案"中,她是被捕的五教授之一。1949年以后,朱君允成了武汉大学校工会的副主席,并被推举为全国人大代表。1957年,被当作"极右分子"。

朱杰勤(1913—1990),广东顺德人。因双亲相继过世之故,17岁起以半工半读方式学习,至 19 岁时自学完成中文、英文、数学、商科等专业的全部大学课程。1933 年考入中山大学文史研究所研究生,1936 年毕业后先后在广州美术学校和中山大学任教。抗战爆发后,1940 年先后在迁至云南的中山大学、昆明巫家坝空军军官学校、重庆南洋研究所、云南东方语文专科学校、云南大学、云南军区司令部等处任教。1952 年调回广州任中山大学历史系教授。1958 年起调任暨南大学历史系教授、系主任。1970 年暨南大学停办,朱杰勤教授先后转入华南师范大学历史系和中山大学历史系,直至 1978 年"文革"结束后暨南大学复办,朱杰勤教授才又重返暨南大学历史系并担任系主任,此后又于 1981 年创办暨南大学华侨研究所并任所长。朱杰勤教授一生笔耕不辍,治学勤谨,在华侨史方面主要著作有《东南亚华侨史》,并主编有"东南亚华侨史丛书"和"世界华侨史丛书"等。此外,他还曾担任中国史学会常务理事、中国海外交通史研究会会长、中国东南亚研究会理事长、中外关系史学会名誉理事、中国华侨历史学会顾问、联合国教科文组织《人类科学文化发展史》中国编审委员会委员和中国社会科学院南亚研究所研究员等职。

赵景深(1902—1985),曾名旭初,笔名邹啸,祖籍四川宜宾。出生于浙江丽水。中国戏曲研究家、文学史家、教育家、作家。1922 年毕业于天津棉业专门学校后,入天津《新民意报》编文字副刊,并组织绿波社,提倡新文学。1930 年起任复旦大学中文系教授。曾任中国古代戏曲研究会会长,中国俗文学学会名誉主席,中国民间文学研究会上海分会主席等。在元杂剧和宋元南戏的辑佚方面做了开创性工作,对昆剧等剧种的历史和声腔源流及上演剧目、表演艺术均有研究。著作有《曲论初探》《中国戏曲实考》《中国小说丛考》等十多部专著。

赵世忠(1884—1966),字少咸,原籍安徽省休宁县,生于成都。著名学者赵振铎的祖父。他师承戴震、段玉裁、王氏父子,且与章太炎、黄侃等有交往,平生致力于汉语语音词义之学。曾任教于成都高等师范、成都大学、四川大学、华西大学、中央大学等校,解放后任四川大学中文系教授。著有《广韵疏证》(28 册,300 万字,存残稿 8 册)、《〈经典释文〉集说附笺》(30 多卷,300 万字,存残稿 9 卷)、《新校广韵》《古今切语表》《说文集注》(14 卷,存抄本)、《广韵谐声表》(山东大学油印本)等专著。

赵冈,生平不详。曾在《武汉日报·文学副刊》第四期刊发《乱弹名义考》一文。

翟公正(1908—1983),字竹如,号篆庐,湖北广济(今武穴)人。一生任职于金融界。曾是东湖印社社员,中国书法家协会湖北分会会员,武汉书画社顾问,湖北著名篆刻家、书法家。幼聪颖,髫龄之年即酷嗜金石书画。青壮时流寓施南,自学金石书法,遍习秦汉以来碑版及历代名家法帖,精研三代鼎彝、秦汉篆隶、瓦当,心摹手追,日夕不辍。其行书宗二王,秀逸儒雅;隶书得两汉遗韵,古朴浑拙;尤工铁线篆,并以之称赏于时。曾拜于唐醉石门下,深钻篆刻刀法、章法和边款。又师事武汉大学训诂学家刘博平,精研篆书及金石文字之学,上溯远古,细究源流,务期会通正变,精益求精。擅长填词作曲,著有《抒情馆诗词抄》(未刊稿)。书法篆刻作品曾参加武汉书画展(1974 年),并多次参加与日本书道团体的书画文艺交流。著有《竹如印存》(未刊稿)、《印玺照临》(未刊稿)等。

(2014 年 6 月 22 日完成于华中师范大学中国近代史研究所)

吴宓生平思想

共和国时期吴宓的诗歌创作及精神困境*

刘志华

（西南大学文学院）

一、吴宓的诗歌创作概况

吴宓早年的愿望是学化工或新闻出版，后来留美投身在著名的新人文主义领袖白璧德教授门下，选择的是文学研究。吴宓早年也有过文学创作的想法，还一直构思着一部自传体小说，但终未动笔，他写得最多的还是旧体诗。吴宓一生历经晚清、民国、人民共和国，从少年英才，到《学衡》主编，从名教授到逐渐被边缘化，由政治争取的对象到成为批判的人物，一生坎坷，毁誉褒贬。吴宓在民国时期出版过诗集，解放后发表过的诗文多为一些勉为其难的应景之作。虽然外在写作的空间受到政治运动的挤压，加之解放后白话文学占了主流，吴宓的文言诗在很多场合也显得不合时宜，但吴宓依然保持着写诗的习惯。如果说解放前吴宓的文学活动更多是朝向社会，想以诗名自诩，那么解放后吴宓的诗歌写作更多转向了自身，是自我言说，诗歌也就成了吴宓在特定时代抒发情感、结交诗友、评判时事的最重要的方式。解放后吴宓的诗歌主要散见于报纸、日记、友人的书札和自己整理的部

---

　　* 本文为重庆市社会科学规划一般项目"抗战文学中的'北碚'体验"（编号：2014YBWX080）阶段性成果。

分文稿中。根据创作动机和内容,大致可以分为赋赠酬答、抒怀自慰、纪事议政三大类。

1. 赋赠酬答:"同深换世哀"

李白豪言:"古来圣贤皆寂寞,惟有饮者留其名。"杜甫也说:"宽心应是酒,遣兴莫过诗。"①诗与酒曾是古典文人的重要精神寄托。在解放后相当一段时期,人被高度组织化,人与人之间的私人交往有限,但吴宓和一些诗友依然保持着传统士人的交游方式,常以诗酒唱和,以诗酒自况,用诗歌互通款曲,表达彼此的挂念之情。友朋赋赠,是吴宓在解放后诗歌创作的动机之一。在这些赋赠酬答的诗歌中,写给陈寅恪的较多,也最能见出那一代知识分子的心境,体现那个时代知识分子特殊的情感及交流方式。

吴宓与陈寅恪是在哈佛求学时的故交,二人前后交往五十余载,书信不断,诗词赠答甚多。解放后,陈寅恪客寓南方的中山大学,吴宓偏居西南重庆北碚的西南师范学院。地偏途远,两人之间主要通过书信联系。吴宓评价解放后的陈寅恪是壁立千仞之态度,不降志,不辱身。在祝陈寅恪六十寿辰的诗中,称他是"文化神州系一身"。在感怀文化溃败的同时,也不乏惺惺相惜之意。即便在"文革"的艰难岁月,吴宓还多次梦见自己与陈寅恪联句。"文革"中受尽批斗折磨的吴宓,居然梦到的是陈寅恪诵释其新诗句"隆冬乍见三枝雁"②,可见牵挂念想之深。

陈寅恪坚守人格独立与精神自由,与解放后的政治运动难免有所抵牾,吴宓非常担心友人的生活。《怀寅恪》作于1952年12月28日,日记中记载:"未晓,梦与陈寅恪兄联句。醒而遗忘,乃作诗一首。"③诗中说:"两载绝音问,翻愁信息来。高名群鬼瞰,劲节万枝摧。空有结邻约,同深换世哀。昆池呜咽水,祗敬观堂才。"④前两句表思念牵挂之苦;三四句赞友人"高名"

---

① 杜甫:《可惜》//仇兆鳌注,韩鹏杰点校:《杜甫全集》之十,长春:时代文艺出版社,2001年版,第845页。全诗如下:"花飞有底急,老去愿春迟。可惜欢娱地,都非少壮时。宽心应是酒,遣兴莫若诗。此意陶潜解,吾生后汝期。"

② 吴宓:《吴宓日记续编》第10册,第401页。

③ 吴宓:《吴宓日记续编》第1册,第483页。

④ 吴宓:《怀寅恪》,《吴宓诗集》,第472页。

"劲节",也有对可能因之而招祸的担心;五六句真切道出身处社会大变革,无法适应新时代的悲哀,"同深换世哀"一句,可谓感同身受;最后借对王国维的怀念,既赞陈寅恪之才,联系当年王国维临终的文化托命,又有相互劝勉之意。

1959 年 7 月 29 日,吴宓接到陈寅恪诗函,其中有七绝和七律各三首,陈寅恪看似写闲情娱事,但吴宓看出了其中寓含的正意,认为是陈寅恪的人格、精神、怀抱,以及近年的处境与一生大节的体现,可以作为后来者写史和知人论世的材料①。这年的 9 月 6 日,吴宓于风雨晨晓中写成《寄答陈寅恪兄诗》三首,当日写寄给陈寅恪。其中有"回思真有泪如泉"的切切思念,也有对"过眼沧桑记梦痕"的身世感叹,更有对"文教中华付逝流"的黯然神伤。在这些看似朋友间的问候闲作中,正可见出彼此的趣味和性情,以及字里行间相濡以沫的情谊,也给了彼此坚守文化信念的激励。

蛰居重庆期间,吴宓与邵祖平、潘伯鹰、李思纯、刘永济、穆济波、胡藓秋、金月波、徐澄宇、赖以庄、周邦式等数十诗友交游频繁。有的是他早年在《学衡》时代的旧友,有的是他到渝之后的新交,还有不少是他的学生辈。他们都十分乐于与吴宓步韵和诗,把自己的诗作寄给吴宓批正,而吴宓也乐意为他们批改诗作,畅谈自己的体会,即便在"文革"中,也是乐此不疲。在诗友圈子中,吴宓被称为"一字医",有"诗伯"之名、"诗坛盟主"之誉。即便在政治气氛非常紧张的情况下,吴宓依然坚持以诗函的形式与朋友联系,言说自己的生活近况,互通音讯,他解放后的很多诗作就是在这样的情况下写成的。诗歌成为吴宓解放后与他人最主要的交流与交往形式,正是这些诗歌,成为他情感的寄托与慰藉,使他在历经政治运动后,还能感受到人情的丝丝温暖。

2. 抒怀自慰:"嘉陵春水绿"

吴宓生性敏感,对解放后频繁的政治运动内心反映剧烈,常怀忧戚与惶惑,他的一些诗作,就是当时心境的流露。吴宓解放后所在的学校西南师范学院,以及曾授课的学校勉仁学院和重庆大学,都在嘉陵江边。面对滔滔嘉

---

① 吴宓:《吴宓日记续编》第 4 册,第 140 页。

陵江水,吴宓有感"逝者如斯夫"!对各种政治学习、时事宣传,自己所受到的责难,以及人事纠葛,他以诗遣怀,用诗歌来自责、自悔、自悼、自励。

《遣怀》四首写于1953年,自己注释说:"第一首总叙,以1952春宓心情之乐与1953夏宓事实之苦相较,而悔与兰婚也。第二首述雪事,第三首状兰病。第四首本宓《送兰芳土改》诗(第四首之五六两句)而责兰之负宓(事异卓文君、情逊孟光)也。"①历经解放初期的镇反运动、抗美援朝运动,加之国家从政治、教育到文化各方面越来越倾慕苏联,信奉新人文主义的吴宓,越发觉得自己被边缘化,跟不上新形势。在学习会上,吴宓谨言慎行,尽可能不伤害别人,也力求自保,但往往又被指定发言,不得已要应付说辞,因此常常自悔。正如他在第一首诗中所说的那样:"一年行事悔难追,幽谷投身望峻崖。鸟语花香犹昨景,心灰骨折始吾哀。"诗人的追悔与绝望溢于言表,希望能够像麝那样投岩退香,以成晚节,但怀念往昔岁月,隐隐又显出心中的怯懦,觉得最终无法践行,只能自我哀悼、悔恨与纠结。在第二首诗中,遗恨知己难寻,知音难遇,"感赠明珠知我意,几番珍重在临歧"。感慨自己在文化上少有同道之人。在第四首里,"沧桑历劫自心危,呴沫残生更倚谁,"②说的是历经劫波之后,一个垂垂老者,无依无靠的孤独。这些诗句把一个历经人生沧桑、痛心不已、无限凄楚的诗人活脱脱呈现给了后世的读者。

吴宓诗歌中的情怀虽然是他个人化的人生体验和感受,但也从一个侧面记录和反映了那一代知识分子的生存状况,尤其是他们丰富而复杂的内心世界。在政治运动中,作为名教授的他,还常常受到普通工人的责难。《仆婢一首·盖自伤也》写的就是这种情形。诗中自嘲"知史明圣"并非是自己的罪过,然而如今却遭受到"贱隶""牛马"一般的对待和欺侮,为此他觉得有辱一个文化人的斯文和尊严,因而心生愤慨③。面对一浪接一浪的政治运动和思想改造,吴宓倍感无奈,但内心又不乏对自己苟且偷生的自责,于是在诗中说:"不死便当随改造,有灵何忍弃前闻。自惭苟活名为累,谁信石交

---

① 吴宓:《吴宓日记续编》第1册,第534页。
② 吴宓:《遣怀四首》,《吴宓诗集》,第474页。
③ 吴宓:《吴宓诗集》,第502页。

道亦分。"①对于自己思想的落伍,眼看文化道统的衰颓,吴宓觉得自己既无法脱胎换骨,又无法保持以前的思想,是在无功受禄,面对"频张禁网更离群"的孤独,于是"衰年但盼须臾死,易箦无忧安此心"②。最终只得感叹"奇愁无限对嘉辰""难追时代物情新"③。从这些诗句中,我们可以看到吴宓当年既想有所作为,有知识分子报国的入世心情,但又碍于情势无法"自新",不能自新,以至于想消极避世,有求死不能的犹豫、矛盾和无奈。每次政治运动,吴宓都希望能够如自己的老师黄晦闻、朋友吴芳吉那样早死,免受精神之苦、人格屈辱。在这样的情况下,吴宓往往以怀念师友的方式,以诗歌来获得想象性的精神支持,缓解内心的痛苦。滔滔嘉陵江水,见证了吴宓解放后的人生,一年又一年的"嘉陵春水绿",见证的是这位知识分子数不尽的辛酸往事。其实,类似的遭际,又何止吴宓一人!

3. 纪事议政:"引罪陈辞事未央"

吴宓反感写应景文章,但在一切都高度政治化的时代,谁也无法规避政治的影响而被政治强行裹挟。就像吴宓所写的那样,"述志遵驱遣,听歌颂党魁"④,在所难免。但即便是应景诗文,吴宓依然还是不甘同声应和,还是用隐晦曲折的方式表达一些自己的看法。《国庆十年礼赞》⑤是奉学校中文系领导之命,为国庆十周年向党的献礼,后在院刊刊出(刊出时与原作有异),吴宓还在中文系庆祝会上朗诵过。许伯建、高梦兰、李仲咸都有原韵的和诗。诗中赞美了建国后工业所取得的成绩,说"已铺长轨连云栈,待驾飞船指月宫",但最后却是"落日虞渊惊速坠"(后经友人建议改为"日落崦嵫余返照"),暗含了作者对当时浮夸之气的讽刺,预言有日薄西山的不祥之兆。其讽喻之意,在吴宓同一晚所作的"强说民康兼物阜,有谁思古敢非今?"的《感怀》一诗中说得更明显。吴宓之所以同意如此修改《国庆十年礼赞》,主要还是想掩盖自己的真实看法,但又在不示外人的另一首诗中吐露自己的

① 吴宓:《赋赠黄君有敏》,《吴宓诗集》,第490页。
② 吴宓:《无题》,《吴宓诗集》,第505页。
③ 吴宓:《七十一岁生日》,《吴宓诗集》,第519页。
④ 吴宓:《壬辰中秋》,《吴宓诗集》,第472页。
⑤ 吴宓:《吴宓诗集》,第504页。

真实想法,从他同时创作的诗歌中可以看到一个矛盾、犹疑,甚至是无所适从的知识分子形象。既要写好命题作文,于是不得不说一些违心的场面话,但常以真诚自励的他,又于心不安,于是久久难眠,辗转反侧。日记中记载的是:"夜中月明,屡醒。"①在人格与良知的感召下,起身作《感怀诗(一)》,以泄心头对当时不顾民生和自然规律,瞎指挥乱折腾而民无饱食的怨愤,此中"哀民生之多艰",才是当时的真实情况,也是吴宓的真实想法。

《一九六零年元旦献诗》是吴宓为院刊征稿而作,诗中说:"开门见喜满堂红,元旦六零气象雄。户户猪栏供肉饱,村村水库卜年丰。"但再看他的《一九五九年岁暮感怀》,却是"文明礼俗波间尽,骨肉亲朋梦里逢"。前者是"学习我仍随改造,休缘六六限衰翁",而后者却成了"殉文殉道成虚话,积愤积劳俟命中"。再联系他之前的《鹅岭公园社集》中写当时市民"种菜节粮随跃进,难寻一日脱尘忙",看似肯定群众劳动,其实表达的是对当时政策的不满。我们看到,对外的诗文,吴宓更多是在肯定中有所忧虑,而在那些不对外的诗歌中,吴宓更多的是愤激与批评。

在另一首《院庆十周年祝词》中,我们依然能感到吴宓内外言语不一致的紧张。"十年树木已成林,楼阁峥嵘气象森。马列精神多创造,工农儿女喜专深。士能劳动兼生产,党是红旗亦指针。济济良师从此出,山如画黛水鸣琴。"②如果联系他之前对独尊苏联,唯马列是真理,学校重政治不重学术,重劳动不重学业,"半年只上三周课,博学何如一技工"③,"业务课轻别有责,推行政令助宣传"④的批评,就可以真正理解他作为一个文化人的苦楚及言不由衷的郁闷。最后两句,在暗示自己落伍的同时,更多是说自己不愿顺应时代的倔强。说的是"愧不能死","俯仰求活,思想既不能且不愿改造,(仍坚信儒佛之教及西洋人文主义。)学习发言,应事接物,全是作伪,违心做作,患得患失,琐屑计较,故触处碰壁,其苦弥甚"⑤的真实处境。

---

① 吴宓:《吴宓日记续编》第4册,第172页。
② 吴宓:《院庆十周年祝词》,《吴宓诗集》,第507页。
③ 吴宓:《咏教育史一首》,《吴宓诗集》,第458页。
④ 吴宓:《教育工会》,《吴宓日记续编》第1册,第71页。
⑤ 吴宓:《吴宓日记续编》第4册,第324—325页。

解放后的各项政策,最让吴宓难以接受的就是汉字改革,即推行简体字和汉字拼音化。吴宓曾与学校领导谈及文字问题,明确表示,对人民政府的各项政策均衷心拥护,但"惟不赞成文字改革"①。在 1962 年的时候,还说"今若以宓不赞成文字改革,将宓枪毙,宓欣愿受刑就死"②。在写给友人金月波的信中,有《感事》诗一首,集中言说了吴宓关于汉字改革的看法:"嘉陵春水七回黄,不死惊看汉字亡。表意从形严系统,含情述事美辞章。车书东亚同文古,矉笑西施百事长。嚼字今来不识字,扫盲我老竟成盲。"③诗中赞美了汉字形意的严整优美,反对汉字改革,也表达了一个堪称博古通今的饱学之士、曾经大学的名教授在新形势下成了扫盲对象的尴尬。令人难以想象,也充满讽刺。吴宓由汉字的改革,看到的是传统文化的断裂和教育废弛,由"民兴俗变由天运,教殄文夷付海流④"担心的是"文字竟伤同改革,形骸莫保况精灵。登坛肆口扬秦法,守礼谁复引鲁经。万里迢迢无尽路,中华历史止斯亭"。⑤ 吴宓所忧心的正如他在当时日记中所感叹的:"呜呼,中国文化之存一线于异邦,可哀也已!"⑥吴宓作为一个文化保守主义者,从汉字改革中,看到的是当时文化走向中存在的问题。吴宓认为汉字改革的做法荒谬,是不尊重学术和文化的表现,会波及传统儒家道德伦理的传递,进而毁弃世俗风教。在《和韵答金月波》一诗中,吴宓感慨:"阴符熟诵轻儒学,魔咒有灵斥佛光。两戎河山无限劫,舍聪弃智效中央。"批评汉字改革是在取棌弃珠,是反智的愚民行为,斩断的是文化根脉。从批评汉字改革的诗歌中,我们可以看到一个迂阔的文化爱国者的吴宓。他对中国的文化和传统怀着深深的敬意,对国家的热爱是具体的,是基于文化、传统、习俗,绝非抽象的爱国主义。吴宓不是简单从政治的角度去审视封建时代的文化器物,而是从文化与人的关系层面去认识文化对于整个社会和个体的重要,以及

---

① 吴宓:《吴宓日记续编》第 2 册,第 362 页。
② 吴宓:《吴宓日记续编》第 5 册,第 516 页。
③ 吴宓:《1956 年 2 月 6 日致金月波信》,《吴宓书信集》,第 321 页。
④ 吴宓:《寿柳翼谋先生八十》,《吴宓诗集》,第 484 页。
⑤ 吴宓:《和哲生题翼谋先生青衿周甲述》,《吴宓诗集》,第 485 页。
⑥ 吴宓:《吴宓日记续编》第 2 册,第 581 页。

文化的超时代价值和影响。这对我们今天处理传统与现代、中国与西方等文化命题，依然可以作为一种参照。

二、吴宓诗歌创作体现的精神困境与矛盾

吴宓并非是一个狭隘的文化保守主义者或政治和平主义者，更不是一个政治上的反动和对抗者，更确切地说，吴宓是一个新人文主义的知识分子。他说自己"偶翻阅人文主义书籍，如归故乡而入仙境，真有此身何世之感"①。吴宓凡事都从人情、人性出发去思考问题，从人的道德完善与文化发展去把握问题。他对传统的捍卫、对西方思想的接纳，都不是出于政治上的目的，而是基于基本的恒常的人情物理。但现代中国无论在哪方面都变化剧烈，其倾向静止的文化理想和个人的道德自律往往与变化的现实之间产生矛盾与冲突。从吴宓身上，我们可以看到从传统步入现代的复杂，尤其是作为精神个体转变的艰难。在文化常随时事而转移价值的情形下，栖身其间的知识分子角色的尴尬，内外的矛盾与紧张。吴宓的诗歌，就从深层次透露了他在生活、情感、精神与文化信念上的诸多矛盾，尤其是精神层面的困境，具有一定的普遍意义。吴宓的精神困境，不是双方彼此刻意的对立造成的，很难用对与错去衡量，具体体现为现实与理想，文化与政治，个人与群体一系列的错位，既是时代的，又是必然的舛误。

一是古典情趣与现代生活的错位。吴宓认为，诗歌与时代、国家、民情相呼应，诗歌表现的是新理想、新事物，故诗"足可征世变"。同时，吴宓还心仪阿诺德的"文学贵在教化，造就人材，使人看清事物，使人认识自我，使人陶冶性情"②的主张。吴宓往往把自己的所见所闻，所经历的一些历史大事，以诗歌的形式呈现，这使得他的诗歌在表现自我情绪的同时，也具有诗史的意义。但古典生活的稳定态与现代生活的变幻之间很不合拍。衍生于古典

---

① 吴宓:《吴宓日记续编》第 4 册,第 142 页。
② 〔美〕雷纳·韦勒克:《近代文学批评史》第 4 卷,杨自伍译,上海:上海译文出版社,1997 年版,第 182 页。

生活合辙押韵的传统诗词形式,也很难对现代生活和思想情感进行细致而圆熟的表达,这就造成了其在思想与文学层面的欲说还休的紧张。

吴宓作为传统与现代夹缝中的诗人,想通过诗歌和学术来为自己正名,但又被排斥在体制之外,教授之名与实之间的错位,也造成吴宓身份确认的困难。他执着于自己的文化信仰,但内心却充满矛盾,不仅是文化理想不能实现的矛盾,也有寄情文章学术与谋求事功之间的矛盾,他曾把自己比喻为"二马并驰","比肩同进",一旦握缰不紧就会二马分途,"将受车裂之刑",深知这是自己的"生之悲剧"[1]。建国后吴宓的被边缘化,主要还不是政治上的,而是文化上的。文化身份的缺失,对知识分子才是最根本的伤害。因为文化身份的阙如,使他们失去了生存的信念根基与价值自信;吴宓诗歌中对知识分子在建国后面对政治运动的恐惧感受,主要还不是政治本身,而是自己文化上的无身份性,是政治把文化人推向了边缘化。而知识分子文化的忠诚又往往超越于现实政治之上,显出不合时宜的迂阔。是赞美歌颂,又与自己的体认不符;是批判反对,又与现实政治相冲突,这造成了吴宓诗歌在表达上的犹豫不决,在措辞上改来改去,当然这种改更多不是美学层面的,而是如何不犯政治的忌讳;在传播上主要限于诗友之间,偶尔也有发表,但更多却是写给自己的,是一种自我的价值期许、一种无奈的自我安慰。

二是切挚之笔与时代政治的错位。吴宓视真挚的情感为诗歌的内质之美,韵律格调,为诗的外形之美。好的诗,必须二者合尔兼美。强调诗的公正不是说教,而是培植道德。所使用的是暗示,而不是教训,是运用想象力与情绪,而不是理智[2]因此有人评价吴宓说他是"深情正义写沧桑"的"一代诗宗"[3]。但诗歌情感的真挚与艺术表达的模糊含混,往往与政治的明确和明晰之间形成对峙。尤其是在反智主义时代,劳工神圣的绝对观念下,其诗人的美学与民众的美学之间势必对立,这就造成了吴宓诗歌创作中另一层面的紧张,即艺术形式与政治之间的不可调和。艺术需要的是含蓄、委婉,

---

① 吴宓:《吴宓日记》第 3 册,第 355 页。
② 吴宓:《文学与人生》,第 61 页。
③ 吴宓:《吴宓日记续编》第 2 册,第 9 页。

切挚高妙,而政治要求的是标语口号,动员激励。时代需要的不是那些深刻的、蕴藉的、批判的诗歌,而是明朗的、积极的、肯定的政治抒情诗,即人民的大众的艺术。20世纪五六十年代的生活,其实早就被政治放逐了诗意,诗歌本身已被政治所僭越,从生活层面看,本质上就不是一个诗歌的时代。

吴宓推崇真性情,显得真诚高尚,并以此为诗歌的感情基础,也是其"一切言语之足以感人者,皆诗也"观念的实践,也符合传统纯粹至善的观念,这也是吴宓经常以儒、佛、耶自励的宗教情怀在情感上的表现。所以,吴宓苦操奇节的言行,具有浓厚的殉道者的悲剧色彩。他对文化道统的信念,也就具有类似于宗教精神的倾向,即使在强大的政治力量的挤压之下,也决不丝毫妥协让步,虽然给人守旧迂腐、顽宁不化的印象,但他写诗、毁诗、读诗、背诵诗歌已成了那个时代的行为艺术,其行为本身就是对政治的拒绝,即"文人之责任,逆流而行"①的体现。吴宓的诗歌创作、对待诗歌的态度以及捍卫诗情的行动,也就成了那个时代最切挚高妙的诗笔。

三是诗人情怀与时代意识的错位。解放前,吴宓还有不少同道,解放后,一些友朋移居海外,一些选择了转变,这使吴宓感到守道的孤独和更加的不合时宜。传统人格使他"视敌如友,惟诗人能之。盖诗人物与民胞,重精神而略形迹,故能无种界、无国界、无党界。良史执笔,对于本族本国本党犹多回护。诗人则但取其可爱可敬、可泣可歌,初不问其人其事对我之关系何若。文人而能持此态度以立言,固皆诗人之俦也"②。吴宓臧否时事和人物毫无顾忌,更不怕当众洗自己的脏衣服,与他的诗人性情有关。他分的不是现实的对错,看的不是与自己关系的亲疏,而是发自本心的真诚与真实,诗人的情怀必定与时代的虚言伪饰之间难以调和。如果在今天,吴宓所宣示的在苦难中爱,是宽容而不是恨的悲天悯人情怀,我们会盛赞他是一位道德圣徒,是一位至善者。而在那个时代,吴宓在诗歌中放言土改的残暴,不满无产者的道德,反对文字改革国家政策,讽刺师生下乡劳动,一个文化上疯癫的堂吉诃德,就很容易被视为政治上的反动。正如他自己所说:"德名

---

① 吴宓:《文学与人生》,第67页。
② 吴宓:《余生随笔(12)》,《吴宓诗话》,第25页。

异世翻成罪,得失从心莫问天。"①而他所强调的最高理想要尊崇古人,而实际生活要服从国家②,但在实践中又做不到,因为他不愿放弃自己的文化信念和道德理想。诗人的真诚,就很难得到那个时代政治上的同情,更不说肯定。

另外,在吴宓的内心深处,还有一种浓厚的文化遗民情结,觉得自己"真有《长生殿传奇》中李龟年流落江南之恨也"③,故处处不愿介入政治,只希望能够得到文化上的尊重和善待。但解放后,文化也被完全纳入政治和阶级话语系统,什么都以阶级来划分,传统文化和欧美文化也成了阶级斗争的对象,这是作为知识分子的吴宓所无法理解的。在时代的压力之下,往往感到今也不是而昨也不是,以前被视为至宝的学术一夜之间已无用处,自己反倒成了一个闲人,甚至是一个"反动"文化的罪人,一个新时代的扫盲对象,对于很难进入政治思维的吴宓而言,与时代之间的冲突是剧烈的。当然,这种冲突本质上不是政治上的,而是政治与文化上的错位,或者可以理解为政治对文化和学术的过度干预,致使知识分子无法确认自身价值的困惑。

四是诗歌理想与社会现实的错位。吴宓诗歌的理想是:"表现真我,不矫不饰","以写实之法,表现趋向理想之我。"④他尤其认同"一切优秀文学都在宣扬与体现人的规律"⑤。但吴宓在政治上倾于保守,其对时政的看法多不合时宜,虽然努力调整心态以跟上时代这辆大车,但最终还是步履维艰,这也造成自我内外的分裂,诗歌理想与社会现实之间的不协调。从吴宓50年代参加各种学习会的偶尔发言,和他诗歌、日记中流露的真实想法中,我们可以看到两个吴宓的搏斗,及其所带来的精神上的痛苦。

五四所建立的文化与政治的同一性模式,把文化、政治与道德胶合在了一起,在建国后,意识形态更强化了几者间的同一性。现代政治超越了传统的统治术,把自己的政治扩展到了一切阶层和社会领域,把一切都打上了政

---

① 吴宓:《一九五四年春节》,《吴宓诗集》,第 475 页。
② 吴宓:《吴宓日记续编》第 4 册,第 295 页。
③ 吴宓:《吴宓日记续编》第 5 册,第 232 页。
④ 吴宓:《评凌宴池诗录甲集(节录)》,《吴宓诗话》,第 171 页。
⑤ 吴宓:《文学与人生》,第 68 页。

治的象征符码,将文化、道德,以及人的私人生活都征用为政治的资源,人的自由空间和私人生活渐趋湮灭。而吴宓企图从学术的层面,从一个诗人的角度,把文化、政治与道德加以区隔,虽然在当时的语境下是徒劳的,但也为我们后来反思政治全能提供了契机。在吴宓的诗歌中,我们可以看到他始终保持着的精神的纯洁和道德的纯正,他是在以自己的微薄力量去承担和救赎一个时代的谬误。这种道义的担负,也注定其命运的悲剧色彩。

三、吴宓诗歌创作的意义

面对一个新生政权和人民翻身做了主人,建国后知识分子应该欢欣鼓舞,但政治更革、时事转换,本身对政治不敏感的知识分子却长期成为政治批判和改造的对象,这也是他们始料不及的。他们的思想、观念和态度跟不上一天紧似一天的政治运动的步伐,造成了吴宓这一代知识分子在情感上对政治运动的疏离。再加上面对文化衰亡、道德沦丧、人性趋恶,以道德家自比的他们,难免忧虑感伤,内心深处有着难言的屈辱与惶恐。然而时代的和声往往掩盖了这种个体精神世界中的痛苦和伤感。吴宓的诗歌,就是对自己知识分子身份和文化信念的确认和捍卫。

因此,吴宓诗歌的意义,就不单纯是美学上的,重要的在于以独特的感受丰富了政治运动中知识分子的生存体验,说出了他们的内心真实,尤其是作为知识分子身份而遭受的不公正待遇,他的屈辱不是个别的,而是群体的。他的诗作,比起他细水长流、不厌其烦的日记来,从精神层面看更细致入微,流露的内心情感更丰富。联系其前后的悲剧命运和文化理想的追求与失落,其所展示的内涵也就显得更为丰富复杂。吴宓对自己命运的再三言说,也是提醒后来者注意其大时代下个体的卑微与遭遇。在这一点上,吴宓诗歌呈现的是"一代人"的遭遇。

当然,吴宓的悲剧也不乏其个人性格的原因。吴宓认为自己是一个阴性人格,"生性仁柔而感觉敏锐",但又不慎言,故对自己的言行常常表现出悔恨之意,尤其是对自己不能挽救传统文化的衰亡,担负传统士人的使命有着深深的内疚感。但吴宓的性格,又不是单纯的个体性格,而是中国几千年传统文化中塑造出来的士人的典型风范,忧郁多情、关心民瘼,爱国爱民,一生欲树道德文章,想立德立言。大凡那一代知识分子,或多或少都有类似的情结。他耿介不阿,多言自悔,也不是个体性的,而是传统文化人格在遭遇大时代急变时的自然体现。吴宓是一个为保存和重构传统文化、道德而不合时宜的现代骑士。

吴宓的诗歌,从文学层面看,属于一种潜在写作,是作为个体的知识分子在特殊政治年代的情感、思想的宣泄、流露与保存,从而具有一代知识分子精神史的意义。他的诗歌虽以其个人生活感情为内容,但其真实怀抱可以使读者感同身受,成为那个时代情感生活的较为真切的记录和体验。吴宓敏感纤细的阴性人格,无疑更能让他体察到大时代下潜藏和掩盖的东西,更能见微知著,使他对社会人事的观察记录更为准确真实。在历史隐入尘埃渐渐被遗忘的时候,这些真切的记录和幽怨的感怀,正好为我们重回历史现场提供了通道。它是从历史的岩层中汩汩沁出的泉水,体量虽小,却带着不为我们熟知的地层的信息。如果说日记中记载的生活是他思想的河床,那么他的诗歌就是其砂砾中闪光的金子。

诗歌是吴宓晚年生活重要的调剂与性命的依持。马尔克斯认为,诗歌是平凡生活中的神秘力量,可以烹煮食物,点燃爱火,任人幻想。吴宓写诗不是玩弄性情,雕琢词句,体现的是知识分子那种感时忧国,把文化道统系于己身的传统。吴宓解放后的诗歌创作,延续的依然是他最初的想法,希望读者能于其诗歌中感受人生,于其人生中,感世事之变幻,得人生启示。他显赫、跌宕、悲情的命运本身就是一本大书,而他以旧体放歌的诗作,正好是核心的注释,其意义是多方面的。

交会与误会：吴宓与"战国策派"

徐 茜

（西南大学文学院）

众所周知，吴宓是学衡派的主将。不过，在 1960 年代，有人将吴宓与当时被视为"法西斯主义"的、国民党"文化帮凶"的"战国策派"联系在一起，说他是"战国策派"的一员，却鲜为人知。2013 年 2 月，云南人民出版社出版了张昌山主编的《战国策派文存》，收录了吴宓的《改造民族精神之管见》，再次将吴宓放在了"战国策派"阵营中。那么，吴宓真的是"战国策派"的一员吗？

一、"指宓为战国策社员"

1964 年 6 月 4 日，吴宓在日记中写道："耿振华教授见告：北京师范大学编《中国现代文学资料》中编，下册，选有某君评《战国策》文，文中引述宓撰《林黛玉之精神》一文，遂以宓列入战国策派云云。"①其后，耿振华在"社教"运动中"揭发"了吴宓，吴宓被批判。1965 年 5 月 17 日，吴宓在日记中写道："上午 9—12 老教师学习会中文系小组，宓作全面自我检查发言……毕，众加以评论。（1）耿振华，谓……宓又为北洋军阀及战国策派所利用。宓曾与

---

① 吴宓：《吴宓日记续编》第 6 册，第 241 页。

陈铨及梁漱溟接近,彼皆反动派之代表人物,云云。"①"文革"开始后,吴宓再次受到牵连。1969 年 1 月 31 日,吴宓奉命接待了一位上海的客人,该人专程到重庆找吴宓了解陈铨的历史,并且"彼以与宓之问答,写成记录,命宓签章承认其无误。又命宓细忆陈铨之一切事迹,写成详尽之交代材料,限于两星期内,交呈三中队办公室邮寄彼收"②。事情并未就此了结。1971 年 7 月 26 日的吴宓日记有如下记载:"今晨,见大字报二张,1. 录宓日记,揭发 1968 成君等闲谈。2. 指宓为战国策社员,1941 在昆明该社(陈铨邀)演讲《红楼梦》,劝女生应效法林黛玉之卑弱任性之闺秀云云。"③就这样,人们把"战国策派"的帽子切切实实地戴在了吴宓头上。

在吴宓看来,自己与"战国策派"实无任何关系。在 1964 年 6 月 4 日的日记"耿振华教授见告"一段后,吴宓用较小的字体写了以下文字:"按宓实未作此文,亦未在《战国策》投稿。惟记某年,西南联大学生主办一次《红楼梦》讲演会,其节目以陈铨讲《叔本华哲学与红楼梦》为主,宓亦曾讲一短篇,或即是此《林黛玉之精神》,为战国策派人在场笔记刊登耶?(待检阅)"④事实是否真的如此呢?

耿振华提到的文章是汉夫的《"战国"派的法西斯主义实质》,收录在北京师范大学中文系现代文学教学改革小组编的《中国现代文学史参考资料》第一卷下册中⑤。此文的中心观点是:"战国派"的言论是法西斯主义的,是反民主、为虎作伥的谬论。汉夫在对"战国策派"言论的举例中涉及了吴宓:"高歌战国时代的怨女是叛乱不安之源,称道妾制与后宫制(雷海宗:《战国时代的怨女旷夫》,《战国》第二期,《大公报》十二月十日)和提倡林黛玉精

---

① 吴宓:《吴宓日记续编》第 7 册,第 124 页。
② 吴宓:《吴宓日记续编》第 9 册,第 38 页。
③ 同上,第 299 页。
④ 吴宓:《吴宓日记续编》第 6 册,第 241 页。
⑤ 《"战国"派的法西斯主义实质》原发表在 1942 年 1 月 25 日《群众》7 卷 1 期上,作者章汉夫。此文还被其他书籍收录,如:《中国新文学大系 1937—1949》第 2 集《文学理论卷 2》(《中国新文学大系 1937—1949》编辑委员会编,1990)、《文学运动史料选》第 4 册(北京大学等主编,1979)、《中国现代文学运动史料摘编》(下)(陈寿立编,1985)、《文学理论史料选》(苏光文编,1988)等。

神(吴宓:《改造民族精神之管见》,同上),不都是最反动的妇女'理论'和希特勒的妇女回厨房回闺房的谬论的表现吗?"①或许是因为这段话里有"林黛玉精神"几个字,导致耿振华将吴宓文章的题目误记了,引来了吴宓的矢口否认。

吴宓没有写过一篇名为《林黛玉之精神》的文章,但在1941年12月10日的《大公报》战国副刊第二期上却的确有吴宓的《改造民族精神之管见》。在此文中,吴宓认为在道家精神的宰割下,各种能代表儒家真精神的"理想人物",如圣贤、英雄、诗人艺术家情人等,皆作了惨苦之牺牲。林黛玉即是"诗人艺术家情人"中的一员,与之相对,薛宝钗则体现了道家精神。显然,吴宓以林黛玉、薛宝钗为例在谈中国的儒、道精神,与妇女理论无关。汉夫的举例是断章取义、张冠李戴。

虽然举例不恰当,但汉夫将吴宓视为"战国策派"的一员,也并不是完全的无稽之谈。吴宓的《改造民族精神之管见》发表在《大公报》战国副刊上,这是"战国策派"继《战国策》半月刊后开辟的第二个园地。按照吴宓对学衡派的界定(只要为《学衡》杂志作文章,即为社员),那么,吴宓被视为"战国策派"成员,也是顺理成章的。而且,从《改造民族精神之管见》的内容看,吴宓使用了"民族精神""浮士德之精神"等常见于"战国策派"笔下的概念。吴宓还有如下表述:"故'浮士德之精神'兼包含对于(1)消极(2)肉欲二者之反抗,而此二者正今日多数萎靡卑鄙之中国人之大病也。"②这与陈铨在《浮士德精神》中的呼吁:"假如中国人不采取这一个新的人生观(注:浮士德精神),不改变从前满足、懒惰、懦弱、虚伪、安静的习惯,就把全盘的西洋物质建设、政治组织、军事训练搬过来,前途怕也属有限。"③几乎如出一辙。因此,不管是刊发地还是内容,《改造民族精神之管见》都显示出吴宓与"战国

---

① 汉夫:《"战国"派的法西斯主义实质》//北京师范大学中文系现代文学教学改革小组编:《中国现代文学史参考资料》(第一卷下册),北京:高等教育出版社,1959年版,第699页。

② 吴宓:《改造民族精神之管见》//张昌山编:《战国策派文存》(下),昆明:云南人民出版社,2013年版,第592页。

③ 陈铨:《浮士德精神》//张昌山编:《战国策派文存》(上),第21页。

策派"存在着一定的关系。那么,吴宓真的是"战国策派"的一员吗?

二、吴宓与陈铨、林同济的交往

从《吴宓日记》看,吴宓与"战国策派"的陈铨、林同济曾有较密切的交往。陈铨是吴宓在清华的学生。据笔者的粗略统计,《吴宓日记》明确提到陈铨(有时简称为"铨")的地方有七十六处之多,主要集中在两个时段:一是陈铨在清华求学期间,二是吴宓、陈铨齐聚昆明西南联大期间。从相关记载看,陈铨不算是吴宓的"密友",因为吴宓甚少向陈铨述说自己的感情生活。(吴宓经常向另一学生张荫麟倾诉,可见并不是顾忌师生身份。)将吴宓与陈铨拴在一起的是他们的共同兴趣:撰作小说。他们经常在一起讨论小说的做法,以及自己对小说的体会。陈铨多次将自己的文学创作上呈吴宓批评。如:

> 1928年1月5日:"陈铨来,以所著小说《梦频》二册请为审阅。"[1]
>
> 1928年11月9日:"晚,燃烛读陈铨所著小说《天问》,甚佳。"[2]
>
> 1929年1月21日:"晚罗正晫来,交陈铨小说《来信》一篇。"[3]
>
> 1930年4月28日:"4—5张昌圻来,陈铨托带赠所著小说《冲突》一册。"[4]
>
> 1939年4月4日:"是日上午11—12,读陈铨新撰剧本《黄鹤楼》。"[5]
>
> 1941年3月14日:"铨送其新撰小说《狂飙》稿本,嘱阅。"[6]
>
> 1941年8月3日:"读陈铨新著《野玫瑰》剧本,甚佳。"[7]

---

[1] 吴宓:《吴宓日记》第4册,第5页。
[2] 同上,第159页。
[3] 同上,第198页。
[4] 吴宓:《吴宓日记》第5册,第64页。
[5] 吴宓:《吴宓日记》第7册,第17页。
[6] 吴宓:《吴宓日记》第8册,第54页。
[7] 同上,第143页。

吴宓在读了这些作品后,会与陈铨交流感想,还会写一些评论性的文章。如:阅读了《天问》的第二日,他写了《评陈铨〈天问〉(小说)》①;阅读了《冲突》的第二日"上午撰评陈铨《冲突》文"②;1941 年陈铨编导的话剧《黄鹤楼》在昆明上演前夕,吴宓写了《黄鹤楼剧与理想主义》③为之捧场。

吴宓也向陈铨叙述了自己酝酿多年的小说《新旧因缘》的情节和主旨。1928 年 1 月 7 日,吴宓在日记里写道:"晚 8—10 陈铨来谈《新旧因缘》小说之结构。陈铨建议修改如下,可较为紧凑。即由留美时代之中间写起,或以通信体起。使李令芬在北京为寒苦之女教员。由刘希哲函李,报告王福良与梁美格爱情之增进,刘表示爱李之意,亦随之而愈深愈明。李始则不信此事,及王、梁在美已结婚,弃绝李,刘乘机急回国,至京,欲与李结婚,李持从一而终之说,不允。而内心交战,病益深,遂死。李死,刘遂不复娶。王、梁之结局则如前所定。而留美以前之事,则仅于谈话及回忆中插叙,不入正文。如是,则前半之事演于美国,后半则在北京,较原定计划可更简单而紧凑矣。"④笔者不嫌冗赘引录此段,是想说明,吴宓必定多次向陈铨诉说自己拟撰的这个小说,以至陈铨非常熟悉其中的人物形象、故事情节,甚至进而产生自己的想法。而吴宓将之详细记录在日记里,也表明了吴宓对陈铨意见的重视。

在昆明西南联大时期,根据吴宓日记记载,陈铨并没有刻意向吴宓推销"战国策派"的思想,但日常交谈、来往使吴宓对陈铨的主张显然有所了解。吴宓在《改造民族精神之管见》中对"浮士德之精神"的阐发是受陈铨的影响,是毋庸置疑的。还有一件与陈铨有关的事给吴宓留下了极深的印象。1940 年 4 月 11 日,吴宓在日记里写道:"晚 7—9 陪陈铨在文林堂演讲《叔本华与红楼梦》。听者极众,充塞门户。其盛凤所未有也。"⑤这次演讲也就是

---

① 吴宓:《吴宓日记》第 4 册,第 160 页。
② 吴宓:《吴宓日记》第 5 册,第 64 页。
③ 吴宓:《吴宓日记》第 8 册,第 73 页。
④ 同①,第 10 页。
⑤ 吴宓:《吴宓日记》第 7 册,第 154 页。

吴宓在 1964 年 6 月 4 日日记里提到的西南联大学生主办的《红楼梦》讲演会。从"其盛夙所未有也"几个字我们能体会到吴宓的羡慕,甚至少许嫉妒。这件事让吴宓看到了"战国策派"的不容小觑。

真正促使吴宓与"战国策派"靠近的是林同济。从《吴宓日记》中可以看出,林同济一直有意识地拉吴宓进入"战国策派"的圈子。他希望吴宓了解"战国策派"的观点。吴宓在 1940 年 1 月 19 日的日记里写道:"夕 5—11 赴青云街 167 何永佶、林同济约宴(西餐,家制)。……客有贺麟、陈铨。谈至深宵。辩尼采 Will to Power 之是非,盖济甚主此说也。"①日记中没有记录吴宓本人对尼采的观点,但这些辩论无疑会触发吴宓的思考。在《战国策》创刊时,林同济也积极征询吴宓的意见。《战国策》首期刊发于 1940 年 4 月。在 1940 年 2 月 27 日的吴宓日记中有如下记载:"9—10 访林同济,谈《战国策》计划。"②虽然没有记载交谈的具体内容,但吴宓这个热心、敏感的人想必会为了林同济对自己的尊重和认同而滔滔不绝。日记中还记录了林同济邀请吴宓为《战国策》半月刊撰稿。但最终吴宓没有写,原因是:"夕 5—6 林同济来。原允为《战国策》撰稿,顷见其中沈从文诋毁文言及浙大之文,而恶之。遂止。"③

这一小插曲没有使吴宓迁怒林同济,双方的交往仍在继续。在其后的吴宓日记中(1940 年 4 月至 1942 年林同济离开昆明),提到林同济的地方有十二处,主要是请宴、互访、交谈及杂事的记载,多数由林同济主动。林同济没有放弃让吴宓为"战国策派"刊物撰稿的打算。1941 年 6 月 8 日,吴宓写道:"又遇林同济,邀至其乡居,即黄土坡疏散新村 33 号,见洪绂。进早、午二餐(西餐)。与林谈。又草成《民族精神培养革新方案》一稿。"④1941 年12 月 10 日,吴宓写道:"宓为林同济所作《改造民族精神之管见》一文,刊登本日重庆《大公报》之《战国副刊》,济所主编。"⑤就这样,在林同济的推动

---

① 吴宓:《吴宓日记》第 7 册,第 122 页。
② 同上,第 135 页。
③ 同上,第 159 页。
④ 吴宓:《吴宓日记》第 8 册,第 97 页。
⑤ 同上,第 211 页。

下,吴宓有了在"战国策派"刊物上的亮相。

三、吴宓与"战国策派"的思想分歧

即便如此,吴宓仍然不能被视为"战国策派"的一员,因为他们之间存在着根本的、不可调和的思想分歧。哪怕是在吴宓特意为林同济所作的《改造民族精神之管见》①中,我们也能感受到立场的巨大差异。《改造民族精神之管见》有对"战国策派"文化主张的呼应(如使用"民族精神"概念、将"浮士德之精神"作为改造国民性的良方等),但从文章的总体观点看,却保持着吴宓的自身特色。吴宓一开篇就将"民族精神"的内涵缩小至"道德":"如何培养及革新中华民族之精神及行为、特质……愚见以为只应将中国及西洋历史文化中之道德精神,兼收并取而融化之、受用之,使确能见诸实行,施于个人生活及日常行事。"②在文章末尾,吴宓给出了具体建议:应"恢复中国旧有儒家真精神"③,同时"吸收(或采取)西洋历史文化所贡献之道德精神元素(或优点)"④,诸如真善美合一之精神、伟大之仁爱、坚实之信仰、忠、骑士式之爱、"浮士德之精神"等。而"战国策派"恰恰对善、美、仁爱、信仰等道德质素嗤之以鼻。陈铨认为:"真正合乎自然的道德,就是权力意志的伸张,强者行动、弱者服从,道德就是庞大的力量,不顾一切的无情和勇敢。"⑤陈铨还说:"传统的道德观念,如像怜悯、同情、爱邻居、人我合一,都是违反自然,压倒强者,扶持弱者。这样,世界不能进步,人类不能超过,人生还有什么意义呢?"⑥由此可见,虽然吴宓刻意为"战国策派"作文章,但并没有被宣扬强者道德、超人道德的"战国策派"影响,展现了不同于"战国策派"的道德主张。

吴宓与"战国策派"的分歧不仅体现在道德观上,还体现在其他方面。

----

① 笔者没能找到《民族精神培养革新方案》一文,无法获悉其具体内容。据笔者的大胆推测,《民族精神培养革新方案》有可能是《改造民族精神之管见》的初稿。

② 吴宓:《改造民族精神之管见》//张昌山编:《战国策派文存》(下),第590页。

③ 同上,第592页。

④ 同上。

⑤ 陈铨:《尼采的道德观念》//张昌山编:《战国策派文存》(上),第409页。

⑥ 同上。

具体而言,有以下三点:

第一,对新文化运动的看法不同。

吴宓站在文化传承的立场上,终其一生都坚定、顽固地反对新文化运动。他认为新文化运动对传统的全盘否定会导致国粹丧失、亡国亡种。因此,每年五四纪念都让吴宓愤忧交加。1940 年 5 月 4 日,吴宓在日记里写道:"是日五四运动纪念,放假。上午精神动员会,庆祝五四。宓未往。读沈从文等之文,益增感痛矣。"①1944 年 5 月 9 日,吴宓仍然是同样的心情:"报载昨晚联大文艺晚会,诸人盛表五四身与之功,而痛诋中国之礼教与文学。读之愤怒已极,惜年衰力孤,末由与彼辈争战。"②愤怒持续到 5 月 10 日:"报载前日闻一多演辞,竟与我辈'拥护文学遗产'者挑战。恨吾力薄,只得隐忍。久久不快。"③此点前人论述较多,在此不赘述。

"战国策派"则是站在现实的立场上对新文化运动提出了批评。他们肯定了新文化运动的历史价值。陈铨认为五四运动"推翻数千年来的传统思想","展开了中国文化的新局面","有划时代的意义"④。林同济认为,五四运动"把个人的尊严与活力,从那鳞甲千年的'吃人的礼教'里解放出来,伸张出来"⑤,是对中国传统文化的一种极有价值的反动。对于白话文学,"战国策派"也给予了肯定。陈铨说:"中国五四时代的作家虽然技术粗浅,他们都有新的精神,他们心里都有话说,后来专在技术方面用工夫的文学家,他们根本就无话可说。"⑥他们还积极践行白话文,陈铨用白话文创作小说和话剧,林同济、雷海宗的著作也都是用白话文写成。但是,在"战国策派"看来,新文化运动又有着严重的不足,最大问题是不能让中国变强盛。林同济认为,新文化运动只倡导个人的个性解放,而没有促成民族的集体意识,因此

---

① 吴宓:《吴宓日记》第 7 册,第 165 页。

② 吴宓:《吴宓日记》第 9 册,第 257-258 页。

③ 同上,第 258 页。

④ 陈铨:《五四运动与狂飙运动》//温儒敏、丁晓萍编:《时代之波——战国策派文化论著辑要》,北京:中国广播电视出版社,1995 年版,第 341 页。

⑤ 林同济:《廿年来思想转变与综合》//温儒敏、丁晓萍编:《时代之波——战国策派文化论著辑要》,第 334 页。

⑥ 陈铨:《狂飙时代的德国文学》//张昌山编:《战国策派文存》(下),第 433 页。

"解放的成绩并不圆满"①。陈铨认为:"五四运动是不合时代的",因为"五四运动一套的思想,并不能帮助我们救亡图存。"②就新文学而言,陈铨认为:新文学运动"对于打破旧传统,贡献是很伟大的,但是对于建设新传统,它却是不切实的。因为新的社会新的国家,不能建筑在极端的个人主义之上。……五四时代的文学,不能产生伟大的文学,因为它没有得着一个巩固不摇的基础"③。由此可见,虽然吴宓与"战国策派"都有对新文化运动的批评,但批评的指向完全不一样。"战国策派"不是吴宓的"我辈"。

第二,对传统文化资源的攫取不同。

扬儒抑道是吴宓的思想特色。吴宓视儒家学说为解决社会现实问题的良方,对儒家学说信奉服膺,被讥有"维持圣道之苦心"④也不改其志。在《我之人生观》里,吴宓写道:"自吾有生有知以来,长读儒家之书。行事待人,亦常以儒家之规训自按。……吾将终身仍依儒教,而决不作归佛归耶之想矣。"⑤在此文的第七节"实践道德之法"中,吴宓列出了三条道德原则:一曰克己复礼,二曰行忠恕,三曰守中庸,皆带有浓厚的儒学色彩。吴宓晚年在重重的政治压力下,宁愿戴上"反革命"的帽子,坚决不批孔,也说明了他对儒家学说的笃定。与之相对,吴宓对道家学说则深恶痛绝,将之视为文化毒瘤。他认为道家精神由两因素合成:"(甲)权术,即权诈机变;(乙)唯物主义之身体享乐。……此(甲)(乙)二因素,实为自然主义之两方面,亦即自私自利主义之两方面也。"⑥在吴宓看来,道家学说将人降至禽兽的层面,只有破坏性而无建设性。因此,应"恢复中国旧有儒家真精神(即历来圣贤、英雄、诗人、艺术家、情人所代表者),而铲除彼支配上下之道家精神——即以人文

---

① 林同济:《廿年来思想转变与综合》//温儒敏、丁晓萍编:《时代之波——战国策派文化论著辑要》,第334页。

② 陈铨:《五四运动与狂飙运动》//温儒敏、丁晓萍编:《时代之波——战国策派文化论著辑要》,第347、348页。

③ 陈铨:《民族文学运动》//温儒敏、丁晓萍编:《时代之波——战国策派文化论著辑要》,第374页。

④ 吴宓:《论新文化运动》//徐葆耕编:《会通派如是说——吴宓集》,第23页。

⑤ 吴宓:《我之人生观》//徐葆耕编:《会通派如是说——吴宓集》,第92页。

⑥ 吴宓:《改造民族精神之管见》//张昌山编:《战国策派文存》(下),第590页。

主义与理想主义,代替自然主义与自利主义"①。

　　"战国策派"对传统文化资源的攫取则带有更多的功利色彩。他们把中日战争时期看作"又一度'战国时代'的来临"②。在"战国时代",一切皆应为"战"服务,文化也不例外。因此,必须继承和发扬传统文化中有利于"战"的精神酵素。林同济呼吁:"我们须要'倒走'二千年,再建起'战国七雄'时代的意识与立场"③,将因循、慵懒、懦弱的"大一统型"文化转变为活泼健全的"战国型"文化。雷海宗则认为秦以上为有"兵的文化",秦以下为无"兵的文化"。"一般说来,文武兼备的人有比较坦白光明的人格,兼文武的社会也是坦白光明的社会,这是武德的特征,中国二千年来社会上下各方面的卑鄙黑暗恐怕都是畸形发展的文德的产物。偏重文德使人文弱,文弱的个人与文弱的社会难以有坦白光明的风度,只知使用心计;虚伪、欺诈、不彻底的空气支配一切,使一切都无办法。"④因此,"我们的理想是恢复战国以上文武并重的文化"⑤。对于儒家学说,"战国策派"也依据是否有利于"战"而进行了重评。他们特别倡扬"忠",主张"应当以忠为百行先"⑥,认为与"忠"相比,"孝"必须降格。因为"忠"是国力形成的基础和先决条件,在国力竞争的大政治时代,惟其人人能忠于国家,才能化个体国民之力而为全体化的国力。

　　第三,文化价值目标不同。

　　吴宓是典型的理想主义者。这源于他的天生秉性,更源于他的世界观、人生观。"吾信有各种'绝对(又曰纯正)观念'(Absolute or Pure Ideas)之存在……世间有绝对之善,绝对之恶,绝对之是,绝对之非,乃至绝对之美、之

---

　　① 吴宓:《改造民族精神之管见》//张昌山编:《战国策派文存》(下),第592页。

　　② 林同济:《战国时代的重演》//温儒敏、丁晓萍编:《时代之波——战国策派文化论著辑要》,第49页。

　　③ 同上,第60页。

　　④ 雷海宗、林同济:《中国文化与中国的兵》(外一种),长沙:岳麓书社,1989年版,第52页。

　　⑤ 同上,第168页。

　　⑥ 林同济:《大政治时代的伦理——一个关于忠孝问题的讨论》//温儒敏、丁晓萍编:《时代之波——战国策派文化论著辑要》,第167页。

丑。"①正是因为相信"绝对观念"的存在,当现实与"绝对观念"对立时,吴宓明知道顺应现实会获得更多的实际利益,他仍然选择听从"绝对观念"的召唤,拒绝现实的裹挟。"故虽尽闻古今东西各派之说,而仍能信道德礼教为至可宝之物;故虽涉猎各国各家各派之文章艺术,而仍能信其中有至上之标准为众所同具;故虽处今百家争鸣,狂潮激荡之时,而犹信吾可黾勉求得一纯正健全之人生观;故虽在横流之中,而犹可得一立足点;故虽当抑郁懊丧之极,而精神上犹有一线之希望。"②逆潮流而动、被现实抛弃、被世人误解都不能使吴宓放弃他的理想主义。这一点尤其体现在吴宓的婚姻、爱情选择上。他对毛彦文的苦苦纠缠甚至被认为是由病态心理导致。其实,这恰恰是因为毛彦文比其他的女性更接近吴宓心中的理想爱人形象。毛彦文曾说吴宓爱的不是现实中的她,而是他理想中的她,即是明证。

"战国策派"诸子则是立足现实的功利主义者。他们的学术研究,无论是对中国历史的阐释,对中西文化差异的分析,对德国狂飙运动的介绍,对尼采思想的宣扬,都是对中日战争现实的回应,带有极强的功利色彩。他们心中没有吴宓"绝对之善""绝对之恶"式的"绝对观念",因为,"一个时代有一个时代的道德,一个民族有一个民族的道德"③。他们将第二次世界大战视为是竞争激烈的"大政治时代","竞争的根据,最重要的是'力',不是所谓'法'与'德'"④。因为,"德是价值论上的一个'应当有'。力是宇宙间万有所'必定有','必须有!'"⑤只要是有利于"力"的增强的举措,皆被"大政治时代的伦理"认可。这一极具功利主义特色的"大政治时代的伦理"理论是对进化论的演绎。而吴宓一向对进化论没有好感:"以为人与禽兽实无别,物竞天择,优胜劣败,有欲而动,率性而为,无所谓仁义道德等等。凡此皆伪

---

① 吴宓:《我之人生观》//徐葆耕编:《会通派如是说——吴宓集》,第89页。
② 同上,第90页。
③ 陈铨:《指环与正义》//张昌山编:《战国策派文存》(下),第597页。
④ 林同济:《大政治时代的伦理》//温儒敏、丁晓萍编:《时代之波——战国策派文化论著辑要》,第169页。
⑤ 林同济:《力!》//温儒敏、丁晓萍编:《时代之波——战国策派文化论著辑要》,第176页。

托以欺人者也。"①

除了以上三点外,吴宓与"战国策派"在对一些具体问题的认识上还有很多差异。比如在对《红楼梦》的评价上,吴宓对《红楼梦》高度赞赏,终生热爱。他认为《红楼梦》"为中国小说一杰作。其入人之深,构思之精,行文之妙,即求之西国小说中,亦罕见其匹。西国小说,佳者固千百,各有所长,然如《石头记》之广博精到,诸美兼备者,实属寥寥"②。而"战国策派"对《红楼梦》则持批判态度。陈铨认为《红楼梦》"使悲观厌世的思想,极端的个人主义,深入人心"③。这样的人生态度对于抗战是负面的、消极的因素。"在民族危急存亡的时候,大多数贤人哲士,一个个抛弃人生逃卸责任,奴隶牛马的生活,转瞬就要降临,假如全民族不即刻消亡,生命沉重的担子,行将如何负担?"④因此,陈铨呼吁更多的查拉图斯特拉下山,而少一些贾宝玉出家。林同济虽然没有直接对《红楼梦》发言,但从他的《寄语中国艺术人——恐怖·狂欢·虔恪》看,他不会是《红楼梦》的拥趸。

当然,吴宓与"战国策派"之间也存在一些共同点。他们都认同文化精英主义,都反对极端个人主义、极端利己主义。他们还都认为文学与科学具有不同的性质。陈铨的表述是:"在科学方面,往往是后来者居上;在文学方面,近代的文学却不一定比古代高明。"⑤吴宓的表述是:"物质科学,以积累而成,故其发达也,循直线以进,愈久愈详,愈晚出愈精妙。然人事之学,如历史、政治、文章、美术等,则或系于社会之实境,或由于个人之天才,其发达也,无一定之轨辙。故后来者不必居上,晚出者不必胜前。"⑥二者几乎完全一致。这些相似点很好地解释了在抗战时期知识分子云集的昆明,吴宓与"战国策派"诸子保持了较密切的交往,而与同为清华留美生的闻一多或多

---

① 吴宓:《论新文化运动》//徐葆耕编:《会通派如是说——吴宓集》,第21页。
② 吴宓:《〈红楼梦〉新谈》//徐葆耕编:《会通派如是说——吴宓集》,第276页。
③ 陈铨:《尼采与红楼梦》//温儒敏、丁晓萍编:《时代之波——战国策派文化论著辑要》,第290页。
④ 同上,第289页。
⑤ 陈铨:《民族文学运动》//温儒敏、丁晓萍编:《时代之波——战国策派文化论著辑要》,第370页。
⑥ 吴宓:《论新文化运动》//徐葆耕编选:《会通派如是说——吴宓集》,第5—6页。

年同事朱自清等却并无多少私交的事实。

四、结语

综上所述，虽然吴宓曾一度与"战国策派"诸子过往甚密，也在"战国策派"刊物上发表过《改造民族精神之管见》这样的文章，但根本的思想分歧决定了这只是特定机缘下的偶然交会。当陈铨、林同济离开昆明后，吴宓与"战国策派"之间的纽带消失，这次偶然的交会便告结束。风过不留痕，时过境迁，吴宓可能都忘记了自己曾在"战国策派"刊物上发表过文章。人们将"战国策派"的标签贴在吴宓的身上是一场历史的误会。

新世纪的今天，无论对吴宓还是对"战国策派"，学界都有了更全面、更准确的认识。吴宓与"战国策派"的关系也应该得到澄清。

（本文部分内容刊于《中华读书报》2014 年 12 月 17 日）

论共和国时期吴宓的政治思想

吕洁宇

（曲靖师范学院）

一直以来，吴宓的被关注主要在于他在新文化时期的成就，而在共和国时期其成就寥寥，因此他的处境也很少被人提及。随着《吴宓日记续编》的出版，他在共和国时期的遭遇才逐渐被知晓，相对于青年时的辉煌，吴宓的后二十八年显得格外暗淡和忧伤。吴宓并非一个政治人物，但他的一生都被国家政治所牵引，在文化和政治的纠葛中，他对政治有着自己独特的见解，通过对其政治思想的梳理，我们可以从中看到一个政治边缘人的抗争和坚守。

一、吴宓的政治理想

纵观吴宓的生活经历，我们会发现他在青少年时期所受的文化熏陶直接影响了他这一生的政治选择。20世纪初的中国内忧外患，政治已然成为每个知识分子都无法回避的话题，而身处于这个社会大环境中的吴宓很早便从父辈那里获得了"国家"意识的启蒙。吴宓早年生活在一个向资产阶级过渡的旧家族中，吴氏家族是大家望族、书香门第，从故宅大厅里悬挂着的"叙天伦之乐事：父子，兄弟，夫妇，朋友；著大学之明法：格物，致知，正心，修身"的木刻楹联中便可见吴家深受儒家思想的影响，吴宓自小耳濡目染，所受影响甚深。同时,他的嗣父与当时的民族资产阶级革命派有着密切的往来,他也因此很早便接触了维新思想,在少不更事时,"宓亦屡闻父执先生们谈论国事及世局,终以幼稚,不知注意"①。上了私塾之后,除了在课堂上学习四书五经,业余时间则泛读嗣父游日随笔《爱国行记》及《新民丛报》《新小说》月报、《上海白话报》等维新刊物,以至于自陈:"宓一生思想,受梁任公先生(启超)及《新民丛报》之影响,最深且钜。"②深受维新思想影响和儒家文化熏陶的吴宓在少年时便对国家的贫弱有了深刻的印象,并自小怀抱了救国的理想。而他后来所就学的三原宏道书院是陕西著名书院之一,不仅教授传统学术,并且积极宣传资产阶级民主主义改革思想,这所学校的文化教育让吴宓的文化理想有了最初的雏形,吴宓由此相信传统文化不可一概否定,要在重评传统的基础上吸收西学。1911 年,吴宓考入清华学校,结识了一批志同道合的好友,受了梁启超"报刊救国"的启发,欲效其《新民丛报》而自编杂志,他在清华期间积极参与了《清华周刊》《清华学报》的编辑活动,并于 1915 年冬与汤用彤等清华丙辰级同学一起成立了天人学会,"会之大旨,除共事牺牲,益国益群而外,则欲融合新旧,撷精立极,造成一种学说,以影响社会,改良群治"③。从中我们可以窥见鲜明的维新思想,而这种融合新旧的文化理念也与此后的《学衡》宗旨具有一致性。清华的学习培养了他通达宽阔的学术视野,也塑造了他献身文化和学术的人生理想,至此,他"文化救国"的理想已经成型,而后哈佛的学习为这一理想提供了更多理论的支撑,是对其思想的进一步强化。基于对传统文化的认同和推崇,吴宓在哈佛大学选择了新人文主义的倡导者白璧德为师。在白璧德看来,现代西方世界混淆了物质进步和道德进步,一心营求物质利益,以至于商业精神肆行无惮,帝国主义的衰落不可避免。而改造社会政治的唯一途径便是人文,即用道德主义来改造社会,主张道德自我对自然自我的克制,提倡由道德精英来统治国家,建立起与近代文明相抗衡的文化体系,从而达到真正的文明更

---

① 吴宓:《吴宓自编年谱》,第 39 页。
② 同上,第 47 页。
③ 吴宓:《吴宓诗话》,第 180 页。

新。这些与中国儒家思想有诸多相通之处,新人文主义思想无疑强化了吴宓对儒家思想的认同,同时也让他对中国的政治改革有了更清醒的认识,中国的贫弱在于精神的堕落,而"救国经世,尤必以精神之学问(谓形而上之学)为根基"①。他将新人文主义作为救国的唯一良方,并欲通过此来实现他的政治理想。

1921年,他毕业回国,此时新文化运动的破旧除新已经取得了巨大的成就,看到自己所珍爱的传统文化正被批判打倒,他陷入对国家未来深深的焦虑之中:"自从我回国后两年,中国的形势每况愈下。国家正面临一场极为严峻的政治危机,内外交困,对此我无能为力,只是想到国人已经如此堕落了,由历史和传统美德赋予我们的民族品性,在今天的国人身上已经荡然无存,我只能感到悲痛。我相信,除非中国民众的思想和道德品性完全改革(通过奇迹或巨大努力),否则未来之中国无论在政治上抑或是经济上都无望重获新生。"②1937年卢沟桥事变之后,日本不费力而坐取华北,他认为中国的失败也与国人的隐忍苟活、屈辱退让有关。"中国之科学技术物质经济固不如人,而中国人之道德精神尤为卑下,此乃致命之伤。非于人之精神及行为,全得改良,决不能望国家民族之不亡。遑言复兴?"③民众的道德精神决定了国家的兴亡,同理,一个政党的成功与否也与此有着很大的关系。他对各国政党曾作出对比和评价:"然昔年国民政府上下将吏之奢惰贪私,及美国之愚傲拙侈,实为其覆亡之原因、崩败之征。共产党及苏俄之艰苦奋厉,深心远谋,确有其成功与强大之理由。"④在他看来,国家的衰败必然与文化的腐化有关,而它的复兴和一个民族生命力的维系也必须依靠强健的精神文化,因此,不管是早期的救亡图存,还是后来参与到新中国的建设,他都是从文化入手的,对文化传承的执着也贯彻了他的一生。

自从回到祖国之后,他便开始致力于传播新人文主义思想和弘扬传统文化,这一方面出于他对文化的珍爱,而同时也是他救世理想的践行。《学

① 吴宓:《吴宓日记》第2册,第101页。
② 吴宓:《吴宓书信集》,第19页。
③ 吴宓:《吴宓日记》第6册,第170页。
④ 吴宓:《吴宓日记续编》第1册,第119页。

衡》和《大公报·文学副刊》都在一定程度上承载了他的政治理想,《学衡》杂志不仅致力于中国古代文化和古代文学的研究,同时大量引介西方文化和文学,以客观公允的态度来宣扬新人文主义,并针对当时反旧倡新的热潮发出了不同的声音,引起了颇多关注。但最后这两份刊物都因为某些原因相继停刊,失去了两个舆论阵地的吴宓感到十分沮丧,加上恋爱生活的重创,他陷入了深深的痛苦之中,"才性志气已全漓灭矣!"此时的他亦知在战火纷飞的环境中,其主张是不可能得到实现的,"达则兼济天下,穷则独善其身",此后的他逐渐疏远政治,将心志全放在整理典籍书本之上。内战结束后,硝烟逐渐散去,生活也开始趋于平静,此时吴宓内心理想的星火再次点燃,他"嫌国立大学只教授学术、知识而不讲道德、精神、理想(此必求之于私立学院)"①,毅然辞掉武汉大学的工作来到成都,却因战乱最终滞留于重庆。在抛弃了文化学习的校园里,在无数政治运动的打压之中兢兢业业地撰写讲义,执着于自己的文化理想,将全部的精力都投入传统文化的研究中。

在吴宓看来,只有强健的文化才能让中国摆脱压迫和贫弱,走向独立。而对于国家的统治,吴宓亦一直秉承着新人文主义的观点,他认为国家若要实现民主自由就必须依靠一个优秀的统治者。他曾在给友人的信中谈到这个观点:"我们所要的是伦理社会和道德的政府,但我们首先要的是对待人类生活的健全和现实的观点。我们在伦理道德和宗教信仰方面的中心信念,是美德和邪恶的二元论。在政治方面,我们的理想是权力的正确行使,并由一群具有智慧及品德的精英分子掌握。"②这种精英思想直接影响了他对领导者的认识,对于领导者应具备的素质,吴宓在译文《班达论智识阶级之罪恶》中说:"智识阶级之主张,本于一己之良心及理性。以是非真伪为归,而不以己身之成败枯荣为意。然后竭力推广。希望己之学说理想能得实现,而决不可能迁就一己修改学说。以媚人而求荣,或阿谀以图利。"③即要求领导者必须拥有丰富的学识和高尚的道德,并将此作为评判领导者的

---

① 吴宓:《吴宓日记续编》第1册,第10页。

② 吴宓:《吴宓书信集》,第152页。

③ 〔美〕贝尔琴:《班达论智识阶级之罪恶》,吴宓译,《学衡》,1931年第74期,第33页。

重要标准。例如在 1941 年 7 月 19 日的日记中,他这样写道:"宓乃侃侃而陈道德及立诚、为公之要,盼蒋公及国民党及全国领袖人物,均能于此加意自勉。"[1]从中可以看出,他认为一个优秀的领导人应不仅具有儒家所倡导的君子风范,同时,这些精英领导者必须对民众施以仁政,而这其实又回到了他的政治理论起点:文化。在吴宓看来,基督教的仁爱、传统儒家的"民本"等合乎道德伦理的观点都应该在政治决策中表现出来,"我们反对新文化,反对布尔什维主义,反对反基督教运动,反对学生和市民非法暗中策划集会游行,等等。我们认为政府和伟大政治的基础是道义,而所有法律和体制改革的尝试都几乎没有结果。"[2]只有实施仁政,政府才可能保全和巩固它的统治。吴宓的政治理念带有很浓的理想主义的色彩,比如他的精英主义极有可能导向专制集权,但是毫无疑问,他所提倡的"仁政"乃是巩固政权的必需,而他对传统文化的重视在今天仍具有很强的现实意义。

二、吴宓的政治态度

从吴宓的政治理想中我们可以看出,吴宓是从文化精神的角度进入政治的,即使后来渐渐疏远政治,但他的政治立场却一直贯穿始终,对政治的评判准则都基于文化和道义。因此,他对一切破坏文化和违背仁义道德的统治都不赞同,认为频繁的政治运动有"不事休养生息,而用民力太过"等弊端,认为"废文言,行简字"的做法会"割断中国文化之历史根苗",对文艺提出了"文艺创作亦不能出自人心而发扬民志"[3]的批评。

1949 年,为了巩固新生的政权,在全国范围内开展了频繁的思想政治运动,这些运动让吴宓极其不适应。如 1951 年的"土改运动",吴宓感受到了"以阶级为界,以报仇立义。对地主及一切有资产有文化之人,悉欲根绝之、铲除之而后快"[4]的紧张。在镇压反革命运动中,"闻合川、隆昌等邑亦各捕

---

① 吴宓:《吴宓日记》第 8 册,第 131 页。
② 吴宓:《吴宓书信集》,第 152 页。
③ 吴宓:《吴宓日记续编》第 4 册,第 129 页。
④ 吴宓:《吴宓日记续编》第 1 册,第 23 页。

千余人……"①而学校中亦有学生在教室斗争工人特务,"众怒叱詈,喧乎震天"。随之而来的"五反"运动,吴宓更是目睹了批斗会上的暴力酷刑,"十余犯,则跪地凳或煤渣上,剥其外衣,遮面蒙头,群众威呼,促其坦白至再至三"②。而随着运动范围的不断扩大,打击力度的增强,祸及人数也逐渐增多,因此致死之人更是多不胜计。在"文革"期间,被认定为阶级敌人的"黑五类"不仅要进行繁重的体力劳动,同时还要无条件、无反抗地接受红卫兵的训斥和殴打,而吴宓亦在"文革"中以"反革命"的罪名被施以专政,遭受了残酷的批斗,他在 1969 年 5 月 9 日的日记中记载了他有史以来遭受的最严重的殴打:"凶猛之二男生来,分挽宓之左臂、右臂,快步疾驰,拖宓入食堂(由两行横木厚板之间走进)。行约及 2/3 处,宓大呼曰:'请缓行。宓脚步赶不上,将跌到!'彼二人大怒,遂乘向前奔冲之势,放手,将宓一猛推,于是宓全身直向前左方,倾倒在极平之砖地上。宓全身骨痛已甚,而彼二人怒益增,径由后挽起宓之左腿,拖动全身,直至主席台前,面对群众,接受斗争。"③而这次殴打也致使他的"左腿乃受扭折:上腿(大腿)向左、向外扭折,下腿(小腿)向右、向内扭折,膝盖与胯下两处关节脱臼(非复原来窠臼衔接)"④,并因此落下了终身残疾。吴宓在日记中说:"颇感今中国之对待一般人士,皆如中世欧人之待犹太人矣!"⑤这些被专制的人丧失了尊严和自由,除了身受暴力摧残,还要承受精神上的冷暴力,遭受群众的控诉和辱骂,忍受各种冷眼和疏远。很多人因此精神失常,更有人不堪受辱而选择自杀。吴宓在被打倒之后也遭到了红卫兵甚至孩子们的戏弄和侮辱,而对此,劳改队却规定:"儿童们侮辱汝等牛鬼蛇神是所应当,决不许还手抵抗,倘敢打击儿童者重惩。"⑥因此对于他们的恶意挑衅,吴宓只能避而远之,上下班都选择绕道而行。一个老教授的尊严被践踏至此,内心的痛楚可想而知。

---

① 吴宓:《吴宓日记续编》第 1 册,第 87 页。
② 同上,第 300 页。
③ 吴宓:《吴宓日记续编》第 9 册,第 103-104 页。
④ 同上,第 106-107 页。
⑤ 同①,第 171-172 页。
⑥ 吴宓:《吴宓日记续编》第 8 册,第 34 页。

政治运动的轮番来袭严重干扰了人的正常生活,政治学习和各种会议成了吴宓每日工作中的重要组成部分,且时间密度和长度也在逐渐增加。根据日记记载,1951 年平均一天两个小时,1952 年则增加到平均每天四个小时,吴宓对此感到苦不堪言,"今全国之人,皆忙于开会、学习、运动、调查、审讯、告讦、谈论、批评,而事业停顿,学术废弃,更不必言'其细已甚'与'民不堪命'也!"①即便如此,此时的吴宓仍旧还可以将上课作为一种调剂,偷得些许闲暇,但从 1958 年开始,政治已然成了生活的全部内容,"众皆忙于提意见,写大字报,公务几全停顿,无暇办事"②。各种思想汇报、大字报任务让学生和老师每天日夜赶工,"诸人之辛苦奋力,尤以学生为难能,数日不回寝室,在教室中倦则伏案而寐,焦思苦行,不断挥毫书写"③。根据吴宓日记中的记载,在教育的"大跃进"运动中,迫于任务的压力,他时常要赶写大字报到深夜,而夜晚一点钟复起,再写至五点,疲于应付,终日愁苦忧思,并因此经常失眠。除此之外,迫于"大跃进"不断涨高的粮食产量指标,大量的学生和老师被派往农村参与劳动,而民众更是终日劳作不止,吴宓日记记叙了他的所闻:"农民五日中,仅食干饭一餐,余皆粥,菜以辣椒、泡萝卜为主,生活已极勤苦,每亩产量 800 斤。农民屡言其断不能再增产,而党召开会时,竟定为 1200 斤指标。……教师之往农村锻炼者……皆患食不能饱,劳苦不胜。每日未明即起,为农民煮饭,做家事,终日担运掘筑,无午睡,夜间犹需开会学习至十一时半,故多郁苦。"④可见,全国上下无一不受侵扰。而在"文革"中,被关进牛棚接受改造的"黑五类"除了参与生产劳动之外,其余时间则必须背诵语录,撰写交代材料,"士劳忙不暇用思",终日为改造所累,不得休息。"亲亲而仁民,仁民而爱物"的儒家思想被政治抛弃了,人们劳忙不闲,深感其苦,遑论个人幸福。

接连不断的政治运动侵占了人的生活空间。在 1954 年"肃反"运动期间,学校开会规定,师生员工一律不准请假,不许出校园,不准会客,不许通

---

①　吴宓:《吴宓日记续编》第 1 册,第 327 页。
②　吴宓:《吴宓日记续编》第 3 册,第 247 页。
③　同上,第 331 页。
④　同上,第 248 页。

信,在行为上予以规范,同时勒令进行思想改造,而改造最主要的方式便是相互之间的检举揭发,不仅个人的行为时刻暴露在他人咄咄相逼的目光之中,同时还要忍受牵强而又无理的苛责。吴宓在运动中无数次交代坦白,撰写了大量的思想汇报,这种强制性的思想规范对于追求自由的知识分子来说无疑是最大的折磨。而到"文革"时期,对思想的控制更是达到了极致,任何有违集体意志的个人发声都可能影响到生命的安危,这种全民被迫性的思想改造,无疑会造成思想的僵化,"政令与学校之教育,无非强迫改造,使老少师生、男女民众,悉合于此一陶铸之模型"①。吴宓日记记载,有一次他奉命写大字报,由于疏于检查而未将"毛主席"三个字用红笔标出,便因此受到了学生们的谴责,甚至将其罪名上升到了反党、反领袖的高度。在"文革"中,很多少不更事的少年都是被这种崇拜感和使命感所驱使,卷入这场盲目争斗的游戏。吴宓不禁感叹:"生此时代之中国人,真禽犊之不若,悉为牺牲。"②仁政不存,大道将失。深爱中国文化的吴宓经历了无数次的政治运动,他在每一次政治变动中都表现得十分忧虑而痛苦,因为对他而言,轮番的政治运动不仅会摧毁个体精神,更会加重对文化的摧残。

随着密度和力度的不断增加,浓郁的政治风气迅速弥漫了整个中国,校园里到处充斥着政治口号,学生趋之若鹜,积极地投入运动之中,"今校中已无人读书。姑不论中西文哲史之学,敢有学生用功英文、数、理、化者,亦将犯'阻碍进步,破坏团结,反对参军,援助美帝'之嫌疑矣!"③不仅如此,学校图书馆的流通之书也必须经过严格筛选,以防思想流毒之患,学校教育的缺失让吴宓深感学术被冷落的悲哀。而随之而来的教学改革则导致了文化被政治的同化,首先是尊俄思想的盛行,在学校中,对教师素质优劣与否的评价完全取决于其政治思想的高低,"仅读过二三本汉译之苏联课本及参考书,但合乎马列主义之观点立场,便是好教师。而非博学通识,精度史籍原著以及通悉古今西洋文字语言之人"④。在教学过程中亦必须遵循严格的政

---

① 吴宓:《吴宓日记续编》第 1 册,第 171 页。
② 同上。
③ 同上,第 37-38 页。
④ 吴宓:《吴宓日记续编》第 2 册,第 228 页。

治标准,"每一段甚至每一句讲话,每一个名词,深思密造,用马列主义之立场观点,表现出阶级斗争之感情、精神"①。教学"重今轻古"的要求让他感到极其痛苦,无所适从,吴宓也因其思想的"落后"而倍受学生的指责。而最让他难以接受的就是废除繁体字的主张,文字是民族文化的符号,对文字的改变无异是对文化的自残,"汉字亡,则中国文化全亡"。看到自己无比珍视的文化正被肆意的摧残,他不禁悲叹:"数千年文明古国之中华,为正统马列主义(一种信仰,一派学说)之牺牲。只知有党而不知有国,为某阶级之利益而不顾全体民众。若辈志骄气盈,冥行猛进,孤注一掷,恐不免玉石俱焚,中华人民之厄运将何所底乎?"②眼见文化的凋敝,身处其中的他无时无刻不在忍受着煎熬,并对自我的存在产生了深深的破灭感,多次想要以死解脱,"宓自恨生不逢辰,未能如黄师、碧柳及迪生诸友,早于1949年以前逝世,免受此精神之苦"③。

传统文化被抛弃,道德信念如仁爱、恭顺、谦卑等品质都随之消亡。在吴宓日记里,无处不透露着他对精神文化凋敝的痛惜和对卑劣人性的批判。他强烈地感受到了政治运动对淳朴民风的巨大破坏力:"盖数月,或期年以来,中国人之一般习性,已变为残酷不忍,而不自觉知。甚矣,移风易俗之易,而收功见效之速也!"④革命斗争思想的鼓吹、对阶级成分的重视,让原本以亲情人伦维系的家庭关系转变成了赤裸裸的阶级对立。在吴宓的日记中,婚姻已无家室男女之感情,充满了政治和斗争,很多青年为了追求"进步"与家庭决裂,弃绝爱情,因为政治而致夫妻反目者更是无数,甚至还出现了弑父的惨剧。失去了文化信仰的国家陷入了一片混乱,非理性肆意横行,严重损害了社会的安静和稳定,而"文革"的"武斗"无疑是最明显的证明。红卫兵以革命的名义肆意毁坏,完全丧失了理智,"今道德、法律不存,任何大人或孩童,可持械殴伤或打死任何人而不受惩罚。更不偿命"⑤。无数人

---

① 吴宓:《吴宓日记续编》第 2 册,第 151 页。
② 吴宓:《吴宓日记续编》第 5 册,第 439 页。
③ 同①,第 65 页。
④ 吴宓:《吴宓日记续编》第 1 册,第 97 页。
⑤ 吴宓:《吴宓日记续编》第 8 册,第 159 页。

在斗争火拼中阵亡,很多无辜的人都因此丧命。吴宓认为道德的沦丧会带来社会的混乱,而终将导致政权的坍塌:"违反人情之政教,吾信其必不能持久不败耳。"接连不断的政治运动让吴宓感到极大的失望,他所珍爱的文化也因为政治的破坏而枯萎凋零,其内心的怜惜和痛苦可想而知。

三、吴宓的政治立场

随着吴宓政治理想的破灭,心灰意冷的他不再投入政治运动,而转入对文化的追寻。但作为一个深谙儒家思想的人,他却一直保持着对国家政治的关注。在他的日记中,政治时事一直是一项很重要的内容,他几乎对每一次重大的事件都有记载,并且还时常和朋友讨论时事。1949 年以后,政治与个人的关系变得更加密切,而吴宓日记里对政治事件的记载也就变得更为详细,在每一次政治学习中,他都会对会议内容和发言作详细的记录,并在会后将其抄录粘存。除此之外,他每天都保持着看报的习惯,哪怕到 1970 年三月份后每月工资只有三十多块钱,但他仍会花 1.3 元订一份《人民日报》。但是我们又不难发现,吴宓虽然关心政治,但同时又与政治保持着距离,他不会主动参与政治,甚至会刻意地疏远。他曾多次在日记中表示对政治学习的厌恶:"赴第一小组学习会,心甚不快。勉强发言一次"①,"循例随众,不得不言,既违良心,又不合时宜,殊自愧自恨也。"②这样的叙述在日记中随处可见,并且他会经常以各种理由拒绝参加会议和政治活动。1951 年,朋友曾求他为《大公报》撰文,他坚决拒绝了并表示:"若至万不得已时,被逼,宁甘一死耳。"③又一次,《重庆日报》来征文,学校拟定吴宓等三位教授撰文,吴宓日记写道:"呜呼,当局焉知吾心,吾宁甘减薪降级调职,而不愿作文登报。此吾特有之苦衷,不敢对人言者。宓自视如无物,然人犹以往昔之虚名而尊我或用我,哀哉名之为累也!"④而当他得知自己的思想改造文章被译成英

---

① 吴宓:《吴宓日记续编》第 1 册,第 24 页。
② 同上,第 24-25 页。
③ 同上,第 164 页。
④ 吴宓:《吴宓日记续编》第 2 册,第 62 页。

文,对美国广播宣传而作为招降胡适等之用,他对此事极为不满,"宓今愧若人矣"①,并在诗中写道:"心死身为赘,名残节已亏。"吴宓不愿意沾染政治,更不愿卑躬屈膝来获取名利,他作为一个独立的知识分子,一直渴望保存自己独立的品格。

吴宓的这种政治态度与他的文化信仰有关,他严格恪守"君子不群不党"的道德准则,"吾自抱定宗旨,无论何人,皆可与周旋共事,然吾决不能为一党派或一潮流所溺附、所牵绊。彼一党之人,其得失非吾之得失,其恩仇非吾之恩仇,故可望游泳自如,脱然绝累"②。吴宓一直以来都对政治保持着中立的态度,专注于内心的安定和平和。"无偏无党,不激不随"不仅仅是吴宓的学术理想,也是他为自己的行为思想所确立的准则。观其一生,吴宓一直都身处于党派纷争的大环境之中,但却如其宗旨所说,他没有参与过任何的党派争斗,也从未有确定的党派偏向。即使多次被迫参与到政治活动中,但他始终都以专注于文化研究的知识分子自居,保持着独立的品格和姿态,与政治保持着距离。面对民盟领导的邀请,他表示不愿入,为捍卫思想的独立和自由,他甚至表现出了愿意为之献身的坚决:"总之,他人求入党,宓求不入党、不入盟:许我生则生,不许我生则乐死。"③

"惟宓殊恶参加党派团体。"④综其原因,首先在于他自身对政治的拒绝,"因宓素不喜政治及社交,为之亦不宜。故宁始终远避此类团体活动,而独行自乐耳"⑤。他不愿意委曲求全,并且他认为政党的观念必然会成为自由思想的牵绊,而独善其身、保持独立的唯一的办法只能是拒绝参与一切政治活动,从而拒绝一切政党思想的同化。但据日记记载,在这其中也有一个例外,那就是吴宓曾连续三届担任四川省的政协委员,这似乎与吴宓之前的态度相左。但纵观整个事件发展,我们发现,吴宓参与政协会议无关政治的需要,而更多夹杂着私人情感,同时他也将此作为自我身份认同的一种方式。

---

① 吴宓:《吴宓日记续编》第 1 册,第 432 页。
② 吴宓:《吴宓日记》第 2 册,第 45 页。
③ 吴宓:《吴宓日记续编》第 2 册,第 397 页。
④ 同①,第 472 页。
⑤ 同上,第 450 页。

最初，吴宓也对这一政治安排表示拒绝："宓述生平从未参加任何'政治'会议，思想改造虽勉为之，已极痛苦，但愿为教师，安心苟活；若省政协之委员，傀儡鹦鹉，附和传声，宓实羞为之，且厌为之。"①最后在领导的殷殷劝解下，吴宓才勉强为之。吴宓来到成都，除了开会之外，其余时间都用来寻访众多老友，成都之行使他暂时脱离了紧张的政治环境，与朋友的会面交谈，有效地排遣了自己的忧郁情绪，这无疑是一次有效的精神缓冲。同时，会议并非想象中的苛刻，一反平时严厉的思想批判，而以自由发言的方式展开，且都只是"虚与敷衍而已"。而他的家人亦认为，他拥有政协委员的资格正是当局对其知识分子身份尊重和认同的一种表现，而当时深陷改造之苦的吴宓正迫切得到这样一种肯定，因此也就同意了这种安排。所以，我们不能将参与政协的活动当作是与其独立思想的偏离，相反，从他对自我价值被认同的渴望中，我们更能深切体会到他对自我独立的强调。

其次，吴宓的文化本位思想也影响了他对政治的态度。他曾在给家人的信中表示："宓年五十六，身非国民党员，又无政治兴趣，亦无活动经验，然以中西文学及历史道德之所昭示，由宓之愚，自愿在甲方局域中为一教员或民人。"②他留在大陆，只是因为对民族文化的热爱，与政治无关。而他也在学习座谈会上表明过这个观点："宓一向不关心政治革命及经济情况，与夫个人享受，而惟念在文化，尤其文字、文学。"③对他而言，文化才是他生命的信仰，因此在思想改造中，他坦白可以对党的一切政策予以拥护，唯独反对废繁体字。他在"文化大革命"之中，即使身处囹圄，仍会抽出一切时间看书学习。吴宓一直自觉行走于政治的边缘，哪怕是被迫卷入斗争，他也一直秉持着沉默和敷衍的态度。

另外，他对政治的疏远也是一种出于避祸的自我保护。陈寅恪曾评价吴宓为"本性浪漫"，而他自己也认为自己"阴性多欲"，这两个词是对他性格的最好概括。从吴宓日记中，我们可以看出他是一个很情绪化的人，身处在

---

① 吴宓:《吴宓日记续编》第 2 册，第 98 页。
② 吴宓:《吴宓书信集》，第 361 页。
③ 吴宓:《吴宓日记续编》第 4 册，第 166 页。

荒唐的政治运动中,他感到十分痛苦和愤恨,并时常不能抑制自己的冲动,发出一些惊人的"反动"之词,他也因此多次在会上遭到批评。随着自我检讨次数的不断增多,吴宓更是"开口就错",他深知这种冲动会让他惹祸,并对此感到十分困扰。他时常告诫自己:"夫以宓为高年宿学之教授。又在人民政府及共产党之国立学院中,首宜谨慎自保,勿多预诸事,次当矜持养望,勿下亲琐屑,反致为人轻贱。"①"默处深居最我宜"②,"至于在学习中出席发言,但当依样葫芦,随众敷衍,以为应世悦人、避祸全生之具而已。"③。他常以"忍默""静超"④二字为箴,督责自己少发言,多沉默。不仅如此,他还经常向朋友讲述自己的经历,私劝他们应谨言慎行,巧于应世。在建国后的二十多年里,吴宓一直都被政治跟随,亦一直在欲说而不能说的困扰中生活,他的日记里有无数次的"悔多言"和"强忍之",也有无数次的"宓随众"和"不曾发言",从中我们看到了他不得鸣的悲哀。吴宓的悲剧是万千知识分子的悲剧,亦是一个时代的悲剧,他用苦难警醒我们铭记历史,不要让悲剧重演。

(本文以《共和国时期吴宓的政治思想——以《吴宓日记续编》为中心》为题刊于《三峡论坛(三峡文学·理论版)》2015 年第 1 期,收入本书时有删节)

---

① 吴宓:《吴宓日记续编》第 2 册,第 195 页。
② 吴宓:《吴宓日记续编》第 1 册,第 234 页。
③ 同上,第 279 页。
④ 同①。

学侣重逢最爱君

——吴宓与凌道新

凌梅生　傅　翔

　　吴宓先生和凌道新先生相识相交于 20 世纪 40 年代。吴宓先生早年创办清华国学研究院、主编《学衡》杂志、梓行《吴宓诗集》,是学贯中西、融古通今、蜚声中外的学界泰斗和一代宗师。凌道新是吴宓先生深为器重的学生,1957 年被打成"右派",在"文革"中被迫害致死。

　　凌道新,本籍江苏镇江,1921 年 4 月 11 日出生于辽宁省巨流河(今辽河),五岁时随父由辽宁大虎山迁居天津,先后就读天津南开中学和耀华中学。1940 年,凌道新同时考上北平燕京大学、上海圣约翰大学和西南联合大学,最后入读燕京大学新闻系。1941 年 12 月,日本偷袭珍珠港,太平洋战争爆发,燕大为日军占领,多数学生被逐出校园。1942 年燕大在成都华西坝复校,凌道新辗转来到成都,继续学业,1946 年毕业后任教于华西协和大学外文系。吴宓先生于 1944 年来成都燕京大学任教,凌道新遂成为吴宓先生的学生,常亲聆教诲,将自己的作品呈请吴宓先生评正,其学力和才识甚得吴宓先生青目。

　　1952 年"院系调整",凌道新从成都华西大学调至北碚西南师院,与先已在该院任教的吴宓先生再次相逢,并先后同在西南师院外语系和历史系任教。在缙云山麓,嘉陵江畔,二人朝夕相处,亦师亦友,学谊日深。他们在精神志趣方面颇多共通之处,都熟谙本国传统文化和古典诗词,又于英美文学和西方文化有深厚造诣。吴宓先生曾夸赞："在本校，甚至在四川，英文最好者，宓认为是凌道新。其人，籍镇江，生长天津，学于英华书院及燕京大学，宓与寅恪之学生。久在 *Millard's Review* 投稿。……其中文诗亦甚好。"①

1952 年至 1957 年"反右"前这段岁月，吴宓先生和凌道新往来密切，谈诗论学，中西比较，交流甚广，凌道新也有更多机会分享吴宓先生的学识与洞见。吴宓先生在日记中常记载二人抵掌而谈的情形。有时"凌道新来访"，有时吴宓先生"访凌道新"，在凌道新室"茗谈""叙谈""久谈""久坐"，"至山上凌道新室中共度中秋"，在校园和凌道新"游步""月下步谈"，或"偕凌道新同行"访诗友②。

1956 年凌道新结婚，吴宓先生是主婚人，特意赋诗《贺凌道新仁弟新婚》。诗云：

> 学侣重逢最爱君，清才夙慧业精勤。
> 早能敏悟明新理，今更钻研识旧闻。
> 木秀于林行负俗，鹤鸣在野气凌云。
> 同窗四载中郎女，璧合珠联喜共群。

此诗作于 1956 年元旦，定稿于 1967 年，附注云："九月十三晚检宓诗原稿（纸片未编汇存者），有此一诗。其中有四、五字尚未决定，待修改。不知当时曾否改好，曾否写成？九月十四日乃修改定妥，连注写上，奉弟珍存，以为此生之一纪念。"

吴宓先生写诗的一大特点是喜欢自注，这首诗也不例外。第五句注：李康《运命论》："夫忠直之忤于主、独立之负于俗，理势然也。故木秀于林，风必摧之；堆出于岸，流必湍之；行高于人，众必非之。"

第六句注：《诗经·小雅》："鹤鸣于九皋，声闻于野。"《史记·司马相如传》："相如既奏大人之颂，天子大说。飘飘有凌云之气，似游天地之间者。"

---

① 吴宓：《吴宓书信集》。
② 本文所述史事多据《吴宓日记续编》，不一一注明。

第七句注："宓与傅毅生（葆琛）1912 至 1916 同学清华并同级同年毕业。""蔡邕之女蔡文姬，名琰。"注中的傅葆琛（1893—1984），成都双流华阳永安乡人，毕业于清华大学和美国康奈尔大学，曾任华西协和大学乡村建设系主任和文学院院长，是凌道新新婚妻子傅启群的父亲。

全诗表达了吴宓先生对凌道新新婚的祝贺和卓越才华的赞佩。第五句"木秀于林行负俗"谆嘱凌道新虽才华出众，聪明过人，但峣峣者易折，佼佼者易污，要警惕树大招风，注意"敛迹"。未料吴宓先生竟一语成谶，凌道新在次年便被打成右派。

凌道新从小受教会学校的影响，穿戴考究，风度潇洒，一表人才，又深受传统文化精华之熏陶，儒雅斯文而又天真浪漫。纯粹的书生气质，使其丝毫未能觉察出时代风云和世态人情的变幻。反右前夕，吴宓先生告知凌道新："闻于学校当局，谓宓代表顽固之封建思想，凌道新代表英美资产阶级之生活方式。"同时，谆诚凌道新"且自有所警惕耳"。但凌道新在 1957 年的大鸣大放中，不降其志，不辱其身，直言己见，故难逃天罗地网，一夜之间沦为"资产阶级右派分子"。

吴宓先生对凌道新被打成右派的原因归结为："受祸之诸人，或本才学优长，平日苦受压抑，如新等。而其人性行亦有缺点，过刚，而不善自藏。遂遭忌受谗，而罹于祸。"这里的"新"即指凌道新。吴宓先生在反右中谨守"隐忍止默"的四字箴言，侥幸逃过反右一劫。但是，"此次幸免于难，然而残年枯生，何益何乐？"

反右将中国知识分子的独立之精神和学术自由之思想彻底摧毁，一切不同意见都被当成异端。吴宓先生认为，反右运动"使言者悔惧，中国读书人之大多数失望与离心"，"凡鸣放中略抒感愤不平者，悉为罪人矣"。反右"未免近于孟子之所谓'罔民'矣"。吴宓先生因而终日郁苦不乐，甚至自祈速死。

凌道新在反右罹祸后，被遣送到西南师院图书馆任西文编目、干杂务、打扫图书馆周围清洁、工资连降五级，从此人生之路经受了漫长的坎坷和不幸。面对人生最大的挫折，凌道新含冤负屈，愤郁至深。

吴宓先生对凌道新的苦况非常同情，顶着学校当局要他"注意阶级，划清界限,勿与右派凌道新来往"的压力,有时趁"月光黯淡,满天云遮","私访"凌道新;甚或冒雨夜访进行劝慰。在处理右派分子判定会上,吴宓先生坦言对凌道新有温情主义,"除凌道新外,由反右之时期起,宓与右派分子无往来",并极力为凌道新开脱说解。

凌道新由于劳苦抑郁,患肺结核住院。吴宓先生对此十分惦记,一日黄昏,吴宓先生沿公路步行约十华里,至北温泉附近之工人疗养院 109 室访凌道新探病。又某夜梦见凌道新,"疑为不祥",次日"特往访新"。当得知凌道新在图书馆备受虐待时,吴宓先生感愤伤叹,"殊为新怜悯,恐其不永年矣"。为了让凌道新早日脱离苦海,吴宓先生常抓住机会向学校当局"谈说新之英文造诣实深,今若寻求良好英文教师,似可荐新任,赦其罪而取其才"。

吴宓先生和凌道新师生情谊深厚,吴宓先生逢十寿辰,凌道新都会赋诗祝贺。1964 年吴宓先生七十寿辰,凌道新感赋七律二首,题为《寿雨僧师七十》。诗云:

（一）

诗伯今应四海推,温柔敦厚仰吾师。

重吟老杜西南句,正值华封七一时。

碧落定知魂寂寞,星河遥见影参差。

霜蹄谁谓龙媒老,迥立苍苍问所思。

（二）

万里桥西往梦痕,何公巷口少城根。

诗人怀抱谁同喻?赤子心肠更莫论。

岂待枰收方胜负,未须柯烂又乾坤。

炎威使杀秋凉动,可祝南山献寿樽。

吴宓先生对此诗极为珍赏,批注曰:"去年及今年,宓所收亲友学生之寿诗、寿词,当以此二首为最佳,以其情真事切,非同浮泛虚伪之谀颂也。""1944 至 1945 年宓在成都燕京大学(国文系)任教授时,居住文庙前街何公巷之一室,该处为燕京大学男生宿舍,道新亦居住其中。宓屡见道新,每晚,就过道处之一煤油灯,读《吴宓诗集》而异之,此为宓与道新订交之始,今二十年矣。"

1966 年，"文革"血雨腥风骤起，中国知识分子不仅在精神上，而且在肉体上遭受到空前的迫害和摧残。吴宓先生心怀恐惧和凄惶，认为中国数千年之德教习俗、学术文化，都面临着被彻底摧毁的命运，"伤中国文化之亡，黑暗时代之降临"。凌道新则对命运悲感莫名，心怀悲慨，觉得自己"折磨将死"。凌道新有一锦册名《真珠船》，上有缪钺、周汝昌、黄稚荃等诗友的题诗，遂请吴宓先生题诗于《真珠船》，以作为纪念。吴宓先生欣然应允，遂恭笔正楷将陈寅恪先生 1945 年在成都所作《华西坝》诗题写于锦册。

陈寅恪诗曰：

> 浅草平场广陌通，小渠高柳思无穷。
> 雷奔乍过浮香雾，电笑微闻送晚风。
> 酒困不妨胡舞乱，花娇弥觉汉装浓。
> 谁知万国同欢地，却在山河破碎中。

其后吴宓先生题跋："右录陈寅恪兄 1945 年夏日所作《华西坝》诗为道新仁弟留念。时吾三人皆在成都燕京大学。"

昔时的华西坝，钟楼荷池，高柳鸣蝉，绿草清溪，风景如画，虽国难深重，而弦歌不绝。《华西坝》诗表达了陈寅恪先生忧时伤世的情怀和对国家命运的深沉兴亡感。吴宓先生幼习欧阳询《九成宫》，字体古雅朴拙。陈师吴书，可谓双璧。陈吴二老同为凌道新的老师，吴宓先生将陈寅恪先生的诗题写于凌道新的锦册，是吴宓先生给凌道新的最好纪念，也见证了吴宓先生和凌道新的深厚学谊。

在"文革"中，吴宓先生和凌道新都被打成"牛鬼蛇神"，遭到残酷批斗，挑粪、修路、薅田、看厕所、守茅棚，经历了最黑暗的苦难。在劳改队，红卫兵"责令队员跪泥地上，并以钢条锄柄痛打队员，而新受打尤重且频。（头顶肩背、臀股甚伤。）"对于凌道新频遭毒打，吴宓先生悲愤至极："呜呼，人道何存？公理何在？……"

吴宓先生自己还被打成西师头号"资产阶级反动学术权威"；因为反对

"批孔"，又被打成"现行反革命"。1969年5月9日，吴宓先生在梁平西师中文系"斗争罪大恶极之现行反革命分子吴宓大会"上，被红卫兵乱施拳脚，挟持疾行，腾空甩出，左腿被扭折成三截，落下终身残疾。

即使在思想文化被彻底禁锢的年代，吴宓先生和凌道新也从未中断过学谊交往。他们都深敬陈寅恪先生其人其文。"文革"中，陈寅恪先生和吴宓先生处境均极险恶，不通音讯，但吴宓一直心系陈寅恪先生安危。1967年10月，吴宓先生将陈寅恪先生昔日手写《吴氏园海棠》诗三首，"送与新读"，又"以宓1945日记中陈寅恪诗数篇送交新读"。凌道新也出示其所录陈寅恪先生诗作。1971年12月9日，吴宓先生获知陈寅恪先生两年前即已离世，至为悲愤，连夜撰成《陈寅恪先生家谱》交与凌道新保存，并和凌道新"坐谈寅恪兄往事"。

在梁平劳改队，吴宓先生耄年短景，时时于冥冥之中对生命有一种不祥预感："若有大祸降临我身者！"于是着手于对自己人生经历的文字追述，完成了《吴宓自撰年谱》。凌道新读后，即赋诗《读雨僧师自撰年谱》。诗云：

> 韦杜城南事早空，贞元朝士梦谁同。
> 百年雪上征鸿迹，隔晓花间舞蝶踪。
> 学贯东西堪独步，诗侔元白出奇峰。
> 辛勤好自名山计，会见灵光鲁殿中。

1972年夏，吴宓先生获准返回重庆北碚西南师院。凌道新感赋七律二首，题曰《送雨僧师自梁平返重庆北碚》。诗云：

（一）

> 萧萧白发任孤吟，车发渝州曙景侵。
> 名盛由来招祸累，天高难与料晴阴。
> 曾经沧海浑无泪，何处乡园总系心。
> 不尽临歧珍重意，此情去住应同深。

（二）

世路风波梦一场，客中送客倍凄凉。

频年思过终何补，万事穷原费考量。

行旅安排师弟分，迁流难措别离觞。

清标仰止东篱菊，晚节宁输自在芳。

凌道新送别诗写的已不是简单的别情伤感，而是对吴宓先生凄凉人生的不尽慨叹。

吴宓先生晚年居住西南师院文化村一舍三楼 311 室，北端面东，凌道新居住 317 室，面西，均为十平方米左右单间居室，师生咫尺为邻。此时凌道新病势沉重，生命危殆，境遇十分凄凉。1973 年，吴宓先生八十岁寿辰，往日挚友多已凋零，而其他友生，或因避祸，疏远断绝，不敢往来。然而凌道新没有忘记吴宓先生生日，赋诗七律四首为吴宓先生祝寿，题作《雨僧吾师八秩之庆》。吴宓先生读罢，批注云："凌道新仁弟祝宓八十寿诗，全篇甚好，仅须修正字句。"并感叹："此次宓八十寿，仅得新此篇。"凌道新诗云：

（一）

飘然八十此诗翁，碧海青天历几重。

洛下声华留后世，杜陵家业继前风。

霜蹄伏枥心还壮，老干着花态更浓。

南极寿星须一笑，会昌春好少人同。

（二）

驰骋当年尚黑头，词林笔阵擅风流。

为纾人难恒分廪，饱览世情独倚楼。

仙侣爱才皆惆怅，使君何事太疑犹。

元龙今日真强健，百岁能期二十秋。

（三）

每忆成都怀抱开，间关万里寇中来。

学诗有幸开蒙昧，精业无成愧下才。

江汉风光饶想像，剑南日月再徘徊。

荏苒三十流年后，又向渝州举寿杯。

（四）

回首沧桑应息机，坡仙岂悔不低飞。

只因咏叹多慷慨，竟使文章出范围。

弟妹关中存骨肉，甥孙海隅指庭闱。

门墙忝列辜真赏，犹拜期颐旷代辉。

凌道新在诗中追忆前尘往事，流露出对早年在成都华西坝与吴宓先生相遇相知、请益学诗的最惬意、最难忘岁月的深切眷念，表达了对恩师崇高精神和人格力量的无限敬仰，读之令人潸然泪下。

1974 年 1 月 13 日，凌道新的苦难人生走到了尽头。吴宓先生惊闻噩耗，悲痛异常，拖着耄耋病残之躯，拄杖亲往西南师院石岗村山上凌家致祭，并拿出刚补发的工资一千元慰问凌道新二子：长子凌梅生，时年 17 岁，次子凌昭（现名傅翔），时年 10 岁。

1977 年初，吴宓先生因生活完全不能自理，由胞妹接回陕西泾阳县老家。次年 1 月 17 日，吴宓先生在故乡含冤去世，骨灰葬于安吴堡的嵯峨山下。

岁月沧桑，流年似水，吴宓先生和凌道新先生离开人世间已快四十个年头了，然而他们的音容笑貌，清晰如昨。回首过去的年代，吴宓先生和凌道新先生所经历的坎坷人生令人唏嘘不已，他们在苦难人生中表现出来的那一代学人的高贵品格和精神，也几乎成了历史的绝响。

（本文刊于《书屋》2013 年第 11 期）

往事与随想

——与许子清教授述评吴宓先生

曾令霞

（佛山大学文学院）

访谈时间、地点：2014 年 6 月 25 日晚，西南大学四新村许子清教授家

访谈对象：许子清（西南大学文学院原党总支书记、退休教授）

访谈主题：述评吴宓先生的第三个二十八年

采访、整理：曾令霞

曾令霞：许教授，您好。很高兴您能接受我的采访。吴宓先生作为一代学者，一生可谓履痕处处。从他学习和工作过的高校来讲，我们一般会提到哈佛大学、东南大学、清华大学、西南联合大学等等，且每个大学都能找到与他人生历程相对应的关键词，比如哈佛大学与新人文学主义、东南大学与"学衡派"、清华大学与清华研究院、西南联合大学与比较文学研究和《红楼梦》研究等。实际上，吴宓先生在西南师范学院度过了他人生中的第三个二十八年，在这漫长的二十八年中，他经历了不少的变故。于他而言，学界或文化界常常将西南师范学院与"文化大革命"联系在一起。我在想，在这二十八年中，除了"文革"，我们还应钩沉到一些关于先生的鲜为人知的逸闻、史料。您作为他的学生与同事，能否谈谈您对先生的印象及看法？谢谢。

许子清老师：我是西南师范学院中文系 60 级的学生，毕业后留校做老

师。我与中文系的吴宓先生既是师生关系，也是同事关系。吴宓先生的古典文学学养丰厚，但他却教我们的外国文学。我这门课的上课笔记做得很好，可惜"文革"中被抄家遗失了。

下面，我从教学、老知识分子、关心青年教师和学生三个方面来谈谈吴宓先生。

一、教学

曾令霞：吴宓先生先后在东南大学、清华大学、西南联合大学、西南师范学院等高校从事教学工作，他用"传统—现代""东方—西方"的广博视野，以"会通"精神培养、影响了大批的学生。就您所知，在西南师范学院任教期间，先生的教学有何特点？

许子清老师：吴宓先生教学认真、仔细、严谨、翔实，颇具知识性、趣味性。他给我们讲外国文学，比如给我们讲解《高老头》时，把作家创作的背景和内容都介绍得很详细。特别是他专门在黑板上画了覆盖公寓的三层楼，高老头住的三楼哪一间房他都画了出来，而且将房间的特点讲得非常详细。后来，他开《红楼梦》讲座，因他是红学专家，听他讲座的学生很多，大家都愿意听。解放后，国家要求抢救遗产。所谓抢救遗产，就是派年轻教师去吴宓先生处学习。中文系和外语各派了一名教师去学习。对这些教师，他都认真教导。他尊重知识，教学认真，不愧为留学生。他除教学外，很少参加社会活动，就是系上开会，也少和其他人接触，散会后也不聊天，自己就离开了。他的书和资料，后来收在系上，我们没见过。

曾令霞：吴宓先生在西南师范大学期间遭遇了较为频繁的政治运动，比如"反右"运动、"四清"运动、"文化大革命"等，这些运动给他的教学和做学问带来怎样的影响？

许子清老师：他虽不懂马列主义、毛泽东思想，但是他在教学中却尽量做到突出政治性与思想性。学校要求教师在教学中要结合讲解马列主义、毛泽东思想。他虽然在讲课中未贯穿马列主义、毛泽东思想，但是每次都带着《毛泽东选集》《马克思列宁文选》来上课。他先阅读原著，在读过的地方夹纸条,每次上完课后就翻到那一页,念一段内容给学生听。他想用新的思想、观点来教育学生拥护共产党、支持新社会,这对于老知识分子来讲,难能可贵。50 年代的学生讲,他每次上课都抱很多资料,包括《学衡》《甲寅》杂志。他可能在《甲寅》上发表过文章,讲课时要引用这些文章的有关论述。后来,有人提意见,他就没再抱这些杂志,而改抱《马列文选》和《毛泽东选集》了。吴宓先生讲课很有特点,除了知识性以外,还具有严密的逻辑性,这方面应该肯定这位老先生。说他反动,我不同意。

二、老知识分子

曾令霞:在激进主义为主流思潮的情况下,保守派的言行会显得不合时宜,甚至有"螳臂当车"之嫌。他曾在 1925 年 7 月 9 日作诗《感怀》,第一句便是:"登高未见众山应,螳臂当车只自矜。"这一点与鲁迅先生不能"振臂一呼,应者云集"的痛楚感受相呼应。吴宓作为"学衡派"的主将,曾经遭到过新文化运动阵营、红卫兵"造反派"的围剿与攻击。您看西南大学文学院门前左右两边的塑像,站着的是吴宓,坐着的是鲁迅,吴宓先生是在被罚站吧?(笑)作为一个学贯中西、受新人文主义影响颇深的老派知识分子,他的做派与为人怎样? 您怎么看他?

许子清老师:我认为他是有正义感的中国传统儒家知识分子。"文革"中,我被学生批斗过两次,一次在第一教学楼,另一次在第四教学楼门前。因为我与吴宓先生接触较多,所以有的学生叫他揭发我。其实,我们主要是生活上的接触,没多大思想上的接触,在思想交流上他也没有反动言论。学生抓他来揭发我,他没乱说。有一次,因为他没有揭发我,有个学生就打他,他蹲在地上,抱住头还是没乱说。当时,我被罚跪在地上,他被打,我都看不过去。我同情他,但没办法制止学生的行为。学生打我,问我"你想当什么?"我说"想当总支部书记",于是,我挨了学生几个耳光。在"造反派"的威胁下,他也不乱编排,不伤害他人,为人坦荡、光明磊落、正直无私。可见,儒家思想对他起到很大作用,我很敬佩他。

在"文革"中,公安部将他定为"死硬反革命",一直搞他的材料,所以后来他一直被整。在那些材料中，说他曾说过：国民党是他的前妈，共产党是他的后妈，他既爱前妈也爱后妈；说他在困难时期说过："三两不足矣，何况二两乎?"我认为，他未说啥反动的东西。"文革"初期，在西南师范学院本部，"造反派"对他是一般的批斗。后来，在梁平分校则是集中批斗，两个"造反派"搞得他腿骨骨折，屎尿不能自理，与他同住的人都嫌他脏，他很可怜。后来，他被摘了帽子，平反了，工资恢复了，每月有两百多块钱，有些人就去照顾他、搀扶他，但领到工资后就不见了。

三、关心青年教师及学生

曾令霞：我阅读过大量的关于吴宓先生的回忆录，亲友的、同事的、学生的等等，大都会提到吴宓先生做事严谨认真、生活简朴却乐善好施，经常帮助困难的师生亲友。您所了解的吴宓是这样的吗？

许子清老师：他在生活上关心青年教师这一点，我感受最深，我同席老师（注：席德莉，许子清之妻，原西南大学音乐学院党支部书记、校工会主席）都是青年老师，养了一个孩子，还要供养母亲，我们的工资少、生活很差。他当时是重庆市政协委员，二级教授，享受政府补贴的高级知识分子，国家给他们配备了皮蛋、盐蛋、黄豆、肉等副食品。当时我们住文化村二舍，他住文化村一舍，离得很近。他看到我们比较困难，经常给我们留鸡蛋、皮蛋、肉来关心我们，而且不止一次，我们深受感动。我们去他的住处玩，他很客气，请我们坐，陪我们聊天。他没多少空余时间，常伏案看书、写作。每天坚持记日记，什么都记得很详细，包括解手，如果用力几次都不成功，他就很紧张。日记常记在一些不正规的日记本上，有时写在信封上、纸片上。他做事非常认真，去市区开重庆市政协委员会，会中不如厕，导致在返程公共汽车行至三溪口时小便失禁，回家后侄儿邹开贵（吴宓亡妻邹兰芳之侄儿）给他收拾，这对一个老人来讲很不容易。他生活要求不高，邹开贵给他的饭菜弄得很简单，我们问他需要帮忙不，他很客气，说无需。

当时，中文系有一个学生是我的同乡，在困难时期结婚生子，很艰难。吴宓先生经常叫他们夫妇去他那里，在生活上帮助这两个学生，关心他们的娃娃。这是典型的关心青年学生的事例。总之,学生有困难找到他,他总是鼎力相助。

曾令霞:许教授,您的回忆与述评,给我们还原了一个具体可感、真实可敬的吴宓先生形象。因为政治环境的影响,与其他高校的知识分子一样,吴宓先生在西南师范大学任教期间遭遇了太多的不幸,他的遭遇其实是那一代知识分子的共同命运。从"学衡"时期开始,先生就一直处在被质疑的境地。大半个世纪过去了,当我们今天重温他的思想及主张时,我们能冷静清醒地感受到它的合理性与前瞻性。当我们追怀他的人文精神与人格魅力时,隔着一个世纪还能体会到余热与温暖。您的述评为我们研究晚年的吴宓先生提供了真实的、有价值的信息、史料。谢谢您接受我的访谈!

从吴宓爱情观看五四"新""旧"矛盾

王 娟

（西南大学文学院）

　　国学大师吴宓一直被视为文化保守主义的代表人物,其主办的具有文化保守特色的《学衡》更是典型地代表了其在文化上所提倡的"昌明国粹、融化新知"的文化取向。与五四时期倡导的自由、科学以及反对传统文化反对旧道德形成一个明显的对立面。那么,一直以来给人以维护传统道德,反对新文化运动印象的保守者吴宓是否就真是绝对意义上的保守派呢?

　　纵观吴宓一生,其主要的著作除了《吴宓诗集》之外,最重要的怕要算是其十年如一日坚持写下来的日记了。由北京三联书店于 1998 年、2006 年结集出版的二十卷本《吴宓日记》真实、详细记录了吴宓一生的学术和情感生活。从《吴宓日记》来看,贯穿吴宓一生的无非两件大事,一是事业;一是感情。前文说过,在文化主张上,吴宓是人们眼中一个保守传统的文人形象,提倡"昌明国粹、融化新知"。然而我们不难发现,在对待爱情方面,吴宓却呈现出与学术主张几乎截然相反的态度。因此,我们不得不质疑:我们一直以来认为吴宓是保守主义的认识是否太过于绝对和片面,甚至是误解? 本文将通过对吴宓爱情的探讨解决这个问题,进而剖析其所代表的这样一种矛盾的精神特质在五四时期的价值,从而得出整个五四时期里五四文人们所宣扬的精神与自身精神表现的矛盾对立,帮助我们以一个比较全面、深刻的眼光去评价五四运动。

吴宓生平思想

一、吴宓:矛盾的爱情与文学

1918 年,在美留学的吴宓接到同学陈勋烈的一封信,将自己的妹妹陈心一介绍给吴宓。吴宓在经过朋友等人对于陈心一的打探后最终决定接受陈心一。然而这一段受外人所看好的婚姻却仅仅维持了八年便宣告破裂。1929 年,吴宓不顾家人好友的反对毅然与陈心一离婚。其实探究吴宓离婚的原因,除了对家庭婚姻生活的不满之外,更主要的是当时的吴宓已经深深爱上了毛彦文。从此,毛彦文就成为吴宓感情生活里一个最主要的角色,并成为我们分析吴宓爱情婚姻观一个最重要的对象。

吴宓从小受着中国传统文化的熏陶,中国传统文化、传统道德对于其思想有着重要的影响。即使从美国留学归来,吴宓奉行的依然是对传统文化的维护。无论是《学衡》杂志的创办还是对白话文的反对,都显示了吴宓作为文化保守者的思想倾向。如《吴宓日记》中的一些片段:

> 1919 年 十一月十二日:"近见国中所出之《新潮》杂志,无知狂徒,妖言煽惑,耸动听闻,淆乱人心,贻害邦家,日滋月盛,殊可惊扰。有其妄言'白话文学',少年学子,纷纷向风。于是文学益将堕落,黑白颠倒,良莠不别,弃珠玉而美粪土,潮流所趋,莫或能免。"

> 1920 年 四月二十八日:"凡礼教法礼。皆中含至理。积千百年经验,以为人群之便利幸福计耳。若妄行破坏,实可谓自讨苦吃。况真正之学术,无一不与礼教法制,互相发明。乃今之毒害人群者,动假托西学之名以自重,实属欺人之尤者矣。"

> 1927 年 六月十七日:"然由是可知救国救世,惟在改良人心,提倡道德。惟道德之增进,为真正之改革,此外之所谓革命,皆不过此仆彼兴,攘夺利己而已。"

然而如此注重礼教和传统道德的吴宓却又为何执意要与陈心一离婚呢?陈心一从某种程度上说并不算传统的包办婚姻,而是吴宓经人介绍自行决定与其结婚的。在爱上毛彦文之后,他毅然选择了离婚这条与他所受的礼教道德所悖行的道路。不得不说,吴宓在对待爱情上绝对不是一个保守主义者,相反的,在他的身上我们看到浪漫主义者才有的浪漫和勇气,而这种浪漫正好是他不是人们眼中的保守主义者最好的证明。相比于胡适、鲁迅,致力于维护中国旧道德的吴宓在爱情这个问题上反而更能称得上激进主义。胡适、鲁迅都是五四运动提倡白话文、提倡新文学的杰出代表。他们也曾受到西方文化的熏陶并在国内致力提倡学习西方文化,然而我们却发现,这样一批崇尚自由、民主的激进派人士,却都接受了家里的包办婚姻。如果说这二人的包办还有所区别,那么就是胡适是心甘情愿地接受了包办的妻子江秀冬,并与其相伴一生,携手终老。而鲁迅则是听从母命取了朱安却始终与其保持距离,并在与朱安维持婚姻的同时与许广平相知相爱。"父母之命,媒妁之言"是中国传统家族制度一个重要的内容。而保守派吴宓与激进派胡适等人却恰恰做出了与之主张截然相反的举动。于是在那个时期,本奉行文化保守主义的吴宓却做出了与自身主张相矛盾的事情,无可争辩地成为众矢之的。无论是新文学阵营还是自己坚守的保守主义阵营都对其离婚的事情大加指责。

对此,《吴宓日记》中有这样的记载:

1928 年　十一月二十七日:"寅恪则谓无论如何错误失悔,对于正式之妻,不能脱离背弃或丝毫蔑视,应严持道德,悬崖勒马,勿存他想。双妻制度,亦不可行。"

"寅恪谓此事已成悲剧之形式。宓则以本身提倡道德及旧礼教,乃偏有如此之遭遇。一方则有心一。一方则有彦,此则悲剧之最大者也。"

1929 年　五月二十二日:"奉父五月八日谕,对宓责备甚至,谓宓无情无理无法无天,以维持旧礼教者而倒行逆施。宓阅读痛苦至极。"

"倒行逆施"是当时吴宓所处的十分尴尬的境地,文化与爱情上的矛盾使得吴宓倍感孤独和痛苦。不过这也正显示出知识分子在探求文化出路上,在追求现代文化价值上所遭受到的现实与理想的严重脱节。正如李怡所说:"一位原本就充满了自我矛盾自我痛苦的'亦新亦旧'的人物既远离了'新'的支持,也失去'旧'的同情。"①

吴宓对待爱情的态度使得他不可避免地在现实中处于一种尴尬的境地,而对于毛彦文的态度则使得吴宓身上所具有的浪漫文人的气息更加浓郁。虽说吴宓一生爱毛,然而在这个过程中,吴宓的身边、心里始终不乏其他的女人,甚至包括几位外国女子,这也是为什么他苦苦爱恋的毛彦文答应他求婚时他却拒绝毛彦文的原因,直至后来毛另嫁他人,而他自己却始终苦恋毛。当然,这并不是说吴宓是一个滥情的人。相反地,他绝对不是一个花花公子式的人物,从某种程度上说,吴宓是接近雪莱式的浪漫主义者。雪莱是英国浪漫主义诗人,雪莱身上的浪漫主义精神对于中国的新文化运动有着重要的影响,他身上的浪漫主义气息对于当时新文化运动提倡追求自由、爱情的主张相契合。而在这一点上,吴宓与雪莱似乎有着某种相似的价值。徐祖正在译完雪莱诗 *To Marry*(《致玛丽》)后面说:"我也并不想执了既成道德的准则去责难浪漫时代的诗人。想到这是把生活基调想建筑于本能或是自然主义以上的人们应有的蹉跌。又想到这是愤世嫉俗到了极度,受了愚暗民众逼迫过深的结果。革命本是由群和而到单独的个性自觉地表现;反想革自身之命的人,更不惜进而暴露他自己个性分裂后体验到的真。总之许丽是至死不失谓忠于自己的人。"②雪莱和吴宓都曾在追求爱情的过程中违背传统道德,并受到了来自各方的压力,但爱情是婚姻的基础始终是他们坚持的原则。不同的是,雪莱在有机会和爱人在一起时会牢牢抓住机会,而吴宓则又似乎显得过于理想一点。当他追求多年的毛彦文终于答应和他结婚时,吴宓却如同孩子一样对毛彦文的态度来了个大转变,他拒绝了结婚,这也直接导致吴宓在以后几十年的岁月里,都孤独地深深思念并爱慕着毛彦文。这个结果看似无奈,实际上是符合吴宓的性格特征及蕴含其中的浪

① 李怡:《无法圆满的悲剧——我看吴宓及其文化理想》,《西南师范大学学报》(人文社会科学版),2000年9月第5期。

② 徐祖正:《致玛丽》,《语丝》,1926年3月第70期。

漫主义情怀的。就算当时吴宓没有喜欢其他女人,他也不可能和毛彦文结婚,因为吴宓喜欢是爱情的本身而不是婚姻。换句话说,吴宓爱上的或许并不是毛彦文这个实实在在的人,而是毛彦文给他的有所幻想有所期待的浪漫和诗意。也许,这也可以用来解释他一心想写的《新旧姻缘》小说为何始终只是一个愿望而无法成为现实的原因。这就足以显示,吴宓是一个充满浪漫主义情怀的文人而不仅仅只是大多数人眼中那个满口传统道德的古板甚至有点迂阔的保守文人。从这点出发,我们甚至可以说,吴宓身上的浪漫气息与胡适、鲁迅比起来似乎有过之而无不及。当然,光凭这一点,我们还不能足以说明吴宓就是一个崇尚自由崇尚浪漫的新文人,毕竟他的确倾尽一生致力于提倡中国旧文化。

　　说了这么多我不过是想说明,吴宓不是一个纯粹保守的文人,也不是完全的浪漫主义者,任何人任何事都不是绝对偏激的代表,而人更是一种典型的矛盾体。从这种矛盾出发,从吴宓的爱情与文学对立的角度出发,我们便不难发现在整个五四时期,无论是激进派还是保守派,无论是新文学的提倡者还是旧道德的维护者在那个特定历史时期所遭遇到的尴尬境地。现代文明与传统文化的矛盾对立,二者在处于这样一个矛盾体中究竟是以一种怎样的姿态去面对这样的矛盾的呢?解决好这个问题,对于我们正确评价"新""旧"两派,正确评价五四运动有着极其重要的意义。

二、五四时期中的"新""旧"矛盾表现

　　所谓"新""旧"的区分,实际上可是说成是二者在文化、政治及其他层面主张的不同。本文以吴宓为中心,从他的爱情婚姻观为出发点,探讨他所代表的维护旧文化、旧道德的"学衡派"与宣扬新文化、新道德的"新文学派"两者在自身内部的矛盾,由此看出在五四时期知识分子在进行文化救国时所面临的矛盾和尴尬,从而以一个全面而公正的眼光去评价二者在五四中的主张和价值,并正确分析出这种内部的矛盾点在整个五四时期所蕴含的价值和所起的作用。

　　先说提倡新文学、新道德,反对旧文化、旧道德的"新文学派"。这一派

别在五四舞台上毋庸置疑地是绝对的主角。在受过西方先进的教育熏陶之后，"新文学派"的成员们便在中国这片饱受外国资本主义侵略的大地上积极地探寻着一条以文化救国的道路。它的核心主张便是摒弃旧的封建文化，提倡新文化。然而这一群如此狂热追求西方文化的人，却几乎都曾受过中国传统文化的长期熏陶。这是新文化者们文化接受层面的矛盾，"五四新文学运动中的激进派里面对新文学做出最大贡献的文学家和理论家，往往就是那些具有深厚的古典文学素养的知识者。他们对古典文学的优长与劣根如数家珍，他们反传统是因为他们太熟悉传统。传统的积习犹如泰山压在他们的心上，存亡绝续的民族危机和国家危亡的窘迫境遇使他们在传统文化与现代思潮之间进行抉择。"①以历史的眼光来看，在传统文化与现代思潮的选择中，他们似乎选择了后者，摒弃了前者。而实际上并非如此，韩东是这样评价鲁迅的："鲁迅是一块老石头……对于今天的写作而言鲁迅也确无教育意义。"②鲁迅是文化激进主义的代表者，他的小说、杂文等等无一不表现出反对封建礼教、封建专制制度的深刻思想。这样一个激进的文学斗士，以笔作矛，攻击着中国封建礼制，以及他笔下的中国几千年吃人的历史，然而我们却发现他却十年如一日地抄古碑，整理着中国传统文化，对于中国传统文化而言，鲁迅甚至是比国学大师吴宓更加厉害的人物。正如陈汉萍所说："被指责为全盘反传统主义者的鲁迅、胡适等五四知识分子，不少人在观念、制度层面对儒家专制主义体制、纲常伦家族制度予以猛烈的抨击，但在生活实践层面，却是传统家族伦理的身体力行者：对祖先祭之以礼，对双亲敬之以孝，对兄弟事之以悌，对父母包办婚姻竭力维持。"③吴宓曾在自己的日记中坦言自己的爱情婚姻观："宓主张婚姻与恋爱分开，婚姻为社会义务，应严守一夫一妻制，恋爱则为个人自由，应随意而无限制。婚姻属于事实，恋爱则属于感情，此二者并行不悖，斯为中道，斯为可行之道云云。宓现

---

① 陈学祖：《掩不住的历史光辉——论五四新文学与传统文学》，《学术交流》，2003年第1期。

② 朱文等整理：《断裂：一份问卷和五十六份答卷》，《百家诤言》，1998年第10期。

③ 陈汉萍：《全盘反传统抑或改造传统——重审鲁迅与传统文化》，《文学研究》，2010年第12期。

决就行此事。以心一为实际之妻，而不言离异；以彦为理想之友，而决不断绝。"①而实际情况是，吴宓不顾亲友反对坚决与陈心一离婚，而激进主义者鲁迅的婚姻爱情则恰恰与他攻击过的迂腐文人吴宓的主张相符合，他在传播新文化、新思想的同时也在遵循着中国传统家族制度。尽管他一生都与许广平在一起，但是面对与朱安的婚姻，鲁迅分明是接受并承担起了一个传统知识分子的责任了的。"即如夫妇男女，旧者以妻能终从其夫，安贫茹苦为合于标准道德，则夫之离弃其妻为不道德矣"。② 将鲁迅和吴宓两者的婚姻爱情对比看来，鲁迅更像是一个恪守传统道德的文人，而吴宓则更接近浪漫主义者。一向主张维持道德的吴宓却对自己的道德观进行了新的阐释："宓之为此，乃本于真道德，真感情，若宓不离婚，则是乡愿小人，自欺欺人，不配提倡人文主义道德。""吾今者，深信诚心实行道德者，诸友皆不及宓。"③可见，吴宓的道德观并不是传统意义上的道德，而是具有"新"的特质的道德观，从这点上讲，吴宓就不是迂阔守旧的文人。而较之鲁迅和吴宓，胡适的婚姻则似乎更加传统，他本是新文化运动的积极的鼓吹者，可是在现代婚姻和传统婚姻之间，他却选择了传统，甚至在这场包办婚姻中有着几乎完美的传统家庭的道德表现。这与他当时的身份与思想主张是矛盾的，但是为何这些宣扬新文化宣扬新思想的现代知识分子自身在面对传统与现代的冲击的时候，选择的依然是传统呢？而这是否恰恰能够说明他们的选择并非完全摒弃传统呢？至少在他们在婚姻上如此。而这也能在一定程度上表明，知识分子在面对现代思潮和传统文化的冲击时，并没有办法纯粹地绝对地选择某一条道路。除了当时复杂的社会因素，知识分子们所受的不同文化的影响之外，对他们本身而言，人性的复杂性就是不可避免的因素。"新文学派"的这样一个行动与思想的矛盾在一定程度上能反映出当时环境下"新文学派"们所宣传的西方现代思想以及他们自身在中国所面临的尴尬处境，尽管西方思潮一传进中国就受到了热烈的欢迎，然而，它也不可避免地会受

---

① 吴宓:《吴宓日记》第 4 册, 第 228 页。
② 吴宓:《吴宓日记》第 5 册, 第 299 页。
③ 同上, 第 73 页。

到中国传统文化强烈的抵制，并且"就发展演进的内在逻辑而言，现代中国文化走过了一个现代化的价值理想从'外在冲击'到'内在转化'的过程"①。我们甚至可以说，作为西方现代思潮的传播者，"新文学派"的成员自身也在传统与现代中寻找着一种自我救赎式的路径。为了顺利将西方文化融入中国，他们不得不选择一条排他性的道路，即对中国传统文化的彻底批判和摒弃。中国人传统的二元思维模式使得我们看待世界非对即错，新文化者们一定深谙这个道理，唯有将二者对立起来似乎才能找到条便于西方文化思潮顺利进入中国的道路。于是，激进者们选择并实践了，他们也自然而然成为人们口中的"全盘西化者"和"全盘反传统者"。只是他们在选择的方式上却也不可避免地带上了具有中国传统文化特色的"排他性"式和二元化的方法。从逻辑思维上，新文化者们就无法摆脱他们所攻击的中国传统文化思维方式的影响。"痛感于自身文化传统的现实境遇，并力图以自身的努力加以改善，这究竟是延续还是破坏了传统呢？"②我们是不是可以追问，新文学者们在全盘西化、彻底摒弃传统文化的同时是不是也意识到自己对西化"度"的把握的失衡呢？而这种失衡也恰恰表明他们受中国传统文化的影响是潜移默化、根深蒂固的。他们对待传统文学采取的是一种看似决绝实则矛盾的态度。激进者们的激进行为只是扫除西方现代思潮传入中国的障碍的手段而不应该是人们所理解的他们对于传统文化摒弃的态度。

而对因为提倡"昌明国粹，融化新知"而被提到与"新文化派"相对立位置上的"学衡派"而言，我们也似乎对它有些误解。从它的核心人物吴宓来看，保守和浪漫以一种不可调和的方式在他身上存在。文学上的保守，爱情上的浪漫，让吴宓始终处于一种孤独的状态之中，从而他只能在宗教中寻求解脱。吴宓的好友陈寅恪先生曾这样评价吴宓："本性浪漫，不过为旧礼教旧道德所拘系，感情不得发抒，积久而濒于破裂，因此'犹壶水受热而沸腾，揭盖以出汽，比之任壶炸裂，殊为胜过'。"③本性浪漫的吴宓又怎会是一个迂

①　李翔海：《五四新文化运动与中国文化传统三题》，《齐鲁学刊》，2009 年第 6 期。

②　李怡：《论学衡派与五四新文学运动》，《中国社会科学》，1998 年第 6 期。

③　吴宓：《吴宓日记》第 5 册，，第 60 页。

阔陈腐的老夫子的形象呢？五四运动曾大力宣扬自由的主张,而站在"新文学派"对立面的吴宓却并不反对自由,相反地,自由寻求婚姻爱情、出世的宗教思想,恰恰反映出吴宓对于自由的渴望。从这个疑惑出发,我们不得不好好理解"学衡派"中"保守"的含义了。五四时期,由于激进派者们在传播西方现代思想时受到了中国传统文化和维护传统的"学衡派"的阻碍,于是,激进者们自然而然地将"学衡派"置到了与之相对立的位置。"复古""反动"是加在"学衡派"上的标签,于是往往给我们造成一种"全盘西化"和"全盘反西化"的错觉。和"新文化派"一样,"学衡派"的成员们也大都受到过西方教育的影响,并且他们在致力于维护中国传统道德的同时自身也在违反着传统,在批评西方思潮的同时也在践行着西方的某些思想道德,"况'自由婚姻'本属虚语。夫自由立意,Free-will 之为物,心理学家犹不敢定其必有"①。他在否认自由婚姻的存在时却又在拼命实践自由婚姻。在反对"白话文运动"的同时也在接受着白话文。吴宓在面对胡适等人提倡的白话文时在日记中写道:"又其妄言'白话文学',少年学子,纷纷向风。于是文学益将堕落,黑白颠倒,良莠不别。弃珠玉而美粪土,潮流所趋,莫或能挽。"②"宓按,今之盛倡白话文学者,其流毒甚大,而其实不值通人之一笑。明眼人一见,即知其谬鄙,无诗喋喋辞辟,而中国举世风靡。哀哉,吾民之无文学也!"③然而他自己却有一个非常大的愿望,就是用白话文创作一部名叫《新旧姻缘》的小说,甚至在 1941 年五月二十九日写给张尔琼一封白话长函,这本身就有违背他反对白话文的主张。此外,"学衡派"的一个重要诗人吴芳吉也写了大量的现代新诗体。由此看来,"学衡派"虽说是中国传统文化的维护者,但并不是所谓的"反动"或者"全盘反西化"式的组织。它在批评白话文的同时并没有绝对地反对与消解白话文的意义,相反的,"学衡派"在一定程度上是有助于白话文的发展的。"学衡派反对激进派判定文言文学为死文学的观点竭力维护文言在文学中的正统地位,努力发掘文言的魅力与潜力,然而并

① 吴宓:《吴宓日记》第 2 册,第 35 页。
② 同上,第 91 页。
③ 同上,第 105 页。

不意味着绝对排斥白话与现代新词。《学衡》上的小说与戏剧翻译已有白话色彩,有的诗歌翻译也汲取了白话养分,显得相当通俗。"①

"新""旧"两者的矛盾实际上也存在于"新文学派"与"学衡派"两派内部,无论是宣传西方新思想还是维护中国旧道德,两者都不是彻底地全盘式的践行者。而两者在对抗方式上选择的恰恰是一种有悖于自身主张的方式,以传统反抗传统,以西化反对西化。新中有旧,旧中含新,这样一种矛盾对立的方式所引发的对于两者评价的疑虑是值得我们去反思的。五四时期,"新"与"旧"交替的特殊时代背景使得那一时期的思想文化不可避免地被烙上"新""旧"的痕迹,而孰新孰旧,更像一个"度"的问题而不是绝对的对"质"的界定。我们更不可简单地运用二元对立的方式,认为新文化者们就是纯粹的"全盘西化",保守派们就是纯粹的维护中国传统,这对他们既是不合理也是不公正的。

三、五四时期矛盾的价值体现

以往的研究更多地将着眼点是放在"新""旧"之间的矛盾之上,这当然无可厚非,毕竟两者在文化上不同的侧重点的确是将两者推到了对立面上。而这种矛盾的价值也是非常巨大的。"新文学派"为了顺利完成西方现代思潮的中国化进程而选择一种非理性的方式对待西方文化和中国传统,所以我们将这一部分人称为"激进主义者"。这样一种激进的方式的确大大加快了西方现代思潮的传入与影响,然而它所付出的代价便是对中国传统文化的消解与颠覆,道德进程与现代化进程脱节。以绝对的方式去否定中国传统文化,这是不可取的。而"学衡派"则正是以一种比"新文学派"更理性的方式对待西方文化。"学衡派"的成员也大都是有留洋经历的,在经历中国传统文化与西方现代文化这两种文化后,"学衡派"从某种程度上较"新文学派"更努力地在寻找一种调和中西的方式。"晚近学者,于中国古昔圣贤言论,以及种种事理,多好下新解说,而旧学深邃之士,则诋斥之不遗余力。新

---

① 秦弓:《五四时期文坛上的新与旧》,《文艺争鸣》,2007 年第 5 期。

旧对峙，无从判决。窃谓时至今日，学说理解，非适合世界形势，不足促国民之进步，尽弃旧物，又失其国性之凭依。唯一两全调和之法，即于旧学说另下新解释，以期有裨实是。"①两全调和之法正是对于"学衡派"最为合理的描述。同时，他们自身在反对新文化运动的同时也在积极思考着中国新文化的出路，正如《吴宓日记》所说："心爱中国旧日礼教道德之理想，而又思以西方积极活动之新方法，维持并发展。"②而"学衡派"对新文学的理解和对西方思想的继承则更多来源于白璧德及其新人文主义思想的影响。这是"学衡派"吸收西方思想最为重要的方面，并且吴宓等人在吸收白璧德的新人文主义时也是经过一番中国化的改造的。这似乎与"新文化派"吸收西方现代化思潮的过程很相似，这个相似性也恰恰说明了中国传统文化在介绍西方思想时的重要作用，西方思想要在中国产生作用，它的基质一定是中国传统文化。由此，"学衡派"在五四时期对"新文学派"特别是其中的激进主义者是有着一定的矫正作用的，而这种矫正作用不应该是传统眼光中的对于激进主义的牵制，而应该是一种推力。"学衡派"和"新文学派"并不应该置于完全对立的位置上，而五四运动的完成也决不仅仅只是"新文学派"单独就能完成的，他们两者及其他的派别共同推动了整个五四的发展。"学衡派"的"旧"也并不是传统意义上的旧，因为从根本上说来，"学衡派"也是新的。仅仅从他们反对"新文学运动"这一反对本身来讲，他们已经具有"新"的意义，已经跨越出"旧"的范畴。这二者呈现出"新""旧"不同的实质不过在于他们"新"的层面和角度的差异。从吴宓到整个"学衡派"，他们都有悖于传统的"旧"，而是另一层面的"新"。但是本文的宗旨并不是为"学衡派"进行一个彻底的大翻身的，我们在看到"学衡派"被掩盖的价值同时也必须应该看到它在发展过程中所有所偏移。它并没有提出一个实际的新文学如何去发展的方案，也没有真正达到文化救国的目的。甚至与相对偏激的"新文学派"相比，他们似乎更缺少果断和勇气。"然而当'学衡派'诸人立足于'一偏却又不想承认自己属于'一偏'，甚至还要竭力将这事实上的'一偏'说成是

---

① 吴宓:《吴宓日记》第 1 册, 第 404 页。
② 吴宓:《吴宓日记》第 3 册, 第 355 页。

文化的全部或者精华之时,那么这一努力本身倒是真正出现了问题,至少它是与'学衡派'所追求的'客观'、'公正'自相矛盾了。"①但是我们却无法否认"学衡派"在整个五四运动中所具有的推力作用,它与"新文学派"一样,是五四运动的构成者而不是反对者。

而对于两者自身内部的矛盾而言,这些矛盾的存在也是有着自身的价值的。从"新文学派"以旧反旧到"学衡派"以西反西,两者所选择的矛盾方式融合了整个五四时期的"新""旧"冲突。换句话说,"新""旧"冲突并不单纯存在派别之间,即使是在派别之内也是存在的,这一点前面已经体现许多。而这种矛盾在派别内部之间又有着怎样的价值呢?

其实从某种程度来说,"新文学派"中旧的传统的因素对他们的西化程度有着推波助澜的作用。我们在前面的部分已经说过,"新文化派"的成员们几乎都是深受中国传统教育影响的,面对中国传统文化日益衰落的现实,改变这种文化积弱的现象是"新文学派"宣扬西化的一个精神内核。也正是因为"新文学派"内部有着"新""旧"这样一种不可调和的矛盾冲突,才使得"新文学派"的一部分成员们一部分走上激进主义的道路。他们在宣扬"全盘西化"的过程中,也在有意或无意地进行着整理中国传统文化的工作,正是这种矛盾在"新文学派"中起到的一个非常明显的作用。它让西化与传统的脱节在一定程度上得到了缓解,这种矛盾甚至正是中西方简单调和的一种另类的方式。当然,我们也要看到这种矛盾最外在的作用依然是使得"新文学派"的成员们为了更加彻底地摆脱自己身上所蕴含的传统成分而不得不以更极端的方式完成中国的西化。这样看来,似乎这种"矛盾"的作用本身也就呈现出一种矛盾的状态,缓解还是推进,这实在取决于新文化者们自己对于传统的认同程度。不过,我们应该看到的是,他们并不能彻底摆脱身上的传统文化气息,因为这从头至尾就是一个"度"的问题而不是对"质"的界定。总而言之,既然他们无法摆脱中国传统文化对于他们的影响,那么这种"新""旧"矛盾就一定会作用于他们身上,从而作用于整个五四时期。

而这种"新""旧"内部矛盾在"学衡派"中也体现了一定的价值。仅仅

---

① 李怡:《论学衡派与五四新文学运动》,《中国社会科学》,1998 年第 6 期。

就我们之前提到了吴宓的爱情与文学主张上的新旧矛盾，就能在一定程度上说明对于吴宓保守主义的误解。同时这是否也能说明新旧矛盾的影响从始至终都存在于整个"学衡派"的文学主张之中呢？"目前学界的一个普遍观点便是将'学衡派'昌明国粹、融化新知的理性精神概括为'人文主义'。"[1]这种人文主义主要是受西方白璧德"新人文主义"的影响。这也是之前我们提到了"学衡派"以西化对抗西化的有力证明。然而这样一种矛盾正显示出"学衡派"实际上想要表露的是对于有失偏颇的"新文化运动"的反对，而绝不是对于"新文化"的反对。这也是我们对于"学衡派"有所误会的重要一点。而这种矛盾到底有着什么价值呢？我想说的是，"学衡派"内部的新旧矛盾的价值对于自身而言远远低于它对于"新文学派"的影响。"学衡派"一直坚持"以冷静之头脑、公平之眼光，以推测事理"[2]的行事方式，这对于"新文学派"的激进主义者们有着一定的矫正作用。但必须注意的是，矫正不是阻力而是推力。他们在对于中国传统文化的整理与研究方面的确取得了一些成果，"学衡派"一部分人也被誉为"国学大师"，这是他们提倡传统文化对于"新文学派"的影响。而他们对于西方文化的吸收，对于中西文化的融合方面的行为则主要是对于自身文化的提升和创新。他们在完成西方思想的中国化改造方面似乎是比"新文学派"更顺利也更成功的。但是我们必须看到，正是这种非常成功的改造使得改造后的西方思想非常适应中国本土，反而遮盖了"学衡派"在这一方面所做的努力，也因此，他们在"新文学派"的眼中依然是一群迂阔、守旧的保守主义文人形象。这也是为什么，我们在看待"学衡派"时总是将重点关注在他们保守的文学主张上，而容易忽略他们在西化方面做出的努力，对他们所代表的"旧"并没有进行深刻分析的重要原因。

四、总结

无论是吴宓的爱情和文学上的矛盾，还是"新文学派"的传统与西化的

---

① 李怡：《论学衡派与五四新文学运动》，《中国社会科学》，1998年06期。
② 梅光迪：《论今日吾国学界之需要》，《学衡》，1922年第4期。

矛盾,都显示出对五四时期派别的认知不可绝对化。他们并不是绝对地反对新文学或者反对传统的,两者的"新""旧"差别是有悖于传统意义上的"新""旧"的。因为新派的成员既无法摆脱旧的传统影响,旧派成员也无法恪守传统,更重要的是,"学衡派"在整个五四运动中所起的作用是积极的推动。他们并不是"新文学派"的对立面或者敌人,也不是在当"新文学派"用力推动五四前进的时候,用力牵制着他们,而是换一种形式与"新文学派"们一起推进五四的进程。我也无法去评论吴宓是一个保守或者是一个浪漫的文人,我只能说,他绝对不是一个完全保守或完全浪漫的文人,是保守的但也是浪漫的。正如"新文学派"既是西化的也是传统,"学衡派"不是传统的"旧"的一样,它们都是矛盾的且相互矛盾的。我们知道在五四时期,"新文学派"是舞台上的无可厚非的主角,而"学衡派"则是众多派别中的普通一个,但是我们在看待或评判它们的功过问题时,应该以一种公正全面的立场去评定。而不要以一种二元对立式的方法去评定它们,去评定五四,更应看到两者在五四所起的作用以及派别内部的矛盾背后所呈现出的"新""旧"元素。

(本文刊于《成都大学学报》(社会科学版)2014 年第 4 期)

邹兰芳与张宗芬：建国后吴宓爱情中的两位女性

杨永明

（北部湾大学人文学院）

　　吴宓，中国现代文学史上的著名学者，以其独特而矛盾的思想和言行蜚声于中国文坛，他的婚恋逸闻更是屡被人们所谈及。解放以后，早已是知天命的吴宓又经历了一番刻骨铭心的情感历程，这其中的可敬、可叹、可悲、可怜，既是一个现代知识分子灵魂孤独而痛苦的自我熔铸，也是那个时代风云在人性的历史长河中挥之不去的一抹印痕。

一、邹兰芳——吴宓仁爱的道义担当

　　1949 年 4 月，随着解放战争的不断推进，吴宓辗转来到了重庆，担任位于北碚的相辉学院外语系教授，同时，他还兼任梁漱溟在北碚主持的勉仁学院的文学系教授。9 月，又应重庆大学的邀请，兼任了重大外文系的教授。重庆解放以后，1950 年 4 月，相辉学院、勉仁学院相继撤销合并，吴宓被安排到了位于磁器口的新成立的四川教育学院任教，9 月，该学院又与原重庆国立女子师范学院合并入新建的西南师范学院。自此，西师岁月成了他最后的人生经历。

　　此时的吴宓，心情是复杂的，新的时代和新的政府给予了他极高的尊重和礼遇，他并不谙熟政治，也不太热心时事，作为知识分子、大学教师，他更愿意和学生在一起,把全部的热情投入到了教学当中。他是著名教授,他的课吸引着众多学子的心。在他那里,学生们感觉不到年龄的差异,面前的这位学识渊博、精力充沛、仁厚无私的师长仿佛就是他们的同辈朋友,他们被他的学识所折服,更为他的传奇的爱情经历所吸引,大家都愿意与他交往。在众多的学生当中,有一个女子开始闯入吴宓的生活,她叫邹兰芳,吴宓在日记中称她为"兰"。她是 1948 年进入相辉学院法律系学习的学生,从一开始她就被这位和蔼可亲、富有浪漫情趣的老师所吸引。很快地,两人便开始了书信来往,信中,邹兰芳表达了对吴宓的崇拜和喜欢,吴宓也为这个学生的大胆直率所打动。不久,邹兰芳就直接登门拜访,随着彼此的日益熟悉,交往的内容也从学业转向了生活的方方面面,邹兰芳经常来吴宓家做些家务,洗衣做饭、收拾房间。在吴宓的眼里,她是个虽不十分漂亮但却开朗、热情、单纯的女孩子。他对邹兰芳也时有批评,"不感人世之艰难而无所戒惧,又喜游乐,不用功也"①。但他又认为这是青年人普遍具有的特点,慢慢教导会有改进。逐渐地,两人开始成双成对地出入各种公开场合,或走访亲友,或漫步公园,一起吃饭,一起看电影。在校园中,人们时常看到在吴宓的身边有着这样一个脸上挂着微笑、神情略显腼腆的青年女子。随之,吴宓与邹兰芳相爱的消息不胫而走。

然而,在吴宓的心中,他是从来也没把他们之间的关系认作是恋人关系。吴宓的感情生活中,一直不缺乏年轻漂亮的女性,但是,他的恋爱往往以失败告终。在来到重庆之前,他的爱情生活一直是师友们所热衷的谈资,甚至是小报的追逐热点。他渴望获得一份真正的爱情,古希腊文化中"海伦"是他心目中的理想恋人形象。为了寻找海伦,他的倔强性格和诗人的浪漫天性可以让他冲开一切世俗的阻碍,那份爱的激情随时都会因为海伦的出现而再度燃烧。"海伦",是吴宓对爱情执着追求的偶像,也是他无法逾越的心结。他曾把毛彦文看作海伦而苦苦追求,但终归幻灭。对此,人们褒贬不一,众说纷纭,往往将其看作是他人格结构中传统伦理道德意识与现代个性自由意志的矛盾冲突。童年时代的家庭生活阴影养成了他冲动、任性、暴

---

① 吴宓:《吴宓日记续编》第 1 册,第 24 页。

力、拘谨、偏执的性格,而早年严格的儒学教育又培育起了他浓厚的封建士大夫情趣。他曾羡慕叔父的艳遇,"独惜未早以女子之心理及恋爱之技术教宓致宓有多年之失之矣。盖仲旗公不但壮年在沪,涉足花柳场中,名妓争相求宠、至情,为人所艳称。综其一生,概无时、无地不受妇女之欢迎也"①。然而,接受了五四新文化洗礼的现代女性又如何肯接受这样一个虽然表面留学海外,接受西洋文明,骨子里却一味坚持传统伦理道德的学究呢?在他和女性的恋爱交往中,我们可以看到他精神血脉中所延续的名士风流、男尊女卑的文化意识。他不是因为不无得意地炫示他与别的女子的爱情经历而引起女友的恼怒导致分手,就是因为偏执、蛮横的性格无法容忍对方有意无意的过失和误解而相互疏远。为此,他心里充满苦闷、孤独,他喜欢与人交往,在他的日常生活中,访友成了主要的内容之一,尤其是与青年女性的交往,极大地抚慰了他在爱情追求上的失落。在她们身上,他又重新燃起了青春的激情,他也希望在其中能够寻找到他心目中的海伦,一个红袖添香、聪慧温婉、多情贤淑的妻子。但是,邹兰芳显然不是他理想的恋人,她是那个时代的不幸者,对于她,吴宓更多的是仁爱的道义担当,他对这个柔弱的年轻女子的遭遇感到不平。

1950 年,刚刚解放的西南地区掀起了大规模的"清匪"反霸、减租退押、土地改革运动。邹家是四川万源的大户人家,家中广有田产,几个哥哥中,大哥邹枌是国民党川军的副军长,四哥邹槐芳是王陵基的高级参谋,这样的家庭在运动中自然无处遁形。邹家被当地政府派定退押金额达二亿数千万元,他们以所有的房产作抵押,并四处举债,才得以缴付完清。她的母亲带着一家人移居到镇上私立小学中安身。当地农民还要追捕她的在成都避祸的父亲回乡公审。没过多久,他的几个哥哥先后以"反革命罪"被处决。接着,他的父亲经受不住惊吓,得了疯病,于 1951 年 6 月 2 日去世。邹兰芳因此失去了生活来源,成为一个孤苦无依的人。吴宓深深地同情这个突遭家庭变故的柔弱女子。除了安慰她之外,还承诺每个月资助她十万元,帮她解决食宿和学费困难。

---

① 吴宓:《吴宓自编年谱》,第 23 页。

对于这个运动,吴宓内心是不满的。作为一个毕生服膺新人文主义、恪守儒家仁爱精神的文化保守主义者,他不理解也不能容忍这个追求平等、自由、民主的社会为什么还会有那么多的对人的迫害和侮辱;对于运动中的文化摧残,他的心中更是抑郁难平。他在 1951 年 2 月 19 日的日记中写道:"中国公学职员郑克明……述近日遭受退押之地主,所有田地、房宅、书籍、衣服、器具等,悉皆'捐献'没收,分与农民。彼农民得书籍不知宝爱,乃作为废纸论斤出售,归入造纸坊,另行造纸。郑君偶遇之,然购得若斤,才值数千元(旧币),而获《四史》全部,版本与宓所购者同……宓闻之极为伤感。"①他为此作诗叹道:"千秋理想真兼善,一旦成功力胜仁。阶级惊看严报复,性情深惜废彝伦。"②

经过这样的家庭变故,邹兰芳更是把吴宓视为自己人生中的唯一依靠,她比以前更爱吴宓了。一天晚上,吴宓接到了邹兰芳一封长长的求爱信,正式表示她要嫁给吴宓。然而,邹兰芳却不是吴宓心中的理想伴侣。他当即回信表示了拒绝,信中,他详细讲述了自己以往的爱情经历,希望她打消这个念头,仍以师友长者来对待自己。为此,吴宓开始关心起邹兰芳的婚事来,他先后多次试图为她介绍对象,但邹兰芳心中只有吴宓。这让吴宓颇觉尴尬。尽管如此,吴宓还是不忍心丢下邹兰芳不管,他在生活上竭尽所能地照顾着她,除了按时资助她每月的日常开销外,还经常带她一起出去逛街、一起出去吃饭,尽量使她忘却失去亲人的痛苦。时间似乎能够抹平一切,随着时间的推移,邹兰芳内心渐渐恢复了平静,在吴宓细心的照料和安慰下,她又开始了像往常一样的校园生活。毕竟是大户人家的小姐,那种骄纵任性、不知节俭、追求享乐的生活习性又逐渐显露出来,这是吴宓最无法忍受的事。每月的十万元显然不够,平日里每次来找吴宓总还再要点零花钱,吴宓拿她也真没有办法,也许是溺爱,也许是同情,尽管生气却也还是满足她,而这样一来,却越发惯得邹兰芳有恃无恐起来。

作为新人文主义的虔诚信徒,宽厚、坦诚、仁爱、无私是吴宓一生的价值

---

① 吴宓:《吴宓日记续编》第 1 册,第 68 页。
② 同上,第 268 页。

信仰和人格操守。道德即是他的立身之本,也是他爱情践行的信心之源,无论这婚姻与恋爱成败与否。当他推脱婚姻责任时,他可以据此以自辩。"宓之允心一婚事,初无爱恋之意,只以不忍拂其请,宁牺牲一己而与为婚,譬犹慈善事业。及后来早有悔心,而又胫胫守信,宁我吃亏,不肯负人。专重道德之义务,不计身心之快乐,愈陷愈深,驯至不可脱卸,追悔无及。近倾复又感怀此事,日夕怫郁懊丧不释。心一嫁我固幸,不嫁我亦可得所。既如此,何必牺牲我之一生。"①当他追求爱情时,往往又凭此以自矜,如他苦恋毛彦文,明明不达目的誓不罢休,却反复标榜,"但决以理性自制其感情,使此爱终为柏拉图之爱,并愿终身为彦尽力,谋其真正之幸福。"②"但求为彦谋幸福,籍使吾之真情与热诚能得其用,便已满足。究能与彦结婚与否,毫无关系。苟为友而两人皆利,或较利于彦,则为友亦乐。仅论吾个人之生涯,宁以不娶为佳亦。"③然而,其内心深处确是,"目前行事之方,当竭力使彦能来清华或燕京,每星期晤谈一二次,互资慰乐。如历久而情愈浓,至不能脱解之时,再谋与心一解决之法"④。吴宓生性拘谨,不善交际。故此,追恋女性时常常以财务、学业上的倾力相助来表达爱慕之情。我们无法揣测吴宓对邹兰芳的真实情感,是否仅仅是为了实现心中一直秉持的道德理想而获得自我实现的心理上的满足,还是还有些远超师生之情、朋友之情之上的爱慕之意。但无论怎样,在别人和邹兰芳的眼里,那种无私的资助和不辨因由的纵容恰恰就是爱的体现。

二、张宗芬——运动风潮中的"海伦"

翻身带来的喜悦和无休止的政治运动所激起的狂热成了时代的主旋律,许多愿意和不愿意的人们在这个时代大潮中被裹胁着,憧憬着,也挣扎着向前奔涌,他们不能自主,也无法自主。

---

① 吴宓:《吴宓日记》第4册,第130页。
② 同上,第170页。
③ 同上,第308页。
④ 同上,第140页。

张宗芬在吴宓的日记中被记作"雪"。吴宓与她相识，还是在 1950 年 8 月。当时，吴宓与张宗芬同住在一座楼里，每次与张宗芬相遇，张宗芬总是叫儿子喊"吴老师，您好！"。吴宓心里很高兴，但是并不知道她们是谁，从来没见过这孩子的爸爸。他想，应该是本校老师的家室，丈夫或许刚刚去世，不便过多相扰，因此，碰见时顶多寒暄两句。然而，这少妇的美貌却深深地打动了吴宓的心，他觉得她是整个西南师范学院女员工中最漂亮的一位，举止端庄，温文尔雅，她的三岁的儿子远明也是校园里最漂亮可爱的小孩。后来逐渐熟了，才知道她叫张宗芬，人们都叫她萧太太，本校注册组职员。后来，几所学校合并，张宗芬家就搬到四教院楼下，但每次遇到这对母子，小远明仍然高兴地老远就朝着吴宓欢叫。

过了一年，吴宓突然听说，张宗芬疯了，她家的门口都安排了校警，说她可能是特务。这一天，吴宓进食堂吃饭，恰巧邻座是图书馆的曾庆洁，她是张宗芬的邻居，也是她最好的朋友。从她那里，吴宓才知道，张宗芬是湖北宜昌人，家境贫寒，父亲是个卑微的小职员，平日里都靠张宗芬的汇款接济。张宗芬的母亲在她很小的时候就去世了，父亲找的后母常常虐待她，经常地，继母就随手抄起家里的用具狠命地打她，几欲把她打死。张宗芬从小饱受痛苦，常常独自黯然神伤，心情忧郁。后来，她考取了重庆女子师范学院教育系，毕业后和四川教育学院留校任教的萧化民结婚，生活和心情才逐渐地好了起来。萧化民解放前是川教院的生活辅导主任兼三民主义青年团干事长，1948 出国至印度国际大学留学，学习工业心理学，随着 1949 年的大陆解放，他就不再回国了，但常常写信给张宗芬。张宗芬有三个子女，大儿子跟着远在老家的爷爷，次子就是远明，今年四岁，还有一个女儿小云，两岁。张宗芬家里雇有保姆马嫂，每天替她做饭看孩子，远明则每日上午送往大众托儿所。

近来，为配合土改和抗美援朝战争，国内又掀起了大规模的镇反运动，重庆也在搜捕特务，每天大街上都有警车和军车呼啸而过，车上押着大批反革命特务分子，立刻拉去枪毙。作为三青团干事长的妻子，而且丈夫至今滞留海外未归，张宗芬心里不免有所担心。去年秋天，她考虑到自己做注册员收入较少，又要汇钱给父亲，又要抚养几个孩子，因此找到教育系主任刘尊一，想被聘为教育系助教，校方没有答应，情绪不免失落。近来学生中有活跃分子怀疑张宗芬是潜伏在国内的特务，与海外保持着密切的联系，这让她大为惊恐。她本就性格内向，不善言谈处事，在外人眼里本就显得有些孤傲，教职员同人，尤其是妇女，就有不少议论，对她冷嘲热讽，批评她思想不求进步，也不参加各种活动。张宗芬平日里为人和善谨慎，与世无争，安安分分地过着自己的日子，现在反而遭到流言蜚语的攻击。想想大街上那些被处决的特务，看看自己现在的处境，恐惧、孤独、痛苦、愤怒、绝望一起袭来，她终于无法承受如此巨大的精神压力，变得有些疯癫了。

吴宓路过张宗芬的家时，果然看见门口有两个校警守着，又听别人议论，张宗芬确实疯了，而且一天比一天厉害，在家里乱砸东西，别人进去劝阻时，她还疯狂扑咬撕扯。昨天，她趁人不注意，跑出了门，人们找到她时，发现她趴在臭水沟中，满身泥污。大家只好把她关在教室大楼下东北角的校警室里，由校警轮流看守，门窗都用门板钉死，有如黑漆漆的监狱。校警室紧挨着教职员食堂，吴宓每次去吃饭时，都听到大家在议论这件事，他们边吃边谈，说笑着，谈论着疯子的事；也有义愤填膺者，如某位女教员，就在那里大声地批判学校及妇女会，说他们商议安置张宗芬和捐款救济是包庇特务；当然，还是有人对张宗芬表示了极大的同情。

吴宓最初的想法是把远明寄养在朋友家中，最好是年轻一点的夫妻家中，由他来提供抚养费。然而，他去了几家，人家都以这样那样的借口拒绝了。他就找来张宗芬家人——萧化民的侄子萧荣东，吴宓对他说，愿意在经济及其他方面帮助张宗芬治病，还愿意代为照顾小远明。萧荣东非常感激，他说先要视婶婶的病情而定。过了几天，学校决定把腾出来的食堂用来安置张宗芬。他又着急起来，因为这个食堂与校警室位于学校的中心地带，平时极其喧闹嘈杂，又是各种校内外游行队伍集合及公审枪决罪犯的地方，经常锣鼓震天，人声汹涌。正常人长时间在这里，神经都会饱受刺激，变得烦躁不安，何况张宗芬这样一个病人。他当即找来萧荣东，要他向学校提出请求，临走前，吴宓还特别叮嘱，对外但说由萧荣东负责一切费用，千万保守秘密。

过了不久，张宗芬搬出了学校，在对面的凤凰山校区租房居住，自己雇了一个保姆。吴宓每天早晨去早市吃完早点之后,总要买一份顺路带去张家。到了发工资的日子,也常常去她家探望,临走时把钱留下。日子一天天地过去,张宗芬也渐渐地康复,吴宓再来时,两人已能相坐聊天。后来,张宗芬有时也会带着远明来吴宓家做客,起初还比较拘谨,没多久,就像老朋友一样随意了。

两人经常谈《红楼梦》,张宗芬说她自己的性情像林黛玉,强要学薛宝钗而不能,马嫂则较紫鹃有过之无不及。又说吴宓是甄士隐一类的高人,阅历丰富而又超凡脱俗。吴宓则对她讲起了自己的过去,尤其是恋爱经历。张宗芬颇为感动,说世间太多悲苦了,自己也有时也想出家为尼。沉默了一会,她又说,最近,有朋友劝她登报声明与萧化民离婚,重新嫁人,可是她还不太愿意放弃这段感情,所以心情很乱,不知该怎么办好,又想着赶紧销假上班。吴宓则劝她还是把病彻底养好再说,其他的事先不要想,以后再决定如何生活,即便是将来离婚,选择爱人也应该慎重。

又过了几个月,张宗芬看起来精神好多了,她告诉吴宓,萧化民在国外来信了,同意她离婚改嫁。不久张宗芬就销假上班了,平日里说话办事,思路清晰,神态安宁,似乎康复了。没事的时候就带着远明去吴宓家坐坐,与吴宓聊文学,找吴宓借书看。但是,还是受不了刺激,有几次政治学习的时候,张宗芬又变得神志不清了,披头散发,胡言乱语。人们也逐渐习惯了,生活又恢复了往日的平静。此后的几个月,吴宓过得颇为安闲自在,首先是邹兰芳参加土改,打扰不了他了,其次是张宗芬身心恢复得很好,两人闲来经常到彼此家中探望,张宗芬平日里时不时地做些好菜端来请吴宓享用。逢到节假日,吴宓和张宗芬一起,带着两个孩子出去逛街、购物、看电影,好不惬意。令吴宓自叹不如的是,张宗芬思想进步很快,她还打算寄《社会发展史》等书给远在国外的萧化民,希望他能改造反正归来。从张宗芬那里,吴宓也逐渐地知道了她丈夫的一些情况。萧家是四川巫山的大户人家,他父亲比较吝啬,前几年也曾来看过他们,后来土改时被农民批斗,气闷而死。萧化民一门心思地攒钱,要出国留学,张宗芬结婚后也没享过什么福。萧化民平时有什么事也从不告诉她。1949 年夏秋间,他去了广东,很快又回来了,接着,接到电报又走了,然后就出国去了印度。作为妻子的张宗芬也仅仅知道这些,说她是特务,实在冤枉。现在有人劝她加入工会,但是首先必须向党坦白自己的过去,并且宣布与萧化民离婚。她很犹豫,说再等两年,到时候他还不回来,就改嫁。

三、进退维谷的爱情抉择

邹兰芳自参加土改归来之后,就一直吵吵着要与吴宓结婚。她见过张宗芬。她知道,无论是容貌、性情还是教养,她都无法和张宗芬相比。还在土改工作队的时候,她就好几次写信给吴宓,颇带醋意地谈起他俩的关系,她担心她最心爱的人会被这个女人抢走,所以回来之后,就一个劲儿地追问吴宓。吴宓非常生气,反复声明帮助她是出于道义,他一生信奉老师白璧德的新人文主义思想和儒家的仁义忠信道德,无私待人,心中所有的只是师生之情、朋友之情。但是,对于张宗芬,也有许多人劝吴宓,现在人们都在议论他和张宗芬的关系,还是不要来往的好,她是有夫之妇,又有"反革命"嫌疑,会带来很多麻烦。吴宓辩解道:"张宗芬已经决定与其夫离婚,已呈报三区公安局。情形如何,当局自能辨查。宓问心无愧,已置生死于度外,应有交际之自由。"

邹兰芳差不多每天都来,也不多说话,只是独自坐在那里抽泣。这天晚上将近十点,吴宓送她回校,一路上,无论问她什么,她都不回答。这天中午,吴宓接到邹兰芳一封长长的信,内容让他惊讶。她说,她在成都曾失身于华西大学社会系学生胡汉云,家人不许她嫁给他,她一赌气就跑来了重庆。1950年暑假,胡汉云游泳淹死了。胡汉云有肺病,她因此被传染,得了肾结核。治病时,医生告诫她三年内不要结婚,将来结婚也不要找身体太强健之人,到1951年就满三年了。吴宓是她最喜欢也是最合适的人。她也知道她配不上吴宓,但她还是非常爱他,每次遭到拒绝,都很生气,也很委屈,但想起吴宓对她的好,还是要嫁给他,不管多难,即使是将来不能嫁给吴宓,他也还是她心里最爱的人。吴宓看了之后很震惊,当即写了回信,表明了他对邹兰芳的态度,即纯粹的师生关系,所有的帮助都是基于同情,绝没有恋爱、诱惑、示恩之意、之欲。人生道路上的利害苦乐、成败得失,要自己慎重选择，如果因为爱吴宓而导致怨怒痛苦，吴宓概不负责。现在只是希望她能够随时随地地为他节省时间、精力、金钱，这一辈子对她无所要求。

写罢，吴宓不禁感慨，"宓素以兰为愚稚可怜、天真任情之女子，今乃知中国男女人无若宓之诚实者。兰不以失身及真确年岁告宓，且思利用宓而嫁宓，张网捕鸟，打草惊蛇。一向所行所为，并非无意，乃皆权术，但未工耳。宓今后对兰，更当随时节省我之力量，勿浪虚掷也。……"①邹兰芳接到信很快赶来，照例又是哭闹一番，这在吴宓早已是习以为常了。

吴宓并非不渴望爱情，多年的奔波辛劳而屡遭失败，他非常想有一个家作为休息的港湾，有一个知书达理、美丽贤惠的妻子相伴度过一生。他的心中自有一个"海伦"存在，如果以前是毛彦文的话，那么，现在则是张宗芬。但她从来就不懂怎样与女人交往，他的拘谨的性格使她迟迟不敢直接表白自己对张宗芬的爱，他希望通过真诚无私的照料使她能够察觉到他对她的爱慕之情。为了她，他愿意付出自己的一切，他甚至想到为张宗芬介绍对象。

他将外文系教授张东晓介绍给张宗芬，两人都非常高兴。然而，张东晓并非真正属意于张宗芬，他有女朋友，女孩名叫冉超燕，1951 西师外文系毕业后分到了西康，两人只是分居两地；况且，张东晓告诉他，鉴于张宗芬的情况，学校领导认为他应该慎重考虑，他不想过早决定。这不仅让吴宓为张宗芬担起心来。

由于国共斗争依然持续，台湾在重庆空投了许多特务，因此，全市大戒严，夜晚则更加严密，在学校里，凡男女教职员及工友，每三小时一换班，轮值站岗或巡逻。夜里是张宗芬警卫值班的时间，吴宓便来到张宗芬家守护远明睡觉，一直等到张宗芬回来，才拖着疲惫的身子回家。平日里，张宗芬经常劝说吴宓要努力改造思想。吴宓知道她是一番好意，可也开始感到他们之间有了不小的隔阂，她越来越像前妻陈心一了，心一来信就经常劝他注意政治学习。唉，能相知者，碧柳、寅恪等三数死生朋友而已。他喜欢张宗芬，自然希望她能够跟上形势，求得安稳，而他和寅恪，只恨未能像碧柳那样

---

① 吴宓：《吴宓日记续编》第 1 册，第 302 页。

早早死去，又不敢追随静安先生自沉于昆明湖。活在今世，实难自处，其中的痛苦，张宗芬怎么能了解呢？张宗芬告诉他，她已经要求法院直接宣判离婚，以便早获自由。至于吴宓经常对她的帮助，她说，现在正在"三反"，人言可畏，以后别为她在小事上操心了，省得别人说闲话，如果有需要吴宓帮忙的话，她自会找他。

最近流言蜚语确实很多。有学生告诉吴宓，有人攻击《学衡》是反动刊物，吴宓资助女生邹兰芳而与之过从甚密，经常一起游玩饮宴，搞不正当男女关系，应该检讨。吴宓心想，我身正不怕影子斜，邹兰芳是巴不得有人这么说呢。怕的是将来真的无法辩白，不得已非娶她不可，吴宓心中恼怒不已。

邹兰芬一直缠着吴宓要求结婚。她以毕业后想留在重庆为理由，希望吴宓能答应她。吴宓不答应，他觉得邹兰芳有点像薛宝钗，聪明与权术远在别人之上，千方百计，自甘献媚，故意渲染二人关系于宓的朋友、学生，笼络包围，一定要达成心愿才肯罢休，对张宗芬则假装亲厚而实际上窥探防范，分明是宝钗对黛玉。而贾宝玉却只是爱林妹妹的。接二连三地，吴宓的朋友、学生来劝吴宓与邹兰芳结婚，吴宓始终不松口。经常走在路上，有老师跟他聊天说，邹兰芳来你这儿，经常半夜才回去，很多人在议论，邹兰芳也逢人便说二人已决定结婚，你还是赶紧结婚吧，别拖了，否则影响多不好。对此，吴宓真实有口难辩。

8月份，正是毕业分配的时间，邹兰芳来找吴宓，要吴宓给毕业生分配委员会写信，说两人决定结婚，希望能将邹兰芳安排在重庆市工作。吴宓当然不愿意这样做，邹兰芳急了，扑通一下跪在那里，哭着求吴宓答应她。吴宓看着这个可怜的姑娘，心里很难受，他不敢正视邹兰芳那双满含泪水、无助而又怨恨的眼睛，他无法也不忍拒绝，他完全了解她对自己的痴情，但他对于她所有的只是作为为一个师长的关爱与同情，他愿意倾尽全力帮助她，但却从来没有想过要娶她作为自己的妻子。年龄倒在其次，实在是她与吴宓心目中的"海伦"相差甚远，他所倾心的是张宗芬，但他从来不敢说出口，这两个女人，无论是容貌、性情还是修养都相差太远。他已尝过志趣和思想上的不能相合所带来的婚姻痛苦，然而，对于抛弃妻子的道德负疚感又使他无法原谅自己,或许对这个不幸女子的帮助可以弥补以往的过失,何况邹兰芳又是那么爱他,他犹豫不决。最后,他答应给他一个星期的时间让他考虑。

他去找张宗芬,张宗芬已经离婚。她听了后叹气说,她早看出邹兰芳喜欢吴宓,平常看见自己时眼中总含着敌意。她向邹兰芬明确说过,她从来就没有爱过吴宓,大可不必这样。她是赞成吴宓与邹兰芳结婚的,邹兰芳处心积虑,千方百计地要嫁给吴宓也是有不得已的苦衷的,但真心喜欢吴宓是肯定的。吴宓有这样一个人照顾当然是大好事,没什么可忧虑的,只是要注意不能再纵容她如此的奢侈浪费了。张宗芬也明白吴宓对她的情谊,但她与吴宓只是想做朋友,她决不会打扰吴宓的婚后生活,她只是希望吴宓能帮助她一些生活费,她和三个孩子实在是太困难,张东晓好像不太愿意和她结婚,她只有慢慢地等合适的人出现。

吴宓想到了李源澄,自己的好友,又是西师的领导。他说了自己的想法,一是与邹兰芳结婚,二是坚持独身,三是一心向佛,再不管任何人的任何事。李源澄听完,连声叹息,他觉得,邹兰芳纵欲任性、自私自利,硬要追求吴宓,看重的是吴宓的身份、待遇。都怪吴宓自己把持不严,不自克制,对她纵容太过,如今邹兰芳处处散布,制造舆论,吴宓现在拒绝结婚,似乎已不太可能。而且,以吴宓的浪漫个性,想要皈依佛法,修身养性,恐怕很难坚持。吴宓听了,心情很沮丧,而下午的事情更令他几近崩溃,在重庆大学合作社食堂,邹兰芳边哭边嚷,她决不能舍弃吴宓,如果再不答应结婚,不给毕业生分配委员会写信,她就死给他看,整个大厅的人都看着他们。

1952 年 8 月 21 日,实在没有办法的吴宓终于答应了邹兰芳,两人一起署名将两份同样的信分别交给重庆市沙磁区高等学校 1952 毕业生工作协助分配委员会和重庆大学分配工作委员会主席郑衍芬,鉴于二人已订婚,请求毕业分配时对邹兰芳的工作安排予以照顾。这天晚上,吴宓一夜未睡,左思右想,终觉不妥。"以宓之性情、年龄、地位,左右皆不妥,而当以离世依佛安静独居为上策、为正道。凡事觉其不妥,即不应勉强作,总以发乎本心,行之自然为是,故宓决当不婚兰,而宁保持我之自由,并为兰与雪助事慰情,则宓最为乐情。"①早晨起来,立刻前往重大,在教务处见到郑教务长,说婚事尚须考虑,请求将昨天的信暂且搁置且不对外宣布。如分配方案中,邹兰芳已定重庆,自可无需该函;如果分配到云南、贵州这样偏远的地方,到时候再商量改填日期提出该函。郑教务长爽快地答应了。当吴宓把这件事告诉李源澄时,李源澄不以为然,说分配草案由分配委员会决定,既定,就不能更改了,吴宓的做法没用。

然而,吴宓之所以是吴宓,就在于他那"行事多痴愚悖谬"的性格。他常常反省自己,"宓只以生性过于仁厚,又生性好谋而不能断,凡(1)他人代宓所决定之事,结果多证明其'是'而'有利'。(2)若宓自己所决定者,则皆'小事聪明,大事糊涂'"②。感情的脆弱和性格的执拗撕扯着他的灵魂,他对邹兰芳所有的只是基于人道主义的怜悯之心,他不爱她,但也不忍心抛弃她。他渴望有一个完整的家,对于雪的拒绝,吴宓心中郁结着难以排遣的失落情绪,他也因此不愿意放弃邹兰芳对他的这份炙热的爱情。他就在这之间反复煎熬着,他的优柔寡断的性格再一次使他在爱情的十字路口徘徊、延宕。且看他这几天的日记:

八月二十五日　星期一

晴。中夜失眠,近8:00始起。上午9:00酿造室赴调查研究总结报告大会。会中思人生各事随时多变,但行目前所宜,不必长计深求,遂于近午决定与兰结婚,勉从兰意,以前函径呈工作分配委员会,俾定可留兰于重庆市或郊区云云。

八月二十六日　星期二

8:00宓辞归西师,雨。近日人皆谓宓瘦削,盖由对兰忐忑、思虑不宁所致。是夜复久久醒。终欲不婚兰而保持宓之独立自由,依佛助友,对雪但求恒存友情,过此非所望。此实宓之最高最真心情,惜兰莫之能喻耳。夜雨。

---

① 吴宓:《吴宓日记续编》第1册,第401页。
② 吴宓:《吴宓自编年谱》,第198页。

八月二十八日　星期四

宓今日颇望兰派往北京或滇、黔，借此远离而断绝。今知必在重庆，颇悔八月二十一日双函之多事！已而谌君暂出，兰索吻抱，并求同卧息，宓拒之。谌君旋归。兰必欲宓函鲁求函托司法部长但懋辛氏分配兰于重庆市区，宓又曲从之。谐至张鹤笙宅访鲁，未遇。终至顺舍作函上鲁，托顺带送。

宓冒雨回西师。夜中久醒，决对雪并兰断绝，以解矛盾，而自求安乐。

八月二十九日　星期五

抵舍，即寝。大雨。中夜久醒，欲函兰详陈衷曲，求勿强宓为婚。又欲函英请劝兰勿嫁宓，均不果行。①

此后的日子里，吴宓一直试图说服邹兰芳改变决定，但每一次招来的都是她更激烈的争吵，还说，吴宓不与她结婚，她就独身终老。这或许是吴宓的人生宿命，对于以前的爱情失败，他曾反省过，"若我奋力前行，则急遽难成；若收心割爱，则牵缠未断。欲助甲而甲不受助，愿不负乙而又必负之，欲使自己不吃亏而必吃亏，欲为我身谋福利而无福利。呜呼，此诚理想家行事之必然结果，浪漫派求爱之天与惩罚，而亦吾愚妄之性行之一定轨辙也"②。

四、酸涩的爱情之果

不久，西南师院迁往北碚天生桥，以原川东行署旧址为新的校区。迁校后，张宗芬就接到通知，调任西师附属小学职员，住房和工资不变，她不知为什么，又不敢问，就托吴宓去找负责附小工作的吴则虞。吴则虞告诉吴宓，张宗芬去小学是当教员而不是一般办事人员，待遇、工作其实比以前要好，去那里只是暂时的，将来还回西师，即便不是注册组，也会有别的岗位，革命

---

① 吴宓：《吴宓日记续编》第 1 册，第 403–406 页。
② 吴宓：《吴宓日记》第 5 册，第 445 页。

工作嘛,最好不要拒绝。

邹兰芳经常写信过来,满纸的相思之苦,要来找吴宓,她现任市法院司法改革办公室调查研究组干事。由于北碚和沙坪坝相距甚远,所以,邹兰芳只好周末来与吴宓相见,可来了之后,又免不了大吵一番。她告诉吴宓,她们那里小组学习会上,有人批评她,说她和吴宓的恋爱不正当。吴宓年纪那么大了,你还跟他谈恋爱,是贪图名教授的生活和地位。邹兰芳辩解说,恋爱自由,如果吴宓爱别人,她绝不干涉。但是,她又对吴宓说,你如果敢抛弃我找别人,我就自杀,是你害死了我。

张宗芬也托人带话给吴宓,她非常感谢你对她的帮助,这种感激之情,过去、现在、将来都不会变的。但是,她绝不会与他共同生活。她觉得邹兰芬更适合,祝他俩幸福。她还说,她近来做小学老师,天天和孩子在一起,觉得很开心,以后当献身教育事业,努力工作,希望吴宓不必挂念为她的前途及生活。

此后,吴宓去找张宗芬,张宗芬总是避而不见。吴宓只好写信,连同钱一起从张宗芬家的门缝里塞了进去。连日的繁忙工作加上心情郁闷,吴宓病倒了。不幸的消息又从老家传来,母亲于 1952 年 12 月 22 日晨病逝。来信中,妹妹详细述说了母亲的病情及家中的情况,还劝吴宓早点和邹兰芳结婚,生活上也好有个照应。随后的日子,吴宓一直闷闷不乐,1953 年 2 月 28 日是中秋节,这一天,吴宓收到了邹兰芳托人带来的一封信,信中夹着邹兰芳一张照片。邹兰芳自去年 11 月起,进入西南人民革命大学二部学习,期间不断催促吴宓结婚。吴宓则频找借口推脱。这次信里干脆就把照片和结婚检查证寄来,信中说,"革大"卓主任说只需西师出具同意吴宓同志结婚的证明,证实宓确已离婚,"革大"即可发给兰允婚证明书,不必等心一寄来的离婚证件。邹兰芳还说,重大的老朋友如瞿国眷等都希望他俩早日成婚。其他同事也劝吴宓马上与邹兰芳结婚,以便能照顾他的衣食起居,而且,她在外朋友多,花费大,自由惯了,婚后或可收敛,经济上也可以节省许多。

吴宓烦躁极了,这天晚饭后,他找到张宗芬,张宗芬正在吃晚饭,听了后,数落了他一番。吴宓当晚日记中写道:

撮记所谈,不依伦次。(一)雪此次复职回校本部,实由雪一学期苦干勤能,而小学群师给予好评之故,人事室乃有此令。(二)雪谓爱情首贵专一,既择定某人为我之理想,则应于此外万千男女朋友相识皆不系心。宓之大错,在太乱太纷。如宓所述昔年为薇为雪梅而失彦,以及近年爱雪而恒亲兰,皆由过求周到,不辨轻重,自己中心无主,随意挥洒,旁皇迷乱之故。(按昔年郭斌龢等早已以此责宓。)如此办法,不但自贻伊戚,有时亦使其所爱之人失望。(三)宓之另一缺点,则坦白过度,不能保密,自己之心情,与行事,必须对近旁之一二人诉说,倾泻无余。如无知友善士在侧,则不择人而谈说。宓年来以一切情事对兰倾泻,纤细无隐,故兰熟谙宓之性情,而知所以擒获宓,控御宓之方术。(四)世间万事不能勉强,爱情尤些须不能勉强。凡人所作之事,皆是彼甘心自愿作者,他人断不能强彼作违心之事。所谓"此非我所欲,不得已耳",是自欺也。宓既曾怜爱兰,今之婚兰也甚宜,又何必嗟怨!(四)兰处心积虑,必欲嫁宓,为时已久,兰嫁宓后,定能很好共同生活。至于雪之前途亦只有视事势之推移,顺机运之自然而已,云云。

宓辞出,再入市,取电炬回。今晚聆雪所谈,如冷水浇背,使宓万感交集,夫雪责宓之言,即昔年彦所责宓之言也。伤哉![1]

第二天,吴宓当即写信上呈院长办公室,要求出具吴宓与陈心一早已离婚,并批准与邹兰芳结婚的证明。方敬和李源澄都非常高兴,说早该如此。随后,他又给邹兰芳写信,拿到证明后即刻去"革大",待"革大"证明开出,两人就去登记结婚。他在信中还解释了自己几次反复的心情,还是希望邹兰芳能改变主意,求得解脱。中午,院长谢立惠亲来登门道贺,并说:"您与陈心一离婚早已众所周知,但是,学校发出证明的公函,必须有真凭实据。所以还是需要等凌启鸿律师签证的协议离婚书或《大公报》《新闻报》之离婚广告来,二者得一就可以发给公函。"[2]谢院长再三声明,学校对他们二人结婚

---

① 吴宓:《吴宓日记续编》第1册,第498—499页。

② 同上,第500页。

完全赞成,这个只是手续问题,千万别多想。吴宓又连忙写信给陈心一,要她寄离婚证件来。

邹兰芳接到信后很高兴,诉说了这些日子吴宓不答应她的痛苦,几欲要自杀,又回忆起前几年和吴宓在一起的幸福时光,想起死去的亲人,晚上常常独自抽泣,彻夜未眠。吴宓看到这眼睛也湿了,心中像刀绞一般,他恨自己如此寡情,辜负了邹兰芳,他回想起 1929 年离婚时的情景,今天拒绝她,于心何忍。

对于张宗芬,张东晓是有愧疚的,他找到吴宓,托他带给张宗芬三十万元钱,要他带话给她,他无意也不能和她结婚。至于邹兰芳,他也劝吴宓慎重,免得到时候后悔。下午出去散步,吴宓内心说不出的压抑和痛苦,张宗芬拒绝他,和邹兰芳也有名无实,该如何是好,他感到孤独、无助。大好春光,如斯景色,却无人相伴。

邹兰芳催着要结婚证明,她迫不及待地来找吴宓。吴宓说,她的一片痴情,吴宓非常感动,如果想结婚,等北京证件到后,就去登记。但是,吴宓实在是不爱她,他已决定抛弃一切情缘,皈依佛法。现在让他结婚,真的是很痛苦。邹兰芳听了,又急又气,哭着要去寻死,吴宓吓得赶忙拦住。邹兰芳哪肯放过,要他去北碚图书馆找理念的《大公报》《新闻报》,里面就有吴宓的离婚广告。吴宓真是没有办法,对邹兰芳,他一方面觉得对不起她,一方面又觉得她太不体谅别人,恣意妄行,不考虑后果,必欲达其目的,不纳忠谏,不许违抗。唉,吴宓长叹一声,这就是现世果报吧,他自己当年何尝不是这样的人呢。

好友王世垣也劝吴宓娶邹兰芳为妻。他反问吴宓,牺牲自己以成就他人,正是你所追求的宗教精神,为什么现在反而退缩了呢?吴宓听了不知该怎么回答是好。最终,1953 年 6 月 8 日,吴宓与邹兰芳在重庆沙坪坝主管机关登记结婚。邹兰芳随即由西南人民革命大学调往西南师范学院学前教育系任系务员。然而,还未开始工作,就旧病复发了,经检查,她全身脏器多处被结核杆菌侵袭,病情严重,遂于 7 月份入住重庆第九人民医院治疗。

五、尘缘终了情难绝

与邹兰芳结婚，并没有给吴宓带来二人世界的幸福甜蜜，而是使他陷入无尽的痛苦和烦恼中。

病中的邹兰芳，不是积极配合医生的治疗，依然我行我素，贪图舒适享乐。她想吃三鲜炒饭，吴宓请人找遍北碚的各处饭馆，终于在北碚餐厅买到，赶忙送去。她继而又想吃鸡，吴宓第二天又急忙买来，加入墨鱼和当归熬汤。几个月下来，搞得吴宓疲惫不堪，叫苦不迭。此外，邹家的几个子侄也在吴宓处寄养、上学，再加上还要分别资助家中的亲戚朋友，从不为钱发愁的吴宓也感到了前所未有的压力。"按宓生世六十年来未尝感觉经济之困窘。今年阴历年关始甚苦支绌，其主因厥为兰家人所加于宓之困累。"吴宓有时也觉得愧疚，由于长时间用药刺激脑神经，邹兰芳常常哭闹，神志昏乱，眼前常出现幻觉，好多次，她紧紧抓住吴宓，说"革大"派人来抓她，她出身反动，嫁给吴宓并非钦佩吴宓的学问，而是贪图吴宓的名利地位金钱，要把他押回去审判。看着她面容浮肿、惊慌失色的样子，吴宓顿感凄然，自责对她发火，没能耐心温婉地去安慰她。

由于常常哭闹，又以饮食不适口，邹兰芳闹着要回家调养，尤其希望有亲朋好友日夜陪伴、闲谈，解其寂寞。1954 年 1 月，医院同意其移回家中居住，每两周由人抬往医院诊治一次。平日里，邹兰芳常常呆呆地坐在家里，有时喃喃自语，若有所思，有时则哭泣伤悲，中午也不睡觉。由于肾脏损坏，晚上睡觉时常常起来小解，两人因此而失眠。想起她以前的活泼样子，吴宓心里很难受。

怕结核病传染，人们减少了与吴宓的走动。他到张宗芬家里去时，孩子们见了欢呼着扑向吴宓，张宗芬赶忙喝止，这让吴宓颇为尴尬。然而，张宗芬似乎也遇到了大事，她怀孕了，孩子是张东晓的。到底是怎么回事，两人各执一词，学校里也为此传得沸沸扬扬，吴宓忙于为邹兰芳治病，对此也不太了解。不过，在他看来，应该是张东晓的责任，后来一次与钱泰奇闲谈，钱泰奇说他也曾屡劝二人结婚，可张东晓不同意，他是想娶一个年轻美貌的少女,还曾要他介绍图制系的一个女助教。吴宓想起《西厢记》中的"张生补过",劝张东晓,然而他却非常坚决,说绝不与张宗芬结婚,说张宗芬出身不好,这是原则问题,将来孩子的处理办法乃枝节小事。他辩解道,他是出于友情帮助她,对她生活上悉心照顾,谁知道她却误为爱情,所以做出许多不该做的事。他也觉得张宗芬有些可怜,希望吴宓能为她介绍一个合适的人结婚,至于他,是绝对不会答应的。吴宓觉得张东晓这个人太绝情了,心里有些生气,但也没办法。1954年5月24日,张宗芬在医院生下一子。吴宓再见到张东晓时,还是劝他为孩子着想结婚,张东晓说,他现在因此事已屡次在党及民盟人员前及小组中自行检讨,名誉上所受损失极大,更恨张宗芬了……此后,吴宓每月代转张东晓给张宗芬的婴儿抚育费,他有时觉得,生完孩子的张宗芬比以前更加美丽了,容貌丰盈、光艳、端庄。

邹兰芳经常做梦,有一次梦见吴宓坐着滑竿,身上盖着白布单,回陕西去。她对吴宓说,可能你将不久于人世了。吴宓心有同感,这些日子,他也觉得身体大不如从前了。邹兰芳的病,加上三个侄子名璋、名倜、开桂的到来,让他不得安宁,半夜还要常常起来,以前就枕即入寐,一觉直睡到天明的好习惯从此没有了。吴宓决定让邹兰芳进城治病,她现在耳朵失聪,右手发麻,而且有越来越严重的趋势。然而,这一去,竟成永别。1956年4月16日,邹兰芳来信了,重庆第一中医院见她瘦得可怕,就立即停了药,要她回家休息,补充营养,所以她要回家。回来后,邹兰芳果然瘦得可怕,但已不再哭闹,神情显得颇为安宁,吴宓给她吃了他自己平日里用的安定,她慢慢地睡去了。吴宓仔细问了她一年来的情况,真是又气又惊。原来,邹兰芳在城里,节省下饭钱来购置衣裳,又买了很多布料,因此营养不足,大损身体。蔡医生所配的丸药,她也好长时间不吃了,许多都还放在瓶中。

随后的几天里,邹兰芳一直卧床不起,也不想吃任何东西,天气干热,又不肯饮水。24日晚上,喘气声很粗,不时地要起来小解,但下床已不能行步。吴宓看情形不对,忙叫开桂报告卫生科,护士立刻注射强心针,并抬往第九人民医院。早晨,噩耗传来,邹兰芳于7时35分病逝。

看着邹兰芳黄瘦的脸,吴宓悲痛难当,他哆哆嗦嗦地把棉被铺在棺中,为她穿上黄呢绒外套、皮鞋,将她平日所心爱的衣服,还有前些日子刚买的新衣和用品,悉数放在她身旁。棺材合上了,吴宓老泪纵横,口中喃喃自语。他想起今年春天邹兰芳曾屡次对他说:"我前几年那样痴心地爱你,必定要嫁给你。而婚后我一直生病,又有老家亲戚的拖累,我们两人实际上没过过一天的舒心日子……我想这一切都是命运注定,都是缘法,老天爷让我们互偿前生之债,债还完了,也就是我们分手的时间,但愿是我先死去。"兰芳,难道这真是我们前世的冤孽吗?你是来向我索债的吗?我这一生,负过心一,负过彦文,独不负你,可这又如何让我承受呀。他想起了1935年为毛彦文所做的忏情诗,随之改作:

> 曾照忏情未悼亡,为君才断死生肠。
> 平生好读《石头记》,冤债偿清好散场。

这些日子,张宗芬也常来吴宓家安慰他。她说,四个孩子加一个保姆,生活极其艰难。张东晓反复多变,对她多所责难挑剔,2月份有一次参加朋友婚礼,见了她,又动心了,欲和好而结婚。然而随后又变了,说怕遭人讥笑,而且既已决定,众已周知,就不当变,仍要照协议行事。张宗芬叹道,她对张东晓早已死心,只是怕孩子由他随便交人抚养,遭受虐待,想想就难受。她现在唯一的希望就是张东晓能够好好对待孩子,自己则决定另找人结婚。

再次见到张宗芬是几个月以后,她是来向吴宓辞行的。孩子已经两岁了,送给本校一对工人夫妇寄养,他们没有儿女,很喜欢这个孩子。张宗芬每个月给他们十七块钱作为抚养费,张东晓的十八元也直接付给他们。张宗芬要去大连,那里有个体育老师,早年在重庆教过她,现在向她求婚,她答应了。

8月25日,吴宓来到车站,为张宗芬一家送行,这天也是吴宓阴历六十三岁的生日。看着她们母子远去,吴宓心中倒也畅快,"人生情缘,各有分定",他想,张宗芬说对我始终如一的,是友情而非爱情。我那些年追求她,只是自寻烦恼,对我倾心相爱的是邹兰芬啊,呜呼,七年一梦,今一死一去,一切皆空,可以解脱而醒悟了。年底,元旦前,张宗芬突然回来了,只带着小云,还回本校任职,原来她在大连没找到合适的工作,就想着回来,把岳五六也调到重庆来。看着她,吴宓又惊又喜,恍如隔世。旁边的小云长高了许多,她看着吴宓,问:"邹娘娘在哪里?"妈妈轻声地说:"已经不在了。"吴宓眼泪夺眶而出。

新年的元旦过后,张宗芬来向吴宓借钱。吴宓突然感觉张宗芬和以前不一样了,现在她来找他,不是要他帮忙办事,就是借钱,对他毫不关心,更别说其他的了,没有了温柔和婉,却多了几分蛮横狡黠之态,她越来越像那时的邹兰芳。人真的会变吗? 他不敢相信,他开始怀疑自己当年对张宗芬的那份感情是否值得。现在,他经常翻看自己早年的日记,每次看到邹兰芳的记载时,就伤心落泪,她爱他爱得那么深,却走得那么早,他后悔没能对她更好一点,他的心乱了。

1957年6月15日,张宗芬的又一个女儿在医院中诞生了。

吴宓的爱情,充满着失败、痛苦、沉重和悲伤,他自己也说,"盖宓多年以严肃之性格与热烈之情欲二者相互冲突,故恒在紧张之中。"[1]从表面上看,吴宓是一个新人文主义的鼓吹者和实践者,然而内心深处,他却是一个爱情至上的浪漫文人。应该说,这两种性情本无矛盾,但是,在吴宓这里却发生了无法调和的紧张冲突,导致了他一生的爱情悲剧。究其根源,则是伴随着西方高度发达的现代工业而出现的新人文主义,面对着原始、落后的中国,本就没有其存在的社会、历史和文化依据,更何况是在儒家的思想体系框架内来承载这来自异质文化的人文精神。在吴宓那里,传统伦理道德和西方人性思潮并没有得到真正的沟通与熔铸,相比于古代的"士",吴宓的兴趣爱好和心理结构与其并无多大差别,西方游学的经历,只是给他带来了眼界和所学内容的改变与扩展,他的精神所继承的仍然是传统儒家的文化追求和理想人格。对于他的爱情心理,吴宓的挚友陈寅恪最为切中肯綮,"宓本性浪漫,惟为旧礼教、旧道德之学说所拘系,感情不得发抒,积久而濒于破裂。犹壶水受热而沸腾,揭盖以出汽,比之任壶炸裂,殊为胜过。"[2]

---

① 吴宓:《吴宓日记》第8册,第54页。
② 吴宓:《吴宓日记》第5册,第60页。

　　在吴宓的内心深处,他并非没有意识到这一点,只是他孤傲偏执的性格使他不愿意面对现实,正如他的新人文主义是一种无法面对现实的理想一样,他的爱情观和爱人形象,也成了理想的幻化。"爱"的过程成了他实现自我的一种方式,至于作为生命本能和情感寄托的爱情之果,他却迟迟不敢摘取,抑或不想摘取。正如他在日记中所写:"宓之苦,在厄于二者之间,……即宓如潜藏内修,致力于精神哲理,则日趋于宗教天国。如是,则实际生活必不能得解决。爱情无成功,身体无享受,生活仍孤独抑郁。而若循第二途以求,则又与精神上所需之进步相背驰。鸣呼,宓即终在此矛盾与痛苦中而牺牲者也。"①面对中西文化,其精华与糟粕的取舍与融合,需要的是一种坚忍的意志和精研的睿智,而吴宓的性格中缺乏这样的质素。他热诚而不够坚定,率真而不知节度,执着认真而又拘泥僵化,多情仁厚而又优柔寡断,激情中带着急躁,自恃中带着自负。这些,都最终造成了情感中无法疗救的创痛。也许,不曾接受新人文主义或者勇敢地反叛传统,吴宓的人生会更精彩一些。

　　在世俗的眼中,他的处世态度绝对算得上是荒诞可怜、迂腐冥顽,是一个不折不扣的悲剧人物,然而,他的坦诚、无私、忠厚、仁爱却闪烁着耀眼的人性光芒,成为后人永远值得珍视的精神财富。吴宓颇信命运,或许真的有所谓的命定和天数,在不同的时代,在吴宓的爱情世界里,出现了两对堪可类比的女性,陈心一与毛彦文、邹兰芳与张宗芬。只不过相对于前者,吴宓与后者的感情纠葛中又多了一层政治上的磨难,这是那个时代特有的悲剧。

---

① 吴宓:《吴宓日记》第6册,第30页。

许伯建与吴宓

张　南

　　他们，一个是辞章俊彦，一个是硕学鸿儒；一个隐身于银行，一个授课于大学；一个受命忠守，一个托付学问。许伯建与吴宓，这二位年龄相差二十岁的中华传统文化学人，在 20 世纪 50 年代走到了一起，相知相守，相伴相勉，相心相托，共同谱下友谊的华章，传递着中华文化的星星之火。

一、相识

　　吴许的相识，缘于潘伯鹰。潘伯鹰（1904—1966），名式，号凫公，有狷傲之气，是著名书法家、诗人、小说家。其小说《人海微澜》《蹇安五记》畅销一时，洛阳纸贵。其诗辑为《玄隐庐诗》，为士林所重。吴潘相识于 20 世纪 20 年代末期，时吴为清华大学教授，潘为交通大学学生。文字相磨，遂成莫逆之交。抗战军兴，潘时以内政部参事及中央银行秘书身份随国民政府西迁，落脚陪都重庆，始识许伯建。

　　许伯建（1914—1997），巴县（今重庆市渝中区）人，是诗人、书法家、藏书家。好读书，聪慧敏学，少即有名。20 世纪 30 年代已在文坛崭露头角，常以诗文见诸报端。1945 年，以"阿植"名在《文史杂志》（文学专号）发表诗词《补茅余韵》，被编者称誉为"词坛名宿"①。1957 年其书法作品远赴日本参

①　《文史杂志》第五卷第一、二期合刊编后记，重庆：中华书局，1945 年 1 月。

加在东京举办的"中日首次书法交流展"获得好评,并入藏东京帝国博物馆,后辑入日本著名书法杂志《书品》刊印流传。20世纪80年代初组建重庆书法家协会,并当选为副主席①。

抗战时,许伯建任四川省银行主任秘书,以诗文交于潘伯鹰,"文字督磨",亦师亦友。1940年,全国最大旧体诗诗社饮河社在重庆创立,社长章士钊,秘书长潘伯鹰,实际主事者是潘,而伯建是潘的得力助手,奔走约稿,编辑刊物,不遗余力。因性情相投,又相居较近,潘许常相过从,谈诗论书,遂成至交。数年后,潘曾忆及这段友情,动情言道:"我有过举,伯建恕之;我有急难,伯建援之;人有訾謷我者,伯建辩之。及夫宵永星高,众人皆寝,伯建与余出而坐石磴深语世事,以究极其旨归而得自勉之道,其所为歆动鼓舞者不可胜纪。"②

抗战中,吴宓避难西南,任教于昆明的西南联大。1944年10月,吴宓离昆明远赴成都,应聘于燕京大学及四川大学,道过渝中,即住张家花园三号潘宅中,十余日间,访旧拜友,不亦忙乎。由鹰公之介,得识伯建,但初次见面并未留下深刻印象,只知其为饮河社诗友,在银行工作。

二、相知

1949年春,吴宓做出一生最重要的决定,拒去台湾,飞赴重庆,先后任教于相辉学院、勉仁学院、四川省教育学院、重庆大学。1950年西南师范学院成立,吴宓遂一直任教于此。自1952年秋起,始与伯建"时相晤"。而自1953年春"始与伯建恒通缄"③。这一时期,吴宓对许伯建的印象是"生活勤苦,而礼贤好学,读书吟诗不辍,实今世所难得。其与鸷公尤笃厚,对宓亦甚敬礼,顾宓终未能与之言志述情"④。在吴宓的眼中,许与潘的友情就像自己

---

① 许安溟、杨咸斌:《许伯建书法精品集·年表》,重庆:重庆出版社,2015年版,第236、240页。
② 潘伯鹰:《补茅文集》序,重庆,1998年(内部刊物),第2-3页。
③ 吴宓:《补茅文集》序,第4页。
④ 吴宓:《吴宓日记续编》第2册,第548页。

与亡友吴芳吉的友情一样深厚、绵长,让自己感怀。许伯建勤奋刻苦的学行和待人诚恳谦逊在吴宓的印象中也越来越好,但还未到"言志述情"的地步。

1952年10月,西南师范学院由磁器口迁往离主城四十公里外的山水小城北碚,两人见面的机会减少,然而书信往来愈加频繁。每次伯建来函,吴宓都爱不释手,赏玩之余,精心存放,不忍毁弃。"佩其每缄词意俱精而雅,书写尤工美,加盖印章亦不苟,久之仍不懈,其书函似皆可装裱而存留赏玩者。"①在吴宓的眼中,诗友间的往函,成了不可多得的艺术珍品。自此,两人交往日深。1954年,吴宓与邹兰芳结婚,许伯建即刻"邹兰芳"名章相贺②。1956年,许伯建将二十多年心血的结晶——手稿《补茅余韵》奉于吴宓案前,请之为序。吴欣然应命,洋洋洒洒近千言,述与伯建相识相知经过,并高度评价伯建为"诗词书法篆刻之艺术三绝之雅士也"③。

从现存的《吴宓日记续编》来看,记载二人交往的(含书信往来)就有二百二十多处,这在与时人交往的记载中是较多的(在日记中吴宓简称许伯建为"建")。在许伯建遗著《补茅文集》中,二人友谊亦有雪泥鸿爪可寻。现对于二人的交往略举二三。

1954年(甲午)清明后三日,吴宓招饮于渝州冠生园,以颂橘(曾克耑)新自港寄影印华阳乔大壮教授手写定本《波外乐章》四卷相赠,伯建"奉之欣感"④。

《南北词简谱》是曲学大师吴梅的代表作,穷十余载之功收罗编撰而成,就在巨著杀青之际,倭寇入侵,先生避地西南,然客死他乡。其哲嗣为保存文化,抱先人遗著飞渝,托吴门高弟卢冀野校刊,印行于世,惠于士林。因物资困难,抗战中在江津白沙石印,全套四册,仅得百部,一时洛阳纸贵,不易访求。许伯建曾于旧书肆淘得三册,缺其中第三册,十余年来,遍访诸友不得。后来就是在吴宓的热心帮助下,费尽周折,借到第三册。许伯建大喜过

---

① 吴宓:《补茅文集》序,第 4 页。
② 《补茅文集》辑"邹兰芳"印兑,第 354 页。
③ 吴宓:《补茅文集》序,第 5 页。
④ 许伯建:《跋影印乔大壮手书波外乐章四卷定稿》,《补茅文集》,第 283 页。

望,在"工余昏夜"奋力抄写,费五十二日,终于大功告成,"始克补成全帙"①。

1960年9月,许伯建遵潘伯鹰之嘱,将其新摄全家福照片转赠吴宓,吴宓感欣之余,将自己收藏多年的名贵笺纸回赠伯建。许伯建回函致谢道:"尊赐名笺信封多种,盖备京、苏、滇、蜀雅制于一极,缤纷之盛,非数十年收集之勤不可致之者也。甚谢谢甚!"②

诗,是二人交往的纽带、谈论的中心。在长达二十多年的交往中,往来信函数百件,其中大部分与诗有关。且吴宓凡参加诗人雅集,几乎都有许伯建在场。众人中,二人最为亲密,谈论最多。

1954年12月23日晨,吴宓致函许伯建,准备入城走访,"约餐叙",结束之际,言犹未尽,又兴致勃勃地谈起诗来:"前写上宓诗,查稿系'骸骨流连',即近人所谓'迷恋骸骨',钞寄时误写。至'忽'为入声,宓亦知之,拟改'倏',亦不合,欲再改为平声,尚未得其字也。承告,甚喜。"③双方谈论的是这年3月春分日师友在沙坪坝磁器口雅集后,吴宓所作的三首诗,其中二句是:"心情湔祓无虚日,骸骨流连恋梦时。一时神飞忽健翮,百年花落但空枝。"诗中"骸骨流连"在上次诗钞中误写,经许伯建质疑,吴宓才核对更正,而"忽"在诗律上平仄有问题,也被眼尖的伯建识了出来,遗憾的是吴宓最终没有找到更合适的字,更改过来。真正的朋友交往并不是一味地吹捧,能指出自己的不足,可见其人的学识。对于朋友的真诚帮助,吴宓的内心是高兴的,就是因为有这样的挚友,"言情述志",诗艺才会精进,才会达到更高的峰顶。

1964年8月,吴宓七十大寿,小兄许伯建作诗相贺。吴宓将之辑入诗集。

雨僧先生杖国之庆

素鹤南飞碧汉秋,北泉秋好即泾流。

诗名国子先生早,教泽尧天舜日悠。

---

① 许伯建:《跋手钞南北词简谱》(第三册,卷六卷七),《补茅文集》,第296页。
② 许伯建:《许伯建致吴宓手札》,《许伯建精品书法集》,第41页。
③ 吴宓:《吴宓致许伯建手札》,未刊稿。

撰杖巍巍初大耋，长波汛汛伍群鸥。

续须编集追渊颖，岳海期随烂缦游。①

就在不久前，许伯建携诗友曾小鲁访北碚西师，与吴宓相见，交谈甚欢，后在吴宓导游下，畅游北温泉，故而诗中有"北泉秋好即泾流"之句。"泾流"即泾水，这里代指吴宓的故乡（因吴宓出生于陕西省泾阳县）。吴宓来北碚已多年，这里风光旖旎，物华天宝，不是故乡却胜似故乡啊。

在吴宓的眼中，小兄许伯建是最值得信赖的朋友。因为种种原因，吴宓与时居上海的潘伯鹰绝少直接通信，吴潘的信函都是通过许伯建周转。许成了吴潘间联系的密使。20 世纪 60 年代中期，潘伯鹰病重，吴宓曾有意约上许伯建，欲赴上海访友、游览，后不成行，终成憾事。1966 年 5 月，潘伯鹰病情恶化，欲见老友，许伯建连夜买舟东下，得见最后一面，并迅速将潘去世消息传递川中师友。后又暂住潘宅四十余日，应老友遗命，整理其诗集文稿，在士林中传为佳话，并被文史掌故专家郑逸梅记入集中，亦为吴宓首肯。为编辑《玄隐庐诗》，许伯建多方收寻，不辞辛劳。吴宓对此大力支持，多次"开箧"寻找，将潘与自己唱和的诗稿慨然相赠，希望能编入诗集中，以此来纪念友人。

三、相托

1966 年，史无前例的"文化大革命"爆发，吴宓被打成"反动学术权威"，备受打击迫害。吴宓和许伯建失去了联系。就是在人人自危的恐怖中，两个人都还牵挂着对方。从现存的吴宓日记来看，1967 年 4 月 24 日，许伯建有函托人送吴宓，吴宓于 4 月 28 日至 5 月 1 日，抽无人监视的时间，作长函回复。这是"文革"爆发以来，两人的首次书信往来。惜内容若何，我们现在不得而知。5 月 15 日，吴宓又收到建的复函，述及诸友情况。晚年的吴宓，孤苦一人，身边没有一个亲人，而昔日同事，要么避之甚远，要么呼号批斗，

---

① 吴宓：《吴宓日记续编》第 6 册，第 313 页。

让他备受打击和摧残,世态炎凉,恐怖四围,吴宓倍感凄伤。能得到友人的真诚问候和关心,吴宓禁不住涕泪长流,他有好多好多的心里话要向挚友倾诉啊。

1968 年 9 月 26 晚,许伯建冒着极大的政治风险突然来访,这让吴宓惊喜万分,要知道此时吴还在监督劳动之中,周围还有无数双警惕的眼睛无时无刻不在监视自己。掩门长谈,得知别后三年来的情景及师友境况禁不住又老泪涕零。

《蒹葭楼诗》是吴宓业师黄节(晦闻)先生的代表诗作,无论身处何处,自己都一直珍藏在身边,并于天头地脚间作了大量批注。这些批注中,即保存有黄师博大精深的学问,也记录有自己的真知灼见。1965 年吴宓将此书借给向自己求学的陈道荣阅读。不料,"文革"初期,在陈所在单位组织的一次深夜突击搜查行动中被搜查没收。吴宓痛心懊悔不已。好在许伯建也藏有一套《蒹葭楼诗》,"文革"前,已将宓的评注转录于上。1972 年 9 月,看到辗转到手的伯建藏本《蒹葭楼诗》,吴宓兴奋不已,想到自己的心血并未付之东流,他长长舒了一口气。连日来,吴宓转录自己的评注,并由此撰成《总评》一篇①。

吴宓晚年最大的心愿一是保存日记,这是自己一生的心血结晶,日记亡,无异于人亡;二是整理自己的诗稿,希望能保存流传。吴宓一生钟情于诗,孩童时在其庶母的教育之下即能背千家诗、唐诗,尤喜爱杜诗及清代吴梅村诗,晚年吟读吴诗时常感动得泪流满面。从少年时代起,吴宓就开始诗歌创作,这一文学活动伴随了他的一生。

综观 20 世纪中国诗歌史,从新文化运动肇始,旧体诗逐渐冷落、被边缘化,进而退出历史中心,而白话诗如日中天,一据天下。吴宓曾借用西哲言:"诗者,以切挚高妙之笔(或笔法),具有音律之文(或文字),表示生人之思想情感者也。"②认为诗歌贵在有音律之美,在诗歌创作中,始终秉承一个"真"字,"以新材料入旧瓶",坚持旧体诗创作。在现代人眼里,吴宓被视作保守

---

① 吴宓:《吴宓日记续编》第 10 册,第 180 页。
② 吴宓:《吴宓诗话》,北京:商务印书馆,2007 年版,第 62 页。

的代表，但他始终不改其弦辙。自1935年中华书局出版《吴宓诗集》后，其所作诗就再未收集入册。无论在抗战时期颠沛流离中所作的南渡集，还是见证50年代大变革以及"文革"之中自己的血泪之作，这些呕心沥血之作，在当时的处境下，随时都有被没收销毁和遗失湮灭的危险。随着时间的推移，吴宓深感来日不多，自己年老体衰，力不从心，他越发焦灼不安，将这一生的事业交付给谁呢？

经过一番思考、斟酌，最后，吴宓相中了耿介之友许伯建。一是伯建的书法水平高，字体灵动而优美，让吴宓折服。再有许曾整理过挚友潘伯鹰的《玄隐庐诗》，吴宓看后非常满意。更让吴宓看重的不仅是许的学识，更重要的是伯建的人品和耿介之气。此时完全的信任已占据了一切，吴宓明白自己找到了一位值得托付的人。从1973年5月开始，吴宓便委托许伯建缮写、整编诗集，前前后后历时二年多的时间，虽然开始时，许伯建还有疑虑（要知道此时吴宓不仅是"反动学术权威"，而且头上还戴着"现行反革命"的帽子），但最终顶住了政治压力，利用晚上的时间，秘密抄写吴宓诗稿，就连同住一起的小弟，也没有发觉。直到1975年8月，吴宓八十一岁生日前，许伯建才最终完成此项工作，将手抄诗稿交到吴宓手中。吴宓终于了却了一桩心愿。

1976年，年衰的吴宓卧病不起。1977年1月，由其妹接回陕西老家。从此，两人天各一方。一年后，吴宓病逝。1997年，许伯建病逝。

斯人已逝，风范长存。今天，当我们阅读《吴宓日记》，或吟起吴宓诗钞，我们不能不被他们那患难与共、生死相托的情谊所感动。随着更多的史料被发掘、面世，我们相信许伯建与吴宓之间真挚而深厚的友谊，将会更清晰更全面地展现在世人面前。山高水长，振衣高岗，他们永远值得我们怀念、景仰。

从安吴堡走出的国学大师

——吴宓与其故里安吴堡遗闻逸事八则

姚德强　周淑萍　张振合　张忙泾

"安吴"作为地名,全国并不鲜见。但被载入中国抗战史册的,唯有陕西省泾阳县安吴镇下辖的自然村安吴堡,一个历史悠久、文化积淀厚重的西北古老村落。

在抗日战争时期,"延安"这一地名,曾经惊动了全世界。"安吴堡",名气略逊一筹,但在海内外的影响力巨大。彼时的安吴堡,被喻为"中华青年的故乡"。中国共产党的诸多出版物上,其出版地都曾冠以"陕西·安吴";国民党总裁蒋介石复电勉励安吴青训班的电文,曾以"陕西安吴"作为台头,直接发给共产党设在安吴堡的机关;来自海内外的邮递信件和包裹,只要挂上"陕西安吴"四个字,肯定能在安吴堡圆满收到。一个偏僻的古村落,为什么会具有如此大的知名度?若是走进中国的现代历史,我们不难发现个中缘由。"西安事变"爆发后,共产党在尚属国统区的安吴堡创办了"战时青年训练班",先后培养出了一万两千多名"三八式"干部,相当于1938和1939两年间共产党在延安所办十七所学校培养学生总数的三分之一。因此,毛泽东在1939年发表的《反对投降提纲》①中,曾经明确予以充分的肯定。

安吴堡之所以驰名天下,不仅因为她是一个红色垂史的古堡,更因为她

---

① 毛泽东:《反投降提纲》//李智主编:《熔炉·丰碑——安吴青训班文献集上》(修订版),北京:中共党史出版社,2013年版,第7页。

是一个书香氤氲的古堡。这座钟灵毓秀的村堡中,充满了传奇的故事,除了安吴青训班之外,还曾经走出了一位国学大师——令家乡人无比自豪的吴宓先生。

值此纪念先生诞辰 120 周年之际,作为先生的同乡晚辈,我们仅就所了解的吴宓与安吴堡之间的些许逸事,简单予以整理介绍。

一、吴宓早年有感而发称安吴堡为"峨阳城"

1935 年 5 月,吴宓自费在上海出版了《吴宓诗集》①。在卷一"故园集"里有一首《嵯峨山》:"终南之北太华东,千仞嵯峨峙其中。峦突峰兀丘壑壮,山明水秀民物雄。炊烟四野绕春树,径陡苔滑难步履。村人顶礼一何虔,行云施雨沾黎庶。迤南百里广且平,地肥土沃农喜耕。市阜民康景孰好,故乡推我峨阳城。山城相距仅卅里,半生足迹未洎止。空言破浪涉重洋,夏虫语冰真足耻。"这首诗,是吴宓在清华大学上学期间阅读美国霍桑(N. Hawthorne)氏所作小说《大石面》(*The Great Stone Face*)以后,忆及幼时嵯峨山之印象以及对他的影响,觉得"仿佛似之",遂有感而发,顺便借诗交代了他与安吴堡的关系,也就是借此介绍他的故乡就是位于陕西淳化、三原和泾阳三县交界的嵯峨山南麓的安吴堡,并用文言文做了详尽的解释,还将安吴堡用其门中吴玉印宅中书屋的名字(峨阳书屋)称"安吴堡"为"峨阳城"。

二、珍视安吴先祖家学

翻看吴宓在 20 世纪 30 年代出版的诗集,我们可以清楚地看到父辈家学对他具有重要影响。吴蔚文,字汉章,曾任山西宁武知府、湖北道议叙布政使,他是吴宓的爷爷辈,吴氏"东院"("式义堂")的老主人(大义秦商周莹的公公)。清同治乙丑年间,吴蔚文在文瑞堂和式义堂印刷出版了他的作品

---

① 吴宓:《吴宓诗集》,上海:中华书局,1935 年版,第 4 页。

《古学记问录》①，该作品列入四库未收书目。受先辈的影响，吴宓从小耳濡目染，发奋读书，树立远大理想。为了宣传中国文化、珍视和保护先祖文化成果，他曾把《古学记问录》从中国背到了美国，把这套书捐给了哈佛大学汉和图书馆，该馆把此书作为珍藏本。

三、深爱安吴乡民，细致入微地记人记事

吴宓在其自编年谱手稿中写到安吴堡乡民时，往往写得活灵活现，生动感人，表现出他对安吴乡民深切的热爱。他笔下的"孙四爷"②就是众多安吴乡民的代表。吴宓将生活中的琐碎小事，如孙四爷风雨无阻，每天背个布囊，往返于安吴堡与三原间，为村民收账、购物、捎信等。孙四爷坚守秘密，始终如一，事毕仅收够微不足道的酬劳，多一文也要退回，而且态度很坚决。吴宓对孙四爷的执着、厚道、诚实和公正的描述惟妙惟肖，正如鲁迅先生刻画小说人物(诸如祥林嫂、闰土等人物)的入木三分，细致入微。吴宓与鲁迅是同时代的人，鲁迅赞成白话文，吴宓主张沿用文言文。在写作上，两个人都能把人物用笔头描述得淋漓尽致，活灵活现，具有异曲同工之妙。安吴堡的人读了吴宓笔下的"孙四爷"，仿佛还活在昨天的现实生活中，亲切之情油然而生。

四、手工绘制安吴嵯峨山图

吴宓是国学大师，长于比较文学、诗学和红学，这些都属于社会科学范畴。但是，国学大师手工绘图也很在行。吴宓介绍安吴堡的地理位置，勾画出了嵯峨山的形状，错落有致的五个台阶按比例依次排列相连。他手工绘制的嵯峨山山形图，与当地村民俗称"小五台山"的嵯峨山实际情况十分相

---

① 吴蔚文：《古学记问录》，光绪乙丑式义堂刻本。
② 吴宓：《吴宓自编年谱》，第11页。

似。吴宓整理出版的《吴宓自编年谱》①里的嵯峨山,是随意勾画了一座山代替嵯峨山,存在明显"瑕疵"。但是,安吴堡当地人读过《吴宓自编年谱》以后,从其手稿插图的影印件中,一眼就能辨认出吴宓手工绘制的那座山就是当地的嵯峨山的"模样",这也马上拉近了安吴堡读者与国学大师吴宓间的距离,安吴堡人为该地走出这样一名会画画的国学家而感到自豪。

五、秘"藏"手稿于安吴亲友

"文革"期间,吴宓被打成了右派,发配到四川梁平农场接受劳动改造。期间,他利用劳动之余,拼命写作,一方面记日记,一方面作诗、撰写自编年谱。在那艰难的岁月里,连性命都难保,但他仍然执着地偷偷摸摸地写作。为了逃避监管人员的监督和监视,吴宓每写一套手稿,一定会把原件另外照抄一两份,作为"备份"妥善保存,以防被查抄或收走。每当到邮局取包裹或具有可利用的机会,他就将这些手稿分寄给众位亲戚,其中不乏安吴堡的可靠亲戚。总之,手稿不会集中寄往一处或同一人,必须分开寄送,以免被别有用心的人截留。通过这种方式,吴宓抢救保护了他好多来之不易的劳动成果。1995 年,吴学昭整理出版《吴宓自编年谱》的时候,许多手稿就是她从吴宓的众多亲戚手中找到的。为此,费了许多周折。

六、曲笔佑护"安吴寡妇"

吴宓生前的作品中,并没有过多地提及自己的身世以及社会关系网。但是,《吴宓自编年谱》中,不但详细地记述了他的出生时间、出生地、宅堂号等若干具体情况,而且将家庭成员和家族关系交代得一目了然。从中我们可以清楚地看到吴宓站在个人角度,尊重历史,实事求是、客观公正地记录、评价了其所见所闻和接触的家庭成员及家族成员状况。这些珍贵资料,很有研究价值,对于研究安吴堡、研究泾阳、研究陕商文化和研究安吴青训班

---

① 吴宓:《吴宓自编年谱》,"《吴宓自编年谱》手迹"(插页)。

等历史,起到了拾遗补阙和填补空白的作用。

　　然而,他对家族一个关键的人物——周莹的记述和描写却违背了历史的真实。周莹,安吴吴氏东院的女主人,人称"安吴寡妇",是吴宓的大妈。她有政治远见,响应政府号召赈灾捐款,又有经济头脑,长于用人,善于管理。在她的辛勤经营之下,吴家在清朝末年富甲一方,吴氏东院号称"陕西首富"。周莹在陕商中知名度非常高,后被慈禧太后收为干女儿,诰封一品夫人。但是,吴宓在其作品中几乎很少提及和渲染。吴宓在1962年12月30日的日记中记载,安吴寡妇"并未见过慈禧太后,但以1900年助赈最多,诰封一品夫人";他看到这一天的《重庆日报》中刊登的李南力(四川作家协会秘书长、党组书记,《红岩》副主编)撰写的《怀安吴堡》①一文后,针对作者带有政治倾向的不恭之词,在开会发言时,他带着情绪地指出该文叙述失实,以示不满。随后,有情而发,一连写了十七首诗,其中一首"否认"慈禧太后曾经认周莹做干女儿。吴宓否认周莹是慈禧太后的干女儿,根本原因是为了保护安吴寡妇和吴氏家族成员在"文革"的暴风骤雨中不受牵连和迫害。我们认为,在艰难岁月中,国学大师借笔保护家族,很高明,事实也是确实让家族免遭一大劫,不然的话,吴氏庄园可能就很难保留到今天了。试想,安吴堡的人既然敢拆元代迎祥宫里的大殿、二殿和看楼等古建,还不敢拆吴氏"式义堂"?

七、不忘安吴诗伴"孝侯三兄"

　　家族中有一个让吴宓始终难以忘怀的人物就是吴玉印。吴玉印,字孝侯,宋伯鲁的学生,吴宓称其"孝侯三兄"②。吴宓在其《吴宓自编年谱》手稿和《吴宓诗集》中多次提及。吴宓少年时代,经常跟其姑父陈伯澜学诗,并经常与吴玉印在茶余饭后走在安吴堡的田间小路上对诗、切磋交流诗词。对诗的时候,吴宓一句,孝侯一句,最后收尾时,吴宓半句,孝侯半句。定稿以

---

① 李南力:《怀安吴堡》,《重庆日报》,1962年12月30日,第3版。
② 吴宓:《吴宓自编年谱》,第53、90页。

后,孝侯还将他俩所对的诗词教给自己的儿子背诵,然后一代传一代。虽然时间过去了近一个世纪,但是,一提起两个爷爷对诗的故事,孝侯的孙子吴中锋至今还能朗朗上口地吟诵起《夏夜书怀偕孝侯兄联句》中的"今夜思何许,闲愁涌壮怀",而且,将他爷爷写成册的诗词手稿保存到现在。目前,我们找不到吴宓与孝侯之间谁向谁学诗的文字记载,但是,切磋诗词的记载还在。这说明吴宓作诗的功底本身就很厚,写完以后还要拉上一个伙伴对诗千锤百炼。

八、吴宓从不标榜煊赫吴氏善举

吴宓与于右任同属三原宏道学堂学生。于右任祖籍泾阳"斗口于",生于三原县城。于右任是国民党的元老,与吴宓家族是世交。于右任在其《一个牧羊儿的自述》中,详细记载了 1904 年他被清廷通缉以及南逃的故事经过,但是,没有记述他逃难到上海以后,徘徊于上海街道,囊中羞涩,就在几乎没钱买饭的紧急关头,吴宓的嗣父吴仲祺(旗)在街道上认出了他,悄悄地把他带到吴宓在上海的家里,管吃管住躲缉捕。那时,吴宅几乎成了在沪陕西人的聚会场所。时隔几十年以后,于老在台湾回想起这段历史,为了感恩吴仲祺,做了一首"泾阳吴老字仲祺,其子知名号陀曼(即吴宓),父为大侠子学者,我亡命时蒙蔬饭"。

在国统区创办的第一所红色学校——安吴青训班[①]的第一期,校址就在于右任先生家的农场(斗口农事试验场)。由于办学非常成功,轰轰烈烈的训练班吸引了陕西关中和外省的许多热血青年,影响很快传遍全国各地。消息传到南京以后,国民政府给于老施加压力。于老迫于压力,凭自己与吴氏的世交关系,通过国民党陕西省府邵力子先生,于 1937 年底把青训班介绍到了安吴堡。吴宓的堂兄吴怀先(官封二品)慷慨解囊,提供办学所需的校舍,吴氏家族的多所房子(包括吴宓家的)都借给青训班办学用。青训班扎根于安吴堡,吴氏的贡献,不可抹杀。

---

① 吴宓:《吴宓自编年谱》,第 14 页。

上述两件事,吴宓完全有理由为其家族歌功颂德,但是,他天天记日记,有空就作诗,却并没因此而大肆渲染或大肆炫耀。《吴宓日记》和《吴宓自编年谱》中,关于上述两事的记述,几乎看不到踪影。关于青训班的记述,吴宓在 1962 年 12 月 30 日连写的十七诗中,有一首这样写道:"班开青训迎祥宫,敕建元初道教崇。仰望延安如北斗,先驱廿载有微功。"①

九、余论——吴宓的两大贡献

吴宓是近代名人,一生与教育和研究投缘。吴宓两项最大的贡献,众所周知,一项是创办清华大学国学院,另一项则是主编《学衡》杂志。

筹办清华大学国学院,吴宓的功劳最大。他在著名学者中间人脉广泛,凭自己的人格和人缘先后出面把陈寅恪、王国维、梁启超和赵元任国学四大家聘请到了清华讲学,开创了清华大学国学研究的新纪元。我们年轻人虽没有赶上那个时代,也对清华大学国学院创办过程的艰辛知之甚少,但是,能想象出清华大学国学院那时的鼎盛和繁荣。清华大学国学院的创办,先后培养出了一大批国家级栋梁,当代著名学者钱锺书、曹禺、李健吾、张骏祥、季羡林、李赋宁、田德望、张君川、王岷源、刘盼遂、高亨、谢国桢、徐中舒、姜亮夫、姚名达、王力、吕叔湘、向达、浦江清、贺麟、沈有鼎(以上为清华大学时期)及王佐良、周钰良、杨周翰、许国璋、赵瑞、王殿、李鲸石、查良铮、袁可嘉、金堤、杜运燮(以上为西南联大时期)等人,都出自他的门下或受到他的教诲。

创办《学衡》杂志,吴宓是发起人之一(其他还有名人梅光迪、胡先骕、汤用彤、刘伯明和柳诒徵等),注册和集稿编辑场所也是在上海的吴宅②。吴宓的前半生精力几乎全倾注于《学衡》的编辑和印行,在印费艰辛的筹助过程中,吴宓曾经不惜向其姨丈——曾任陕西省民政厅厅长的王典章(王幼农)借钱。《学衡》历经十一年,前后出版七十九期。其宗旨主要是提倡国学,兼

---

① 吴宓:《吴宓自编年谱》,第 13-14 页。

② 同上,第 228 页。

译介欧美学术。因与白话文持异议,所以,与当时的新文化运动形成对峙之势。编辑《学衡》期间,吴宓尝以中国的白璧德自任,撰写了"中国的新与旧""论新文化运动"等论文,采古典主义,抨击新体自由诗,主张维持中国文化遗产的应有价值。吴宓认为"只有找出中华民族文化传统中普遍有效和亘古长存的东西,才能重建我们民族的自尊"。在五四运动之后,社会上提倡白话文、作新诗成为时尚,吴宓却在介绍西方文艺理论、宣传新人文主义的同时,大写文言文,作白话诗,要"昌明国粹",弘扬优秀传统文化。

纪念吴宓先生诞辰 120 周年学术研讨会综述

　　由西南大学主办的"纪念吴宓先生 120 周年诞辰学术研讨会"于 2014 年 10 月 18 日至 19 日在重庆北碚区隆重举行。来自南京大学、北京师范大学、厦门大学、四川大学、中央民族大学和举办方西南大学等著名学府的六十余名学者、代表共聚北碚,深切缅怀中国现代文化名人、爱国知识分子的杰出代表、著名学者、诗人、教育家和学衡派代表人物、中国红学开拓者之一、中国比较文学研究奠基人吴宓先生的人格风范,畅谈其精深的文化理想和教育思想。

　　会议开幕式由重庆国学院院长刘明华教授主持。西南大学副校长崔延强教授到会祝贺并致欢迎词。西南大学文学院院长王本朝教授、陕西省咸阳市泾阳县政协副主席贾谊分别发表了热情洋溢的讲话。吴宓先生弟子、著名学者西南大学外国语学院江家骏、孙法理教授出席了开幕式。本次研讨会共收到论文、回忆录等四十五篇,研讨会分为大会主题发言和小组讨论,主要围绕"吴宓与新人文主义思想""《学衡》杂志研究""吴宓国学思想与新国学研究""吴宓先生教育思想""共和国时代的吴宓"等内容展开重点讨论和交流,并取得了丰硕的成果和新的突破。

一、对既有研究的深化与拓展

　　此次研讨会上,数名与会代表通过对吴宓先生的翻译思想、编辑思想、教育思想、文学观念和文化理想的再阐释,深化和拓展了既有研究成果。

广东外语外贸大学方开瑞教授认为,吴宓在坚守自己的文化主张的同时,在小说翻译活动中也在适应和接受新的叙述形式与文体特征,并在一定程度上与五四新文学家的目标趋向一致。华中师范大学的傅宏星副研究员以吴宓创办《武汉日报·文学副刊》的过程为背景,分别从编辑思想、作者群体分析、栏目内容介绍、刊物比较研究等几个方面展开论述,全面评价了吴宓编辑这份学院派报纸副刊的卓越贡献。四川外国语大学李伟民教授考察了吴宓的编辑实践与编辑思想,还重点分析了吴宓重视序言和按语写作与传播文化思想之间的微妙关系。

中央民族大学刘淑玲教授从新人文主义视角重新解读吴宓 1937 年在北平的学者生活,以及吴宓之于“文学与道德”关系的宏论,她认为在整个民族的危难之际,吴宓坚守一个人文主义者特有的姿势面对这个大时代的汹涌波涛,实则是内心的悲壮和精神的高贵体现。重庆师范大学的赵黎明教授通过考察学衡派的“新诗”文体观及其传统根脉后指出,尽管学衡派的“新诗”实践整体上而言远离了时代需求,但其“新诗”文体观及其表述,不仅充实了新文学的内容,而且丰富了新文学传统的内涵,具有重要历史价值。华南理工大学周云教授认为学衡派的文学观念中有道德理想主义的浓重色彩。同时,受新人文主义理论的影响,他们主张文学应该表现人性、人生,并注重文学形式之美,颇有古典主义的风骨。他还回顾了学衡派与新文化运动派的文学争论,指出双方都有合理之处与缺失。

华南师范大学青年学者周佩瑶认为,吴宓从儒家文化出发,以新人文主义学说打通了“国粹”与“新知”的壁垒,形成跨文化的身份想象:“人文主义者”与“圣人”。这种身份想象深刻影响了他的人生观、文学观,以及他与《学衡》杂志共通的文化理想。闽南师范大学的孙瑷教授从文化现代性的视角探讨了吴宓与《学衡》对中西文化的整合。此外,西南大学的徐茜通过吴宓与“战国策派”的关系考辨,较为全面、准确地澄清了吴宓并非“战国策派”一员的事实。咸阳师范学院的许军娥副教授检视了 20 世纪 90 年代末以来吴宓研究的现状和亮点,为我们呈现出一幅关于新世纪吴宓研究的文献“地图”。

厦门大学贺昌盛教授将 1920 年代的"国学"研究置于"科学"与"人文"两种向度上共存并进的学术格局中加以考察，而这两种取向的选择背后其实透露出的是"杜威/胡适"与"白璧德/学衡派"之间的思想差异。他认为，吴宓等学衡派学人的新人文主义思想对于我们今天思考中国文化自身的"人文"传统同样有所助益。与此类似的，西南大学刘建平副教授则以吴宓主事的清华国学研究院和唐君毅主持的新亚书院的不同结局作横向比较，探索了由清华的"转制"和新亚的转向所透视出的高等教育自身发展规律和对当前国学教育的启示。

二、新中国时期的吴宓研究

一般说到吴宓的贡献，总会提及他开创比较文学研究，创办清华国学研究院和《学衡》杂志，开展"红学"研究。然而，吴宓 1949 年后的工作却在这些成就之外，而本次研讨会的一个亮点就是对新中国时期的吴宓展开全面而深入的学术探讨。

北京师范大学李怡教授在"大文学"的视野下重新审视新中国时期的《吴宓日记续编》，他以《吴宓日记续编》中多次出现的三种意象为例，揭橥吴宓生前遭遇、生存体验与"日记文学"的关系。他认为《吴宓日记》包容了相当丰富的社会、时代信息，杂糅了多种文体的创作经验，彰显了"大文学"的视野，这与鲁迅杂文、穆旦诗歌是呼应的，他们都共同体现了一个时代的焦虑和困境，也表达了现代社会对人的真挚理想的挤压和戕害。他进一步指出，1949 年前的吴宓对新文学的认识始终是有隔膜的，直到写作《吴宓日记续编》，吴宓才开始找到与新文学重新对话的理路。西南大学向天渊教授也认为，吴宓的日记写作理念与现实无奈之间的裂隙，让我们深刻体会到"风动于上而波震于下"之时代背景中，一名岌岌可危却又无能为力的知识分子独特的心境与命运，将《吴宓日记》与《吴宓日记续编》结合起来阅读能呈现出一幅相对完整的中国现代学术史、教育史、社会史、经济史、人性史、心理史。

值得注意的是，王本朝教授主编的《共和国时代的吴宓——以〈吴宓日记续编〉为中心》，从文化、教育、政治、文学、交流和爱情等方面，全面而深入地探索了新中国以来吴宓的思想观念、精神心理和生存状态，填补了共和国时期吴宓研究的空白。

此外，一批青年学者表现出对新中国时期吴宓的深切关注，并提交了相关研究论文，其视角新颖，观点独特，使与会学者深感欣慰。西南大学刘志华副教授认为，吴宓解放后的诗歌创作延续了知识分子感时忧国，把文化道统系于己任的传统。第三军医大学的雷娟以1955年吴宓的教书育人生活为片段，还原了"教师"吴宓"文教中华"的崇高理想与现实困境之间的落差。西南大学文学院博士生肖太云通过爬梳吴宓在日记中关于"阅读鲁迅"的记载，从中体察出吴宓的生存和精神状态以及他对文化理想的坚守。博士生凌梦华则从吴宓与周恩来、邓小平的直接或间接的"对话"视角，折射出新中国领导人的公众形象和个人风采，同时也呈现出吴宓的私人经验和个体情感，这对于我们纪念吴宓，铭记和反思特殊年代的特殊历史不无意义。博士生吴洁宇认为，吴宓的文化本位思想影响了他对政治的态度，吴宓自始至终都以"文化救国"的政治理想为己任，新中国时期的吴宓对政治和时事的关切同样表现出一个人文主义者独有的姿态。

三、对吴宓先生的缅怀与追忆

2014年是吴宓先生120周年诞辰纪念，与会的专家学者中有许多是吴宓先生的学生和同事，大家从吴宓先生的为人和治学方面深情地缅怀了吴宓先生的高尚人格、真诚精神和教育思想。

凌梅生回忆了其父凌道新与吴宓的诗酬唱和、学谊交往以及苦难时期的相知相扶，缅怀了那一代学人的高贵品格和精神。吴宓先生的学生王启孝、张永峰回忆了吴宓先生授课时的情景，认为吴宓先生是中西汇通的全才，有绅士风度和铮铮骨气。难能可贵的是在耆老之年，两位老者还收集和购买了大量的吴宓研究书籍和资料，表示要在有生之年继续研究吴宓。他们同时指出研究吴宓要重视第一手资料，实事求是，坚决反对弄虚作假和对吴宓先生的恶意歪曲。重庆青年收藏家张南讲述了吴宓与许伯建患难与共、生死相托的情谊。学者曾令霞采访了吴宓先生的学生和同事许子清,还原了一个做事严谨认真、生活简朴,却乐善好施、经常帮助困难师生亲友的真实可感的吴宓形象。

吴宓先生故乡陕西省泾阳县政协、文化局、文物局等单位嘉宾就泾阳县已开展的吴宓诗歌朗诵会、书画展、电视专题片及修缮吴宓墓作了发言,并建议两地共同筹建吴宓纪念馆和实现资料共享。

会议闭幕式由西南大学文学院副院长黄大宏教授主持。西南大学文学院副院长肖伟胜教授作大会总结发言。他认为本次会议是一次成功的大会,表现出深沉的历史感、开阔的学术视野和敏锐的问题意识,对今后的吴宓研究走向必将产生积极而深远的影响。会议结束后,与会代表还参观了吴宓旧居和吴宓藏书室。

（汤克兵、陈华 整理）

编后记

　　吴宓先生曾在西南师范学院中文系（西南大学文学院前身）工作、生活了二十多年，西南大学是他一生中工作、生活时间最长的地方。先生"昌明国粹、融化新知"的文化自觉，"仁爱·博雅"的教育情怀，已经成为后来者奋勇前行的精神资源。

　　学校重视吴宓研究，成立了吴宓研究中心，且将文学院所在教学楼命名为"雨僧楼"，学校组建了"吴宓版"，文学院也有卓越人才培养"博雅班"。1999 年，在王泉根教授精心组织之下，原西南师范大学中文系举办了"吴宓先生逝世 20 周年纪念大会暨吴宓学术研讨会"，后来，会议论文结集成《多维视野中的吴宓》，由重庆出版社出版。为承续文脉，倡扬学术，表达对先生的缅怀之情，2014 年 10 月 18—19 日，西南大学再举办"纪念吴宓先生 120 周年诞辰学术研讨会"。来自南京大学、四川大学、中央民族大学、厦门大学、北京师范大学、华中师范大学、华南师范大学、广东外语外贸大学、河南大学、贵州大学、四川外国语大学和吴宓家乡——陕西泾阳县的五十余名学者出席了本次会议。

　　会议共收到论文四十余篇，为便于论文存世及传播，特将其编辑出版。文集作者大多为大学教授和年轻学者，亦有吴宓先生的学生和泾阳后学。为了不影响作者将会议论文正式发表，致使文集的编辑延后数年，好留出足够的修改和发表时间。文集中多数文章已在《文学评论》等刊物发表，为能反映学术会议文章全貌，也将公开发表论文一并收入，并在文末作了说明。在编辑时,我们按文章内容进行了大致分类,不一定准确,只是为了醒目而已。

  谨以此书表达对先生道德文章的敬意,先生精神永恒!

编者谨识

2019 年 6 月